DONNA RESEIGH LONG   JANICE LYNN MACIÁN

¡A CONOCERNOS!

BOTH OF THE OHIO STATE UNIVERSITY

DONNA RESEIGH LONG   JANICE LYNN MACIÁN

¡A CONOCERNOS!

HEINLE & HEINLE PUBLISHERS
BOSTON, MASSACHUSETTS 02116 USA

HH

Vice President and Publisher: **Stanley J. Galek**
Editorial Director: **Carlos Davis**
Developmental Editor: **Erika Skantz**
Assistant Editor: **Jeannie Theriault**
Vice President, Production and Manufacturing: **Erek Smith**
Manufacturing Coordinator: **Lisa McLaughlin**
Editorial Production Manager: **Elizabeth Holthaus**
Project Manager: **Sharon Buzzell Inglis**
Internal Design: **Susan Gerould/Perspectives**
Cover Design: **Corey McPherson Nash**
Cover Illustration: **Scott Nash**
Illustrator: **Len Shalansky**
Frontmatter Maps: **Deborah Perugi**
Composition & Prepress: **Graphic Typesetting Service, Inc.**

Manufactured in the United States of America.
ISBN 0-8384-23450 (Instructor's Annotated Edition)
ISBN 0-8384-21075 (Student Edition)

Heinle & Heinle Publishers is a division of Wadsworth, Inc.

10   9   8   7   6   5   4   3   2   1

A nuestros seres queridos
cuya comprensión hizo
posible esta obra

CONTENTS

Funciones / Gramática	Estrategias	Cultura popular	Fíjate en el vocabulario	Vocabulario
				Nacionalidades
1. Identifying people, places, objects, and events / nouns 2. Describing personal characteristics, nationality, and occupation / *ser* 3. Describing / adjectives	1. Recognition of key vocabulary 2. Using format cues 3. Diaries	*Calle Ocho,* p. 38	Using thematic categories	*Saludos* *Presentaciones* *Despedidas* *Cognados* *Descripciones* *Números* *Personas* *Equipo* *Expresiones relacionadas*
1. Expressing likes, dislikes, and needs / *gustar, interesar, encantar, faltar, fascinar, molestar, quedar* 2. Expressing possession / possessive adjectives 3. Requesting and reporting facts / present tense *-ar* verbs	1. Using previous experience 2. Skimming 3. Organizing	*El bilingüismo en Puerto Rico,* p. 71	Using vocabulary in context	*Charlando...* *Pidiendo confirmación...* *Pidiendo y dando información...* *Facultades* *Frases para decir la hora* *Direcciones* *Lugares* *Gente universitaria* *Materias* *Sentimientos y necesidades* *Equipo escolar* *Posesión* *Días de la semana* *Acciones*
1. Describing health and conditions / *estar* 2. Identifying, seeking, and locating people, places, and things / *estar* 3. Requesting and reporting facts / present tense *-er, -ir* verbs	1. Key words and endings 2. Skimming an article 3. Filling out forms	*Los apellidos,* p. 100	Personalizing vocabulary	*Cortesía telefónica* *Expresando agradecimiento...* *Miembros de la familia* *Expresando el pasado...* *Palabras interrogativas* *Meses del año* *Acciones* *Hablando de la salud...* *Adjetivos de emoción* *Expresiones relacionadas*
1. Expressing possession, obligation, and offering excuses / *tener, tener que* + infinitive 2. Identifying specific people or objects / demonstrative adjectives and pronouns 3. Going places and making plans / *ir, ir a* + infinitive	1. Recognizing oral cognates 2. Scanning for specific information 3. Business letter	*Los barrios de Buenos Aires,* p. 132	Using visual links	*Pidiendo el precio...* *Usando exclamaciones...* *Extendiendo una conversación...* *Números* *Cuartos* *Muebles y aparatos* *Preposiciones de lugar* *Expresiones relacionadas* *Colores* *Vivienda* *Quehaceres domésticos* *Artículos de la limpieza* *Expresiones con tener* *Adjetivos demostrativos* *Pronombres demostrativos* *Acciones*

Contents **ix**

ACKNOWLEDGEMENTS

First, the authors are indebted to the many instructors and students who have contributed to the project. The instructors who reviewed and others who piloted the materials provided sagacious insights and suggestions during the developmental process. They critiqued the materials from many aspects, resulting in modifications that will benefit every user of *¡A CONOCERNOS!*. Specifically, we would like to thank the following reviewers:

David Alley, Georgia Southern College
Robert Blake, University of Rochester
Anne Bollati, Augustana College
Isabel Bustamante, University of Toledo
John Chaston, University of New Hampshire
Ronaldo Ezcurra, Columbus Public Schools
Michael Finnemann, Augustana College
Khédija Gadhoum, The Ohio State University
Carmen García, Miami University of Ohio
Donald Gibbs, Creighton University
Lynn Carbón Gorell, The Pennsylvania State University
Gail Guntermann, Arizona State University
John Gutiérrez, The Pennsylvania State University
Connie Kihyet, Saddleback Community College
Carol Klee, University of Minnesota
Dale Koike, University of Texas, Austin
Lizette Laughlin, University of South Carolina
Patti Marinelli, University of South Carolina
Vicki Martínez, Arizona State University
Keith Mason, University of Virginia
Margaret Morales, Columbus Academy

Cecilia Rodríguez Pino, New Mexico State University
Hildebrando Ruiz, University of Georgia
Nancy Schnurr, Washington University
Nicasio Silverio, The Ohio State University
Kutz Arrieta Stemen
Beth Wellington, Simmons College
Anne White, Michigan State University
Dolly Young, University of Tennessee

In addition, the authors of our ancillaries were not only creative, but also generous in sharing their observations and recommendations with us. With their insights and cooperation, we have been able to achieve an excellent integration among the component materials. Special thanks to:

Michael Finnemann, Augustana College
Margaret Morales, Columbus Academy
Pedro Muñoz, The Ohio State University
Cecilia Rodríguez Pino, New Mexico State University

Also, we wish to thank our own students and those at other institutions who used our materials during the developmental and pilot phases of the project. Their feedback was invaluable in selecting and designing materials that enabled them to understand and use Spanish from the earliest stages of instruction. They are: Lee Ann Nowacek, Debbie DeWilde, and Rebecca Yoder, all of The Ohio State University.

Certainly, the development and production of *¡A CONOCERNOS!* would not have been possible without the guidance and encouragement of the Heinle & Heinle family. Special thanks for outstanding direction and constant support go to Marisa French and Erika Skantz, Developmental Editor. In addition, *¡A CONOCERNOS!* benefited immensely from the collective expertise of these individuals: Mary Lemire Campion, Cheryl Carlson, Stan Galek, Charles Heinle, Sharon Buzzell Inglis, Pat Jalbert, Vega Sicilia, Jeannie Theriault, and José Wehnes. Thanks also to freelancers Kelly Zajechowski, Lois Poulin, Lucy Gibb, Virginia Newland, Kathy Diamond, Carl Spector, and Joyce Goldenstern.

Finally, our families deserve much praise for their patience and understanding during the writing of *¡A CONOCERNOS!*. José Macián spent countless hours proofreading the manuscript, searching out library resources, and consulting on computer equipment. Diana Macián assisted in obtaining permissions for the realia used in the textbook and served as initial student reviewer for many of the activities. Pepito Macián generously served up hugs and kisses on request. Tim Long researched, installed, and trained the authors to use the computer hardware and software that made long-distance communication possible. Bentley and Nigel Long were always squeezably soft and cuddly. To them we offer our undying love and sincere thanks.

Jan and Donna

¡A CONOCERNOS! was catered by Cub Foods bakery department and Gevalia Kaffe.

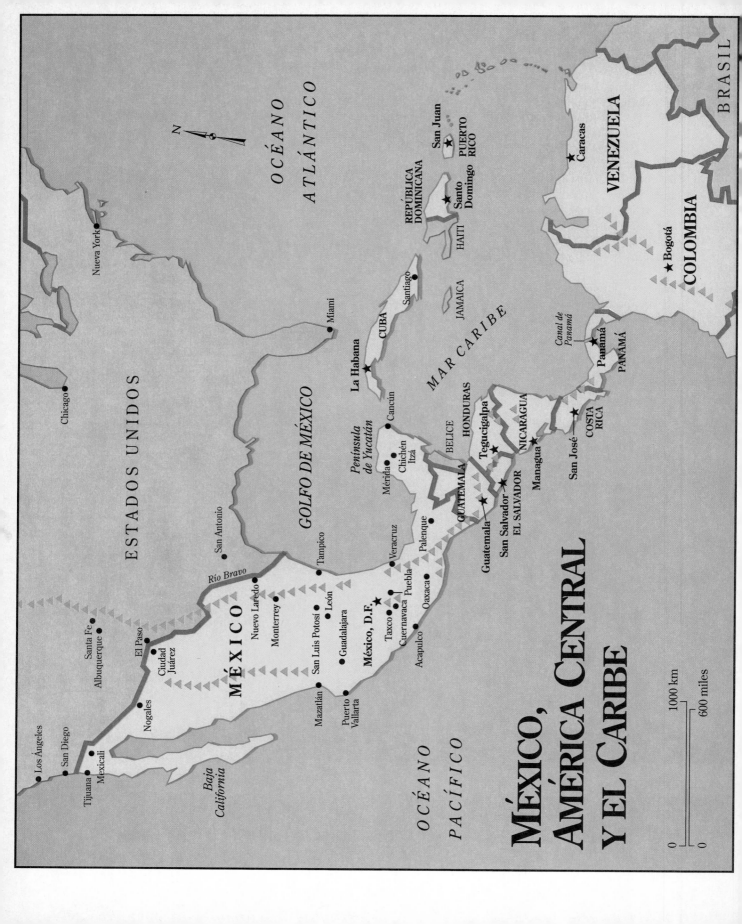

MÉXICO, AMÉRICA CENTRAL Y EL CARIBE

ESTADOS UNIDOS

Los Ángeles
San Diego
Tijuana
Mexicali
Nogales
Santa Fe
Albuquerque
El Paso
Ciudad Juárez
Chicago
San Antonio
Río Bravo
Nueva York

MÉXICO

Baja California
Mazatlán
Puerto Vallarta
Guadalajara
León
San Luis Potosí
Monterrey
Nuevo Laredo
Tampico
Acapulco
Cuernavaca
Taxco
México, D.F.
Puebla
Oaxaca
Veracruz
Palenque

Mérida
Chichén Itzá
Península de Yucatán
Cancún

OCÉANO PACÍFICO

OCÉANO ATLÁNTICO

GOLFO DE MÉXICO

Miami

La Habana
CUBA
Santiago
MAR CARIBE

JAMAICA

HAITÍ
REPÚBLICA DOMINICANA
Santo Domingo
San Juan
PUERTO RICO

Caracas
VENEZUELA

BRASIL

Bogotá
COLOMBIA

Canal de Panamá
Panamá
PANAMÁ

COSTA RICA
San José

NICARAGUA
Managua

Tegucigalpa
HONDURAS

BELICE

GUATEMALA
Guatemala

San Salvador
EL SALVADOR

N

0   1000 km
0   600 miles

GUATEMALA — HONDURAS

MAR CARIBE

EL SALVADOR

NICARAGUA

COSTA RICA

PANAMÁ

Barranquilla
Cartagena
Lago de Maracaibo

★ Caracas

VENEZUELA

Manizales
★ Bogotá
Cali

COLOMBIA

Río Orinoco

GUYANA

SURINAM

GUAYANA FRANCESA

OCÉANO ATLÁNTICO

ECUADOR

Quito ★

ECUADOR

Iquitos

PERÚ

Río Amazonas

ANDES

Lima ★

Machu Picchu
Cuzco

Ayacucho

Lago Titicaca

BRASIL

BOLIVIA

★ La Paz

Sucre
Potosí

Río Paraná

PARAGUAY

Salta

CHILE

Asunción ★

Iguazú

OCÉANO PACÍFICO

OCÉANO ATLÁNTICO

Río Uruguay

Quilpué
Viña del Mar
Santiago ★

ARGENTINA

URUGUAY

Buenos Aires ★ ★ Montevideo

Concepción

AMÉRICA DEL SUR

ISLAS MALVINAS (Br.)

Estrecho de Magallanes

TIERRA DEL FUEGO

0	1000 km
0	600 miles

NIGERIA

ÁFRICA

CAMERÚN

Malabo

GUINEA ECUATORIAL

ECUADOR

GABÓN

ÁFRICA

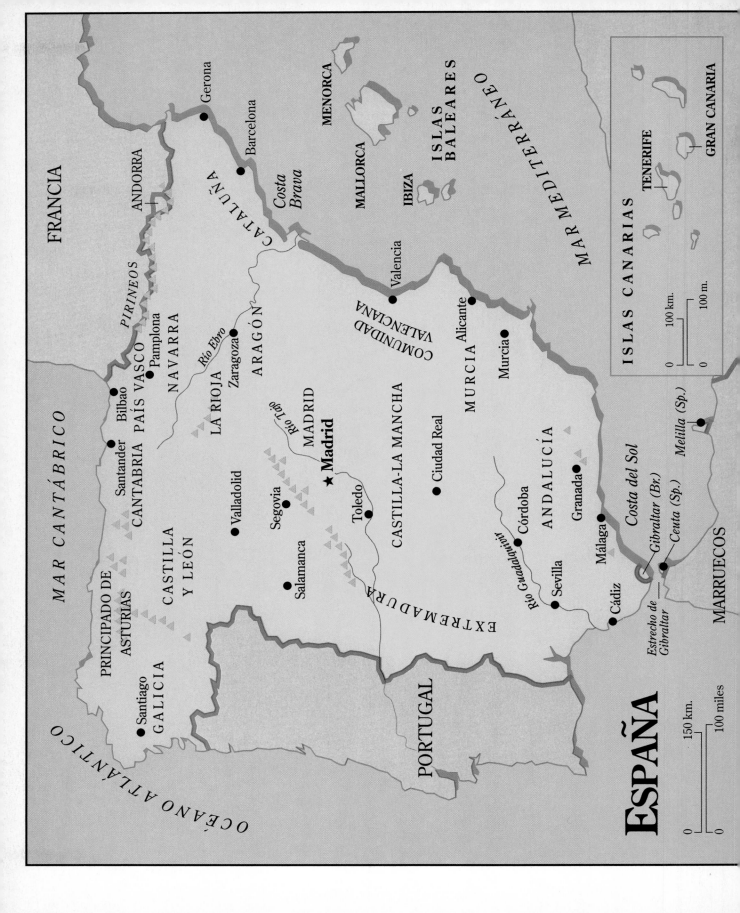

PREFACE

PRINCIPLES OF THE PROGRAM

¡A CONOCERNOS! is an integrated learning program designed to provide beginning-level college students of Spanish with functional language skills. *¡A CONOCERNOS!* provides learners and instructors with comprehensive, accessible, motivational materials for a more enjoyable and effective learning experience by providing them with communication strategies, contact with realistic language, and extensive opportunities for interaction. *¡A CONOCERNOS!* incorporates a friendly, direct tone and a clear, appealing format. Every aspect has been designed to inspire learners' interest, confidence, and proficiency in Spanish. Of course, successful outcomes are ultimately the result of a cooperative effort among learner, instructor, and materials. Among the unique features of *¡A CONOCERNOS!* are:

- flexible program,
- manageable syllabus,
- easy, comprehension-based instruction,
- instructor-friendly annotations,
- helpful student annotations,
- explicit instruction in all four skills,
- progressive word rate in listening segments,
- and it is fun!

WHY ¡A CONOCERNOS! WAS WRITTEN

¡A CONOCERNOS! was developed with the main objective of solving those "teaching challenges" of a multi-section first-year Spanish program with numerous new instructors, a diverse student body, and large class size.

CHALLENGE #1: *Many learners are uncomfortable when asked to produce language at a level beyond that which they are able to comprehend.*

SOLUTION: *¡A CONOCERNOS!* is based on the sound principles of learning and language acquisition theory. It follows a comprehension-based approach that builds learners' confidence through listening and reading activities before they are expected to produce the language in oral or written form. The *etapa* organization of *¡A CONOCERNOS!* follows a progression from receptive skills to productive language practice. The *etapas* progress from input to function to strategies, and end with culminating activities.

CHALLENGE #2: *A multi-section program with lots of Teaching Assistants is difficult to manage. There is a need to train Teaching Assistants and to choose materials that can be used easily by first-time instructors.*

SOLUTION: *¡A CONOCERNOS!* has extensive annotations directed to new instructors, lots of helpful hints, answers to single-response questions, and ideas for expansion. The basic Cycle Plan, upon which the *¡A CONOCERNOS!* materials are based, is easy to follow.

CHALLENGE #3: *Foreign language instructors are faced with limited time for class preparation, grading, and testing.*

SOLUTION: *¡A CONOCERNOS!* has abundant in-class and out-of-class materials that need no adaptation or supplementation. The ancillary package is very flexible.

CHALLENGE #4: *Because classes are often large and diverse, it is difficult for instructors to interact with all learners every day.*

SOLUTION: *¡A CONOCERNOS!* includes many activities that are designed for pairs and small groups, thus maximizing learners' opportunities for in-class interactive practice.

CHALLENGE #5: *Learners are often overwhelmed by the amount of grammar that they are expected to learn in a first-year program.*

SOLUTION: *¡A CONOCERNOS!* limits the first-year syllabus to high-frequency Spanish structures. Grammar concepts are limited to three per chapter and are always presented in functional terms and linked with chapter themes.

CHALLENGE #6: *Many first-year Spanish textbooks confine instructors to a strict methodology.*

SOLUTION: *¡A CONOCERNOS!* offers a variety of options for using the program components and thorough guidelines for incorporating them into the classroom. The teaching of communicative strategies is merged with the listening, reading, and writing skills.

CHALLENGE #7: *Students have difficulty learning essential vocabulary for communication.*

SOLUTION: *¡A CONOCERNOS!* provides learners with extensive, high-frequency vocabulary that can be accommodated to their individual needs. Vocabulary items are re-entered many times throughout each chapter, as well as in subsequent chapters. In addition, strategies for learning vocabulary accompany the lists in the *Fíjate en el vocabulario* section of the *Cuarta etapa*.

ORGANIZATION OF ¡A CONOCERNOS!

Theoretical Bases

The format and materials of this integrative approach to learning are based on sound principles of learning and language acquisition theory. The approach used in *¡A CONOCERNOS!* is comprehension-based; learners' confidence is built up through listening and reading activities before they are expected to produce the language in oral or written form. With *¡A CONOCERNOS!*, comprehension is thoroughly checked before students are expected to produce, and production comes in small increments. Both receptive (listening and reading) and productive (speaking and writing) skills are addressed in *¡A CONOCERNOS!*, but receptive skills will exceed productive skills upon completion of the program. This procession from receptive to productive language practice is reflected in the basic structure of each chapter.

Textbook Organization

¡A CONOCERNOS! begins with a short *Prólogo* introducing students to the Spanish language and the Hispanic world. The body of the text consists of twelve chapters that are grouped into four geographical units. Each three-chapter unit is set in a different Spanish-speaking country (United States, Argentina, Spain, and Mexico) and each chapter features a different theme relating to the featured country. Every chapter is divided into four *etapas* that lead learners through the receptive (listening and reading) to the productive (speaking and writing) skills. The following is a more complete explanation of the elements in each chapter.

CHAPTER OPENER
A colorful, visually-appealing spread introduces students to the chapter.

Propósitos Every segment of each chapter is clearly specified in this advance organizer or chapter "map."

Foto A large, full-color photograph provides learners with a visual organizer for the chapter.

PRIMERA ETAPA: Preparación
Reading, listening, and vocabulary-building practice are designed for building learners' receptive skills.

Orientación Marginal annotations directed to the student provide explanations for each section of the chapter, as well as effective study techniques. *Orientación* notes appear in the *Prólogo, Capítulo 1,* and *Capítulo 7.*

Introducción A realia-based introductory activity combines a previous reading strategy with the new chapter theme. Instructors who prefer to introduce the chapter orally may start with the *Expresiones* (see p. xix).

¡A ESCUCHAR!

Antes de escuchar   This advance organizer focuses students' attention on the gist of the listening segment used as the point of departure for the chapter. The listening passage is recorded on the Student Tape and the script appears in the Instructor's Manual.

Comprensión   These questions check learners' comprehension of the listening segment.

COMUNICACIÓN   Mini-dialogues focus on realistic communication by using set phrases and conversational formulae from the chapter vocabulary. The mini-dialogue is presented in a cartoon in the Student Text and is recorded on the Student Tape for reinforcement.

Así es   Some lexical items that are typically presented as "grammar" are taught as vocabulary in *¡A CONOCERNOS!*. Reinforcement activities include oral and written practice for pair and group work.

EXPRESIONES   Active vocabulary is presented by means of extended discourse based on a colorful visual in the Student Text (or enlarged on an overhead transparency). The vocabulary can be presented in two ways: either the instructor plays the *Expresiones* from the Instructor Tape or reads the *Expresiones* script found in the Instructor's Annotated Edition. Comprehension is thoroughly checked and followed by oral and written practice.

SEGUNDA ETAPA: Funciones
Every chapter features three language functions relating to the chapter theme. Concise explanations of the focus structures are followed by oral and written activities for individual, pair, and group practice.

PRIMERA FUNCIÓN with *Prácticas*
SEGUNDA FUNCIÓN with *Prácticas*
TERCERA FUNCIÓN with *Prácticas*

TERCERA ETAPA: Estrategias
Useful strategies for listening, reading, and writing, as well as insights for coping in the target cultures, are taught in this *etapa*.

COMPRENSIÓN AUDITIVA   Listening texts with a focus on strategy-building and realistic practice are recorded on the Student Tape. Scripts are found in the Instructor's Manual.

LECTURA   The reading strategy is followed by practice with an authentic reading text and reinforced by realistic activities.

COMPOSICIÓN   The presentation of a writing strategy is followed by realistic practice.

CULTURA POPULAR   Aspects of the everyday culture of the featured country are presented and followed by pair and group activities.

CUARTA ETAPA: ¡Muestra lo que sabes!
The *Cuarta etapa* features culminating activities for the chapter, word studies, and vocabulary.

Autoprueba   Learners are presented with functional self-tests of the chapter objectives. Earlier material is recycled with new tasks.

Fíjate en el vocabulario   Self-study strategies and vocabulary-building activities are the focus of this segment.

VOCABULARIO   Vocabulary is organized semantically into meaningful lists for easy reference and study.

COMPONENTS OF THE ¡A CONOCERNOS! PROGRAM

For the Student
Student Textbook All components of the *¡A CONOCERNOS!* learning program are interwoven for maximum integration of vocabulary, communicative strategies, language skills, and culture. The text follows an orderly, easy-to-use format. Special attention has been paid to a colorful and attractive design with many photographs, illustrations, and realia. The *Prológo, Capítulo 1,* and *Capítulo 7* contain special student annotations called *Orientación* that explain the purpose of each section and suggest effective study techniques. Learning activities are engaging and varied; both in-class and out-of-class activities are provided, as well as individual, group,

and whole-class practice. Listening, reading, and composition strategies are taught and thoroughly practiced. The text is divided into twelve chapters that can be realistically managed over the course of a two-semester or three-quarter introductory Spanish program. In the *Prólogo* through *Capítulo 6,* all instructions to the student are written in English. By *Capítulo 7,* students have developed sufficient reading skills and have acquired enough vocabulary so that most instructions are written in Spanish. In *Capítulos 10* through *12,* the *Introducción, ¡A escuchar!,* and *Cultura popular* sections are all in Spanish.

Student Tape

A ninety-minute cassette accompanies each Student Textbook for use at home. The Student Tape includes the two major listening segments *(¡A escuchar!* and *Comprensión auditiva)* for each chapter in the textbook, as well as shorter segments for oral practice of phrases used in everyday communication *(Comunicación).* There are approximately five to ten minutes of listening input per chapter. Dialects of the native speakers on the Student Tape have been coordinated with the theme countries for each chapter. Realistic sound effects and background noise are other features of all audiotaped materials. Word rate has been controlled throughout the *¡A CONOCERNOS!* program, beginning with a moderately slow rate of 130 words per minute and gradually progressing to a moderately fast 190 words per minute.

Diario de actividades

The *Diario de actividades* emphasizes creative language use. Realistic reading, writing, and listening tasks are based on authentic materials. Pronunciation practice is included in the first six chapters. Listening activities are part of the Laboratory Tape Program.

Laboratory Tape Program

Additional listening practice in the *¡A CONOCERNOS!* Laboratory Tape Program corresponds to the listening portions of the *Diario de actividades.* Laboratory Tapescripts are found in the same volume as the Answer Keys.

For the Instructor

Instructor's Annotated Edition

The Instructor's Annotated Edition (IAE) of the Student Textbook suggests how to use and expand upon the materials through marginal annotations. Answers to single-response activities are provided. The IAE contains scripts of the *Expresiones* sections on the Instructor Tape.

Instructor's Resource Kit

The following instructor's components of the *¡A CONOCERNOS!* program are filed in an attractive course organizer box:

- **Instructor's Manual**

  The Instructor's Manual features charts for coordinating ancillaries with the Student Textbook, cycle plans for pacing instruction on semester and quarter programs, sample lesson plans, and guidelines for using the program components. Scripts of the *¡A escuchar!* and *Comprensión auditiva* sections on the Student Tape are included. In addition, cartoons that accompany the *Comunicación* sections of the Student Text are enlarged in black-line master format.

- **Instructor Tape**

  A sixty-minute Instructor Tape for in-class use coordinates with the *Expresiones* vocabulary and visual, and provides the key input for each chapter. For instructors who prefer to provide the input themselves through "teacher talk," *Expresiones* scripts begin on page xxii of this IAE.

- **Overhead Transparencies**

  Color transparencies coordinate each chapter's *Expresiones* vocabulary and visual, Instructor Tape, and scripts to provide a visual organizer for the key input of each chapter.

- *Guía cultural*

  The *Guía cultural* is a helpful resource for teaching students about the Spanish-speaking world by providing geographic and demographic facts for each country. Cultural information, such as places of interest, important events, personalities, etiquette for the country, and authentic readings are also included. The worksheets to correlate with the *¡A CONOCERNOS!* text are in the form of black-line masters to be photocopied for use in class or as homework. The scope of the *Guía cultural* is organized by geographic region (the United States, the Caribbean, Mexico and Central America, the Andes, the Southern Cone, and Spain) and extends beyond the countries introduced in the Student Textbook.

- *Guía gramatical*

  The *Guía gramatical* has a two-fold purpose: 1) for students who benefit from additional mechanical and meaningful practice of grammar structures introduced in the Student Textbook and, 2) for students who would benefit from a contrastive English/Spanish explanation of certain structures. Like the Student Textbook, the *Guía gramatical* is characterized by "learner-friendly" explanations. Each lesson is self-contained and may be photocopied for use in class or assigned as homework.

- **Communication Cards**

  A set of ninety-six Communication Cards (eight per chapter) is designed to be used in class as additional oral communication practice. The contexts are realistic and do not force learners into unrealistic situations or competency levels. The Communication Cards may also be used in preparing students for speaking tests.

- **Testing Program**

  A comprehensive Testing Program covers vocabulary, listening, reading, speaking, writing, and the structural and cultural information presented in the Student Textbook. Realistic response formats are used in testing receptive skills as well as productive skills. Open-ended, communicative for-

mats are used in testing structural and cultural competencies. Student study guides for each test, chapter-by-chapter composition formats, and suggestions for evaluation of speaking and writing tests are included in the Testing Program. An Answer Key is also provided.

- **Answer Keys/Laboratory Tapescript**

  Answer Keys for single-response activities in the *Diario de actividades* and *Guía gramatical* are conveniently bound into one volume. Tapescripts for the Laboratory Tape Program are provided as well. Answers for single-response exercises in the Student Textbook are included as marginal annotations in the Instructor's Annotated Edition. Answer keys to the Testing Program are included in the testing booklet.

Also available:

- *¡A CONOCERNOS!* video

- **Spanish Alive!** video and viewers workbook

- *Cara a cara* software

INSTRUCTOR TAPESCRIPT

CAPÍTULO 1

EXPRESIONES (p. 18)

(Word rate: moderately slow, about 130 words per minute.)

En un café de la playa

Aquí se ven tres amigos *(point to the young people)* sentados bajo una sombrilla *(indicate the umbrella)* cerca de la playa *(use a circling motion to indicate the beach)*. Están en la playa *(indicate beach again)* de Miami, Florida. Los chicos llevan traje de baño *(point out swimming suits)* y sandalias *(indicate the sandals)*. Hay uno, dos, tres amigos *(point individually to the three people while counting)* en la playa. Esta chica *(point to female)* se llama Nieves. El chico *(point to Felipe)* se llama Felipe. Hay dos chicos *(point to males)* y una chica *(point to female)*. Felipe es moreno *(point to his hair)* y tiene pelo largo *(indicate length of hair)*. Es voleibolista *(indicate ball under his chair)*. Felipe es norteamericano. Es de Norteamérica. Es de Orlando, Florida. Los padres de Felipe son cubanos; son de Cuba. Carlos *(point to Carlos)* es norteamericano también. Es de Ohio. Carlos es pelirrojo *(point to hair)* y tiene pecas *(point to freckles)*. No es voleibolista *(shake your head and point to the ball)*; prefiere el béisbol *(pantomime swinging a bat)*. Carlos no es bajo ni gordo *(use gestures for short and plump)*. Es mediano *(use so-so gesture)*. Nieves es de la Florida. Es cubanoamericana también. Nieves es rubia *(point to hair)* y busca las gafas de sol *(point to glasses)* y una toalla *(point to towel)*. Tiene pelo corto *(indicate length of hair)*. No tiene pecas *(shake your head and point to Nieves's cheeks)*. Nieves es alta y delgada *(use gestures for tall and thin)*. A Carlos le gusta la música *(point to radio/cassette player)*. Hace sol *(point to the sun)* y los tres *(point to each one)* chicos toman refrescos *(point to the drinks)*. Felipe toma una Coca-Cola Lite *(point to Diet Coke)*. Nieves toma té con limón *(point to iced tea)*. Carlos toma cerveza *(point to beer)*. Pasan el día en la playa y conversan *(make a "talking" gesture with your hand)* sobre sus actividades.

CAPÍTULO 2

EXPRESIONES (p. 52)

(Word rate: moderately slow, about 130 wpm.)

El recinto de Río Piedras

Aquí se ve el mapa del recinto principal de la Universidad de Puerto Rico en Río Piedras *(use circling motion to point out campus)*. Río Piedras es un suburbio de San Juan, la capital de Puerto Rico. El edificio más importante de la universidad es el Cuadrángulo *(#9)* que es el edificio de la administración. La oficina del rector de la universidad está en el Cuadrángulo. El Cuadrángulo es un Monumento Histórico de los Estados Unidos. Arriba del edificio *(indicate tower)* está La Torre elevada con el Carrillón *(make chiming sounds)* que anuncia la hora por sus melodías.

Al norte *(point to North symbol at top of map)* del Cuadrángulo está la Biblioteca General *(#15)*, nombrada por el General José María Lázaro. Hay más de dos millones de libros *(hold up a book)* en la Biblioteca General y es la más grande *(make "big" gesture)* del Caribe.

A la izquierda *(motion to left)* de la Biblioteca General está el famoso museo *(#60)* de la universidad. Es el Museo de Antropología, Historia y Arte. El museo mantiene colecciones arqueológicas sobre las culturas de Puerto Rico y el Caribe.

El Teatro *(#98)* de la universidad está detrás *(make "behind" gesture)* del Cuadrángulo. En el Teatro hacen presentaciones artísticas como dramas, comedias y festivales de músicas.

Aunque la gran mayoría *(make "big" gesture)*, 97%, de los estudiantes de la Universidad de Puerto Rico *(shake head)* no vive en el recinto, hay residencias para estudiantes, profesores y visitantes. La Residencia de Señoritas *(#85)* es un edificio alto. La Residencia de Varones *(#86)*, donde vive David Moreno, está al otro lado de la universidad. Este edificio es más alto *(using hands, indicate that one is taller than the other)* que la Residencia de Señoritas.

Al este *(indicate North again, then West)* de la Biblioteca General está el Centro de Estudiantes *(#20)*. Allí hay muchos servicios para los estudiantes. David compra los libros y otros útiles *(hold up papers and pens, etc.)* en la librería. En este edificio también hay una cafetería *(use "eat" gesture)* y salas de recreación *(use a "ping pong" gesture)*.

Para David los ejercicios *(do Jumping Jacks)* son muy importantes. Al norte del recinto están las piscinas olímpicas *(#67)* donde David nada *(use swimming motion)* todas las mañanas. El edificio al lado de *(point to your side)* las piscinas *(#27)* es el Centro Deportivo. Dentro *(indicate "inside")* del Centro Deportivo hay un gimnasio para baloncesto *("shoot" a basket)* y voleibol. Cerca *(use "close" gesture)* del Centro hay una pista *(#68)* de correr *(jog in place)*. También hay un campo de fútbol. En Puerto Rico, «fútbol» significa soccer. Detrás de la Residencia de Señoritas hay canchas de tenis *("swing" a racket)* y baloncesto.

Las clases de David están en varios edificios. Estudia química *(pretend to mix chemicals and examine a test tube)* en un laboratorio del Edificio de Ciencias *(#25)*. Estudia computación *("type" at a keyboard)* en el Centro de Computadoras *(#19)*.

Uno de los lugares favoritos de David es el famoso Jardín Botánico al sur del recinto. El Jardín tiene plantas tropicales—palmas *(hula)*, bambú y orquídeas *(pretend to smell the flower)*—y aun tiene una laguna de flores acuáticas. En su tiempo libre a David le gusta pasear *(use "walking" gesture)* por los senderos tranquilos o sentarse *(sit down and read)* en un banco para leer un libro.

CAPÍTULO 3

EXPRESIONES (p. 87)

(Word rate: moderately slow, about 130 wpm.)

Un árbol genealógico

Aquí se ve la familia López *(using a circling motion to indicate the family)*. Hay uno, dos, tres, cuatro, cinco, seis, siete, ocho, nueve personas en la familia *(point to each person as you count)*. Los López viven en Nuevo México. María Cristina y Alejandro son esposos *(circle María Cristina and Alejandro)*. María Cristina *(point to María Cristina)* es la esposa de Alejandro *(point to Alejandro)*. Alejandro es el esposo de María Cristina. María Cristina y Alejandro *(circle María Cristina and Alejandro)* tienen dos hijas *(circle Rosa and Cristina)*. La hija mayor se llama Cristina *(point to Cristina)*. Tiene cuarenta y cinco años. La hija menor se llama Rosa *(point to Rosa)*. Rosa tiene cuarenta años. Cristina y Rosa *(circle Rosa and Cristina)* son las hijas de María Cristina y Alejandro *(circle María Cristina and Alejandro)*. María Cristina *(point to María Cristina)* es la madre de Cristina y Rosa *(circle Rosa and Cristina)*. Alejandro *(point to Alejandro)* es el padre de Cristina y Rosa *(circle Rosa and Cristina)*. María Cristina y Alejandro *(circle María Cristina and Alejandro)* son los padres de Cristina y Rosa *(circle Rosa and Cristina)*. Cristina y Rosa son hermanas. El esposo de Cristina se llama Pablo *(point to Pablo)*. Cristina tiene dos hijos *(point to Marcos and Pablito)*. Marcos *(point to Marcos)* es el hijo mayor y Pablito *(point to Pablito)* es el hijo menor. Marcos tiene dieciocho años y Pablito tiene doce años. Pablo *(point to Pablo)* es el padre de Pablito pero no es *(shake your head)* el padre de Marcos. Los padres de Pablo están divorciados. El padre de Marcos vive en California. Pablo *(point to Pablo)* es el padrastro de Marcos. Marcos *(point to Marcos)* es el hijastro de Pablo. Cristina *(point to Cristina)* es la madre de los dos chicos. Pablito y Marcos *(circle Pablito and Marcos)* son hermanastros.

Rosa *(point to Rosa)* tiene dos hijos también *(point to Rosita and Alex)*. Rosita *(point to Rosita)* es la hija. Tiene veintidós años. Alex *(point to Alex)* es el hijo de Rosa. Tiene veintidós años también. Rosita y Alex *(circle Rosita and Alex)* son gemelos. Los dos tienen veintidós años. Rosa no tiene esposo *(shake your head)*; es viuda *(point to cross)*. Su esposo murió en Vietnam.

María Cristina y Alejandro *(circle María Cristina and Alejandro)* son los abuelos de Marcos, Pablito, Rosita, y Alex *(point to each grandchild)*. María Cristina es la abuela. Alejandro es el abuelo. Rosita *(point to Rosita)* es la nieta de María Cristina y Alejandro *(circle María Cristina and Alejandro)*. Marcos, Pablito y Alex son sus nietos *(point to each grandson)*. María Cristina y Alejandro tienen cuatro nietos en total.

Rosa *(point to Rosa)* es la tía de Marcos y Pablito *(point to Marcos and Pablito)*. Cristina y Pablo *(circle Cristina and Pablo)* son los tíos de Rosita y Alex *(point to Rosita and Alex)*. Pablo *(point to Pablo)* es el tío de Rosita y Alex. Cristina *(point to Cristina)* es la tía de Rosita y Alex. Marcos y Pablito *(point to Marcos and Pablito)* son los sobrinos de Rosa. Rosita *(point to Rosita)* es la sobrina de Cristina y Pablo. Alex *(point to Alex)* es el sobrino de Cristina y Pablo. Marcos, Pablito, Rosita y Alex *(point to each cousin)* son primos. Rosita *(point to Rosita)* es la prima de Marcos y Pablito. Alex *(point to Alex)* es el primo de Marcos y Pablito. Marcos, Pablito, Rosita y Alex *(point to each cousin)* son primos hermanos *(hold up one finger)*.

Rosa *(point to Rosa)* es la cuñada de Pablo. Pablo *(point to Pablo)* es el cuñado de Rosa. Rosa y Pablo *(point to Rosa and Pablo)* son cuñados. Pablo *(point to Pablo)* es el yerno de María Cristina y Alejandro *(circle María Cristina and Alejandro)* porque Pablo es el esposo de su hija, Cristina. María Cristina y Alejandro son los suegros de Pablo. María Cristina es la suegra *(point to María Cristina)* y Alejandro *(point to Alejandro)* es el suegro. María Cristina y Alejandro no tienen nuera *(shake your head)* porque no tienen hijos. Sólo tienen hijas *(point to Rosa and Cristina)*.

En las familias hispanas es muy común que el hijo tenga el nombre de su padre o que la hija tenga el nombre de su mamá. En la familia López, Cristina tiene el nombre de su madre, María Cristina *(point to Cristina and María Cristina)*. Rosita tiene el nombre de su mamá, Rosa *(point to Rosa and Rosita)*, aunque es una forma diminutiva *(make a "little" gesture with your thumb and forefinger)*. Pablito es la forma diminutiva *(make a "little" gesture with your thumb and forefinger)* de Pablo. Alex tiene una forma inglesa del nombre de su abuelo, Alejandro *(point to Alex and Alejandro)*.

¿Comprenden las relaciones familiares? Aunque la familia López no es grande hay muchos familiares, ¿no? Pues, todas las personas son parientes—hijos, padres, abuelos, hermanos, primos y tíos—todos son parientes *(make a big sweeping circle of everyone)*.

CAPÍTULO 4

EXPRESIONES (p. 116)
(Word rate: moderate, about 150 wpm.)

Un departamento en Buenos Aires

Carlota y Eduardo quieren comprar un departamento. Así que van a ver los nuevos pisos del Edificio Mediodía. Entran en el modelo para inspeccionar el plano del piso *(use circling motion to indicate the floor plan)*. El modelo es grande y cómodo. Hay cuatro dormitorios *(count bedrooms)* y dos cuartos de baño *(indicate bathrooms)* completos. Hay una sala *(indicate living room)* que se comunica con el comedor *(indicate dining room)*. Claro que hay una cocina moderna *(indicate kitchen)* y un lavadero *(indicate laundry)*.

La cocina está completamente amueblada con armarios altos y bajos *(indicate cupboards)*, fregadero *(indicate sink)*, estufa *(indicate stove)* y refrigerador *(indicate refrigerator)* y el suelo es de azulejos *(indicate tiles)*. También hay espacio para un lavaplatos *(act out eating, then loading dishwasher)*. En el lavadero hay otro fregadero *(indicate sink)* y una lavadora *(indicate washing machine)*.

Hay tres dormitorios grandes *(indicate larger bedrooms)* y uno pequeño *(indicate small bedroom)*. Aunque Carlota y Eduardo tienen sus propios muebles, los muebles del modelo son lindos. En todos los dormitorios hay cama *(indicate beds)* y mesita de noche *(indicate nightstands)* con lámpara *(indicate lamps)*. Las almohadas *(indicate pillows)* y la sobrecama *(indicate bedspreads)* son de estilo contemporáneo. Sobre el suelo hay alfombras mullidas *(indicate the rugs and make a "fluffy" gesture)*. Cada dormitorio tiene un ropero espacioso *(indicate closets and make "big" gesture)*. Hay otro ropero en el pasillo *(indicate closet in hallway)*. Como no necesitan los cuatro dormitorios, Carlota quiere usar el más pequeño como su estudio *(act out studying)*.

Los dos cuartos de baño son elegantes. El suelo es de azulejos blancos *(indicate tiles)* y la bañera *(indicate tub)*, lavabo *(indicate washbasin)*, inodoro *(indicate toilet)* y bidet *(indicate bidet)* son de cerámica azul. Como ustedes pueden ver, falta una ducha *(shake head "no" and use "shower" gesture)*.

La sala no es muy grande pero es cómoda. Hay un sofá *(indicate sofa)* y dos sillones *(indicate chairs)*. Las mesitas *(indicate tables)* y los estantes *(indicate shelves)* son de madera *(point out something wooden in the room)*. Bajo los muebles hay una alfombra *(indicate carpet)*. Hay suficiente espacio en los estantes para el televisor *(indicate TV set)*. Al abrir *(use opening gesture)* la ventana hay una terraza *(indicate balcony)* preciosa. El comedor tiene una mesa *(indicate table)* y cuatro sillas *(indicate chairs)*. Hay dos vitrinas *(indicate china cabinets)* para la vajilla *(act out plates and glasses)*.

El vestíbulo también va a ser muy conveniente *(indicate foyer)* porque está separado *(indicate doors)* de la sala y las áreas privadas del piso. Además, el ascensor *(indicate elevator and make elevator gesture)* y la escalera *(indicate stairs)* están al lado de la entrada *(indicate entrance)*. A Carlota y a Eduardo les gusta mucho el modelo. Es amplio y cómodo. Parece perfecto.

CAPÍTULO 5

EXPRESIONES (p. 150)

(Word rate: moderate, about 150 wpm.)

Vamos de compras

Aquí estamos en el centro de compras el Unicenter *(indicate sign)*, el complejo comercial más grande de la Argentina con más de 200 comercios distintos. ¡Qué suerte! Ahora hay una gran liquidación *(point to sale sign)* de verano y los precios son muy económicos *(point to discount tag)*. La familia Gil busca ropa nueva para sus vacaciones de verano en Mar del Plata. Violeta está en la cuarta planta *(indicate sign)* en la tienda Pierre Cardin para las damas. Acaba de encontrar un precioso conjunto *(point to outfit)* con el precio rebajado. ¡Qué maravilla! Es una verdadera ganga... sólo 240,000 Australes. A Violeta le encantan las sandalias *(point out shoes)* y el sombrero *(point out hat)* de paja también. Por estos precios bajos puede comprar todos.

Oscar piensa descansar mucho en Mar del Plata. Compra estos pantalones *(indicate trousers)* nuevos, pero como son demasiado largos *(pantomine long)*, el sastre *(point out tailor)* tiene que ajustarlos *(pantomime cutting with scissors)* unos centímetros *(use fingers to indicate a couple of centimeters)*. No necesita ni corbata *(point out tie)* ni saco *(point out sports jacket)* en la playa. Esta camisa tropical *(point out shirt)* será mucho más cómoda. Dos semanas exquisitas sin necesidad de ir a la oficina. ¡Qué barbaridad!

Chocolate está en la tercera planta *(indicate floor sign)*. Isabel, la benjamín de la familia, sueña con pasar todos los días en la playa *(indicate dream bubble)*. Así selecciona un traje de baño *(indicate swimming suit)* de colores brillantes. Es la última moda para las niñas. También quiere un nuevo par de zapatillas *(indicate flip-flops)* para pasearse y una chaqueta playera *(point out jacket)*. Ya tiene una colección grande de toallas para la playa.

Enrique Gil está en la tienda Adidas. A Enrique le gusta mucho jugar al tenis. Quiere comprar un conjunto para impresionar a sus amigos en las canchas de tenis. ¡Qué suéter *(indicate sweater)* más lindo! Hace juego perfectamente con los pantalones cortos *(point out shorts)*. Claro que Enrique necesita zapatos de tenis nuevos *(indicate tennis shoes)* y dos o tres pares de calcetines blancos *(point out socks)*. ¡Será la sensación de Mar del Plata! ¡Adiós uniforme del colegio *(indicate uniform)*! Enrique va de vacaciones.

CAPÍTULO 6

EXPRESIONES (p. 187)

(Word rate: moderate, about 150 wpm.)

Profesiones y oficios

Margarita Delgado es médica. Trabaja en la Clínica del Buen Samaritano en Buenos Aires. Margarita se especializa en la cardiología. Aunque hay hospitales muy grandes en Buenos Aires, Margarita prefiere el ambiente de esta clínica pequeña. Así puede conocer mejor a sus pacientes.

Patricio Flores es periodista de *La Prensa,* el periódico más importante de Buenos Aires. Aunque tiene un cubículo pequeño con su escritorio y computadora en el edificio de *La Prensa,* la mayoría del tiempo, Patricio trabaja fuera de la oficina.

Ernesto Vilas es gerente de una empresa que exporta productos argentinos al extranjero. Ernesto tiene un puesto de influencia. Trabaja en una oficina impresionante en el centro de Buenos Aires.

Adelina Onsurez es ama de casa. Cuida bien a su familia. Aunque muchas porteñas trabajan fuera de la casa, Adelina prefiere quedarse en casa porque tiene dos hijos pequeños.

Félix Estrada es técnico de computadoras. Repara las computadoras descompuestas en su taller. Como hay mucho interés en las computadoras hoy en día, Félix está muy ocupado siempre.

Laura Albertini es cocinera en un restaurante elegante en la Calle Florida. Se especializa en la cocina tradicional argentina como bistec, churrasco y la parrillada. A Laura le gusta preparar los platos típicos de su país.

CAPÍTULO 7

EXPRESIONES (p. 219)

(Word rate: average, about 170 words per minute)

España: Tierra de contrastes

España está en el suroeste de Europa. Al noreste de España queda Francia *(point to France)*, y al oeste, Portugal *(point to Portugal)*. Las dos naciones, España y Portugal, *(circle Spain and Portugal)* forman la Península Ibérica, denominada así por una de las antiguas civilizaciones de esta zona. España es el tercer *(hold up three fingers)* país más grande de Europa en superficie *(circle Spain)* pero el séptimo *(hold up seven fingers)* en población.

España es el segundo país más montañoso *(indicate mountain ranges)* de Europa; sólo Suiza tiene más montañas. Al noreste, los Pirineos *(indicate Pirineos)* forman una frontera *(indicate the border)* natural entre Francia y España y se extienden unas 260 millas desde el Mar Cantábrico *(indicate Mar Cantábrico)* hasta el Mediterráneo *(indicate Mar Mediterráneo)*. Es la cordillera más extensa y de mayor altura de España. La Cordillera Cantábrica *(indicate Cordillera Cantábrica)* se encuentra en el norte de España también. Se extiende al sur de la Costa Verde *(indicate Costa Verde)* del Mar Cantábrico. Al noroeste de Madrid quedan la Sierra de Gredos *(indicate Sierra de Gredos)* y la Sierra de Guadarrama *(indicate Sierra Guadarrama)*. La Sierra Morena *(indicate Sierra Morena)* separa el centro *(point out center of Spain)* del sur del país *(point out southern Spain)*. En el sur de España, cerca de la ciudad de Granada *(indicate Granada)*, se encuentra la hermosa Sierra Nevada *(indicate Sierra Nevada)*, uno de los sitios preferidos para practicar el esquí *(pantomime skiing)*.

En el centro *(indicate center of country)* del país está la meseta central. Es una región alta y árida *(pantomime dry)* en la que está situada la capital, Madrid *(point out Madrid)*.

La meseta central desciende en dirección occidental *(indicate westerly direction)* hacia el Océano Atlántico *(indicate Atlantic Ocean)*, la mayoría de los ríos españoles desembocan *(indicate mouths of rivers)* en el Atlántico. La excepción es el Ebro *(indicate Río Ebro)* que desemboca en el Mediterráneo. El Miño, el Duero, el Tajo, el Guadiana y el Guadalquivir *(indicate rivers in turn)* forman el sistema fluvial del país, pero sólo el Guadalquivir es navegable.

Dos grupos de islas pertenecen a España: las Islas Canarias *(indicate Islas Canarias)* en el Océano Atlántico y las Islas Baleares *(indicate Islas Baleares)* en el Mar Mediterráneo. Además de esas islas existe una España africana que consiste en las ciudades de Ceuta y Melilla *(point out cities)* en el norte de ese continente.

Las costas *(quickly trace around coasts)* son unos de los rasgos distintivos de España. La Costa de la Luz *(trace Costa de la Luz)* en el Océano Atlántico se extiende desde Gibraltar *(indicate Gibraltar)* al oeste hasta Portugal. Las ciudades principales de la Costa de la Luz son los puertos de Cádiz y Huelva *(indicate cities)*. En las fincas de la Costa de la Luz se crían los toros bravos *(pantomime fighting bull)*. La Costa del Sol *(trace Costa del Sol)* se extiende de Gibraltar al noreste hasta Almería *(point out Almería)* atrayendo a turistas de todo el mundo a sus playas. Una ciudad conocida de la zona es Málaga *(indicate Málaga)*. La Costa Blanca *(trace Costa Blanca)* también es muy popular por sus balnearios *(pantomime swimming)*, especialmente el de Alicante *(indicate cities)*. Al este de España quedan la Costa del Azahar, la Costa Dorada y la Costa Brava *(trace coasts in turn)*. Aunque las playas de estas regiones son lindísimas sufren los efectos de la contaminación. Las ciudades principales de la Costa del Azahar son Valencia y Castellón *(point out cities)*. La Costa Dorada *(trace Costa Dorada)* se extiende desde Tarragona hasta Barcelona *(point out cities)*. Allí se encuentra Sitges, una de las playas más populares de la región. El norte de España también tiene sus balnearios: la

Costa Cantábrica y la Costa Verde son muy populares entre los españoles mismos. La ciudad cosmopolita de San Sebastián *(indicate city)* (o Donostia como se dice en la lengua Euskera) tiene playas excelentes. El centro recreativo de la zona es Santander *(point out city)* con la famosa playa del Sardinero. La provincia de Galicia *(circle Galicia)* tiene las costas más rocosas *(make jagged gesture with hand)* y salvajes. Las rías *(indicate estuaries)* escarpadas y profundas *(pantomime deep)* de la región semejan mucho a la costa noruega.

La agricultura es una industria importante en España. En Andalucía hay muchos olivos *(gesture an olive)*. En la Rioja se produce el vino y en Jerez de la Frontera, el jerez *(pantomime drinking a small glass of sherry)*. Cerca de Valencia se encuentran los grandes arrozales *(pantomime chopsticks)* y huertos de frutas y verduras *(pantomime munching a fruit)*. En el norte, la pesca *(pantomime catching a fish)* es muy importante.

CAPÍTULO 8

EXPRESIONES (p. 247)

(Word rate: average, about 170 wpm.)

Una tienda de deportes

Mauricio Moro entra en la tienda Olympus de Barcelona *(point out the name of the store)* porque ésta tiene la mejor selección de equipo deportivo *(indicate sporting goods in window)* de la ciudad. A Mauro le gusta mirar lo último en equipo y, además, necesita comprar una raqueta *(point to racket)* nueva. Mauro juega al ráquetbol *(pantomime swinging a racket)* dos veces a la semana en un club deportivo cerca de su oficina y desafortunadamente se le rompió *(pantomime breaking racket)* la raqueta, su raqueta favorita *(indicate broken racket),* la última vez que jugó.

Mauro se detiene *(pantomime a stopping motion)* para admirar un cartel *(indicate poster)* hermoso de un jugador de jai alai *(indicate player)*. Se dice que el jai alai es el deporte más rápido del mundo. Aunque se originó en el País Vasco, una región del norte de España, es muy popular hoy en los Estados Unidos. Hay frontones *(indicate the courts)* en Miami y otras ciudades. Se vende equipo de jai alai en Olympus también: cestas *(indicate basket)*, cascos *(indicate helmets)*, pelotas *(indicate ball)*.

Mauro se detiene unos minutos en el departamento de deportes acuáticos. Le gusta mucho nadar *(pantomime swimming)* en la piscina olímpica *(gesture for large)* en su club porque es un deporte excelente para todos los músculos *(make a muscle)*. Para desarrollar los músculos *(make kicking movement)* necesita una tabla *(indicate kickboard)*. También le gustan otros deportes acuáticos como el buceo *(pantomime snorkeling)*. Compra unas gafas *(indicate goggles)* y un tubo de respirar *(indicate breathing tube)*. También se venden aletas *(indicate flippers)* excelentes.

Mauro tiene mucha curiosidad por el béisbol. Es un deporte que casi no se juega en España aunque es muy popular en las islas de habla española del Caribe: la República Dominicana, Puerto Rico y Cuba. Mauro inspecciona la pelota *(indicate ball)*, un bate *(indicate bat)* y un guante de cuero *(indicate glove)*. ¡Qué bien huele! *(pantomime smelling the glove)*

La pesca *(pantomime fishing)* es muy popular en España, incluso el Rey Juan Carlos de Borbón es aficionado *(put hands over heart to indicate love for the sport)*. Estas cañas de pescar *(indicate fishing rods)* son muy finas, pero son carísimas. Los avíos de pesca *(indicate fishing tackle)* son excelentes también pero como no tiene ocasión de usarlos, Mauro pasa a otro departamento.

Aquí está el departamento de culturismo *(strike a bodybuilder's pose)*. A Mauro le fascina levantar pesas *(pantomime lifting weights)*. Aunque no compite le gusta entrenar con sus compañeros del club. Mira lo último en máquinas *(indicate machine)* para desarrollar los músculos *(make a muscle with your arm)*. Es tarde y Mauro tiene que comprar una raqueta y salir para su club. ¡Tiene un partido de ráquetbol muy importante!

CAPÍTULO 9

EXPRESIONES (p. 278)

(Word rate: average, about 170 wpm.)

El cuerpo humano

Felipa Ulibarrí es programadora de computadoras y trabaja en una empresa internacional en Madrid. Para mantenerse en forma *(pantomime "fit")* y aliviar la tensión, asiste a clases de yoga tres veces a la semana. Las posturas *(pantomime yoga posture)* de yoga son muy beneficiosas para la salud física y mental de los seres humanos.

Mira una vista del cuerpo humano *(indicate body)*. La parte central es el tronco, *(indicate trunk)* que contiene los órganos vitales. La parte superior *(point up)* delantera del tronco es el pecho *(indicate chest)* y la parte inferior *(point down)* es el abdómen *(indicate abdomen)*. La parte trasera *(point to back)* del tronco es la espalda *(indicate back)* que se sostiene por la columna vertebral *(indicate spinal column)*. Otras partes del tronco son las caderas *(indicate hips)*.

La cabeza *(indicate head)* es la parte superior del cuerpo y es una de las partes más delicadas. Está conectada al tronco por el cuello *(indicate neck)*.

Las extremidades del cuerpo son los brazos *(indicate arms)* y las piernas *(indicate legs)*. Al extremo del brazo está la mano *(indicate hand)* con cinco dedos *(indicate fingers)*. La mano y el brazo están conectados por la muñeca *(indicate wrist)*. El codo *(indicate elbow)* les da flexibilidad a los movimientos del brazo y de los hombros *(indicate shoulders)* que se componen de músculos. Al extremo de la pierna está el pie *(indicate foot)* que también tiene cinco dedos *(indicate toes)*. Está conectado a la pierna por el tobillo *(indicate ankle)*. La rodilla *(indicate knee)* es una coyuntura que hace doblar *(bend your knee)* la pierna.

La cabeza es una parte esencial del cuerpo. Los jóvenes normalmente tienen pelo *(indicate hair)*, aunque los viejos a veces son calvos. La piel *(indicate skin)* de la cara es más fina que la piel de otras partes del cuerpo y es necesario protegerla de los efectos malos del sol. La frente *(indicate forehead)*, las mejillas *(indicate cheeks)* y la barbilla *(indicate chin)* dan forma a la cara *(indicate face)* del individuo. Los ojos *(indicate eyes)* son los órganos de la vista y están protegidos por las cejas *(indicate eyebrows)*, los párpados *(indicate eyelids)* y las pestañas *(indicate eyelashes)*. Los oídos *(indicate inner ear)* y su parte exterior, las orejas *(indicate outer ears)*, hacen posible el escuchar. La boca *(indicate mouth)* se compone de los labios *(indicate lips)*, los dientes *(indicate teeth)*, y la lengua *(indicate tongue)* que es el órgano del gusto y de la comunicación oral. Se huele *(take a deep breath)* con la nariz *(indicate nose)* que es el órgano del olfato y se asocia con el sistema respiratorio.

Claro está que los órganos internos del cuerpo son muy importantes y hay posturas de yoga especiales para ayudarlos. El esqueleto *(indicate skeleton)* que se compone de los huesos, protege y mantiene erguido el cuerpo. El cerebro *(indicate brain)* es el órgano principal que controla todos los sistemas del cuerpo. El corazón *(indicate heart)*, las venas *(indicate veins)* y las arterias *(indicate arteries)* mandan la sangre y el oxígeno a todos los órganos del cuerpo. Los pulmones *(indicate lungs)* son los órganos principales de la respiración. El estómago *(indicate stomach)* y los intestinos *(indicate intestines)* hacen posible la digestión.

CAPÍTULO 10

EXPRESIONES (p. 312)

(Word rate: moderately fast, about 190 wpm.)

En el mercado

Estamos en el mercado Juárez *(indicate market)*, uno de los mercados más bonitos y tradicionales de la ciudad de México. Hoy es el día del santo de su hija, Pilar, y la señora Armijo desea cocinar varios platos típicos al gusto de Pilar para la cena. La señora trae una bolsa *(indicate shopping bag)* grande para llevar sus compras a casa.

Primero la señora inspecciona las carnes *(indicate different types of meats)*... puerco, res, cabrito y cordero. Las aves de corral también parecen estar buenas *(indicate different types of poultry)*... guajolotes, pollos y patos frescos y apetitosos. A pesar de eso, la señora Armijo decide comprar una pierna de cordero *(point out leg of lamb)* como el plato principal. El carnicero le asegura que el cordero es tierno y fresco.

Para el postre, cocinará un flan, que es riquísimo. Así que compra un kilo de huevos *(make a point of weighing the eggs)*.

Para adobar el cordero con una salsa picante y gustosa *(gesture for spicy food)*, se requieren dos variedades de chiles *(point out chile ristras)*. En el puesto de verduras del Sr. Vargas todo está muy bonito. Jitomates *(indicate each type of vegetable)*, cebollas, lechuga, calabacitas, frijoles, elotes, zanahorias, papas.... La señora Armijo compra lechuga, jitomates, aguacates y cebollas para una ensalada y dos kilos de frijoles. Y ahora, a la frutería.

En la familia Armijo a todos les gustan las frutas y en el puesto de doña Maruja se venden muchas clases *(indicate different types of tropical fruits)*: mangos, piñas, guayabas, plátanos y otras frutas tropicales. También *(indicate fruits)* hay manzanas, cerezas, duraznos y peras. Una piña dulce parece perfecta para la cena especial.

¿Pues, qué más hay? Claro. Sin tortillas *(indicate tortillas)*, no hay comida. Y como la tortillería está en camino a casa, la señora Armijo puede pasar por la tienda para comprar una docena de tortillas sabrosas recién hechas.

CAPÍTULO 11

EXPRESIONES (p. 348)

(Word rate: moderately fast, about 190 wpm.)

Una historia de amor

Hace dos años que se comprometieron según las tradiciones de su ciudad. La noche señalada los padres de Rolando *(indicate Rolando, then his parents)* fueron a la casa de la familia de Aurora *(indicate Aurora and her parents)* y les pidieron permiso para que los jóvenes se casaran *(indicate engagement ring)*. Los señores Vela consintieron con mucho gusto al matrimonio y todos celebraron con un brindis *(indicate the toast)*.

Como el matrimonio civil es obligatorio en su país, los comprometidos *(indicate couple)* fueron al Juzgado *(indicate the statue of the goddess of Justice)*, el edificio de las oficinas del gobierno, para llenar los formularios oficiales *(indicate couple filling out forms)* y cumplir sus obligaciones legales. El funcionario del gobierno *(indicate government official)* ayudó a la pareja con el papeleo. Los dos testigos *(indicate witnesses)* son amigos íntimos de la pareja.

Una de las fases más importantes en la preparación de una boda es la selección y confección del vestido de novia. Aurora y su madre fueron a la boutique de doña Elena, una buena costurera, para comprar un vestido espléndido. Aurora seleccionó un vestido tradicional blanco *(indicate dress)* de larga cola *(indicate train)*, un tocado de flores *(indicate headpiece)* y el tradicional velo nupcial *(indicate veil)*.

Aurora y Rolando se decidieron por una ceremonia religiosa. Los tíos de Aurora sirvieron de padrino *(indicate best man)* y madrina *(indicate matron of honor)* y colocaron un rosario doble *(indicate rosary)* sobre los hombros de los novios *(indicate bride and groom)*. Éste es el lazo que simboliza la unión del matrimonio. El padre Marcos *(indicate priest)* ofició la ceremonia de enlace.

Llegó la hora del pastel en la elegante recepción. El momento de cortar el pastel de bodas *(indicate wedding cake)* tiene un significado simbólico y especial. Mientras los invitados *(indicate guests)* miraban y aplaudían, los novios cortaron y compartieron la primera porción *(indicate slice of cake)* de pastel para atraer la buena suerte *(indicate bride and groom sharing first piece of cake)*.

Aurora y Rolando se cambiaron de ropa *(indicate change of clothing)* para despedirse de la recepción y salir para su luna de miel. Al momento de partir, los invitados les arrojaron confeti *(indicate shower of confetti)* en señal de buenos deseos. ¿El destino secreto para la luna de miel de Aurora y Rolando? ¡Orlando, Florida, y el mundo mágico de Disney!

CAPÍTULO 12

EXPRESIONES (p. 382)

(Word rate: moderately fast, about 190 wpm.)

En la estación de autobuses

Jessica Rose *(point out blonde woman)* y sus amigos, los gemelos Andrew y Miranda Jones *(point to twins)* son estudiantes universitarios de los Estados Unidos. Hace tres meses que están en México y acaban de terminar un programa de estudios en un instituto de lenguas en Cuernavaca *(point out Cuernavaca on map)*. Cursaron tres meses de estudios intensivos para aprender español y, antes de volver a la universidad, piensan viajar un poco y ver algunos de los sitios más importantes. Como son estudiantes, es necesario que viajen económicamente y el autobús es perfecto para ellos.

Como les interesa mucho ver los sitios arqueológicos *(indicate Mayan ruins)* de los Mayas en el sur del país, tienen que salir de la Terminal Central del Oriente *(use circling motion to indicate bus station)* en la Calzada Ignacio Zaragoza. Se dice que esta estación de autobuses es una de las más grandes del mundo y parece que así es. A este enorme *(use gesture to indicate "enormous")* edificio llegan y salen autobuses a todas horas y hay mucha gente *(point out people)*.

Los autobuses públicos mexicanos son de diversas clases *(indicate graphics for each type of service)*: super, de lujo, primera clase y segunda clase. Algunas líneas también tienen servicio de tercera clase en las regiones más aisladas *(use gesture to indicate "far away")*. Jessica, Miranda y Andrew eligen la línea Autobuses de Oriente. Se acercan a la taquilla *(point out ticket counter)* para comprar sus boletos *(indicate tickets)*.

El agente indica el horario *(point to schedule)* de salida con todos los destinos *(point to destinations)* posibles. Los jóvenes piensan ir primero a Mérida, en la península del Yucatán. El agente les informa que el viaje dura unas 22 horas—¡casi un día entero! Como en cualquier línea, el autobús hace escalas *(indicate the cities between Mexico and Merida)* en muchos pueblos y ciudades rumbo a Mérida. A pesar de esto, es obvio que los boletos de autobús son muy baratos comparados con el transporte en Estados Unidos. El próximo autobús sale en una hora y media, a las 10:30 de la mañana. Aunque el viaje es largo, el autobús ofrece la comodidad del aire acondicionado *(use gesture to indicate "cool")* y se sirven refrescos *(use drinking gesture)*. Además hay servicios sanitarios *(use gesture of washing hands)* para el confort de los pasajeros.

En le kiosco, los tres amigos compran revistas y periódicos, chicles *(pantomime chewing)* y dulces para el viaje. No es necesario comprar sandwiches porque muchas de las estaciones en el camino a Mérida tienen cafeterías. Luego se sientan en la sala de espera *(indicate waiting area)* para esperar el anuncio de su salida.

«¡Atención! Pasajeros del autobús 247, con destino a Puebla, Córdoba, Veracruz, Miniatitlán, Ciudad del Carmen, Campeche y Mérida. Pueden embarcar a su conveniencia desde el andén 6A.»

Es hora de salir. Al llegar al andén el maletero *(indicate porter)* factura su equipaje *(indicate luggage)* y les da las contraseñas *(indicate baggage check)*. Jessica, Andrew y Miranda saludan al chófer *(point out driver)* al subir al autobús *(indicate boarding bus)*. ¡Buen viaje! ¡Que les vaya bien!

DONNA RESEIGH LONG   JANICE LYNN MACIÁN

El mundo hispánico

Propósitos

Escenario: The Spanish-speaking world

Bienvenidos: A personal welcome to the Spanish-speaking world

Vamos a comunicarnos: How to greet others and introduce yourself

Geografía del mundo hispánico: Names and locations of Spanish-speaking countries

La gente hispana: Nationalities associated with Spanish-speaking countries

Algunas similaridades: Similarities between written Spanish and English

Pronunciación: How to pronounce Spanish vowels and consonants

Autoprueba: A self-quiz on the chapter contents

Orientación: The *Propósitos* section always lists your objectives for the chapter. Consider it a chapter map. The geographic setting *(Escenario)* is provided first, followed by the topics relating to the various sections (called *Etapas* beginning with *Capítulo 1)* of each chapter. Start each chapter by reading the *Propósitos* and studying the opening photograph. This page will help put you in the proper "mind set" for the chapter.

Begin each chapter with a discussion of the opening photograph. At first, this discussion will have to be in English. After a few chapters, students should be able to make simple descriptive statements in Spanish.

El planeta Tierra

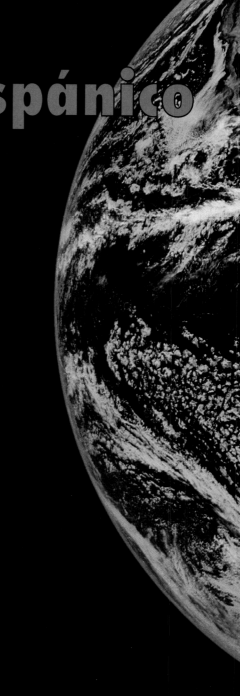

¡Hola! Mi nombre es Nieves Colón. Soy norteamericana, de Miami, Florida. Soy hispana.

The *Prólogo* is not a typical *capítulo preliminar* as found in many textbooks, but a much shorter introduction of a few basic concepts.

The greetings should be introduced in class. The taped passage is then assigned as homework and followed up in the next class. Students will have additional opportunities to practice greetings and introductions in *Capítulo 1*. This preliminary activity will help students in your class to get to know one another.

Put these words and phrases into short sentences and pronounce them for your students. Have them repeat as a whole class, then in groups, and then individually.

Bienvenidos

Welcome to the Hispanic world. I hope that you were able to understand me. In this textbook you will visit several areas of the Spanish-speaking world and meet the people who live there. You will learn about their daily lives, as well as some of the unique features about their countries. Most important of all, you will learn that the Spanish language is not just a collection of rules and formulas to be memorized. It is a living, useful way to communicate here in the United States, as well as in other Spanish-speaking countries. Let me explain: in my introduction, I greeted you, identified myself, and stated where I am from. This is the way young Hispanics meet and greet each other all over the world. In the next section, you will learn how to introduce yourself to a Spanish-speaking person.

VAMOS A COMUNICAR... (STUDENT TAPE)

Presentaciones. Study the drawing as you play your student tape. You will hear Nieves introducing herself to Gilberto Chang, a student from Perú. Repeat the phrases several times, until you feel comfortable with the new sounds. Then practice pausing the tape after Nieves' introduction and introduce yourself to her (male students should say *norteamericano* for their nationality).

¡Estupendo! You're off to a very good start. Using the phrases on page 4, practice identifying yourself. Now, introduce yourself to five of your classmates. Don't forget to shake hands!

GEOGRAFÍA DEL MUNDO HISPÁNICO (STUDENT TAPE)

Before we go any farther, let's take a look at the countries we mean when we say *"el mundo hispánico."* Study the map below and notice how the names of the countries are spelled in Spanish. They are not very different from the English spellings, although the pronunciation is not the same. Listen to your student tape as you look over the map and find the Spanish-speaking countries as they are mentioned. Listen again and repeat the names of the countries.

The Spanish-speaking countries should be introduced in class. The taped passage is then assigned as homework with appropriate follow-up. The definite article that traditionally accompanied a few of the Spanish-speaking countries is disappearing in current usage and has not been included here, except in the cases of *La República Dominicana* and *El Salvador.* If you wish to teach the definite articles with their respective countries, do so at this time.

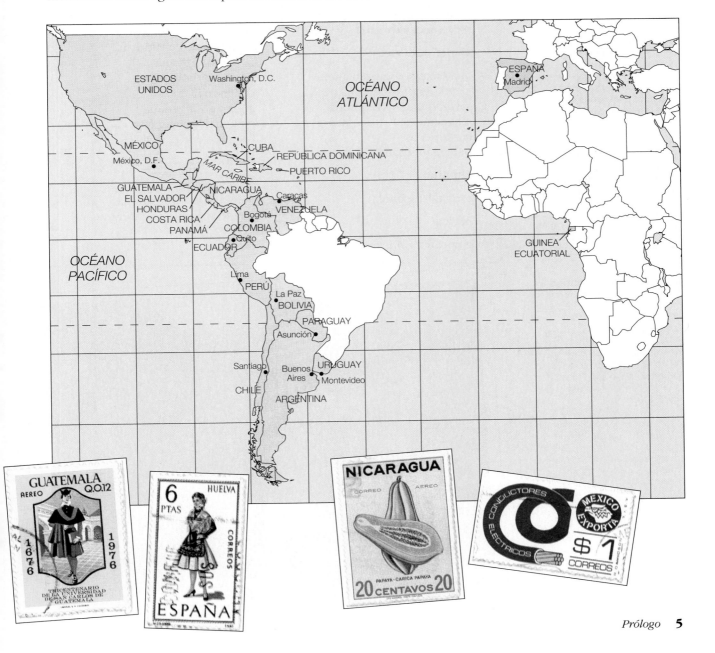

Una cosita más: Notice that nationalities are not capitalized in Spanish. When asked about nationality, most citizens of the United States respond by saying "American." But the inhabitants of Canada, Central America, and South America are also Americans! In Spanish, the inhabitants of the United States are called *estadounidenses* or *norteamericanos,* and those who live in Central and South America are *centroamericanos* and *sudamericanos. Hispanos* are anyone whose heritage is related to a Spanish-speaking country.

Nationalities that end in *o* would change to *a* when a female states her nationality. *Soy chileno./Soy chilena.* The nationalities that end in *e* stay the same for both sexes. When referring to a group of people of a given nationality, add *s* to either the female or male form. When the group includes both females and males, use the male form plus *s.*

Of course, there are **always** exceptions. Here are the forms for "Spanish" (that is, someone from Spain): *Soy español./Soy española.*

LA GENTE HISPANA (STUDENT TAPE)

Who are the people who live in the Spanish-speaking world? Listen to your instructor pronounce the various nationalities shown below. As you listen, try to think of the name of the country associated with each nationality. At home, play your student tape and pronounce the nationalities out loud after the speaker.

Las nacionalidades del mundo hispánico
Nationalities of the Hispanic world

Norteamérica

estadounidense
mexicano/mexicana

Centroamérica

guatemalteco/guatemalteca
hondureño/hondureña
salvadoreño/salvadoreña
nicaragüense
costarricense
panameño/panameña

España

español/española

África

guineano/guineana

Sudamérica

venezolano/venezolana
colombiano/colombiana
ecuatoriano/ecuatoriana
peruano/peruana
boliviano/boliviana
chileno/chilena
argentino/argentina
paraguayo/paraguaya
uruguayo/uruguaya

Caribe

cubano/cubana
dominicano/dominicana
puertorriqueño/puertorriqueña

Una familia española

ALGUNAS SIMILARIDADES... (STUDENT TAPE)

There are **many** similarities between the Spanish and English languages. These similarities really stand out in written Spanish, but with a little practice, you can soon recognize them in spoken Spanish, too. Listen carefully as your instructor reads the newspaper headlines. As you listen to your instructor, find the corresponding headline in your textbook. Can you guess what the headlines mean? Listen to your student tape at home and practice writing the headlines, stopping the tape when necessary.

El Festival de las Artes de Nueva York

Europa: movimiento por la democracia

Precios astronómicos en hoteles para la Expo

Un tren rápido para los Estados Unidos

Serie de TV en México sobre teatro mexicano

Auto choca contra catedral durante servicio religioso

Programa popular de TV español cancelado

Crisis de tenis en Argentina

Helen Sharman, primera astronauta británica

The sounds of Spanish should be introduced in class. The taped passage is then assigned as homework and followed up in the next class.

Una cosita más: Notice how the **u** sound disappears after the sound represented by the letter **q**. The same thing happens after the sound represented by **g**.

Put these words and phrases into short sentences and pronounce them for your students. Have them repeat as a whole class, then in groups, and then individually.

PRONUNCIACIÓN (STUDENT TAPE)

Yes, Spanish sounds different, although Spanish has many of the same sounds as English and only a few that are really different. Using your student tape again, practice the sounds represented by the following letters of the Spanish alphabet and repeat the familiar *ejemplos*. You will be able to understand the meanings since they are all Spanish place names within the U.S. Each *ejemplo* is included in a sentence that helps to identify it. Can you guess the meaning of the entire sentence?

Los sonidos del español *The sounds of Spanish*

Sonidos	Ejemplos	Identificaciones
a	S**a**nta B**á**rbara...	es una telenovela popular.
e	M**e**sa...	es una ciudad en Arizona.
i	M**i**am**i**...	es una ciudad hispana cosmopolita.
o	C**o**l**o**rad**o**...	es la tierra del esquí.
u	Alb**u**q**u**erque...	está en Nuevo México.
b,v	**B**oca Ratón...	está en Florida.
	Chula **V**ista...	está en California.
	Las **V**egas...	no es la capital de Ne**v**ada.
d	En Escon**d**i**d**o, California...	está el Observatorio Palomar.
h	El Río **H**ondo...	está en el sureste de Nuevo México.
j, ge, gi	La **J**olla...	es una ciudad de la costa de California.
	En Los Án**ge**les...	hay muchos actores.
	Gila...	está en las montañas de Nuevo México.
ll	Mesi**ll**a...	es la antigua capital del Territorio de Arizona y Nuevo México.
ñ	En Ca**ñ**ón...	está la Universidad Estatal del Oeste de Texas.
r	San F**r**ancisco, Sac**r**amento y Monte**r**ey...	están en California.
rr	En Cima**rr**ón...	es popular el rodeo.
z	**Z**o**z**obra...	es el símbolo de la Fiesta de Santa Fe.

The other Spanish sounds are pretty much the same as in English. Over the course of this book, you will practice perfecting your pronunciation until you sound *muy hispano* yourself.

Autoprueba

In this *Prólogo,* you should have learned the following:

1. an appropriate way to introduce yourself in Spanish
2. names of countries in the Hispanic world
3. nationalities associated with Spanish-speaking countries
4. pronunciation of the vowels and the "different" consonants

Now, take the *Autoprueba* and see if you are ready to proceed to *Capítulo 1.*

A. Make up an identity, country, nationality, and city for yourself, using the map on page 5 as a guide. Now introduce yourself to your partner, who will use his/her true identity. Then exchange "roles" (your partner makes up an identity this time) and introduce yourself again.

B. Quiz your partner by naming ten Spanish-speaking countries. He/She must give the nationality associated with that country. Now, exchange roles and let your partner quiz you.

C. Working with a partner, take turns reading the *Identificaciones* on page 8 and guessing the places.

■ **Ejemplo:**
  Estudiante 1: *Está en Florida.*
  Estudiante 2: *Es° Boca Ratón.*

Es *It is*

Orientación: The *Autoprueba* is a self-test that appears near the end of every chapter. Its purpose is to determine whether you have achieved the objectives of the chapter. Some of the "test" items involve working with a partner or in a small group. Notice that the Spanish alphabet is used to letter these activities. The *CH (che)* is a separate letter of the Spanish alphabet, following *C.*

Calle Ocho, Miami

CAPÍTULO **1**

Somos amigos

Propósitos

Escenario: Miami Beach, Florida

Primera etapa: Preparación
  Introducción: *Miami mensual*
  ¡A escuchar!: *A la playa*
  Comunicación: *Greeting a friend, introducing, and saying good-bye*
  Así es: Cómo contar del cero al cien
  Expresiones: En un café de la playa

Segunda etapa: Funciones
  Primera función: *Identifying people, places, objects, and events using nouns*
  Segunda función: *Describing personal characteristics, nationality, and occupation using ser*
  Tercera función: *Describing using adjectives*

Tercera etapa: Estrategias
  Comprensión auditiva: *Recognition of key vocabulary*
  Lectura: *Using format cues*
  Composición: *Diaries*
  Cultura popular: Calle Ocho

Cuarta etapa: ¡Muestra lo que sabes!
  Autoprueba
  Fíjate en el vocabulario: *Using thematic categories*

SANTA CLARA

PRESCRIPTIONS
SERVICIO COMPLETO DE
OPTICA
LENTES DE CONTACTO
SUNGLASSES

Travelers Express ®
MONEY ORDERS

PRIMERA ETAPA: Preparación

Introducción

Miami mensual. Miami is one of the largest and most vibrant Hispanic cities in the United States. Because of its large Spanish-speaking population, newsstands and bookstores in Miami offer many newspapers, magazines, and other publications written in Spanish. Look over the table of contents of *Miami mensual* and try to guess the topics of the feature articles in this issue. You should be able to pick out many words that look like English; these words that resemble each other and have the same or similar meanings are called **cognates.** You will also notice words that are borrowed directly from English. Learning to recognize these words is a reading strategy that will aid your comprehension of the following material.

Año 10   No. 11

Nuestra portada:
María Teresa Casares. Foto de Miguel Martín. Estilista, Patrick. Maquillaje, Yoko. Ambos de Toni & Guy Hairdressing. Joyas de Mayor's Jewelers.

72.

¡A ESCUCHAR! (STUDENT TAPE)

Antes de escuchar

A la playa. Nieves, Felipe, and Carlos, three students from the University of Miami, are enjoying the last days of their summer vacation on the beach in Miami, Florida. Over 50% of Miami's population is Hispanic, the majority from Cuba, with significant populations from Colombia, El Salvador, Nicaragua, and Panama. Spanish is the primary means of communication for many who hope to preserve not only their heritage but also their language.

As you listen to their conversation on your student tape, remember that you are not expected to understand everything. First, play the tape and listen to the different voices. Can you tell when Felipe, Nieves, and Carlos are speaking? What do you think they are talking about? Eventhoughthewordsseemtoruntogetheratfirst, if you listen carefully you will be able to spot some cognates and "borrowed words." Use the questions that follow as a guide.

- What objects are Nieves and Felipe looking for?
  a novel   the radio/cassette player   a hat   some sandwiches
- Whose family is on vacation in Miami?
  Carlos'   Felipe's   Nieves'
- Where are they going this evening?
  a club   a restaurant   the movies   a jai-alai match

Comprensión

Did Nieves and Felipe find what they were looking for? Who is Carlos? Now that you are familiar with the speakers and some general information, listen to the tape again for some more specific information. You may listen to the tape as many times as you need, then complete the sentences below with the best response.

1. Classes at the university begin in
   a. August.   b. September.   c. October.
2. Nieves brought . . . to the beach.
   a. a volleyball and a frisbee
   b. beach chairs and an umbrella
   c. sandwiches and soft drinks
3. Felipe and Carlos know each other because
   a. they went to high school together.
   b. they are in the same classes at the university.
   c. their families have been friends for years.
4. Felipe found the radio/cassette player
   a. in the car.   b. under the towel.   c. in the beach bag.
5. Carlos thinks that La Tasca is
   a. too expensive.
   b. a fabulous restaurant.
   c. no longer open.

Orientación: Comunicación focuses on common phrases. The illustrations help you understand the meaning. Word-by-word translations are impossible, so study the expressions as phrases, not individual words. Listen to your Student Tape. Repeat aloud until you are comfortable with the sounds. Be prepared to role play with your classmates.

Here are some expressions that Felipe, Nieves, and Carlos used in their conversation. These phrases will help you greet, introduce others, and say good-bye. Listen to your student tape as you read the following conversations. Then practice them with other members of the class.

Saludos *Greeting a friend*

Presentaciones *Introducing*

Despedidas *Saying good-bye*

Prácticas

Saludos *Greeting a friend*

Hola.	*Hi.*		
Buenos días.	*Good morning.*		
Buenas tardes.	*Good afternoon.*		
Buenas noches.	*Good evening.*		
¿Cómo estás?	*How are you?*	Bien.	*Fine.*
¿Cómo te va?	*How's it going?*	Regular.	*Okay.*
		No muy bien.	*Not too well.*
¿Qué tal?	*How are things?*	Mal.	*Bad.*
¿Qué hay de nuevo?	*What's new?*	No mucho.	*Not much.*
¿Y tú?	*And you?*	Nada.	*Nothing.*

A. Hola, ¿cómo estás? Using the conversations between Felipe, Nieves, and Carlos as examples, practice greeting, introducing, and saying good-bye to other members of the class. Remember to use your own names when addressing each other.

B. ¡A clase! Make up your own conversation based on the *Saludos*.

C. Conversación. Using the conversation you made up in *Práctica B*, role play it with one of your classmates.

Presentaciones *Introducing*

Quiero presentarte a...	*I want to introduce you to . . .*
Mucho gusto en conocerte.	*Pleased to meet you.*
Encantado/Encantada.	*Delighted.*
El gusto es mío.	*The pleasure is mine.*
Igualmente.	*Likewise.*

CH. Un encuentro. In groups of three, practice making introductions, using the *Presentaciones*.

ENCANTADOS...

...de conocer al nuevo Toyota Tercel del '91.

Despedidas	Saying good-bye
Adiós.	*Good-bye.*
Chao.	*Good-bye.*
Hasta mañana.	*Until tomorrow.*
Hasta la vista.	*Till we meet again.*
Hasta luego.	*See you later.*
Hasta pronto.	*See you soon.*

D. Hasta luego. Working with a partner, practice the different ways to say good-bye, using the *Despedidas*.

E. Síntesis. Working with a partner, take turns greeting, introducing, and saying good-bye to other members of the class.

Así es

Cómo contar del cero al cien

In this section you will learn how to count from 0 to 100 and how to give and request phone numbers.

Los números del 0 al 100 *Numbers from 0 to 100*

0	cero	3	tres	6	seis	9	nueve
1	uno	4	cuatro	7	siete	10	diez
2	dos	5	cinco	8	ocho		
11	once	14	catorce	17	diecisiete	20	veinte
12	doce	15	quince	18	dieciocho		
13	trece	16	dieciséis	19	diecinueve		
21	veintiuno	24	veinticuatro	27	veintisiete	30	treinta
22	veintidós	25	veinticinco	28	veintiocho		
23	veintitrés	26	veintiséis	29	veintinueve		
31	treinta y uno	32	treinta y dos	33	treinta y tres		
40	cuarenta	70	setenta	100	cien/ciento		
50	cincuenta	80	ochenta				
60	sesenta	90	noventa				

Prácticas

A. ¿Cuál es el número de Jacobo García? Because there are over 175,000 Spanish-speaking residents in the Miami area, BellSouth publishes a supplementary telephone book in Spanish—*La Guiá para la Comunidad de Habla Hispana*—for residents and businesses. Look at the Spanish surnames on page 17. With a partner, take turns giving and requesting phone numbers according to the example.

■ **Ejemplo:**

Estudiante 1: *¿Cuál es° el número de Jacobo García?*
Estudiante 2: *Es tres – setenta y nueve – cincuenta y nueve – cuarenta y nueve.*

García Bernardo ofc 1400 SW North River Drive	448-8811
García Dagoberto J immigratn consltnt	
3501 SW 8th St	823-3000
García y Gorriz PA 1490 W 49th Pl Hlh	324-0233
García Jacobo 1295 NW 14th St	379-5949
GARCÍA JULIO J MD 7549 Biscayne Tower	374-3700
García José CPA 21 SE 1st St	649-8489
García Juan M 3661 S Miami Av	642-2355
García-Linares Mariano 55 N East St	372-8641
García Luis 3950 NW 9th St	541-7046
García Manuel 1952 NE LeJeune Rd	379-5959
GARCÍA MARIO A atty 200 SE 1st St	377-7713
García-Morera Enrique J 1728 NE 14th St	823-2400
GARCÍA-PEDROSA JOSE MD Brickell Av	362-0260

B. ¿A quién llamo? Look at the classified ads from a Miami newspaper, *El Nuevo Herald,* the Spanish newspaper with the largest circulation in the continental United States. Then dictate to your partner the telephone number for certain items or services.

■ **Ejemplo:**

Estudiante 1: *Necesito una computadora personal.*
Estudiante 2: *Llama° el 5-89-09-56*

Anuncios CLASIFICADOS

El periódico de habla hispana de mayor circulación en el suelo continental de Estados Unidos: 159,000 lectores diariamente.

COMPUTADORA PERSONAL IBM A COLOR Compatible, bajo garantía, perdí trabajo, urge venta, $1600. 589-0956.

CURSO DE INGLÉS, 16 cassettes y 8 libros $100. Para venta rápida. 882-6878.

22′ CATALINA, velero con motor de 10hp, trailer aluminio, buena condición, $15,000. 267-1217.

ESTÉREO c/radio y cassette $150, TV Zenith $300. 882-3542 desde 1p.

DUPLEX, 3 dorms, 1 baño, garaje en Pequeña Habana, $99,000. 448-3180.

PIANO Wurlitzer con sistema dehumedificado $1000, excelente condición. 398-6990.

SISTEMA DE TV POR SATÉLITE con descramble y plato de 10′ como nuevo $1500. Llamar al 432-3040.

SOFÁ SECCIONAL NUEVO 2 mesas de cristal, todo $800. Llame 756-1331.

SORTIJA DE DIAMANTE 14K, Color oro, 91 Quilatres, 24 Bagets. Valorizado en $8000. Vendo por $3500 oferta. 651-2400, ext 2131.

SE VENDEN PERRITOS Lhasa-Apso de 6 sem. Buen precio. 541-8302.

'86 LEBARON TURBO todos extras, negro, $3,800. 885-9972.

APARTAMENTO nuevo, A/C, $570 todo incluido. 264-3077.

¿Cuál es? *What is?* **Llama** *Call*

C. Anuncios clasificados. With your partner, look at the index of classified ads. Take turns telling each other where to find the items in *Práctica B.*

■ **Ejemplo:**
Estudiante 1: *una computadora personal*
Estudiante 2: *Está bajo° feria de mercancías.*

INDICE

	100 ANUNCIOS		700 BIENES RAICES/ ALQUILERES	
	200 PERSONALES		850 BIENES RAICES/VENTAS	
	300 SERVICIOS		1000 EMPLEOS	
	400 ANIMALES		1100 MARINA	
	500 FERIA DE MERCANCIAS		1200 AVIACION	
	600 NEGOCIOS		1300 AUTOMOVILES	

Call on students to give the telephone numbers they have collected. Ask: *¿Cuál es el número de teléfono de Brad?*, etc. The student who has collected that number calls it out and the "owner" verifies whether it is correct or not.

CH. ¿Cuál es tu número de teléfono? Ask five other members of your class for their names and phone numbers by using the phrase in the title of this *Práctica.* Be prepared to report the information to your classmates.

■ **Ejemplo**
Estudiante 1: *¿Cuál es tu número de teléfono?*
Estudiante 2: *Es el 9–58–90–65.*

EXPRESIONES (INSTRUCTOR TAPE)

En un café de la playa. In this lesson, you will learn about three young people and their day at the beach. Listen while your instructor describes the scene for you. You may not understand all of the words; this is perfectly normal. Listen carefully and try to understand the main ideas. After listening to the description, complete the *Comprensión* activity on page 19.

Orientación: Expresiones present key vocabulary related to chapter theme. As it is easier to learn words that are presented in context, this section always has a visual and a taped passage. As you listen to the story, your instructor will indicate related aspects of the visual. Relax and listen for main ideas. After hearing the passage twice, answer the *Comprensión* questions. The second part gives key words and phrases in print. Be sure to learn how to spell them correctly. There will be several *Prácticas* to help you learn the *Expresiones.*

The *Expresiones* are to be used in class. They are coordinated with the overhead transparency of the drawing in the textbook. Read the passage twice or use the Instructor Tape. Point out the designated items on the overhead transparency. You may always use the illustration in your book instead. Some prefer to read the script first, pointing to the designated items, then play the tape for the second presentation.

Está bajo *It's under*

Comprensión

¿Sí o no? Let's see if you understood the main ideas presented in the *Expresiones*. Read the following statements about the scene your instructor just described. If the statement is true, according to the narration, answer **sí**. If it is false, answer **no**.

1. Hay tres amigos.
2. Nieves es un chico.
3. Nieves toma Coca-Cola Lite.
4. Carlos toma un refresco.
5. Nieves es voleibolista.
6. Felipe es de la Florida.
7. Nieves es cubanoamericana.
8. Carlos es cubanoamericano.
9. Carlos es moreno.
10. Felipe es rubio.

Características físicas   *Physical characteristics*

Es pelirrojo.	*He is (a) redhead.*	Es bajo.	*He is short.*
pelirroja.	*She is (a) redhead.*	baja.	*She is short.*
moreno.	*He is brunet.*	delgado.	*He is thin.*
morena.	*She is brunette.*	delgada.	*She is thin.*
rubio.	*He is blond.*	gordito.	*He is plump.*
rubia.	*She is blonde.*	gordita.	*She is plump.*
alto.	*He is tall.*		
alta.	*She is tall.*	¿Es moreno?	*Is he brunet?*
		morena?	*Is she brunette?*

Put these words and phrases into
short sentences and pronounce
them for your students. Have
them repeat as a whole class,
then in groups, and then
individually.

Identificaciones   *Identifications*

Se llama Felipe.	*He calls himself Felipe.*
Nieves.	*She calls herself Nieves.*
¿Cómo se llama?	*What does he call himself?*
	What does she call herself?
Me llamo (*your name*).	*I call myself . . .*
¿Cómo te llamas?	*What do you call yourself?*

Put these words and phrases into
short sentences and pronounce
them for your students. Have
them repeat as a whole class,
then in groups, and then
individually.

Nacionalidades   *Nationalities*

Es cubanoamericano.	*He is Cuban-American.*
cubanoamericana.	*She is Cuban-American.*
norteamericano.	*He is North American.*
norteamericana.	*She is North American.*
de Ohio.	*He/She is from Ohio.*
¿Es dominicano?	*Is he Dominican?*
¿Es peruana?	*Is she Peruvian?*
¿Es de México?	*Is he/she from Mexico?*

Put these words and phrases into
short sentences and pronounce
them for your students. Have
them repeat as a whole class,
then in groups, and then
individually.

Put these words and phrases into short sentences and pronounce them for your students. Have them repeat as a whole class, then in groups, and then individually.

Información	Information
Tiene gafas de sol.	He/She has sunglasses.
bolsa.	(a) bag.
radio-cassette.	(a) radio/cassette player.
toalla.	(a) towel.
cassettes.	cassettes.
pecas.	freckles.
¿Tiene radio?	Does he/she have a radio?
¿Tienes cassettes?	Do you have (any) cassettes?

Prácticas

Have students describe the characters in writing.

A. Descripciones físicas. Using the drawing of the café scene on page 18 as a guide, briefly describe Nieves, Felipe, and Carlos.

B. Personas famosas. How would you describe these famous people? Write brief descriptions on a separate sheet of paper.

Follow up by having a student describe one of the famous persons orally, without mentioning his/her name. The rest of the class tries to guess who the famous person is. Students could also work in pairs, taking turns making the descriptions.

■ **Ejemplo:**
Andy García es moreno.

1. Christie Brinkley
2. Ronald McDonald
3. Michael J. Fox

4. Roseanne Barr Arnold
5. Michael Jordan
6. Bart Simpson

Have students write the descriptions for additional practice.

C. Descripciones. Study the photograph. Using the *Información* phrases as guidelines, describe each student pictured.

CH. Estudiantes. Think of one of your classmates. Be prepared to describe him or her when called upon. The other members of the class will try to guess who it is. The person who guesses correctly makes the next description.

Make the activity into a game. Include other categories, such as famous actors, famous athletes, etc.

D. ¿Cómo es? Write a short description of the following people on a separate sheet of paper.

1. tu° amigo o amiga   2. tu profesor o profesora   3. una persona famosa

Have students describe these people orally for extra practice.

E. ¿Cómo se llama? Read the descriptions below, then name the person described.

Ask students to make up additional items.

■ **Ejemplo:**
el profesor/la profesora
La profesora se llama Julia López.

1. la estudiante más alta de la clase   4. el estudiante pelirrojo de la clase
2. el estudiante más alto de la clase   5. el estudiante moreno con pelo corto
3. la estudiante rubia de la clase

F. Actividad de compañeros. Working with a partner, practice greeting and introducing yourselves. Trade partners several times.

G. Nacionalidades. Do you know the nationalities of these famous people? If not, the countries they are from are given as hints. Using the list of nationalities in the *Prólogo*, write the nationalities of the people listed below.

■ **Ejemplo:**
Mary Jo Fernández, atleta (Estados Unidos)
Mary Jo Fernández es atleta. Es estadounidense.

1. Andy García, actor (Estados Unidos)
2. Grecia Colmenares, actriz (Venezuela)
3. José Carreras, cantante (España)
4. Tabaré Ramos, futbolista (Uruguay)
5. Isabel Pantoja, cantante (España)
6. Norma Aleandro, actriz (Argentina)
7. Rubén Blades, músico (Panamá)
8. Ana Alicia, actriz (México)
9. Arantxa Sánchez, atleta (España)
10. Félix Ramos, pintor (Cuba)

tu *your*

Mary Jo Fernández

Gloria Estéfan

Continue as a game. Instructors or students could add additional names.

Answers: 1. *Argentina*
2. *Venezuela* 3. *México*
4. *Estados Unidos* 5. *España*

H. Naciones. Where are the following people from? If you are not sure, ask one of your classmates or your instructor by using the following model.

■ **Ejemplo:**
Estudiante 1: *¿Gloria Estéfan es de los Estados Unidos?*
Estudiante 2: *Sí.*

1. Gabriela Sabatini
2. Grecia Colmenares
3. Ana Alicia
4. José Canseco
5. Julio Iglesias

I. Posesiones. Using the drawing of Nieves, Carlos, and Felipe on page 18, state two items each that each of them have.

■ **Ejemplo:**
Nieves tiene gafas de sol y...

This could be made into a game. The winner is the one who gets the most *sí* answers in two minutes.

The formation of the negative will be explained in the *Segunda función*, p. 29.

J. En la clase. Using the following model, ask your classmates if they have the items listed below.

■ **Ejemplo:**
Estudiante 1: *Diana, ¿tienes toalla°?*
Estudiante 2: *No, no tengo° toalla* OR *Si, tengo toalla.*

1. bathing suit
2. cassettes
3. radio
4. beer
5. freckles
6. bag
7. sunglasses
8. friends
9. umbrella

¿tienes toalla? *do you have a towel?* **no tengo** *I don't have*

PRIMERA FUNCIÓN:
Identifying people, places, objects, and events using nouns

▲ Nouns are used to identify persons, places, events, and ideas. In Spanish all nouns are either **masculine** or **feminine** in gender. For example, the word *amiga* (friend) ends in *a* and is a feminine noun. The chart below shows some of the more common noun endings and their respective gender. Study the chart and refer to it as you complete the *Práctica*. Remember that although there are some exceptions to the rules, most nouns follow these patterns.

Orientación: In the *Segunda etapa* you will learn three language functions in contexts that relate each to the chapter theme. Each *Función* is followed by at least three related *Prácticas*. If you need additional explanations or practice see the *Guía gramatical*.

For additional practice on nouns and articles, see the *Guía gramatical*.

Género de sustantivos	*Common noun endings and gender*	
	Vowels	**Consonants**
Feminine	play**a** superfic**ie**	esta**ción** universi**dad** liber**tad**
Masculine	refresc**o** proble**ma** tra**je**	go**l** limó**n** pa**r**

Práctica

A. Un día en Orlando. While on vacation Carlos and his family went to the Wet 'n Wild fun park in Orlando. Read the following excerpt from their brochure and indicate if the <u>underlined</u> nouns are masculine or feminine. Try to guess their meaning.

Más Grande... Mejor... Más Bravío... Más Mojado!

Wet 'n Wild. Tomen parte en nuestra <u>celebración</u> del décimo <u>aniversario</u> conmemorando diez años de <u>entretenimiento</u> suministrado para la <u>familia</u>.

Deslícese desde 300 pies en el <u>Kamikaze</u>. Desde 6 pisos de altura, bajará a gran velocidad por el <u>tobogán</u> acuático, sintiendo la mayor <u>emoción</u> de su vida.

Traiga su <u>almuerzo</u> para un <u>picnic</u> o elija entre la gran <u>variedad</u> de comidas que le ofrecemos en el <u>parque</u>.

▲ Singular nouns refer to one person, place, or thing. Plural nouns refer to more than one. In order to change a noun from a singular to a plural form, you must learn two basic patterns. The plural noun ending depends upon whether the last letter of the singular noun ending is a vowel (**a**, **e**, **i**, **o**, **u**) or a consonant (any other letter of the alphabet). Refer to the chart below as you do the *Prácticas*.

Using the nouns from the *Expresiones*, drill students on changing singular forms to plural and vice-versa.

Los plurales	*Formation of plural nouns*	
	Vowel + *s*	**Consonant + *es***
Feminine	bols**a** + **s** = bolsas	universida**d** + **es** = universidades
Masculine	amig**o** + **s** = amigos	hote**l** + **es** = hoteles

Prácticas

B. A la playa. Working with a partner, take turns checking the list below to see who has the necessary items for a day at the beach.

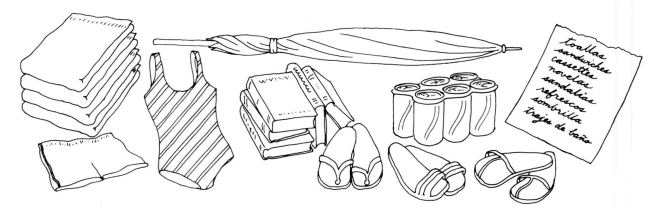

■ **Ejemplo:**
Estudiante 1: *¿Tienes gafas de sol?*
Estudiante 2: *Sí, tengo gafas de sol.*

1. toallas
2. sándwiches
3. cassettes
4. novelas
5. sandalias
6. refrescos
7. sombrilla
8. trajes de baño

C. ¿Qué necesitas? Write a list telling how many of the following articles you need for the current semester. The new words marked with a * are cognates. Can you guess what they mean?

After students have finished their lists, have them work in pairs telling each other what they need: *Necesito 10 toallas*, etc.

■ **Ejemplo:**
toalla   *10 toallas*

1. novela*	4. cassette	7. suéter*	10. bolsa
2. radio-cassette	5. litro de Coca-Cola	8. foto*	11. pijama*
3. diccionario*	6. aspirina*	9. cámara*	12. televisor*

▲ An article is a word that is used before a noun to indicate whether the noun refers to a **particular** (definite) or **unspecified** (indefinite) person, place, event, or idea. In English, **the** is a definite article and **a**, **an**, and **some** are indefinite articles. In Spanish, the articles must agree in number and in gender with their corresponding noun. In other words, if the noun is feminine plural, then the article must be feminine plural also.

Los artículos *Articles*

	Definite articles		Indefinite articles	
Feminine	**la** bolsa	*the bag*	**una** bolsa	*a bag*
	las bolsas	*the bags*	**unas** bolsas	*some bags*
Masculine	**el** teléfono	*the telephone*	**un** teléfono	*a telephone*
	los teléfonos	*the telephones*	**unos** teléfonos	*some telephones*

Put these words and phrases into short sentences and pronounce them for your students. Have them repeat as a whole class, then in groups, and then individually.

Prácticas

CH. Guía para estar al día. The following excerpt is from a Mexican fashion magazine. As you read about the things that are *en onda* (in fashion) and things that are *apagado* (out of fashion) indicate the appropriate definite articles *(el, la, los, las)* for each item.

After students have completed this activity, help them write their own list of items that are "in" and "out" for people of their age group. You may then have students write their lists on the chalkboard and compare. While helping students, suggest as many cognates as possible.

GUÍA PARA ESTAR AL DÍA

En onda
_____ relojes soviéticos
_____ música melódica
_____ teléfono en el auto
_____ vídeos de cine clásico
_____ bicicletas
_____ autobiografías
_____ chicas independientes

_____ ecología
_____ autos japoneses
_____ compac-discos

Apagado
_____ relojes japoneses
_____ música violenta
_____ walkies-talkies
_____ documentarios
_____ motocicletas
_____ novelas románticas
_____ chicas que dependen de los hombres
_____ polución
_____ autos europeos
_____ discos long-play

D. El menú. Working with a partner, discuss what you would order from the menu from a café located on the famous *Calle Ocho*.

■ **Ejemplo:**
Deseo una pizza supersuprema.

PASTA

Todas nuestras pastas se sirven con rebanadas calientes de pan de ajo.

SPAGHETTI

Spaghetti Bolognesa
(Spaghetti adornado con una salsa de carne y tomate especial, dorado con queso Parmesano)

Servicio Entrante ——— 250
Servicio Principal ——— 375

Spaghetti a la Carbonara
(Spaghetti con una salsa cremosa de leche, mantequilla y nuestra mezcla especial de ajo, hierbas y especias)

Servicio Entrante ——— 260
Servicio Principal ——— 395

TAGLIATELLE

Tagliatelle Bolognesa
(Nidos de pasta al huevo, adornados con una salsa de carne y tomate especial, dorado con queso Parmesano)

Servicio Entrante ——— 250
Servicio Principal ——— 375

Tagliatelle verde a la Carbonara
(Nidos de pasta de espinaca con una salsa cremosa de leche, mantequilla, y nuestra mezcla especial de ajo, hierbas y especias)

Servicio Entrante ——— 260
Servicio Principal ——— 395

Tagliatelle suprema a la Carbonara
(Nidos de pasta de espinaca coronados con nuestra deliciosa salsa a la Carbonara y guarnecidos con champiñones frescos y jamón, preparados a la perfección)

Servicio Entrante ——— 310
Servicio Principal ——— 445

BAR DE ENSALADAS

Prepare su ensalada y sírvase usted mismo de nuestra selección de vegetales frescos y salsas especiales.

Servicio Principal ——— 330
Servicio Entrante ——— 240

PAN DE AJO

Pan de ajo
(Rebanadas de pan de ajo doradas con mantequilla del campo, guarnecidas de orégano y queso Parmesano, recién hechas y crujientes)

Ración ——— 85

Pan de Ajo Suprema
(Nuestro pan de ajo coronado con queso, Mozzarella fundido)

Ración ——— 105

POSTRES

Macedonia de Frutas ——— 195
con helado ——— 240
Copa de helado (a su gusto) ——— 240
Sabores: Ron con pasas, Menta Chip, Chocolate y Almendras, Plátano con nuez, Nata fresas, Chocolate, Vainilla
Sorbete de frambuesa o mora ——— 240
Tartas variadas del día ——— 235
Con helado ——— 285
Mousse de chocolate ——— 185
Con helado de menta chip ——— 235

BEBIDAS

	115	Agua Mineral	105
Mirinda Naranja	115	Botella, Media botella	85
Mirinda Limón	115	Café, Té o Manzanilla	85
Cerveza de Barril	95		

PIZZA

Todas las PIZZAS están recién hechas y coronadas de queso Mozzarella fundido y ligeramente sazonadas con nuestra salsa deliciosa de tomate y especias.
Usted puede elegir de nuestro extenso surtido de complementos para crear la última combinación, una verdadera experiencia en degustación.

INGREDIENTES:
Jamón, salchichón, chorizo, ternera, aceitunas, guindilla, champiñones, anchoas, tomate fresco, pimiento verde, cerdo al anís, huevos, cebolla..

NUEVA — DEEP PAN PIZZA

Pizza de Molde: Suave, ligera y sabrosa

	Peq. (1 Pers.)	Med. (2 Pers.)	Grande (3-4 Pers.)
Super Suprema:® aceitunas negras, cerdo al anís, salchichón, jamón, cebolla, pimiento verde, champiñones y ternera.			
Suprema:® salchichón, ternera, cebolla, pimiento verde, champiñones.	600	835	1.145
Pizza Loca: chorizo, anchoas, ternera, guindilla.	515	730	990
Vegetariana: champiñones, cebolla, pimientos verdes, aceitunas negras.	515	730	990
Campesina: huevo, jamón, tomate fresco.	485	700	970
Margarita: doble queso.	485	700	970
Con un ingrediente	415	615	865
Por cada ingrediente adicional	415	615	865
	40	60	80

THIN 'N CRISPY PIZZA

PIZZA FINA: Nuestra crujiente PIZZA tradicional

	Peq. (1 Pers.)	Med. (2 Pers.)	Grande (3-4 Pers.)
Super Suprema:® aceitunas negras, cerdo al anís, salchichón, jamón, cebolla, pimiento verde, champiñones y ternera			
Suprema:® salchichón, ternera, cebolla, pimiento verde, champiñones.	565	785	1.095
Pizza Loca: chorizo, anchoas, ternera, guindilla	485	695	965
Vegetariana: champiñones, cebolla, pimientos verdes, aceitunas negras.	485	695	965
Campesina: huevo, jamón, tomate fresco.	450	660	930
Margarita: doble queso.	450	660	930
Con un ingrediente	375	565	815
Por cada ingrediente adicional	375	565	815
	40	60	80

E. ¿Qué hay? Working with a partner, take turns exchanging information about the things in your room. Use the list below as a guide. The **(m.)** and **(f.)** following the noun indicates its gender.

■ **Ejemplo:**
radio-cassette (m.)   *Hay° un radio-cassette en mi cuarto.°*

1. teléfono
2. novela
3. bicicleta
4. voleibol (m.)
5. bolsa
6. cassettes (m.)
7. pizzas
8. amigos
9. televisor (m.)
10. vídeos

F. ¿Qué deseas? Using the vocabulary in these *Prácticas*, write five sentences indicating what you want for your next birthday. Follow the example below.

■ **Ejemplo:**
Deseo un teléfono en el auto para mi cumpleaños.

SEGUNDA FUNCIÓN:
Describing personal characteristics, nationality, and occupation using *ser*

▲ The verb *ser* (to be) is used in describing personal characteristics, nationality, and occupation. *Ser* is the infinitive or "dictionary" form of the verb. Like most Spanish verbs, *ser* has six forms. Study the chart and examples below.

For additional practice on the verb *ser*, see the *Guía gramatical*.

Put these words and phrases into short sentences and pronounce them for your students. Have them repeat as a whole class, then in groups, and then individually.

Ser *To be*			
Singular		**Plural**	
soy	*I am*	somos	*we are*
eres	*you are*	sois	*you (all) are*
es	*you are*	son	*you (all) are*
es	*he, she, it is*	son	*they are*

Una cosita más: *Sois* is the form used with family and friends primarily in Spain. Although it is **understood** in all other Spanish-speaking countries, it is rarely used elsewhere. In Spanish, there are two singular forms of every verb that refer to "you." In the case of *ser*, *eres* is used with friends and family, while *es* is used with professors, employers, and other people to whom you wish to show respect. *Son* is more respectful or formal than *sois*. In the United States and Latin America, most people use *son* both for friends **and** to show respect.

Soy Eduardo Muñoz.
Soy puertorriqueño.
Soy de San Juan.
Soy estudiante.
Soy independiente.

Es María Peña.
Es colombiana.
Es de Cali.
Es artista.
Es intelectual.

Somos los Varela.
Somos norteamericanos.
Somos de Boca Ratón.
Somos profesores.
Somos liberales.

Hay *there is/are*   **mi cuarto** *my room*

Prácticas

Have students turn in their written monologues. Read them aloud, except for the name, and have the class guess who it is.

A. Monólogo. Following the examples on page 27, write a short monologue about yourself.

B. ¿De dónde es? Working in small groups, take turns trying to guess where your classmates are from. Use the following examples as guides.

■ **Ejemplo:**
Estudiante 1: *¿Eres de Ohio?*
Estudiante 2: *No, no soy de Ohio. Soy de Nuevo México.*

Tell students to model their responses after *Prácticas A* and *B*.

C. Entrevista. Working with a partner, introduce yourself, tell where you are from, and give one additional piece of information. Then take turns introducing each other to your classmates. Refer to pages 14–15 for a review on introductions.

CH. ¿Cómo es ese restaurante? The following restaurants are advertised in the magazine *Miami Mensual.* Read the descriptions and tell your partner what the restaurants are like.

■ **Ejemplo:**
Yuca es caro. Tiene comida cubana. El número de teléfono es el 3–05–4–44–44–48.

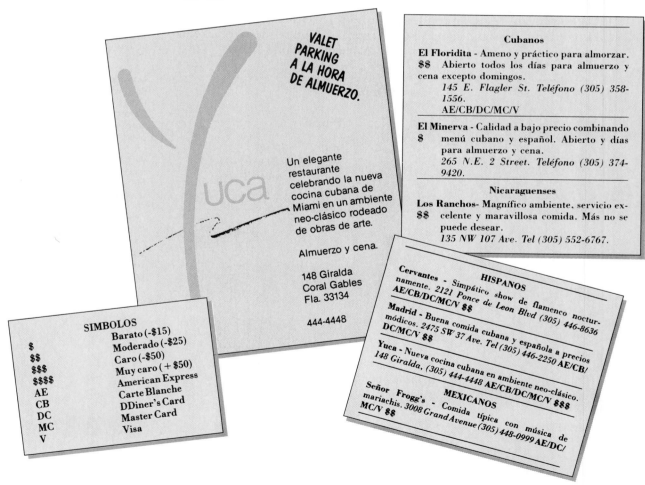

VALET PARKING A LA HORA DE ALMUERZO.

Un elegante restaurante celebrando la nueva cocina cubana de Miami en un ambiente neo-clásico rodeado de obras de arte.

Almuerzo y cena.

148 Giralda
Coral Gables
Fla. 33134

444-4448

SIMBOLOS

$	Barato (-$15)
$$	Moderado (-$25)
$$$	Caro (-$50)
$$$$	Muy caro (+$50)
AE	American Express
CB	Carte Blanche
DC	DDiner's Card
MC	Master Card
V	Visa

Cubanos

El Floridita - Ameno y práctico para almorzar.
$$ Abierto todos los días para almuerzo y cena excepto domingos.
145 E. Flagler St. Teléfono (305) 358-1556.
AE/CB/DC/MC/V

El Minerva - Calidad a bajo precio combinando
$ menú cubano y español. Abierto y días para almuerzo y cena.
265 N.E. 2 Street. Teléfono (305) 374-9420.

Nicaraguenses

Los Ranchos- Magnífico ambiente, servicio excelente y maravillosa comida. Más no se
$$ puede desear.
135 NW 107 Ave. Tel (305) 552-6767.

HISPANOS

Cervantes - Simpático show de flamenco nocturnamente. 2121 Ponce de Leon Blvd (305) 446-8636 AE/CB/DC/MC/V $$

Madrid - Buena comida cubana y española a precios módicos. 2475 SW 37 Ave. Tel (305) 446-2250 AE/CB/DC/MC/V $$

Yuca - Nueva cocina cubana en ambiente neo-clásico. 148 Giralda, (305) 444-4448 AE/CB/DC/MC/V $$$

MEXICANOS

Señor Frogg's - Comida típica con música de mariachis. 3008 Grand Avenue (305) 448-0999 AE/DC/MC/V $$

▲ It is quite simple to express a negative idea in Spanish. You only need to say **no** before the verb. If you are answering a question negatively, *no* is usually said twice. Study the following examples:

No es voleibolista. Es artista.   *He is not a volleyball player. He's an artist.*
¿No tiene usted vídeos?   *Don't you have any videos?*
No, no soy de Panamá.   *No, I'm not from Panama.*

Prácticas

D. Al contrario. Someone has really become confused about these famous people. Help him/her out by refuting the statements below. Then state the correct answer, as shown in parentheses.

■ **Ejemplo:**
   Carolina Herrera es pintora (diseñadora).
   Carolina Herrera no es pintora. Es diseñadora.

1. Sandra Santiago es pintora (actriz).
2. Edward James Olmos es profesor (actor).
3. Carlos Santana es autor (músico).
4. Fernando Valenzuela es voleibolista (beisbolista).
5. Tracie Ruiz es autora (atleta).
6. Antonia Novello es artista (doctora).
7. Manuel Luján es estudiante (político).

E. Información personal. Evidently, the same person has obtained some confusing information about you, too. Answer the following questions.

1. ¿Usted° toma Coca-Cola con limón?
2. ¿Usted toma cerveza?
3. ¿Usted lleva° gafas de sol en la clase?
4. ¿Usted no tiene amigos?
5. ¿Usted es rebelde?
6. ¿Usted es voleibolista?
7. ¿Usted es artista?
8. ¿Usted es de Chile?

F. Descripciones al revés. One way of describing yourself is by doing it in reverse, that is by saying what you **aren't** like. Write three of these sentences about yourself.

■ **Ejemplo:**
   No soy artista.

G. El Calendario de Miami. With your partner, read the list of special events on page 30. Then check the October calendar and indicate if they are scheduled for those dates.

■ **Ejemplo:**
   Estudiante 1: *El Festival de la Canción es el 10.*
   Estudiante 2: *No, el Festival de la Canción no es el 10. Es el 5.*

Ex. F could also be used as a game. Have students make up some true and some exaggerated sentences about themselves. As they take turns reading their statements aloud, the other students must say whether the statement is *verdadera* or *falsa*.

Extension: Ask students to give you the phone numbers or locations for scheduled events: *¿Dónde se celebra el Festival de la Canción? ¿Cuál es el número de teléfono?*

Usted *You* **lleva** *wear*

1. El festival folklórico Hispano es el 18.
2. El festival de las Américas de la Semana de la Hispanidad es el 20.
3. La regata de Cristóbal Colón y Festival de Baynanza es el 14.
4. La famosa Autumnfest es el 3.
5. La novena exhibición de arte de Hialeah es el 30.
6. La exhibición de diamantes y joyas preciosas es el 5.
7. El SeaEscape es el 25.
8. El Festival Internacional de las Américas es el 15.

Calendario de octubre

1/31 El SeaEscape ofrece todo el mes viajes especiales, puntualizados por la celebración de Halloween. Diariamente a Freeport. 379-0400

4 Comienzan las celebraciones de la Semana de la Hispanidad, en el Dade Cultural Center. 541-5023

5 Como parte de la Semana de la Hispanidad, se celebra el Festival de la Canción OTI-USA, en el James L. Knight International Center. 541-5023

5/7 Exhibición de diamantes y joyas preciosas en el Miami Beach Convention Center. 255-6095

12 Ceremonias florales en el Bayfront Park, como parte de la Semana de la Hispanidad. 541-5023

12/13 Regata de Cristóbal Colón y Festival de Baynanza. En el primero participarán cientos de botes de vela. El segundo conmemora la belleza marítima de Biscayne Bay.

18 Festival folklórico Hispano, en el Dade County Auditorium. 545-3395

18/19 Festival de las Américas en la Semana de la Hispanidad, en el Tropical Park. 541-5023

19 La famosa Autumnfest se celebra en Miami Lakes, con desfile de carros antiguos, canciones antiguas y antigüedades. 821-1130

20/21 Festival Internacional de las Américas auspiciado por la Universidad de Miami. El Miami Chamber Symphony se presenta en el Dade County Auditorium. 662-6600

27 Novena exhibición anual de arte de Hialeah, en Hialeah Race Track. 821-0788

29/30 Festival Internacional de las Américas.

For additional practice with adjectives, see the *Guía gramatical*.

TERCERA FUNCIÓN:
Describing using adjectives

▲ Adjectives are description words. They describe the characteristics of people, places, and things. In Spanish, descriptive adjectives have different endings, depending on the noun they describe. Like the definite and indefinite articles, descriptive adjectives must agree in gender (masculine or feminine) and number (singular or plural) with their corresponding noun. Study the chart below before doing the *Prácticas*.

Put these words and phrases into short sentences and pronounce them for your students. Have them repeat as a whole class, then in groups, and then individually.

Los adjetivos *Adjectives*			
	Singular		**Plural**
Masculine Es un chico...	pelirrojo paciente normal chileno	Son unos chicos...	pelirrojos pacientes normales chilenos
Feminine Es una chica...	famosa interesante ideal mexicana	Son unas chicas...	famosas interesantes ideales mexicanas

Now, look at some complete sentences containing descriptions. I'm sure that you can guess the meanings.

Eduardo González es un artista popular.
Linda Rondstadt es una cantante norteamericana.
Isabel Allende y Luisa Valenzuela son unas autoras importantes.
Charlie Sheen y Emilio Estevez son unos actores hispanos.

Spanish has many descriptive adjectives that are cognates. In the section above, you saw some of them. Here is an expanded list for you to use in the *Prácticas.*

Una cosita más: With names of professions used after *ser,* the indefinite article is used when the profession is modified by an adjective. For example: *Soy pintora. Soy una pintora buena.*

After your students guess the meanings, read the sentences aloud for them, so that they can hear the sounds.

Point out to students that some words have masculine and feminine forms and that others do not.

Put these words and phrases into short sentences and pronounce them for your students. Have them repeat as a whole class, then in groups, and then individually.

Adjetivos descriptivos	*Descriptive adjectives*	
conservador/conservadora	eficiente	emocional
extrovertido/extrovertida	elegante	especial
famoso/famosa	fascinante	ideal
generoso/generosa	importante	irracional
introvertido/introvertida	independiente	leal
moderno/moderna	inteligente	liberal
nervioso/nerviosa	interesante	natural
obstinado/obstinada	paciente	normal
posesivo/posesiva	rebelde	popular
romántico/romántica	responsable	puntual
supersticioso/supersticiosa	terrible	racional
tranquilo/tranquila	valiente	radical

On the other hand, Spanish also has some words that are known as "false cognates." These are words that look like English words, but have very different meanings in Spanish. Here are some examples and their meanings:

sensible	*sensitive*	sano/sana	*healthy*
gracioso/graciosa	*charming; funny*	embarazada	*pregnant*

Prácticas

A. Personalidades hispanas. Complete the following sentences in a logical manner by using a descriptive adjective.

1. Martika es una cantante...
2. Edward James Olmos es un actor...
3. Carlos Santana es un guitarrista...
4. Los Lobos son unos músicos...
5. Rubén Blades es un actor y músico...
6. Arantxa Sánchez y Harry Arroyo son unos atletas...

Expand the activity with other names, such as: *Judy Baca/artista, José Feliciano/músico, Franklin Chang-Díaz/astronauta, Jesse Treviño/muralista,* etc.

B. Una investigación. Working with a partner, take turns asking questions about each other's characteristics. Try to get as much information as possible in two minutes. Then be prepared to "introduce" your partner to the rest of the class.

■ **Ejemplo:**
Estudiante 1: *¿Eres rebelde?*
Estudiante 2: *Sí, soy muy rebelde.*

C. Descripciones de compañeros. Working with a partner, take turns describing each other. Mention at least two physical characteristics and three other traits.

CH. Buzón confidencial. Many Spanish-language newspapers carry personal ads for individuals seeking companionship. Read the personals below and expand them into complete sentences.

■ **Ejemplo:**
   Colombia. Secretaria ejecutiva (26), delgada, atractiva, me gusta bailar, busco caballero 27/40, profesional, para matrimonio.
   La mujer es colombiana. Es una secretaria ejecutiva. Es delgada y atractiva.

LA FAMILIA

UN CENTRO CON 13 AÑOS DE PROFESIONALIDAD, ETICA Y SERIEDAD

• Presentaciones individuales y por correspondencia.
• Reuniones de grupo, salón social, todo tipo de actividades culturales
   Para personas de 18 a 80 años. De todos los niveles, status sociales y nacionalidades
C/. Martínez Cubells, 7 - 2º - Tel. 352 52 28 • Valencia
Oficinas de 9 a 1 y de 4 a 8 h. de lunes a sábado

——— **MAXIMA DISCRECION** ———

NORTEAMERICANO (35), guapo, alto, soltero, sincero, profesional, busco° dama guapa con fines serios°.

MÉXICO. Músico (35) soltero, no feo. Busco mujer atractiva, tranquila, decente y sin vicios, para matrimonio.

HONDURAS. Dama fina (65), elegante, deseo° correspondencia con caballero romántico y formal. Fines serios.

CUBANO PROFESIONAL, cristiano, romántico, busco dama 22/40, decente, atractiva. Para matrimonio.

SEÑORA CUBANA, divorciada, educada, busco caballero 65/72, para buena relación con fines serios.

HONDURAS. Electricista (37), busco amiga 20/38, del signo de Capricornio o Leo, sin vicios. Fines serios.

SANTO DOMINGO. Médico (24) soltero, busco compañera, bonita e inteligente. Relación amistosa.

busco *I'm looking for*   **fines serios** *serious intentions*   **deseo** *I want, wish for*

TERCERA ETAPA: Estrategias

COMPRENSIÓN AUDITIVA (STUDENT TAPE)

Recognition of key vocabulary. Listening is an essential communication skill. With good listening skills and basic speaking skills, you will be able to participate in many types of conversational situations in Spanish. One of the most basic of listening strategies is recognition of key vocabulary. When employing this strategy, you should focus on recognizable words—known vocabulary as well as cognates—and try to formulate a meaning based on your own experience with the topic. It is important that you try to stay relaxed and not "freeze up" when you hear unfamiliar words and phrases. In a real conversation, you can **always** ask for clarification. Here are some easy ways to ask:

Pidiendo clarificación...	*Asking for clarification*
Perdón. No entendí.	*Excuse me. I don't understand.*
¿Qué significa...?	*What does . . . mean?*
¿Voleibolista?	*What's a "voleibolista"?*

In the following *Prácticas,* you will have a chance to use the vocabulary recognition strategy. Although you won't be able to ask directly for clarification, remember to stay relaxed so that you will get as much information as possible. Then use your own experience to fill in the gaps. Try this preliminary exercise:

Imagine that you have just listened to a taped passage in Spanish. You recognized the following words and phrases in this order:

Trini López   cantante   El Paso, Texas   concierto   septiembre

Can you make a logical meaning out of these fragments? I am sure that you were able to draw on your own experience enough to hypothesize that the singer, Trini López, will be giving a concert in El Paso, Texas, in September. That is the vocabulary recognition strategy in a nutshell. *¡Buena suerte!*

Prácticas

A. Un poema famoso. José Martí, the great Cuban patriot, wrote a poem called *"Versos sencillos"* which contains a lyrical description. A few lines of this well-known poem are reproduced below, but some of the words and phrases are missing. Listen carefully to these lines of poetry on your student tape. As you listen a second time, copy down the missing words and phrases in Spanish on a separate sheet of paper. Listen a third time and check your work. Then identify the key words and try to guess the meaning of the poem.

Yo _____ un hombre sincero de
donde crece _____ _____ ; y
antes de morirme, quiero echar mis
_____ del alma.

Todo es hermoso y _____, todo
es _____ y razón, y todo, como
_____ _____, antes que luz
_____ carbón.

Orientación: The third phase of each chapter are the *Estrategias.* Here, you will learn helpful strategies for listening, reading, and writing Spanish. Each section has an explanation about the specific strategy, followed by *Prácticas.* The *Cultura popular* section presents aspects of everyday Hispanic cultures relating to the chapter theme.

The *Comprensión auditiva* may be assigned as homework and followed up in class.

Pronounce these words and phrases for your students. Have them repeat as a whole class, then in groups, and then individually.

Read the words for your students so that they can hear the sounds.

Write the missing words and phrases on the chalkboard so that students can check their work.

Answers: *soy, la palma, versos, constante, música, el diamante, es*

Lucille Ball y Desi Arnaz

B. Anuncio comercial. Listen to the advertisement on your student tape. As you listen, try to identify the key words. You may need to listen more than once. Then make a list of the key words and what they mean. Try to construct a meaning for the passage.

LECTURA

Orientación: The *Lectura* section explains a different reading strategy in each chapter. As you learn to read Spanish, you may be tempted to look up every unfamiliar word in your bilingual dictionary. This takes a lot of time and becomes rather boring after a while. These strategies will help you to develop good reading skills (in English as well as Spanish!) and rely less on your dictionary. A variety of reading materials are used, many of them excerpts from Spanish-language newspapers and magazines. So, you will be reading the same things that native speakers of Spanish read.

Using format cues. Do you think you are ready to read a newspaper? While you may not be able to read the "Letters to the Editor" in *El Nuevo Herald,* you might be surprised at your ability to get information from many of the advertisements in the entertainment section. One of the first things you should do when reading is look at the visuals, titles, and format, and try to anticipate or predict the type of event that is described. This type of "non-text" information will help you tell what type of event is being advertised. Now, as you examine each ad carefully, think about the kind of information that is usually included in this type of advertisement, and jot down two or three things you would expect to find before you begin the *Prácticas.*

Finally, remember to look for cognates and "borrowed words." *¡Adelante!*

Prácticas

A. ¿Qué pasa en Miami? Read the ads on page 35 and match them with the events shown below.

1. an auto show
2. an international concert
3. a carnival
4. a comedian from Argentina
5. a calypso/reggae festival
6. a flea market

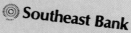

Discuss how Spanish has influenced the English language (food, clothing, proper names of states, cities, etc.), then explain how technology and commercial products have introduced many English words into the Spanish language. Bring in advertisements from Hispanic newspapers and magazines for additional examples.

Orientación: You already know that writing in your native language is a sophisticated process, and it takes time and effort to "turn a phrase" just the right way. The *Composición* section will help you develop your writing skills in Spanish, but don't expect to write like Gabriel García Márquez right away. You will start out slowly by learning how to organize your ideas and then writing very simple compositions.

The idea of the journal is continued throughout the *Diario de actividades.*

Una cosita más: Words of more than one syllable have a definite spoken stress. There are a few simple rules to remember:
1. Words that end in a vowel, *-n,* or *-s* are stressed on the next-to-the-last syllable: *sensible, hablan, buenos.*
2. Words that end in a consonant other than *-n* or *-s* are stressed on the last syllable: *profesor, universidad, hotel.*
3. Words that are pronounced contrary to the above rules are written with an accent mark on the vowel of the stressed syllable: *café, reservación, estás.*

For additional practice on written accent marks, see the *Guía gramatical.*

B. ¿Cuándo es la función? You have probably noticed that there is a difference in the way dates are written. Look at each ad on page 35 again and determine which event is scheduled to take place on the following dates.

1. November 5
2. April 26–30
3. March 11
4. February 10
5. January 29 to February 6

C. ¿Español o inglés? You have already learned that Spanish and English share many of the same words (cognates) and that Spanish has many words "borrowed" directly from English. Look at each ad on page 35 and make a list of cognates. (See examples below.) Examine each ad again and list ten words and/ or phrases that are "borrowed." What types of words are included in the second list?

Cognates	**English words/phrases**
Carnaval	Miami Beach Convention Center
Exhibición	Lamborghini Countach

COMPOSICIÓN

Diaries. Learning to write well is a developmental process. In order to become a good writer, you will need to practice writing regularly. One way that you can do this is to keep a journal *(diario)* in which you write every day. Although you needn't show your *diario* to anyone, you will write more effectively if you pretend that you are writing for a specific reader. Imagine that these are your "memoirs" and that they will be published some day when you become famous!

By the same token, when you do the writing *Prácticas* in this textbook, think about the "reader" and the "purpose" implied in each activity. Concentrate on getting the information and ideas across in an interesting way. Don't feel that everything has to be in perfect form on the first try; you can always go back later to check for errors. In this chapter, you will be writing descriptions. Choose your descriptive words carefully so that they have an impact on the intended "reader."

Accent marks and punctuation

By now you have noticed that some Spanish words carry written accent marks. These marks indicate where the word should be stressed when spoken, for example, *fantástico.* Sometimes accent marks are used to differentiate between the written forms of two words that are spelled the same, for example, *tú* (you) and *tu* (your). Accurate use of accent marks is another aspect of good writing.

You have also seen that Spanish has the unique features of upside down question marks and exclamation points at the beginning of sentences. The right-side-up marks go at the end, as in English. Finally, some words contain a dieresis (¨) over the *u,* as in *lingüística* (linguistics), or a tilde (˜) over the *n,* as in *montaña* (mountain).

Prácticas

A. El Café Delfín. Make a list of your good qualities that you would include in your application for a job at the Café Delfín.

B. En la playa. Using the chart below, take one item from each category, making any necessary changes in form, and write at least four complete sentences about a day on the beach. You may rearrange the order of the words as you please, and you may add *no* to any sentence to make it negative.

A	B	C
la playa	*(a form of* ser)	interesante
los amigos		tranquilo
el café		refrescante
los refrescos		extraordinario
la música		dinámico
yo		fantástico
tú		delicioso
tú y yo		*(any descriptive adjective)*
(any name)		
———— y ————		

C. Descripción personal. In a brief note in Spanish, describe yourself to someone who has never met you.

CH. Actores y actrices. Choose two of these famous Hispanic celebrities from *Más* magazine's list of new actors of the decade. Describe them to a friend, using as many appropriate adjectives as possible.

1980-1989

Danny de la Paz
Boulevard Nights; Cuba

Cheech Marin
Cheech & Chong's Next Movie;
Nice Dreams

Alma Martínez
Zoot Suit; Under Fire; Barbarosa

Tony Plana
Zoot Suit

Fernando Rey
The French Connection I & II

Pepe Serna
Red Sky in the Morning;

Trinidad Silva
Alambrista; Walk Proud

Daniel Valdez
Zoot Suit; China Syndrome

Isela Vega
Bring Me the Head of Alfredo
García; Barbarosa

Richard Yniguez
Boulevard Nights

Maria Richwine
The Buddy Holly Story

Julie Carmen
Milagro Beanfield War;
Fright Night II

Elpidia Carrillo
The Border; Beyond the Limit

Rosanna De Soto
Ballad of Gregorio Cortez;
La Bamba

Emilio Estévez
The Outsiders;
The Breakfast Club

Jenny Gago
Under Fire; Old Gringo

Andy García
The Untouchables; Black Rain;
Internal Affair

Raul Julia
The Morning After; Tango Bar;
Romero

Lorenzo Lamas
Grease

Esai Morales
Bad Boys; La Bamba

Edward James Olmos
Ballad of Gregorio Cortez;
Stand and Deliver

Elizabeth Peña
Down and Out in Beverly Hills
La Bamba

Paul Rodríguez
D C Cab; Born in East L A

Charlie Sheen
Platoon; Wall Street

Jimmy Smits
The Believers; Old Gringo

Talisa Soto
Licence to Kill

Eddie Vélez
Repo Man; Romero

Orientación: As you already know, there are twenty-two Spanish-speaking countries (including the United States). The cultures represented by those countries probably have more differences than similarities. Rather than trying to "homogenize" the various Hispanic cultures, the *Cultura popular* presents little "snapshots" about specific aspects of everyday culture. The *Guía cultural,* on the other hand, will provide you with geographical, historical, and other cultural information about each of the Spanish-speaking countries.

For additional information on Hispanics in the United States, see the *Guía cultural.*

Calle Ocho. Over the past three decades, Miami has firmly established itself as the Cuban "capital" of the United States. In addition to its residents of Cuban ancestry, however, Miami is also home to many other Hispanic immigrants including Colombians, Venezuelans, Nicaraguans, and Puerto Ricans. In 1973, Miami was officially declared a bilingual/bicultural city.

Práctica

Pequeña Habana. S.W. 8th Street in Miami seems to be, on the surface, like a typical street in any U.S. city. There are car dealerships, strip malls, shops, parks, and restaurants, but there is also a very noticeable difference. As you walk or drive along the famous *Calle Ocho* in the *"Pequeña Habana"* section of Miami, you can't help but notice the Hispanic influence. Many of the businesses advertise in Spanish, and many of the products and services target Hispanic customers. For example, there are companies that specialize in shipping packages from Cuban-Americans to relatives in Cuba and even bus companies with direct charter service to the Hispanic communities in New York and New Jersey. Below are some of the signs you might see on *Calle Ocho.* Can you guess what they are advertising?

CUARTA ETAPA: ¡Muestra lo que sabes!

Autoprueba

With your partner, solve the following problems.

A. Listen again to the *¡A escuchar!* conversation between Nieves, Felipe, and Carlos. Jot down five things Nieves has taken to the beach, what class Felipe and Carlos took together, and what time they are going to meet for dinner.

B. Working in groups of three, greet and introduce one classmate to another. Include his/her name and nationality and mention where he/she is from.

C. You and your partner should each make a list of five articles to take to the beach. Then compare your lists.

■ **Ejemplo:**
Estudiante 1: *Tengo cassettes*.
Estudiante 2: *Tengo cassettes también*.   OR   *No tengo cassettes*.

CH. Tell your partner the name of the person you would like him/her to meet. Give a brief description and be sure to include the phone number.

D. Perico is a Cuban immigrant living in *la Pequeña Habana*. Read the following comic strip in which Perico and his friend use both English and Spanish in their conversations. Then select the response that best completes each statement.

1. Perico's friend speaks Spanish . . .
   very well.   with some difficulty.
2. His friends asks for . . .
   a dictionary.   an interpreter.
3. He wants to go to . . .
   Miami Beach.   Calle Ocho.

Orientación: The *Autoprueba* is a self-test that appears near the end of every chapter. Its purpose is to determine whether you have achieved the objectives of the chapter. Some of the "test" items involve working with a partner or in a small group.

PERICO   Silvio

Fíjate en el vocabulario

Using thematic categories. Words, words, words. How can you learn so many words? Should you begin to write columns of words with Spanish on one side and English on the other? That technique is fine if you are going to try to communicate a "laundry list" of vocabulary items. Practically speaking, however, learning words in isolation is not a very useful technique. You may be able to translate the list, but are you able to use the words in sentences? Are you able to relate one word to another? One of the most helpful techniques is to rearrange words according to logical thematic categories. For example, you might group words according to physical characteristics and personality traits. It is then easier to learn the words in context. For example, *Mi hermano es alto y moreno pero mi hermana es baja y rubia.* But remember, there is no one "best way" to learn vocabulary for everyone. As you do the following *Prácticas,* select those that best help you learn and continue to use those strategies as you progress through *¡A conocernos!*

Prácticas

A. Rearrange and recopy the words according to other logical, thematic categories (for example, physical characteristics, personality traits, greetings, etc.).

B. Make a list of words that you can use to describe yourself, a favorite object, a friend, etc.

C. Make a list of cognates.

CH. Look through the list and pick out the nouns that identify persons, places, or things. Make two new lists, one for the masculine words, and one for the feminine. Include the corresponding articles.

VOCABULARIO

Saludos

Hola. *Hi.*
Buenos días. *Good morning.*
Buenas tardes/noches.
   Good afternoon/evening.
¿Cómo estás? *How are you?*
¿Cómo te va? *How's it going?*
¿Qué tal? *How are things?*
¿Qué hay de nuevo? *What's new?*
¿Y tú? *And you?*
Bien. *Fine.*
Regular. *Okay.*
No muy bien. *Not too well.*
Mal. *Bad.*
No mucho. *Not much.*
Nada. *Nothing.*

Presentaciones

Quiero presentarte a... *I want to introduce you to . . .*
Mucho gusto en conocerte. *Pleased to meet you.*
Encantado/Encantada. *Delighted.*
El gusto es mío. *The pleasure is mine.*
Igualmente. *Likewise.*

Despedidas

Adiós. *Good-bye.*
Chao. *Good-bye.*
Hasta mañana. *Until tomorrow.*
Hasta la vista. *Till we meet again.*
Hasta luego. *See you later.*
Hasta pronto. *See you soon.*

Cognados

conservador/conservadora *conservative*
eficiente *efficient*
elegante *elegant*
emocional *emotional*
especial *special*
extrovertido/extrovertida *extroverted*
famoso/famosa *famous*
fascinante *fascinating*
generoso/generosa *generous*
ideal *ideal*
importante *important*
independiente *independent*
intelectual *intellectual*
inteligente *intelligent*
interesante *interesting*
introvertido/introvertida *introverted*
irracional *irrational*
leal *loyal*
liberal *liberal*

moderno/moderna *modern*
natural *natural*
nervioso/nerviosa *nervous*
normal *normal*
obstinado/obstinada *obstinate*
paciente *patient*
popular *popular*
posesivo/posesiva *possessive*
puntual *punctual*
racional *rational*
radical *radical*
rebelde *rebellious*
responsable *responsible*
romántico/romántica *romantic*
supersticioso/supersticiosa *superstitious*
terrible *terrible*
tranquilo/tranquila *calm, tranquil*
valiente *valiant*

Descripciones

alto/alta *tall*
bajo/baja *short (height)*
delgado/delgada *thin*
gordito/gordita *plump*
moreno/morena *brunet/brunette*
pecas *freckles*
pelirrojo/pelirroja *redhead*
pelo *hair*
rubio/rubia *blond/blonde*

Personas

amigo/amiga *friend*
chico/chica *young person*
estudiante *student*

Equipo

bolsa *bag*
gafas de sol *sunglasses*
radio-cassette (m.) *radio/cassette player*
refrescos *soft drinks*
sandalias *sandals*
sombrilla *beach umbrella*
toalla *towel*
traje (m.) de baño *bathing/swimming suit*

Números

cero	0	quince	15
uno	1	dieciséis	16
dos	2	diecisiete	17
tres	3	dieciocho	18
cuatro	4	diecinueve	19
cinco	5	veinte	20
seis	6	treinta	30
siete	7	cuarenta	40
ocho	8	cincuenta	50
nueve	9	sesenta	60
diez	10	setenta	70
once	11	ochenta	80
doce	12	noventa	90
trece	13	cien/ciento	100
catorce	14		

Expresiones relacionadas

de *from*
el/los *the*
hay *there is, there are*
la/las *the*
llamar(se) *to (be) called*
ser *to be*
tener *to have*
un/una *one, a, an*
unos/unas *some*
y *and*

CAPÍTULO **2**

En la Universidad de Puerto Rico

Propósitos

Escenario: Río Piedras, Puerto Rico

Primera etapa: Preparación
Introducción: Manual de Instrucciones para la Solicitud de Admisión
¡A escuchar!: Un estudiante nuevo
Comunicación: *Socializing, asking for confirmation, and requesting and giving information*
Así es: Cómo decir la hora
Expresiones: El recinto de Río Piedras

Segunda etapa: Funciones
Primera función: *Expressing likes, dislikes, and needs using* gustar, interesar, encantar, faltar, fascinar, molestar, *and* quedar
Segunda función: *Expressing possession using possessive adjectives*
Tercera función: *Requesting and reporting facts using* -ar *verbs*

Tercera etapa: Estrategias
Comprensión auditiva: *Using previous experience*
Lectura: *Skimming*
Composición: *Organizing*
Cultura popular: El bilingüismo en Puerto Rico

Cuarta etapa: ¡Muestra lo que sabes!
Autoprueba
Fíjate en el vocabulario: *Using vocabulary in context*

La Universidad de
Puerto Rico, Río Piedras

Introducción

Manual de instrucciones para la solicitud de admisión. The University of Puerto Rico, founded in 1903, is fully accredited and has over 52,000 students enrolled at several campuses. It is most widely known for its agricultural experiment station and has the largest school of industrial arts in the world. When David Moreno Sanz decided to go to the UPR, the admissions office sent him the registration materials and campus map that you will use in this *Etapa*. Look at the titles and subtitles from the index of the *Manual de instrucciones* and indicate on which page David can find the following information:

Answers: 1. p. 2   2. p. 8   3. p. 3   4. p. 12   5. p. 6   6. p. 20   7. p. 4   8. p. 3   9. p. 4   10. p. 2

1. Admission requirements to UPR
2. General instructions to complete the application form
3. Late applications
4. Addresses and telephone numbers for the admissions office
5. Admissions schedule (dates)
6. Explanation of evaluation procedures used to admit students
7. Special programs for new students
8. Procedures to follow when filling out admissions form
9. Special programs that require additional applications
10. Preliminary considerations

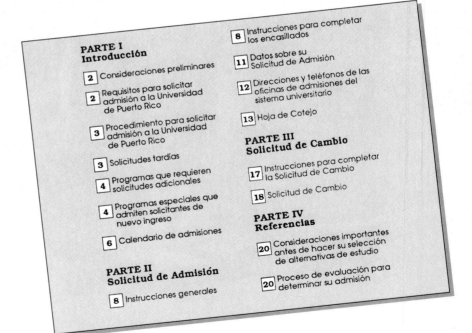

PARTE I
Introducción

- 2 Consideraciones preliminares
- 2 Requisitos para solicitar admisión a la Universidad de Puerto Rico
- 3 Procedimiento para solicitar admisión a la Universidad de Puerto Rico
- 3 Solicitudes tardías
- 4 Programas que requieren solicitudes adicionales
- 4 Programas especiales que admiten solicitantes de nuevo ingreso
- 6 Calendario de admisiones

PARTE II
Solicitud de Admisión

- 8 Instrucciones generales
- 8 Instrucciones para completar los encasillados
- 11 Datos sobre su Solicitud de Admisión
- 12 Direcciones y teléfonos de las oficinas de admisiones del sistema universitario
- 13 Hoja de Cotejo

PARTE III
Solicitud de Cambio

- 17 Instrucciones para completar la Solicitud de Cambio
- 18 Solicitud de Cambio

PARTE IV
Referencias

- 20 Consideraciones importantes antes de hacer su selección de alternativas de estudio
- 20 Proceso de evaluación para determinar su admisión

¡A ESCUCHAR! (STUDENT TAPE)

Una clase en la Universidad de Puerto Rico

Antes de escuchar

Un estudiante nuevo. David and his advisor, Doctora Vega, are planning his academic program for the fall term at the University. Before listening to the conversation on your student tape, think about your own experiences when you registered for classes.

- What do you think David and his advisor will discuss during their meeting?
- What questions will he ask?
- What information will he give to his advisor?

Comprensión

Listen to the conversation again, and jot down the responses to the following questions on a separate sheet of paper.

1. Is David's major economics, engineering, or medicine?
2. Name three courses he must take his first semester.
3. What course is difficult for David?
4. What is the name of the chemistry professor?
5. Name two courses he should take the second semester.

Assign the activities as homework.

Answers: 1. engineering
2. math, physics, chemistry
3. chemistry 4. Blanco
5. computer science, industrial engineering, math

Capítulo 2 **45**

Tell students that if two female students are speaking, they would use *juntas* instead of *juntos*.

COMUNICACIÓN (STUDENT TAPE)

The following short dialogues are based on expressions that David and Dra. Vega used in their conversation. First, listen to these exchanges on your student tape. Then, with a classmate, use the conversations as models to practice socializing, asking for confirmation, and requesting and giving information.

Charlando... *Chatting*

Pidiendo confirmación... *Asking for confirmation*

Pidiendo y dando información... *Requesting and giving information*

Prácticas

The *Prácticas* are paired communication practice and should be done in class.

Write possible responses to these questions on the chalkboard.

Point out to students that in Spanish-speaking countries it is considered common courtesy to inquire about the family.

Charlando... *Chatting*

¿Cómo te va?	*How's it going?*
¿Cómo van las clases?	*How are classes going?*
¿Qué tal la familia?	*How's the family?*
¿Qué hay de nuevo?	*What's new?*
¿Quién es?	*Who is it?*

A. ¿Quién es? Using the dialogue as a model and the phrases above, practice socializing with four other members of the class.

Pidiendo confirmación... *Asking for confirmation*

...¿de acuerdo?	. . . *agreed? (Used when some type of action is proposed.)*
...¿no?	. . . *isn't that so? (Not used with negative sentences.)*
...¿no es así?	. . . *isn't that right?*
...¿verdad?	. . . *right?*

B. ¿Estás de acuerdo? One of the easiest ways of asking questions in Spanish is to use confirmation tags at the end of sentences. Practice asking your partner for confirmation using the sentences below with the appropriate tag.

Expand into an opinion survey of the whole class. On the board record how many students believe that math is interesting, it is important to speak Spanish, etc.

■ **Ejemplo:**
Estudiante 1: *El español es fácil,° ¿verdad?*
Estudiante 2: *Sí, es fácil.*

1. Las matemáticas son interesantes.
2. Para ser ingeniero es necesario estudiar química.
3. Es importante hablar español.
4. No hay que estudiar para los exámenes.
5. Las clases en la Facultad de Periodismo son fáciles.
6. Hay muchos estudiantes en esta universidad que son bilingües.
7. Los cursos obligatorios son aburridos.°
8. La música es una especialización° fácil.
9. Los consejeros en esta universidad son buenos.
10. La Universidad de Puerto Rico no es muy grande.

C. ¿No es así? Using the phrases above as models, write five original statements and ask your partner if he/she agrees or disagrees with you.

■ **Ejemplo:**
Estudiante 1: *Las matemáticas son fáciles, ¿verdad?*
Estudiante 2: *No, las matemáticas son difíciles.*

fácil *easy* **aburrido** *boring* **especialización** *major*

Pidiendo y dando información...
Requesting and giving information

¿Cómo es tu profesor favorito/ profesora favorita?	*What is your favorite professor like?*
¿Cómo te llamas?	*What is your name?*
¿Cuál es tu número estudiantil?	*What is your student I.D. number?*
¿Cuál es tu número de teléfono?	*What is your telephone number?*
¿Cuál es tu facultad?	*What is your school/college?*
¿Cuál es tu materia favorita?	*What is your favorite subject?*
¿De dónde eres?	*Where are you from?*

Have students report the information to the whole class. Do a survey of hometowns and *facultades* and record the responses on the chalkboard.

Tell students that universities in Spanish-speaking countries are divided into different schools or *facultades*. Since students generally take courses only within their school, the buildings that house classes and laboratories for each *facultad* are not always located on the same campus. Indeed, each complex may be at opposite ends of the city or even in different cities.

CH. Una entrevista. Request information from several of your classmates using the questions above.

Las facultades *Schools and colleges*

Administración de empresas	*Business and Management*
Arquitectura	*Architecture*
Bellas Artes	*Fine Arts*
Ciencias de computación	*Computer Science*
Ciencias de la pedagogía	*Education*
Ciencias económicas	*Economics*
Ciencias políticas	*Political Science*
Derecho	*Law*
Farmacia	*Pharmacy*
Filosofía y Letras	*Liberal Arts*
Ingeniería	*Engineering*
Matemáticas	*Mathematics*
Medicina	*Medicine*
Periodismo	*Journalism*

Students may role play dialogues for other members of the class or hand in as a written assignment.

D. Síntesis. Working with a partner, make up a short conversation based on the following themes. Try to include information such as greetings, exchanging telephone numbers, saying good-bye, etc.

1. asking for help with a course
2. talking about a professor or your college
3. making plans to study together

Así es

Cómo decir la hora

▲ In order to tell time, you only need a few simple phrases. What do you notice about the following times?

Es la una.	1:00		Son las dos.	2:00
			Son las ocho.	8:00

¡Exacto! You use *Es la...* if it is 1:00 and *Son las...* for all the other times.

On the quarter hour, the words *y* and *cuarto* or *quince* are used. On the half hour, say *y* and *media* or *treinta*.

Es la una y **cuarto.**	1:15	Son las dos y **cuarto.**	2:15
Es la una y **quince.**		Son las dos y **quince.**	
Es la una y **media.**	1:30	Son las dos y **media.**	2:30
Es la una y **treinta.**		Son las dos y **treinta.**	

All other times are expressed by giving the hour, then *y,* and then the minutes. This method may also be used for times past the half hour.

Es la una **y** diez.	1:10	Son las dos **y** veinte.	2:20
Es la una **y** cuarenta.	1:40	Son las dos **y** cincuenta.	2:50

An alternate way to tell time after the half hour is to subtract minutes from the next full hour using the word *menos.*

Es la una **menos** cuarto.	12:45	Son las dos **menos** cuarto.	1:45
Es la una **menos** diez.	12:50	Son las cuatro **menos** diez.	3:50

Práctica

A. ¿Qué hora es? With your partner, take turns telling what time it is.

1. 1:05	5. 7:00	9. 1:30
2. 3:35	6. 6:16	10. 12:45
3. 9:05	7. 4:40	11. 4:15
4. 10:10	8. 5:15	12. 11:40

▲ Now, you are ready to discuss at what time events occur. The only thing you must remember is that instead of using *es* or *son* you will use *a.* Look at the following examples:

> Hay una clase de física **a las cuatro.**
> Hay una reunión de estudiantes **a las siete y media.**

Prácticas

B. ¿A qué hora...? Look at David's agenda and tell at what time the following classes and events are scheduled.

■ **Ejemplo:**
Hay un laboratorio de computación a las nueve.

9	laboratorio de computación
10	
11	matemáticas
12 :15	reunión con Carmen
1	examen de química
2	
3 :15	conferencia sobre la contaminación industrial
4 :30	reunión con la Dra. Vega

Introduce times by drawing clocks, or writing times on the board and pointing to each one while asking the class: *¿Qué hora es?* Pronounce the sentences for your students. Have them repeat as a whole class, then in groups, and then individually.

Tell students that time may also be written with a comma (1,30) or a period (1.30), as seen in some of the realia from different countries.

Since *cuarto/quince* and *media/treinta* are used interchangeably, have students practice both forms.

C. Actividades estudiantiles. The University of Puerto Rico sponsors many extra-curricular activities for its diverse student population. With your partner read the following announcement and take turns telling at what time each event is scheduled and where.

■ **Ejemplo:**
Hay una fiesta a las 11:00 en El Centro de Estudiantes.

Jíbaro Jazz en el Café Teatro Sylvia Rexach

Los días 21, 22, 27 y 28 de septiembre, Pedro Guzmán y Jíbaro Jazz se presentarán en concierto en el Café Teatro Sylvia Rexach del Centro de Bellas Artes, en funciones a las diez de la noche.

Actividades en CUTB

El próximo martes 25 de septiembre se llevará a cabo un concierto de Música de Cámara en el Teatro del Colegio Universitario Tecnológico de Bayamón a las 12 del mediodía.

El jueves 27 de septiembre se presentará el Décimo Festival de la Voz a las 12 del mediodía en el Teatro del CUTB.

Actividades en UPR

El miércoles, 12 de septiembre, a las 20:00 de la noche, se presentará en el Teatro de la Universidad de Puerto Rico el Quinteto de Metal Babreilli, que compone parte de la Serie de Conciertos de Arte Mayor.

El Ballet de San Juan se presentará en el Teatro UPR en «Fantasía», el miércoles 26 de septiembre a las 21:00 de la noche.

Conferencia en la UC

El Programa de Economía Doméstica de la Universidad Católica de Puerto Rico, en coordinación con la compañía Beech-Nut, ofrecerá una conferencia sobre la «Nutrición del Bebé» el jueves 27 de septiembre a las 10:30 de la mañana en el Anfiteatro Monseñor Vicente Murga.

There are a few other expressions that will help you to indicate more precisely when events are to take place. Study the chart below.

Frases para decir la hora *Phrases used in telling time*

When a specific time is given:

de la mañana	*in the morning,* A.M.
de la tarde	*in the afternoon,* P.M.
de la noche	*in the evening,* P.M.

Me gusta estudiar a las ocho **de la mañana.**
I like to study at eight o'clock in the morning.

When no specific time is given:

por la mañana	*in the morning*
por la tarde	*in the afternoon*
por la noche	*in the evening*

Me gusta estudiar **por la mañana.**
I like to study in the morning.

Práctica

CH. El Quinto Centenario. With your partner, read the following program schedule and answer the questions about the events that are scheduled for the 500th Anniversary Celebration commemorating the discovery of America and Puerto Rico.

Bring in additional schedules for TV and other campus events for practice. Write a list on the board or overhead transparency and use as a whole-class activity.

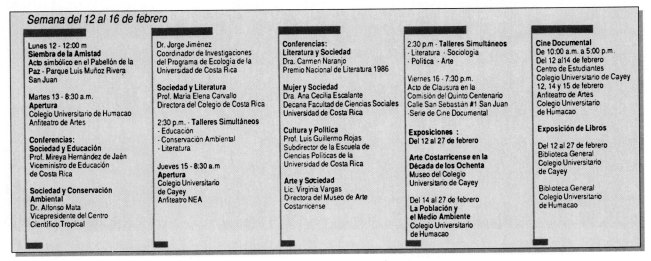

Semana del 12 al 16 de febrero

Lunes 12 - 12:00 m
Siembra de la Amistad
Acto simbólico en el Pabellón de la Paz - Parque Luis Muñoz Rivera
San Juan

Martes 13 - 8:30 a.m.
Apertura
Colegio Universitario de Humacao
Anfiteatro de Artes

Conferencias:
Sociedad y Educación
Prof. Mireya Hernández de Jaén
Viceministro de Educación
de Costa Rica

Sociedad y Conservación Ambiental
Dr. Alfonso Mata
Vicepresidente del Centro
Científico Tropical

Dr. Jorge Jiménez
Coordinador de Investigaciones
del Programa de Ecología de la
Universidad de Costa Rica

Sociedad y Literatura
Prof. María Elena Carvallo
Directora del Colegio de Costa Rica

2:30 p.m. - Talleres Simultáneos
- Educación
- Conservación Ambiental
- Literatura

Jueves 15 - 8:30 a.m
Apertura
Colegio Universitario
de Cayey
Anfiteatro NEA

Conferencias:
Literatura y Sociedad
Dra. Carmen Naranjo
Premio Nacional de Literatura 1986

Mujer y Sociedad
Dra. Ana Cecilia Escalante
Decana Facultad de Ciencias Sociales
Universidad de Costa Rica

Cultura y Política
Prof. Luis Guillermo Rojas
Subdirector de la Escuela de
Ciencias Políticas de la
Universidad de Costa Rica

Arte y Sociedad
Lic. Virginia Vargas
Directora del Museo de Arte
Costarricense

2:30 p.m - Talleres Simultáneos
- Literatura - Sociología
- Política - Arte

Viernes 16 - 7:30 p.m.
Acto de Clausura en la
Comisión del Quinto Centenario
Calle San Sebastián #1 San Juan
-Serie de Cine Documental

Exposiciones :
Del 12 al 27 de febrero

**Arte Costarricense en la
Década de los Ochenta**
Museo del Colegio
Universitario de Cayey

Del 14 al 27 de febrero
**La Población y
el Medio Ambiente**
Colegio Universitario
de Humacao

Cine Documental
De 10:00 a.m. a 5:00 p.m.
Del 12 al 14 de febrero
Centro de Estudiantes
Colegio Universitario de Cayey
12, 14 y 15 de febrero
Anfiteatro de Artes
Colegio Universitario
de Humacao

Exposición de Libros

Del 12 al 27 de febrero
Biblioteca General
Colegio Universitario
de Cayey

Biblioteca General
Colegio Universitario
de Humacao

1. ¿A qué hora es la primera conferencia?
2. ¿Cómo se llama la directora del Colegio de Costa Rica?
3. ¿A qué hora es la conferencia sobre la Literatura y la Sociedad?
4. ¿Qué exposición hay en el Museo del Colegio Universitario de Cayey?
5. ¿A qué hora es el Cine Documental?
6. ¿Qué hay en la Biblioteca General?
7. ¿A qué hora termina la conferencia?

Answers: 1. 8:30 AM   2. María Elena Carvallo   3. 8:30 AM
4. Arte Costarricense
5. 10:00 AM   6. Exposición de Libros   7. 7:30 PM

EXPRESIONES (INSTRUCTOR TAPE)

El recinto de Río Piedras. In this section, you will learn about the main campus of the University of Puerto Rico. Listen while your instructor describes the scene for you. Listen carefully and try to get the gist of the lesson. Remember, it is perfectly okay not to understand every word. After listening to the description, briefly answer the following questions.

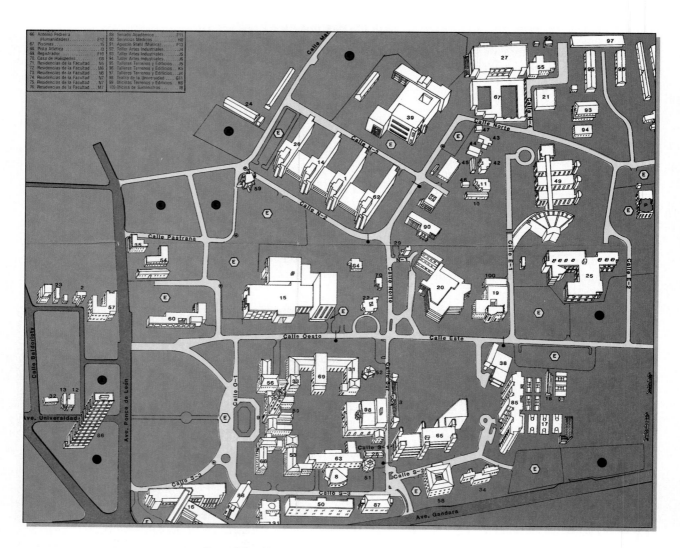

Comprensión

¿Sí o no? Read the following statements about the scene just described. If the statement is true, answer ***sí.*** If the statement is false, answer ***no.***

1. La Universidad de Puerto Rico está en Río Piedras.
2. La capital de Puerto Rico es San José.
3. El edificio más importante de la universidad es el Cuadrángulo.

4. No hay muchos libros en la biblioteca.
5. En el Teatro hay colecciones arqueológicas sobre las culturas de Puerto Rico.
6. Muchos estudiantes viven en el recinto.
7. La cafetería está en el Centro de Estudiantes.
8. David estudia química en el Edificio de Ciencias.
9. En el Jardín Botánico hay plantas tropicales como palmas, bambú y orquídeas.
10. La Universidad de Puerto Rico es muy grande.

Additional comprehension checks may be found in the Instructor's Manual.

Una cosita más: In Spanish the masculine singular article *el* contracts with the preposition *a* to form *al*.

The masculine singular article *el* contracts with the preposition *de* to form *del*. *(Está al lado del apartamento).* *Al* and *del* are the only two prepositions that form contractions.

Direcciones	*Directions*
cerca de	*close to*
lejos de	*far from*
dentro de	*inside*
detrás de	*behind*
delante de	*in front of*
al lado de	*next to*
a la derecha	*to the right*
a la izquierda	*to the left*
al este de	*to the East*
al norte de	*to the North*
al oeste de	*to the West*
al sur de	*to the South*

La cosa está cerca de la caja.

La cosa está lejos de la caja.

La cosa está dentro de la caja.

La cosa está detrás de la caja.

La cosa está delante de la caja.

La cosa está al lado de la caja.

Lugares   *Places*

aparcamiento	*parking lot*
biblioteca	*library*
cafetería	*cafeteria*
canchas	*courts*
centro	*center*
edificio	*building*
gimnasio	*gymnasium*
jardín (m.) botánico	*botanical garden*
laboratorio	*laboratory*
librería	*bookstore*
museo	*museum*
oficina	*office*
piscina	*pool*
pista	*track*
recinto	*campus*
residencia	*dormitory*
sala de recreación	*recreation room*
teatro	*theater*
torre (f.)	*tower*

Gente universitaria   *University people*

compañero/compañera de cuarto	*roommate*
consejero/consejera	*advisor*
decano/decana	*dean*
entrenador/entrenadora	*coach*
estudiante (m. f.)	*student*
profesor/profesora	*professor*
rector/rectora	*president*

Estudiantes puertorriqueños

Prácticas

A. ¿Quién es? Can you identify your classmates by their location in the room? Name the persons in the following locations.

1. la persona delante de ti
2. la persona a la izquierda
3. la persona cerca del profesor/de la profesora
4. la persona a la derecha de la persona enfrente de ti
5. la persona a la izquierda de la persona detrás de ti

B. Tu universidad. Where are the following places located in your university? Give the locations.

■ **Ejemplo:**

El gimnasio está cerca del campo de fútbol.

1. librería
2. oficina del rector
3. residencia
4. laboratorio de química
5. cafetería
6. centro de estudiantes
7. centro de computadoras

C. Los puntos cardinales. Working with a partner, tell him/her where the following places are located, using the cardinal points North, South, East, and West.

■ **Ejemplo:**

California está al oeste de Nevada.

1. Nuevo México
2. Florida
3. Washington, D.C.
4. Chicago
5. Texas
6. Nueva York
7. San Francisco
8. El Cañon Grande
9. Boston
10. El Río Mississippi

CH. ¿Dónde está tu residencia? Explain the location of your dorm, apartment, or house to your partner in as much detail as possible.

D. ¿Cómo se llama? Using the list of *Gente universitaria* on page 54, give the names of your roommates, professors, university president, etc.

E. Las oficinas y residencias. For each of the persons you mention in *Práctica D*, give the building where he/she has an office or residence.

■ **Ejemplo:**

La oficina de la profesora de español está en Cunz Hall, detrás de la biblioteca.

This activity could be expanded to include students (by name) within the class. It could be made more realistic by pretending you don't know the students and asking: *¿Conoces a la persona delante de Lucy?* The student answers: *Sí, se llama Andy.*

Point out to students that the personal pronoun *él* and the article *el* are **not** the same word and that *de* + *él* may **not** be contracted to form *del*.

Include other buildings at your university. This could be used as a role play activity with one student playing the role of the stranger on campus and the other a regular student.

In *Capítulo 2* only the third person singular *(está)* is presented to describe locations. Other forms of *estar* with a list of additional prepositions will be presented in *Capítulo 3*.

Expand this activity by having students within the class name states or cities and call on each other.

To expand this activity, have students use the key at the bottom of the map and also give the names of the *autopistas, carreteras, playas, campos de golf,* etc.

F. Las ciudades de Puerto Rico. How well do you know Puerto Rico? Most U.S. residents are aware that San Juan is the capital, but they don't know much else about this lovely island. Study the map of Puerto Rico below, then, working with a partner, take turns describing where the following places are.

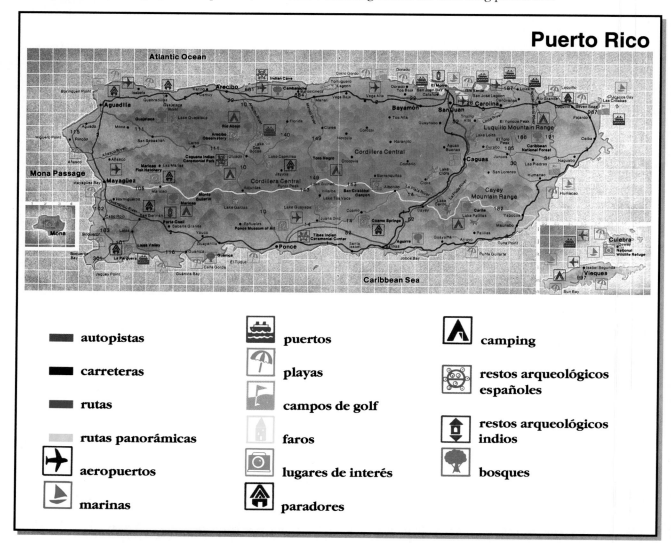

autopistas	puertos
carreteras	playas
rutas	campos de golf
rutas panorámicas	faros
aeropuertos	lugares de interés
marinas	paradores
camping	
restos arqueológicos españoles	
restos arqueológicos indios	
bosques	

■ **Ejemplo:**
Estudiante 1: *¿Dónde está San Juan?*
Estudiante 2: *San Juan está en el norte cerca de Carolina.*

1. Ponce
2. Mayagüez
3. la Cordillera Central
4. Arecibo
5. la bahía Boquerón

6. el Yunque
7. Toro Negro
8. el pasaje Mona
9. el Caribe
10. el Atlántico

SEGUNDA ETAPA: Funciones

PRIMERA FUNCIÓN:
Expressing likes, dislikes, and needs using *gustar, interesar, encantar, faltar, fascinar, molestar,* and *quedar*

For additional practice on nouns and articles, see the *Guía gramatical*.

▲ *Gustar:* In order to say you like or do not like something, you will use the verb *gustar.* Read the following phrase and guess what course I like and what course I do not like:

> Me gusta la física pero no me gusta la química.

¡Exacto! I like physics but do not like chemistry. The verb *gustar* means to please or to be pleasing to and is usually used in the third-person singular or plural form, depending on whether the item that pleases or displeases is singular or plural. For example:

(No) **me gusta** el español.   (No) **me gustan** las matemáticas.

Point out that the definite article is used with a noun that stands for an entire category: *Me gusta el arte.*

Have students review the *facultades* on page 48 and group the classes according to school.

Materias	*Courses*
antropología	*anthropology*
arte (m.)	*art*
arte dramático	*theater*
astronomía	*astronomy*
biología	*biology*
ciencias de computación	*computer science*
ciencias políticas	*political science*
contabilidad	*accounting*
economía	*economics*
filosofía	*philosophy*
física	*physics*
geología	*geology*
historia	*history*
ingeniería	*engineering*
lenguas modernas	*modern languages*
literatura	*literature*
matemáticas	*mathematics*
psicología/sicología	*psychology*
química	*chemistry*
sociología	*sociology*

Una cosita más: Some modern languages include: *el árabe, el alemán, el español, el francés, el inglés, el italiano, el japonés, el portugués, el ruso.*

Prácticas

A. Mis preferencias. Working with a partner, take turns telling each other which courses you like and do not like.

B. Opiniones. Tell whether you like or don't like the following things. Remember that you must use the plural form *gustan* if you talk about plural items.

animales (m.)	hamburguesas
deportes (m.)	música popular
vacaciones	cerveza
voleibol (m.)	té (m.) con limón
música clásica	plumas estilográficas
béisbol (m.)	cafetería de la universidad
tenis (m.)	clase (f.) de español
exámenes (m.)	poesía
novelas románticas	café (m.)

▲ You may also use this same structure to tell others what you like and do not like to do. When using *gustar* followed by the infinitive form of the verb, however, only the singular form *(gusta)* is used. Look at the following examples. Can you guess the meanings of the verb phrases?

Me gusta hacer ejercicios aeróbicos.

No me gusta hacer jogging.

¡Por supuesto! I like to do aerobic exercises but I do not like to jog. Now, let's practice talking about some of the things you like and do not like to do.

Código del Programa	Ofrecimientos Académicos Título del Programa	Indices Mínimos de Ingreso Para los Años		
		1987	1988	1989
Colegio Universitario de Cayey (CUC) (804)				
ADMINISTRACION DE EMPRESAS				
0301	Programa General	240	240	260
0305	Gerencia	240	240	260
0302	Contabilidad	240	240	260
3004	Ciencias Secretariales (G.A.)	200	200	200
·CIENCIAS NATURALES				
1201	Programa General	270	270	270
1202	Biología	270	270	270
1204	Química	270	270	270
1205	Matemáticas	270	270	270
ARTES				
1602	Ciencias Sociales- Programa General	200	200	210
1603	Economía	200	200	210
1605	Psicología	200	200	210
1606	Sociología	200	200	210
1613	Psicología y Salud Mental	200	200	210
0902	Humanidades- Programa General	200	200	210
0906	Historia	200	200	210
0907	Inglés	200	200	210
0909	Estudios Hispánicos	200	200	210
EDUCACION ELEMENTAL				
0420	Inglés	200	200	210
0422	Estudios Sociales	200	200	210
0423	Ciencias Naturales	200	200	210
0424	Matemáticas	200	200	210
0426	Español	200	200	210
EDUCACION SECUNDARIA				
0401	Ciencias Naturales	225	225	225
0404	Matemáticas	225	225	225
0406	Estudios Sociales	200	200	210
0409	Educación Física	200	200	210
0413	Historia	200	200	210
0414	Inglés	200	200	210
0415	Español	200	200	210
0435	Física Química	218	218	225

· Los estudiantes interesados en continuar estudios en Medicina, Odontología, Tecnología Médica, Terapia Física, Terapia Ocupacional o Farmacia, solicitarán al Programa de Ciencias Naturales, Programa General (1201) o Biología (1202).

Prácticas

Have students explain why they like or do not like these activities. Write a list of appropriate adjectives on the board or overhead transparency. (i.e., *No me gusta tirar el frísbee porque es aburrido.*)

C. ¿Eres una persona atlética? Working with a partner, take turns telling each other what athletic activities you enjoy and those that you do not.

■ **Ejemplo:**
No me gusta jugar al golf.

jugar al tenis	esquiar	tirar el frísbee
practicar gimnasia	jugar al béisbol	andar en bicicleta
jugar al fútbol	jugar el baloncesto	hacer jogging

CH. ¿Cuánto me gusta...? Tell your partner how many times a week you like to do the following things. Use the phrases *todos los días, una vez a la semana, cuatro veces a la semana, etc.*

Point out to students that the plural of *vez* is *veces*.

■ **Ejemplo:**
Me gusta mirar la televisión todos los días.
Me gusta practicar un deporte cuatro veces a la semana.

mirar la televisión	comer en restaurantes	practicar un deporte
tocar un instrumento	leer novelas románticas	visitar museos
escuchar la radio	estudiar español	hablar por teléfono
estudiar en la biblioteca	visitar a mis amigos	programar computadoras

▲ In order to tell about the likes and dislikes of other people or to ask questions, you only have to change the **pronoun** that comes before *gustar*. Study the following examples.

You may use phrases in *Prácticas* (pp. 57–58) to introduce this concept by asking students about courses, activities, etc. (i.e., *¿Te gusta el arte dramático? ¿A Eduardo le gusta la geología?*)

Gustar *To like, to be pleasing*

Me gusta la música popular.	*I like popular music.*
Te gusta el arte.	*You like art.*
Le gustan los cassettes.	*You/He/She like(s) the cassettes.*
Nos gustan las matemáticas.	*We like mathematics.*
Os gusta la pizza con anchoas.	*You (all) like pizza with anchovies.*
¿Les gusta la geología?	*Do you (all)/they like geology?*

▲ You have probably noticed that the *le* and *les* have several meanings. In order to avoid confusion, a prepositional phrase with *a* may be used to clarify the meaning of *le* or *les*.

A usted		*You like mathematics.*
A él/ella	le gustan las matemáticas.	*He/She likes mathematics.*
A Ana		*Ana likes mathematics.*
A David		*David likes mathematics.*

A ustedes		*You (all) like history.*
A ellos/ellas	les gusta la historia.	*They like history.*
A Ana y a David		*Ana and David like history.*

Prácticas

D. Una encuesta. Working in pairs, take turns asking each other which of the following items you prefer.

■ **Ejemplo:**
Estudiante 1: *¿Te gustan más las artes o las ciencias?*
Estudiante 2: *Me gustan más las artes.*

1. lenguas/matemáticas
2. vivir en la residencia/vivir en un apartamento
3. estudiar en la biblioteca/estudiar en el centro estudiantil
4. estudiar solo (sola)/estudiar con amigos

5. clases por la mañana/clases por la tarde
6. clases grandes/clases pequeñas
7. usar una computadora/usar una máquina de escribir
8. exámenes orales/exámenes escritos
9. comer en la cafetería/comer en casa
10. semestres/trimestres

E. Gustos personales. Write sentences telling what the following people like to do at specific times.

■ **Ejemplo:**
A mi amigo le gusta mirar la televisión a las doce de la noche.

1. mis amigas
2. mi familia
3. mi profesor/profesora de español
4. mi compañero/compañera
5. mi mejor amigo/amiga

▲ Several other words that work like *gustar* are *interesar, encantar, faltar, fascinar, molestar,* and *quedar.* Study the following examples before you begin the *Prácticas* for this section.

Sentimientos y necesidades   *Feelings and needs*

Me **encanta** la geografía.	*I love geography.*
No te **interesan** las artes.	*You're not interested in the arts.*
Al estudiante le **faltan** tres cursos de ingeniería.	*The student needs three engineering courses.*
Nos **fascinan** las ciencias naturales.	*We are fascinated by the natural sciences.*
¿A ellos les **molesta** la violencia?	*Does violence bother them?*
A ustedes les **quedan** cinco dólares.	*You have five dollars left.*

Prácticas

F. ¿A quién le interesa...? Interview your classmates and find out who is interested in the following things and report your findings to the rest of the class.

■ **Ejemplo:**
Estudiante 1: *¿Te interesa la música clásica?*
Estudiante 2: *No, no me interesa la música clásica.*

música clásica	ecología	ciencias
fotografía	computadoras	política
poesía	historia	horóscopos
lenguas extranjeras	montañas	esquí acuático (m.)

Equipo escolar   *School supplies*

bolígrafo	*ball point pen*
calculadora	*calculator*
computadora	*computer*
cuaderno	*notebook*
diario	*diary, agenda*
diccionario	*dictionary*
escritorio	*desk*
goma	*eraser*
grabadora	*tape recorder*
impresora	*printer*
lápiz (m.) (pl. lápices)	*pencil*
libro	*book*
marcador (m.)	*marker*
mesa	*table*
mochila	*backpack*
papel (m.)	*paper*
ratón (m.)	*mouse*
regla	*ruler*
pluma estilográfica	*fountain pen*
silla	*chair*

G. Siempre me falta algo. Working with a partner, take turns telling each other about the school supplies you always need.

■ **Ejemplo:**
  Siempre me faltan lápices.

Ask students the following questions about the advertised items: *¿Cuánto cuesta? ¿Cuál es el precio regular? ¿Hay un límite por cada cliente?*

Remind students that Puerto Rico is a commonwealth of the United States. Puerto Ricans are citizens of the U.S., are able to enter and leave without passports or visas, and use the same currency. They may not, however, vote in U.S. elections unless they establish their residency in the U.S.

CASIO
Calculadora
Científica
Casio.
Realiza 75 funciones.
14⁸⁸
Reg. $19.99
Disponible 6 por farmacia.
Límite 1 por cliente.
AHORRE $5.11

Archivo
Plástico
Estilo maletín.
14⁴⁹
Reg. $19.99
Disponible 6 por farmacia.
Límite 1 por cliente.
AHORRE $5.00

Maquinilla para Escribir
Omega. Incluye estuche.
Teclado en español.
44 teclas y 88
caracteres. Cinta
de dos colores,
se voltea
automáticamente.
64⁹⁹
Reg. $89.99
Disponible 3 por farmacia.
Límite 1 por cliente.
AHORRE $25

You may rank the order of the items on the board or on an overhead transparency after students have reported the results.

H. La tolerancia. With a partner, read the following items and indicate the degree to which each bothers you. Compare the results with other members of the class.

■ **Ejemplo:**

No me molesta el tráfico nada en absoluto.

0	+	+ +	+ + +
nada en absoluto	*un poco*	*mucho*	*muchísimo*

tráfico	aire (m.) contaminado	música metálica
violencia	contaminación industrial	desconsideración
crimen (m.)	cigarrillos	clases a las ocho de la mañana
exámenes	insectos	serpientes (f.)
visitas al dentista	clases aburridas	boxeo
egoísmo	drogas	energía nuclear

I. Entrevista. Working in pairs, take turns asking and answering the following questions.

1. ¿Qué te gusta más de la universidad? ¿Qué te molesta?
2. ¿Qué clases te interesan? ¿Por qué?
3. ¿Cuántos° semestres (trimestres) te quedan para terminar° tu carrera?
4. ¿Qué curso te fascina?
5. ¿Qué te gusta hacer los fines de semana°?
6. ¿Cuánto dinero te falta para pagar la matrícula?

J. Tenemos mucho en común. Using the information from the preceding activities, write a brief paragraph comparing and contrasting yourself with someone else in the class.

SEGUNDA FUNCIÓN:
Expressing possession using possessive adjectives

For additional practice on possessive adjectives, see the *Guía gramatical*.

Review adjective agreement in *Cápitulo 1* before beginning the *Segunda función*.

▲ You have already seen several adjectives used to express possession or relationship. For example, David used the following expressions when talking to his advisor:

mi matrícula
mis cursos
mis clases

What do you think **mi** and **mis** mean? Can you explain why there are two words that mean the same thing? Remember that in Spanish, adjectives must agree in number and in gender. If I want to indicate that I possess something or refer to an object or person I would say *mi amigo, mi toalla* or *mi profesor.* However, if I refer to more than one object or person, the plural form of the possessive adjective *(mis)* must be used. Therefore, I would say *mis amigos, mis toallas,* or *mis profesores.* Study the chart on the following page.

¿Cuánto(s)? *How much/many?* **terminar** *to finish* **fines de semana** *weekends*

Adjetivos posesivos *Possessive adjectives*

Singular		Plural	
Mi amigo / amiga	*My friend*	**Mis** amigos / amigas	*My friends*
Tu amigo / amiga	*Your friend (familiar)*	**Tus** amigos / amigas	*Your friends (familiar)*
Su amigo / amiga	*Your friend (formal), His, Her, Its friend*	**Sus** amigos / amigas	*Your friends (formal), His, Her, Its friends*
Nuestro amigo **Nuestra** amiga	*Our friend*	**Nuestros** amigos **Nuestras** amigas	*Our friends*
Vuestro amigo **Vuestra** amiga	*Your friend (familiar)*	**Vuestros** amigos **Vuestras** amigas	*Your friends (familiar)*
Su amigo / amiga	*Your friend (formal), Their friend*	**Sus** amigos / amigas	*Your friends (formal), Their friends*

As you look at the list, notice that the possessive adjective must agree with the noun and not with the owner or possessor. David and Enrique refer to Ana and Teresa as "our friends" by saying *nuestras amigas* not *nuestros amigas*.

Prácticas

A. ¿Cómo es? Ask your partner to describe the following persons and things. You may use some of the suggested nouns in column A and adjectives in column B in your questions and responses. Remember that adjectives must agree in number and gender with the noun or person you are describing.

■ **Ejemplo:**
Estudiante 1: *¿Cómo es tu clase de español?*
Estudiante 2: *Mi clase de español es divertida°.*

A	B	
profesor/profesora de español	divertido	terrible
compañero/compañera de cuarto	interesante	aburrido
apartamento/residencia	fácil	difícil
notas	nuevo°	viejo°
cassettes del laboratorio	bueno	malo

B. ¿Cuánto cuesta... ? Working in groups of four take turns asking each other the price of the following items.

■ **Ejemplo:**
Estudiante 1: *¿Cuánto cuesta tu libro de inglés?*
Estudiante 2: *Mi libro cuesta veinte dólares.*

libro de español	diario	mochila	radio-cassette
pluma estilográfica	diccionario	lápiz	marcador
cuaderno de actividades	bolígrafo	calculadora	computadora

divertida *fun*   **nuevo** *new*   **viejo** *old*

Point out that the possessive adjective *tu* is written without the accent mark, unlike the subject pronoun *tú* that is commonly used with verbs.

Introduce the possessive adjectives by collecting items from students and asking them: *¿Es tu libro? ¿Son tus lápices?* etc. Instruct students to respond using affirmative or negative responses: *Sí, es mi libro,* or *No, no es mi libro.*

Gather some students' possessions and put them on the desk. In order to get the item back, each student must identify the item.

After students have completed Ex. A, have them tell about their partner using *su* and *sus*.

C. Opiniones personales. Find out a little more about your partner by asking him/her the following personal questions. Then write a brief paragraph summarizing his/her responses.

1. En general, ¿cómo son tus clases en la universidad?
2. ¿Cómo se llama tu profesor preferido? ¿Tu profesora preferida?
3. ¿Cuál clase te gusta más?
4. ¿Cuál es tu clase más difícil? ¿Más fácil? ¿Más interesante?
5. ¿A qué hora tienes tus clases?
6. ¿Dónde tienes tu clase de español?

Una cosita más: the Hispanic calendar begins with *lunes* (Monday) and ends with *domingo* (Sunday). The days of the week are **not** capitalized in Spanish. If something happens repeatedly on a certain day, you must use **los** before the plural form of the days of the week. *Ejemplo: Estudio en la biblioteca **los lunes** por la mañana. Voy a las fiestas **los sábados.*** The only two days that have different singular and plural forms are *sábado* and *domingo.*

Días de la semana	*Days of the week*		
lunes (m.)	*Monday*	viernes (m.)	*Friday*
martes (m.)	*Tuesday*	sábado (m.)	*Saturday*
miércoles (m.)	*Wednesday*	domingo (m.)	*Sunday*
jueves (m.)	*Thursday*		

CH. La primera semana de clases. Using the days of the week above, write a brief note telling about your classes. Mention what courses you are taking and when they meet. Describe your professors.

■ **Ejemplo:**

Los lunes tengo un laboratorio de biología...

▲ You may have noticed that *su* and *sus* may mean his, her, its, your (formal singular and plural) and their. While the meaning is usually clear from the context of the sentence, in order to avoid ambiguity, the following structures may be used.

Introduce this structure by using the students' books, pens, notebooks, etc. Collect 5 or 6 items from the students and then ask the entire class: ¿*De quién es el libro?* etc.

El sentido de «su»	*Clarifying the meaning of* su
Es su libro.	Es el libro de él.
	Es el libro de David.
	Es el libro del profesor.
	Es el libro de ella.
	Es el libro de Teresa.
	Es el libro de la profesora.
	Es el libro de ellos.
	Es el libro de Ana y Teresa.
	Es el libro de las profesoras.

Prácticas

Remind students to review the adjectives in *Capítulos 1* and *2* before beginning this activity.

D. ¿Cómo son tus clases? Following the example on page 65, take turns with a partner describing your classes. Mention the time of the class and tell if it is interesting, boring, difficult, easy, etc.

■ **Ejemplo:**
Tengo la clase de inglés del doctor Smith a las nueve. Es interesante.

E. Información personal. Working with a partner, exchange information about your friend's classes, professors, acquaintances, and possessions.

■ **Ejemplo:**
La profesora de mi amigo es alta y rubia...

F. ¿Dónde está(n)...? Working with a partner, ask each other questions about the location of the following places and things.

■ **Ejemplo:**
Estudiante 1: *¿Dónde está la casa de tu amigo?*
Estudiante 2: *Está en Washington.*

casa	estudiantes
oficina	profesor/profesora
residencia	amigo/amiga
apartamento	compañero/compañera
auto	familia
universidad	consejero/consejera
clase	novio/novia

For additional practice on present tense -ar verbs, see the *Guía gramatical*.

TERCERA FUNCIÓN
Requesting and reporting facts using regular -*ar* verbs

Let's start by examining the following examples of Spanish verbs and their English equivalents:

desear   *to want, wish*   enseñar   *to teach*   estudiar   *to study*

What types of ideas do these words convey? What features do they have in common? If you said that these verbs express actions and feelings, you are correct. Did you notice that all three end in the suffix -*ar*? This is an important feature of Spanish verbs. Bilingual dictionaries provide only this basic form of the verb, called an infinitive. In order to use verbs to express other ideas, such as *I study, they teach,* or *we want,* the infinitive must be changed by adding the appropriate suffix.

Unlike English, it is the verb suffix, rather than a pronoun subject, that tells who is doing the action or feeling. The chart below shows the six suffixes used with -*ar* infinitives to express ideas in the present time frame. Notice that the pronoun subjects **are** used in order to avoid confusion about who the subject is or for emphasis.

Una cosita más: Deseáis is the familiar form of you (all) primarily used in Spain. In other Spanish-speaking countries, *desean* is more common.

Desear	*to wish, want, or desire*	
Singular		
yo	dese**o**	*I want*
tú	dese**as**	*you want*
usted	dese**a**	*you want*
él	dese**a**	*he wants*
ella	dese**a**	*she wants*
Plural		
nosotros/nosotras	dese**amos**	*we want*
vosotros/vosotras	dese**áis**	*you (all) want*
ustedes	dese**an**	*you (all) want*
ellos	dese**an**	*they (m. pl.) want*
ellas	dese**an**	*they (f. pl.) want*

Now, let's see if you can understand these sentences:

Maribel Roybal estudia español en la Universidad de Puerto Rico. Desea ser profesora. Necesita tomar cursos de gramática, literatura y composición.

Can you identify the verbs in the sentences? What are the suffixes? What is the subject of each verb? The verbs are *estudiar, desear, necesitar,* and *tomar.* It is clear that the suffix for the first three verbs is **a**. *Tomar* is left in the infinitive form because it immediately follows an auxiliary ("helping") verb. In cases like this, only the auxiliary verb changes. **Maribel Roybal/she** is the subject of each verb.

Now that you have the concepts under control, let's practice. Use the list of common -*ar* infinitive verbs on page 67.

Verbos regulares: -ar	*Regular -ar verbs*		
bailar	*to dance*	llamar	*to call*
buscar	*to look for*	mirar	*to watch, look at*
cantar	*to sing*	necesitar	*to need*
desear	*to want, wish*	pagar	*to pay*
enseñar	*to teach*	practicar	*to practice*
entregar	*to hand in, hand over*	sacar (apuntes)	*to take out, take (notes)*
escuchar	*to listen*	terminar	*to finish*
esperar	*to hope (for)*	tomar	*to take*
estudiar	*to study*	trabajar	*to work*
ganar	*to earn, win*	usar	*to use*
hablar	*to speak*	visitar	*to visit*

Prácticas

A. Escenas de la universidad. Read the description of the situation below, focusing on the verbs and their suffixes. Then put **yourself** in Maribel's place and change the verbs accordingly.

Maribel escucha la lección de español. Estudia para un examen oral. Desea una «A» en el examen. Es el día del examen. Maribel habla con el profesor Elizondo. Maribel mira la nota. ¡Felicidades! Es una «A».

B. Preguntas personales. Working with a partner, take turns asking and answering the questions below. Remember, it isn't necessary to answer questions with a complete sentence.

1. ¿Cuántas clases tomas?
2. ¿Qué deseas estudiar?
3. ¿Qué cursos necesitas tomar?
4. ¿Quién enseña el curso de español?
5. ¿A qué hora estudias?
6. ¿Dónde te gusta estudiar?

C. Más preguntas. Take a survey of your classmates' academic activities. Make up the necessary questions in Spanish to find out the following information.

1. what courses he/she is taking
2. when he/she studies
3. who teaches his/her favorite course
4. what he/she wants to be
5. what languages he/she speaks

Have students write their own sentences on successful and unsuccessful student behavior and share their comments with the class. Write their sentences on the chalkboard or on an overhead transparency.

CH. Buenos estudiantes. With your partner, decide which of the following activities good students do or don't do.

■ **Ejemplo:**

Los buenos estudiantes sacan apuntes en las clases.

1. buscar ayuda antes de un examen
2. entregar la tarea tarde
3. estudiar hasta las cuatro de la mañana
4. mirar vídeos todas las noches
5. usar el laboratorio de lenguas
6. practicar el español todos los días
7. estudiar en la biblioteca
8. escuchar los cassettes y practicar la pronunciación
9. hablar por teléfono con los amigos toda la noche
10. buscar excusas para no estudiar

D. Gente joven. *El mundo,* one of Puerto Rico's major newspapers, has a section for children called *"Gente joven"* that appears in the Sunday edition. Read the following letter from Mercedes Morales Lebrón about some distinguished students and answer the questions below briefly in English.

1. What is Mercedes Morales Lebrón's job?
2. What honor did the students receive?
3. What is the name of their school?
4. What town is the school located in?
5. Who is Janet Espada Lebrón?

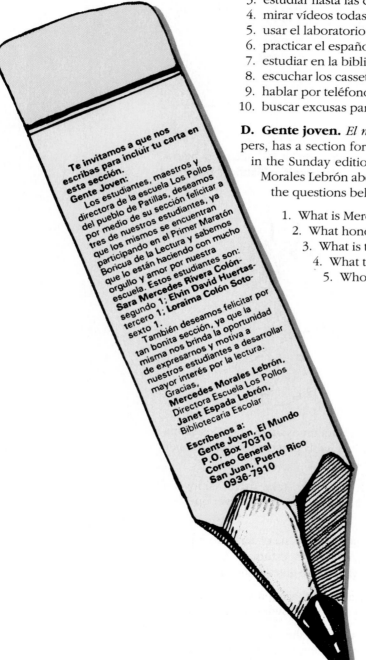

Te invitamos a que nos escribas para incluir tu carta en esta sección.

Gente Joven:

Los estudiantes, maestros y directora de la escuela Los Pollos del pueblo de Patillas, deseamos por medio de su sección felicitar a tres de nuestros estudiantes, ya que los mismos se encuentran participando en el Primer Maratón Boricua de la Lectura y sabemos que lo están haciendo con mucho orgullo y amor por nuestra escuela. Estos estudiantes son: **Sara Mercedes Rivera Colón-**segundo 1; **Elvin David Huertas-**tercero 1; **Loraima Colón Soto-**sexto 1.

También deseamos felicitar por tan bonita sección, ya que la misma nos brinda la oportunidad de expresarnos y motiva a nuestros estudiantes a desarrollar mayor interés por la lectura.

Gracias,

Mercedes Morales Lebrón,
Directora Escuela Los Pollos
Janet Espada Lebrón,
Bibliotecaria Escolar

Escríbenos a:
Gente Joven, El Mundo
P.O. Box 70310
Correo General
San Juan, Puerto Rico
0936-7910

TERCERA ETAPA: Estrategias

COMPRENSIÓN AUDITIVA (STUDENT TAPE)

Comprensión auditiva may be assigned as homework and followed up in class.

Using previous experience. One of the most important factors in comprehending spoken Spanish is **what you already know!** No, this isn't a joke. Background knowledge is something you rely on even in your own native language. Think about these examples:

1. You need to cash a check, so you go to your bank. The teller asks, "How do you want that?" You answer, "Tens and twenties, please."
2. You and your date are dining out in a nice restaurant. You order a steak. The server asks, "How do you want that?" and you answer, "Medium rare."

In both examples, you were asked the same question on the surface, "How do you want that?" But, based on your background knowledge, you knew that the question was not really the same. In the first case, the speaker had to be referring to money, because the setting was in a bank. The server in the second example had to be referring to the doneness of meat, not denominations of currency, because you had just ordered a steak. You were able to answer correctly in both cases, because you had acquired knowledge about these two situations through previous experience.

The ability to call up appropriate background knowledge is called "activating a script." The term **script** refers to common routines that are learned through life experiences. When listening to a foreign language, you can often rely on your scripts to comprehend the message. How will you know which script to activate? Look and listen for clues to the topic. After identifying the topic, try to recall some important facts about it based on your own experience. Try the following exercise:

You are listening to a popular rock station on the car radio. In between the records, what kinds of information might be broadcast? Other types of information might include advertisements, time, temperature, weather, public service announcements, information about future events, traffic reports, and disc jockey chatter. Let's take the topic of weather. What kinds of things would the announcer say? High and low temperatures, humidity, chance of rain, and the forecast for tomorrow would all be possible types of weather information. If you can identify the topic as a weather report, you can listen for the information you are especially interested in. Now, let's practice.

Práctica

Bénédict te ofrece más. You will be listening to an advertisement for a school on your student tape. Activate your script for schools that advertise on the radio. What kinds of programs do they usually offer? Take a few seconds to think about the topic. Then, on a separate sheet of paper, write a list of the things you expect to hear. After listening to the tape, check your comprehension against the list you made. Listen a second time to see if you left anything out.

LECTURA

Skimming. Many types of authentic Spanish-language texts are not accompanied by the visual cues, such as photographs and drawings, usually found in advertisements. Before you actually read the passage, quickly look it over to get the general idea about the content. This strategy is called **skimming.** As you skim, notice the format and take note of key words. These cues will help you figure out what the reading is all about. Then, reread the passage more slowly as you review your list of words and determine what topic or main idea would link these words and phrases.

Práctica

El recinto de la UPR. Now, try your skimming strategy on the following passages taken from the University of Puerto Rico's student services pamphlet. Write a brief note in English describing some of the facilities at the UPR. Mention two or three major points for each facility.

Centros de investigación:

Los laboratorios de investigación científica del Recinto de Río Piedras están equipados con la más moderna tecnología que agiliza la labor investigativa, así como son sus sistemas computarizados para recopilar y archivar información.

Investigaciones arqueológicas, históricas, sociales, comerciales, lingüísticas, económicas, pedagógicas, entre muchas otras, se realizan en más de 20 centros de investigación especializados que existen en todo el Recinto de Río Piedras.

Museo:

El Museo de Antropología, Historia y Arte, mantiene exhibiciones permanentes de colecciones arqueológicas sobre las culturas aborígenes de Puerto Rico y el Caribe. Asimismo, posee una Sala de Pintura Hispanoamericana con obras de los pintores puertorriqueños José Campeche y Francisco Oller y de otros pintores hispanoamericanos. Está abierto al público desde las nueve de la mañana hasta las nueve de la noche, de lunes a viernes y desde las nueve de la mañana hasta las tres de la tarde, los sábados y los domingos.

Instalaciones deportivas:

El Complejo Deportivo incluye dos piscinas olímpicas, canchas bajo techo de baloncesto y voleibol, canchas de tenis, pista de material sintético, campo de fútbol y softbol, gimnasio y sauna. A través del año académico se organizan en estas instalaciones numerosos torneos y competencias deportivas intramurales e interuniversitarias. Estas facilidades son para el uso exclusivo de la comunidad universitaria.

Centro de estudiantes:

Es el punto de reunión para los estudiantes en sus horas de ocio. Se concentran en este lugar servicios como librería, sala de música, sala de juegos, estación de correo federal, oficina para reuniones de las organizaciones estudiantiles y la cafetería.

COMPOSICIÓN

Organizing. Let's get organized! Organizing is an important composition strategy. Although it isn't necessary to make a detailed outline for every composition, it is crucial to think about the type of composition you are writing (description, narrative, comparison, etc.), and the format that fits it best. Before you can decide on the final format, you will need to have your data in order. This can be done in many ways: lists, index cards, post-it notes, charts, graphs, models, etc.

Práctica

Mi agenda. In this lesson, imagine that you are going to write a composition about your activities this week. In order to organize the data, make an agenda in Spanish for the week. Include the day, time, and place of each activity. Agendas can take many forms; design one that makes sense to you.

Refer students to p. 49 for an example of an agenda.

CULTURA POPULAR

El bilingüismo en Puerto Rico. Because of 10–30 year tax exemptions and lower wages, more than 2,000 manufacturing plants from all parts of the United States have relocated on the island. In order to obtain employment in this competitive job market, bilingualism is considered to be a definite asset. Spanish is the norm throughout the island and even though many Puerto Ricans can speak English, language institutes are very popular as they attempt to improve their communicative skills in order to meet the needs of many employers. Read the following ads and decide what jobs are being advertised and what experience is necessary for each.

Empleos Especializados

SE SOLICITA
**MAESTRO(A)
DE INGLÉS ELEMENTAL**
Colegio Nuestra Señora Del Carmen
887–4099

DIRECTOR DE ASISTENCIA ECONÓMICA
REQUISITOS:
Experiencia como DIRECTOR DE ASISTENCIA ECONÓMICA
Experiencia en regulaciones federales, fondos Título IV
(Pell Grant y GSL)
Bilingüe
BBA
Résumé:
Box 6363, Santa Rosa Unit
Bayamón, Puerto Rico 00621

Se Solicita
**SECRETARIA
BILINGÜE**
Preferiblemente con conocimiento
de computadora PC, conocimientos
básicos de contabilidad, y saber
trabajar bajo presión.
Para entrevista llamar al
781–9634, 782–8762

Práctica

Unas escuelas. Read the following ads and indicate the name of the school, what classes are being offered, and the target audience.

CUARTA ETAPA: ¡Muestra lo que sabes!

Autoprueba

With your partner, try to solve the following problems:

A. Say hello to your partner, ask how he/she is, and tell him/her you need to talk about your courses.

B. Study the advertisement below and tell what kinds of courses would include these books on their extra reading list.

CIEN AÑOS DE SOLEDAD
Gabriel García Márquez
4¼" x 7" - 493 pgs.
Cód. 104 - Reg. $10.50

Ganadora del Premio Nobel, es la obra máxima de la literatura hispanoamericana.

LOS PODERES DE LA MENTE
Nona Coxhead
5¼" x 7¾" - 247 pgs.
Cód. 401 - Reg. $9.50

Asómese al mundo de los poderes psíquicos.

Aprenda a hablar y escribir correctamente el **INGLÉS** sin cometer los errores típicos de los hispanoparlantes

DICCIONARIO VOX
Español - Inglés
6" x 9" - 672 pgs.
Cód. 200 - Reg. $9.95

Diccionario compacto, resume puntos gramáticos, contiene listados de sufijos y frases idiomáticas.

CONTACTO
Carl Sagan
5½" x 7¾" - 361 pgs.
Cód. 4005 - Reg. $13.95

El planeta tierra ha recibido un mensaje del espacio y nadie sabe de quién o por qué.

INGLES
Ron Murphy/ María Rodellar
5½" x 8" - 160 pgs.
Cód. 201 - Reg. $13.95

Texto práctico e instructivo en el aprendizaje del idioma inglés, le enseña a no cometer los errores típicos de los hispanoparlantes.

C. Ask your partner to give you examples of courses in the *facultades* listed on page 48.

CH. Exchange class schedules with your partner. Include the name of the class, the days, and the time each meets.

D. Exchange information with your partner about three of the activities you are doing today.

E. Discuss with your partner some courses you like and dislike. Explain why.

F. Now listen to the conversation between David and Doctora Vega at the beginning of this chapter and make a list of the main ideas in English.

Comprehension questions for realia:
1. *Cómo compras los libros, ¿por carta, teléfono, telegrama o FAX?*
2. *¿Qué información es necesaria para pedir libros?*
3. *¿Toma mucho o poco tiempo para pedir libros?*
4. *¿Cuál es el número de teléfono? ¿El número de FAX?*
5. *¿Qué días y horas se puede pedir libros?*
6. *¿Qué tarjetas de crédito aceptan?*
7. *¿Cuánto cuesta el servicio?*

Fíjate en el vocabulario

Using vocabulary in context. Associating words with context is a helpful way to learn vocabulary. For example, if you are trying to learn the different courses, think about what you and your friends are studying. What courses are interesting? Who are the professors? What will you study next semester? Next year? The activities on page 74 will help you to contextualize the vocabulary in this chapter.

Prácticas

A. Make a map of your university and label it in Spanish.

B. List the courses you would like to take. Now list the ones you would not like.

C. Write your shopping list for the bookstore.

CH. Name and describe one of your professors, your advisor, the dean of your college, and the president of your university.

D. Read the following ad from the University Book Store and tell what service is being offered.

E. Look through the list on pages 75–77 and pick out the nouns that identify persons, places, or things. Make two new lists, one for the masculine words, and one for the feminine. Include the corresponding articles.

VOCABULARIO

Charlando...

¿Cómo te va?   *How's it going?*
¿Cómo van las clases?   *How are classes going?*
¿Qué tal la familia?   *How's the family?*
¿Qué hay de nuevo?   *What's new?*
¿Quién es?   *Who is it?*

Pidiendo confirmación...

...¿de acuerdo?   *. . . agreed?*
...¿no?   *. . . isn't that so?*
...¿no es así?   *. . . isn't that right?*
...¿verdad?   *. . . right?*

Pidiendo y dando información...

¿Cómo es tu profesor favorito/profesora favorita?   *What is your favorite professor like?*
¿Cómo te llamas?   *What is your name?*
¿Cuál es tu número estudiantil?   *What is your student I.D. number?*
¿Cuál es tu número de teléfono?   *What is your telephone number?*
¿Cuál es tu facultad?   *What is your school/college?*
¿Cuál es tu materia favorita?   *What is your favorite subject?*
¿De dónde eres?   *Where are you from?*

Facultades

Administración de empresas   *Business and Management*
Arquitectura   *Architecture*
Bellas Artes   *Fine Arts*
Ciencias de computación   *Computer Science*
Ciencias de la pedagogía   *Education*
Ciencias económicas   *Economics*
Ciencias políticas   *Political Science*
Derecho   *Law*
Farmacia   *Pharmacy*
Filosofía y Letras   *Liberal Arts*
Ingeniería   *Engineering*
Matemáticas   *Mathematics*
Medicina   *Medicine*
Periodismo   *Journalism*

Frases para decir la hora

...de la mañana   *. . . in the morning,* A.M.
...de la tarde   *. . . in the afternoon,* P.M.
...de la noche   *. . . in the evening,* P.M.
por la mañana   *in the morning*
por la tarde   *in the afternoon*
por la noche   *in the evening*

Direcciones

cerca de *close to*
lejos de *far from*
dentro de *inside*
detrás de *behind*
delante de *in front of*
al lado de *next to*
a la derecha (izquierda) de *to the right (left) of*
al este (norte, oeste, sur) de *to the East (North, West, South) of*

Lugares

aparcamiento *parking*
biblioteca *library*
cafetería *cafeteria*
canchas *courts*
centro *center*
edificio *building*
gimnasio *gymnasium*
jardín (m.) botánico *botanical garden*
laboratorio *laboratory*
librería *bookstore*

museo *museum*
oficina *office*
piscina *pool*
pista *track*
recinto *campus*
residencia *dormitory*
sala de recreación *recreation room*
teatro *theater*
torre (f.) *tower*

Gente universitaria

compañero/compañera de cuarto *roommate*
consejero/consejera *advisor*
decano/decana *dean*
entrenador/entrenadora *coach*
estudiante (m. f.) *student*
profesor/profesora *professor*
rector/rectora *president*

Materias

antropología *anthropology*
arte (m.) *art*
arte dramático *theater*
astronomía *astronomy*
biología *biology*
ciencias de computación *computer science*
ciencias políticas *political science*
contabilidad *accounting*
economía *economics*
filosofía *philosophy*
física *physics*
geología *geology*
historia *history*
ingeniería *engineering*

lenguas modernas *modern languages*
árabe (m.) *Arabic*
alemán (m.) *German*
español (m.) *Spanish*
francés (m) *French*
inglés (m.) *English*
italiano (m.) *Italian*
japonés (m.) *Japanese*
portugués (m.) *Portuguese*
ruso (m.) *Russian*
literatura *literature*
matemáticas *mathematics*
psicología/sicología *psychology*
química *chemistry*
sociología *sociology*

Sentimientos y necesidades

encantar   *to love*
faltar   *to be lacking*
fascinar   *to be fascinated by/with*
gustar   *to like*
interesar   *to be interested in*
molestar   *to bother*
quedar   *to have left*

Equipo escolar

bolígrafo   *ball point pen*
calculadora   *calculator*
computadora   *computer*
cuaderno   *notebook*
diario   *diary, agenda*
diccionario   *dictionary*
escritorio   *desk*
goma   *eraser*
grabadora   *tape player*
impresora   *printer*

lápiz (m.) (pl. lápices)   *pencil*
libro   *book*
marcador (m.)   *marker*
mesa   *table*
mochila   *backpack*
papel (m.)   *paper*
ratón (m.)   *mouse*
regla   *ruler*
pluma estilográfica   *fountain pen*
silla   *chair*

Posesión

mi(s)   *my*
tu(s)   *your (familiar)*
su(s)   *his, her, its, their, your (formal)*
nuestro(s)/nuestra(s)   *our*
vuestro(s)/vuestra(s)   *your (familiar/pl.)*

Días de la semana

lunes (m.)   *Monday*
martes (m.)   *Tuesday*
miércoles (m.)   *Wednesday*
jueves (m.)   *Thursday*
viernes (m.)   *Friday*
sábado (m.)   *Saturday*
domingo (m.)   *Sunday*

Acciones

bailar   *to dance*
buscar   *to look for*
cantar   *to sing*
desear   *to want, wish*
enseñar   *to teach*
entregar   *to hand in, hand over*
escuchar   *to listen*
esperar   *to hope (for)*
estudiar   *to study*
ganar   *to earn, win*
hablar   *to speak*

llamar   *to call*
mirar   *to watch, look at*
necesitar   *to need*
pagar   *to pay*
practicar   *to practice*
sacar (apuntes)   *to take out, take (notes)*
terminar   *to finish*
tomar   *to take*
trabajar   *to work*
usar   *to use*
visitar   *to visit*

La familia

Propósitos

Escenario: Las Cruces, New Mexico

Una familia tradicional

PRIMERA ETAPA: Preparación

Comprehension questions for realia:

1. On what ideal are rules and regulations for the workplace based?
2. Are Californians really as fit as they are said to be?
3. How is it that children can learn two languages at the same time?

After students have completed this activity have them discuss what key words or phrases aided them in making the appropriate matches. Then have them give one summary statement for each article.

Introducción

La familia de hoy. In this chapter, you will learn how to communicate about the family and family matters. You will also learn a bit about New Mexico, *"La Tierra de Encanto."* Let's begin with a review of the skimming strategy you learned in *Capítulo 2*. Study the following titles from the family section of *Más* magazine and match them with the appropriate introductory paragraphs and illustrations.

Ser bilingüe desde la cuna

Padres heroicos

La salud física y el ejercicio en familia

LA REPUTACIÓN de los californianos de tener buena salud física sufrió un duro golpe cuando los estudiantes de las escuelas de San Francisco no pasaron la primera prueba nacional de salud física.

La paternidad individual no es rara (casi la mitad de los matrimonios de hoy no sobreviven) y puede ser muy solitaria. Las regulaciones en el lugar de trabajo, en la escuela y en la estructura social están basadas en el ideal de la familia intacta.

Es la enorme capacidad y curiosidad que acompañan la actividad cerebral del niño la que permite aprender dos lenguas a la vez sin que esto sea perjudicial.

¡A ESCUCHAR! (STUDENT TAPE)

Antes de escuchar

Los López de Nuevo México. In this chapter you will learn about the López family of New Mexico. Traditionally, the word *familia* refers not only to the mother, father, and children but also to close and distant relatives. Although the concept of several generations living in the same dwelling is changing, family bonds are still very important.

On your student tape, listen as Pablito Archuleta of New Mexico telephones his grandmother, María Cristina López, to talk about some of the problems he is having in school and at home. Jot down the answers to the following questions.

- What is Pablito's approximate age?
- What are two or three of his problems?
- What solutions does María Cristina offer?

Comprensión

Listen to the conversation again, then determine whether the statements below are true or false.

1. Abuelita tells Pablito to get a job to earn money.
2. Pablito has artistic talents.
3. Pablito's grandmother thinks that he is a good student.
4. He tells his grandmother that he just received an F on his math exam.
5. Marcos is Pablito's younger brother.
6. Miranda is his sister.

To expand this activity, have students correct the false statements.

Answers: 1. F 2. T 3. T 4. F 5. F 6. F

Comprehension questions for realia: Have students scan the magazine covers for . . .
1. cognates.
2. articles that they would like to read.

81

COMUNICACIÓN (STUDENT TAPE)

How would you answer the phone or thank someone if you were traveling in a Hispanic country? The following conversations will help you talk on the phone, tell what you have just done, and express thanks. Listen to the conversations on your student tape and then practice them with other members of the class.

Cortesía telefónica   *Telephone courtesy*

Expresando el pasado...   *Telling about recently completed actions*

Expresando agradecimiento...   *Expressing thanks*

vamos *let's go*

82   *¡A conocernos!*

Prácticas

The following *Prácticas* are paired communication practice and should be done in class.

Cortesía telefónica   *Telephone courtesy*

¿Aló?	*Hello? (most countries)*
Bueno.	*Hello? (Mexico & New Mexico)*
Dígame.	*Hello? (Spain)*
Diga.	*Hello? (Spain)*
¿Hablo con...?	*Am I speaking with . . . ?*
Por favor, ¿está...?	*Is . . . home, please?*
¿De parte de quién?	*Who's speaking?*
Soy...	*It's . . .*
Habla...	*. . . speaking.*
Está equivocado/equivocada.	*You have the wrong number.*

A. Una llamada telefónica. With your partner, use the phrases above to practice answering the telephone and giving brief messages.

Tell students that expressions for answering the phone may vary from country to country. Provide them with some additional examples.

Expresando agradecimiento...   *Expressing thanks*

Gracias.	*Thanks.*	De nada.	*You're welcome.*
Muchas gracias.	*Thank you very much.*	No hay de qué.	*It's nothing.*
Mil gracias.	*Thanks a million.*		
Estoy muy agradecido/agradecida.	*I'm very grateful.*		
Eres muy amable.	*You're very kind.*		

B. Muchas gracias. Both the Spanish and Indian influence are evident in New Mexico. The articles below reflect both cultures. Work with a partner and take turns thanking each other for the following items, using the phrases above.

■ **Ejemplo:**
Estudiante 1: *Mil gracias por la jarra de cerámica.*
Estudiante 2: *De nada. ¿Te gusta?*
Estudiante 1: *Sí, es muy bonita.*

1. alfombra   *rug*
2. santos   *wooden figurines*
3. pulseras de plata   *silver bracelets*
4. manta   *blanket*
5. cesta   *basket*
6. ristra   *string of chili peppers*

Bring different articles to class and have students practice exchanging "regalos." They should make a brief comment thanking each other and giving a brief description of the item: *Muchas gracias. Es una jarra muy bonita/diferente/única/práctica,* etc. You may list the items on the board for additional vocabulary practice, if you wish.

Expresando el pasado...
Telling about recently completed actions

Acabo de recibir...   *I have just received . . .*
¿Acabas de hablar con...?   *Have you just spoken with . . .?*

C. El pasado. Using the phrases above, take turns talking with your partner about some of the things you have just done.

■ **Ejemplo:**
   Acabo de entregar la tarea.

comprar unos libros nuevos   escuchar el cassette
llamar a mi amigo/amiga   practicar un deporte
ganar la lotería   tomar un examen
pagar la matrícula   hablar con el profesor/la profesora de...
mirar la televisión   tomar un café en la cafetería
estudiar

<aside>
Tell students that *Querida...* is an adjective and must agree in number and gender with the word(s) it modifies.
</aside>

CH. Una nota breve. Based on the model below, write a short thank-you note to your partner for one of the objects mentioned in *Práctica B*.

Querida Diana,
Acabo de recibir tu regalo. La jarra de cerámica es muy bonita. Me encanta el original diseño y el color es perfecto.
       Mil gracias,
              Lynn

<aside>
Have students work in pairs and write a brief dialogue. Select several to be presented to the entire class the next day.
</aside>

D. Síntesis. Using the phrases from *Cortesía telefónica*, "call" your partner and express your thanks for one of the articles in *Práctica B*.

Así es

Cómo hacer preguntas

<aside>
Remind students that there is no Spanish equivalent for the English helping verbs **do, does, don't** and **doesn't**.

Have students review *Capítulos P–2* and jot down several questions that follow the example. Use these questions for whole-class practice before dividing the class into groups.
</aside>

You have already practiced asking questions using "tag words" in *Capítulo 2*. As you have seen in many of the *Prácticas,* there are other ways of asking questions in Spanish. Now it's time for you to practice these different methods.

▲ The simplest way to ask a question is to raise your voice at the end of a sentence. The example below shows which syllable is stressed, and the arrow shows where to raise your voice.

¿**Tie**nes tres **cla**ses?   ¿Es**tu**dias espa**ñol**?

▲ You may also change the word order of a simple declarative sentence by placing the verb before the subject and raising your voice slightly at the end. Read the examples below, and practice writing and saying several simple questions that follow this format.

Pronounce and drill these sentences for your students, so that they can hear and practice the rising intonation at the end of the questions.

> **Usted** trabaja en Albuquerque.   → ¿Trabaja **usted** en Albuquerque?
> **Marta** estudia en la universidad. → ¿Estudia **Marta** en la universidad?

Prácticas

A. Preguntas personales. Using the sentences in *Práctica B* on page 47, work with a partner and ask each other questions by changing the stress.

■ **Ejemplo:**
Estudiante 1: *¿Las matemáticas son interesantes?*
Estudiante 2: *Sí, son interesantes.*

B. Una entrevista. Working with a partner, take turns asking each other for the following information.

Have students jot down their partner's response and then write a brief paragraph for homework describing him/her.

■ **Ejemplo:**
hand in homework every day
¿Entregas la tarea todos los días?

1. pay tuition
2. study chemistry
3. spend a lot of money on books
4. visit his/her family on Saturdays
5. chat with friends in the cafeteria

6. study in the evening in the library
7. take the bus to go to class
8. speak three languages
9. work on campus
10. practice Spanish in the language lab

C. ¿Cómo es tu mejor amigo/amiga? Practice changing the word order. Working with a partner, take turns asking and answering questions about best friends based on the following information.

Introduce this activity to the class by asking several students the names of their friends. Then ask one or two different questions about each person.

■ **Ejemplo:**
Estudiante 1: *¿Habla Tina portugués?*
Estudiante 2: *No, Tina no habla portugués.*

1. hablar francés
2. comprar muchos discos
3. no mirar las telenovelas°
4. escuchar música clásica
5. usar una computadora todos los días
6. desear ser presidente
7. no necesitar estudiar
8. desear vivir en un país diferente
9. esperar terminar los estudios en un año
10. visitar a tu familia los sábados y domingos

▲ In order to ask Who? What? When? Where? and Why? questions, you must use the subject-verb inversion you practiced in the above activities. Study the examples on the next page and practice the list of common interrogatives.

telenovelas *soap operas*

Una cosita más: ¿Qué? is an interrogative word used when a definition or identification is requested: *¿Qué es el coyote? Es un animal de Nuevo México. ¿Qué es Mesilla? Es la antigua capital de Nuevo México.* It is also used in set expressions: *¿Qué es eso?* What is that? *¿Qué significa?* What does that mean? *¿Qué te parece...?* What do you think about . . .? *¿Cuál?* is used to ask for isolation of one or several things from a group: *¿Cuál es la capital de Nuevo México? Es Santa Fe. ¿Cuáles son los productos más importantes allí? Son el chile y el algodón.*

Introduce these interrogatives by reviewing some of the questions in the previous *Prácticas* (*Capítulos P–2*).

Have several students role play their interviews the next day as a whole-class activity.

Una cosita más: Notice that the months are not capitalized in Spanish. When you are saying the first day of the month, the word *primero* is used: *el primero de enero.*

¿Cuántas personas hay en tu familia? *How many persons are in your family?*
¿Dónde viven los abuelos de tu amiga? *Where do your friend's grandparents live?*
¿Cuándo visitas tú a tus parientes? *When do you visit your relatives?*

Palabras interrogativas ***Interrogative words***

¿adónde?	*(to) where?*	¿cuántos/cuántas?	*how many?*
¿cómo?	*how?*	¿dónde?	*where?*
¿cuál/cuáles?	*which, what?*	¿por qué?	*why?*
¿cuándo?	*when?*	¿qué?	*what?*
¿cuánto/cuánta?	*how much?*	¿quién/quiénes?	*who, whom?*

Prácticas

CH. Entrevista. On a separate piece of paper, write ten questions that you might ask one of your favorite celebrities. Using the interrogative words, role play the interview with your partner.

■ **Ejemplo:**
Estudiante 1: *¿Cuántos trabajos tienes?*
Estudiante 2: *Tengo dos trabajos.*

Meses del año ***Months of the year***

enero	*January*	julio	*July*
febrero	*February*	agosto	*August*
marzo	*March*	septiembre	*September*
abril	*April*	octubre	*October*
mayo	*May*	noviembre	*November*
junio	*June*	diciembre	*December*

D. Los meses del año. What are the important holidays you celebrate? Study the months of the year shown above and then answer the following questions.

■ **Ejemplo:**
Estudiante 1: *¿Cuándo se celebra el Día de las Naciones Unidas?*
Estudiante 2: *Es el 24 de octubre.*

1. tu cumpleaños°
2. el Día de los Veteranos
3. el Día de San Valentín
4. el Día de la Madre
5. el Día del Padre
6. el Día de San Patricio
7. el Día de la Independencia de los Estados Unidos
8. el Nuevo Año
9. el Día de los Trabajadores°
10. el Día de la Acción de Gracias

cumpleaños *birthday* **Día (m.) de los Trabajadores** *Labor Day*

E. Celebrando las fiestas. Now, working with a partner, take turns asking each other questions about where, with whom, and how you celebrate these holidays. Use a variety of interrogative words in your questions.

■ **Ejemplo:**
Estudiante 1: *¿Con quién celebras el Día de San Valentín?*
Estudiante 2: *Celebro el Día de San Valentín con mi novio.*

F. Nuevo programa. Read the following article from *El Hispano,* Albuquerque's newspaper for the Hispanic community, and then write five general questions to ask your partner.

Bring in additional short newspaper articles and have students write simple questions using the interrogatives from the list.

Programas de verano en UNM

Este verano, la Universidad de Nuevo México ofrece programas de estudio en México y en Inglaterra. El programa está dirigido por el Instituto Cultural Mexicano-Norteamericano de Jalisco en Guadalajara del 18 de junio al 25 de julio. El último día para aceptar las solicitudes para participar en este curso de verano es el 20 de abril.

Para más detalles sobre el programa de verano en Inglaterra o México, llamen por teléfono al 277-3521.

Comprehension questions for realia:
1. Where is the University of New Mexico offering summer programs?
2. What agency directs these programs?
3. What is the application deadline?
4. Where can more information be obtained?

EXPRESIONES (INSTRUCTOR TAPE)

Un árbol genealógico. In this lesson, you will learn about some typical New Mexicans, the López family, and their relationships to each other. Study the illustration of the López family tree while your instructor describes the family relationships to you. You may not understand all of the words; this is completely normal. Just listen carefully for the principal ideas and then answer the questions in the *Comprensión* section.

Comprensión

¿Sí o no? Read the following statements about the scene just described. If the statement is true, answer *sí.* If it is false, answer *no.*

1. La familia López es pequeña.
2. María Cristina y Alejandro viven en México.
3. Alejandro es el esposo de María Cristina.
4. María Cristina y Alejandro tienen dos hijos.
5. Los hijos de Rosa son gemelos.
6. Alex y Rosita tienen veintidós años.
7. Marcos y Pablito son los tíos de Rosa.
8. María Cristina y Alejandro tienen cuatro nietos.

Answers: 1. *no* 2. *no* 3. *sí*
4. *no* 5. *sí* 6. *sí* 7. *no*
8. *sí*

Additional comprehension checks may be found in the Instructor's Manual.

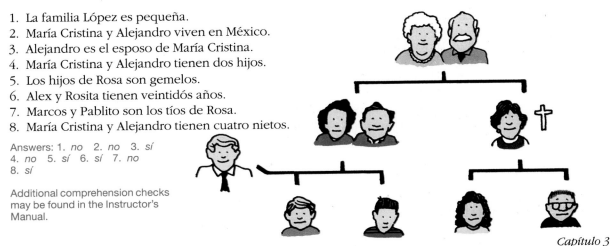

Miembros de la familia   *Family members*

abuela	*grandmother*	madrastra	*stepmother*
abuelo	*grandfather*	padrastro	*stepfather*
cuñada	*sister-in-law*	madre (f.)	*mother*
cuñado	*brother-in-law*	padre (m.)	*father*
esposa	*wife*	prima	*cousin (f.)*
esposo	*husband*	primo	*cousin (m.)*
gemela	*twin (f.)*	sobrina	*niece*
gemelo	*twin (m.)*	sobrino	*nephew*
hermana	*sister*	suegra	*mother-in-law*
hermano	*brother*	suegro	*father-in-law*
hermanastra	*stepsister*	tía	*aunt*
hermanastro	*stepbrother*	tío	*uncle*
hija (adoptiva)	*(adopted) daughter*	viuda	*widow*
hijo (adoptivo)	*(adopted) son*	viudo	*widower*
hijastra	*stepdaughter*	nuera	*daughter-in-law*
hijastro	*stepson*	yerno	*son-in-law*

Prácticas

A. Mi familia. Working with a partner, take turns talking about your families. Tell how many people are in the family, who they are, give their ages, and identify and describe your favorite relative.

■ **Ejemplo:**

Hay cuatro personas en mi familia. Mi esposo y yo, tenemos dos hijos. Bentley tiene seis años y Nigel tiene cuatro años. Mi pariente favorita es mi abuela. Ella acaba de cumplir 100 años.

B. Parientes famosos. Can you identify these famous relatives? Working with your partner, take turns asking about and identifying these famous people.

■ **Ejemplo:**

Estudiante 1: *¿Quién es el hermano de Gabriela Sabatini?*
Estudiante 2: *El hermano de Gabriela Sabatini es Osvaldo Sabatini.*

1. la esposa de Popeye
2. el hijo mayor de los Walton
3. los nietos gemelos de Cliff y Claire Huxtable
4. la hermana de Linus y amiga de Charlie Brown
5. el padre de Indiana Jones
6. las cuñadas de la Princesa Anne de Inglaterra
7. la madre de Rose Schlossberg
8. los abuelos de Noelle y George P. Bush
9. uno de los ex-esposos de Liz Taylor

Answers: 1. *Olive Oyl* 2. *John-Boy* 3. *Winnie y Nelson* 4. *Lucy* 5. *Profesor Jones o Sean Connery* 6. *Fergie y Diana* 7. *Caroline Kennedy* 8. *George y Barbara Bush* 9. *Nicky Hilton, Michael Wilding, Mike Todd, Eddie Fisher, Richard Burton o John Warner*

C. Una familia famosa. Read the following advertisement for the debut of a popular U.S. television program in Spain. On a separate sheet of paper, answer the questions below.

MIERCOLES, 6 20:00 H. 1ª Cadena
CRECEN LOS PROBLEMAS
Durante 22 semanas conviviremos con un matrimonio de clase media que tiene problemas con la educación de sus tres hijos. Tras quince años de dedicación exclusiva al hogar, la madre decide reintegrarse a su trabajo de reportera del periódico local. Su marido, psiquiatra, decide entonces instalar su consulta en la casa para poder seguir así más cerca a los tres hijos, Mike, Carol y Ben.

1. Who is the famous family?
2. What is the mother's occupation?
3. What does the father do?
4. What are the children's names?
5. What kinds of problems do the parents face?

CH. Little Joe y «La Familia». Little Joe Hernández is a very popular musician in the Southwest United States. Read about him in the following article and complete the sentence fragments.

La Onda de Little Joe

Little Joe Hernández, con su grupo La Familia, es un legendario pionero de la música tejana. «El tex-mex está entre dos mundos, aunque es más que una mezcla cultural: es legítima música americana», dice Joe. Las raíces de la música tejana están en México con sus rancheras, el norteño, la música de conjuntos, la cumbia, los boleros y los corridos. Las polcas y los valses llegaron de Europa. También hay elementos del *country-western*, el *rhythm & blues*, el *jazz*, el *rock & roll* clásico y de las montañas. Sus primeras memorias son de una gran familia (Joe es el tercero de una familia de doce hermanos), padres, tíos, tías y todos cantaban y tocaban canciones en español.

Hoy en día, con 48 álbumes, Little Joe es para la música tejana lo que Willie Nelson es para el *country*: una figura patriarcal. Con toda la experiencia acumulada, Little Joe está entrando en el mundo de la música *country*. Tiene una grabación con Willie Nelson, «*You Belong to My Heart*», la versión en inglés de «Solamente una vez», que apareció en las listas de la revista Billboard.

1. Little Joe Hernández es...
2. La Familia es...
3. La música tejana es...
4. En la familia de Little Joe hay...
5. «*You Belong to My Heart*» es...
6. Se compara Little Joe con...
7. Algunos de los tipos de música mexicana son...
8. Las raíces europeas de la música tejana son...
9. Todos los parientes de Little Joe...

SEGUNDA ETAPA: Funciones

For additional practice on nouns and articles, see the *Guía gramatical*.

PRIMERA FUNCIÓN:
Describing health and conditions using *estar*

One way of socializing is to start a conversation with an exchange about the participants' health or current state. In Spanish, the verb *estar* is used in these exchanges. You have already learned some phrases containing forms of *estar*, such as: *¿Cómo estás?* and *¿Cómo está usted?*. *Estar* differs slightly from other *-ar* infinitive verbs in that the first form is irregular and several forms carry written accent marks. In speaking, the stress falls on the suffix, rather than on the stem of the form. Study the chart and examples below:

Estar	*To be*		
Singular		**Plural**	
est**oy**	*I am*	est**amos**	*we are*
est**ás**	*you are*	est**áis**	*you (all) are*
usted est**á**	*you are*	ustedes est**án**	*you (all) are*
él est**á**	*he is*	ellos est**án**	*they (m.) are*
ella est**á**	*she is*	ellas est**án**	*they (f.) are*

Remind students that *estáis* is the plural familiar form primarily used in Spain.

Now, read the following examples that describe how the different members of the López family feel today. Notice that the ending of the descriptive adjective must agree with the subject(s).

Hablando de la salud...	*Talking about health*
Pablito está bien.	*Pablito is fine.*
Alex está regular.	*Alex is fair.*
Cristina y su hermana están enfermas.	*Cristina and her sister are sick.*

Estar can also be used to describe the current state of individuals. Notice that the phrases on the next page describe both physical and emotional conditions. The term "current state" refers to how the subject feels or looks at the time the statement is made.

EUROPA 1992
¡Estamos en la cuenta atrás!

> ## Condiciones físicas y emocionales
> ### *Physical and emotional conditions*
>
> | | |
> |---|---|
> | Adelaida está ocupada. | *Adelaida is busy.* |
> | Germán y Anita están preocupados. | *Germán and Anita are worried.* |
> | Sergio está cansado. | *Sergio is tired.* |
> | Verónica y Mirta están contentas. | *Verónica and Mirta are happy.* |
> | Estamos nerviosos. | *We are nervous.* |
> | ¿Están enojados los Delgado? | *Are the Delgados angry?* |
> | ¡Qué guapos están! | *How handsome they look!* |
> | Estás muy delgado. | *You look very thin.* |

Prácticas

A. Cara a cara. Look at the family pictured below and describe them to your classmates.

Have students write a brief paragraph describing the family. They should indicate physical and emotional characteristics, hypothesize about relationships and occupations, etc.

B. ¿Cuál es tu conclusión? Read the statements below. On a separate sheet of paper, write a conclusion using an appropriate expression with *estar*.

■ **Ejemplo:**
   Carlota está en el hospital.   *Carlota está enferma.*

1. Américo tiene veinte horas de clase este semestre.
2. Adriana y Marisela estudian toda la noche.
3. Jorge saca «A» en todos sus cursos.
4. Tengo un examen importante mañana.
5. El señor Prado está a dieta.

Adjetivos de emoción		Adjectives of emotion	
aburrido/aburrida	*bored*	enojado/enojada	*angry*
animado/animada	*excited*	furioso/furiosa	*furious*
cansado/cansada	*tired*	nervioso/nerviosa	*nervous*
contento/contenta	*happy*	ocupado/ocupada	*busy*
deprimido/deprimida	*depressed*	orgulloso/orgullosa	*proud*
encantado/encantada	*delighted*	preocupado/preocupada	*worried*

Comprehension questions for realia:
1. What kind of life does José José have? What do you think is his profession?
2. What is wrong with the ozone?
3. Who was captured in Venezuela?
4. What restriction was declared unconstitutional in Chile?
5. What astonishing pill was tested by the U.S. Marines?
6. What's new in the state of Chihuahua, Mexico?
7. What field is experiencing new frontiers?
8. In what sport has Mexico recently triumphed?
9. What "invasion" can soon be expected to take place?
10. What is on display in New York?

C. Actividad de compañeros. Working with a partner, make "small talk" about each other's health and current state.

CH. ¿Cómo están? Look over the headlines below from *El Hispano*, the official Spanish-language newspaper of the state of New Mexico. In your opinion, how would the subjects mentioned feel?

■ **Ejemplo:**
José José está animado.

Hay nuevo comandante de la policía en el Norte Chihuahuense

Chile: Declaran inconstitucional la restricción informativa

México, 5 triunfos en jai alai

Una «píldora de energía» probada por los marines de EUA con asombrosos resultados

Nuevas fronteras en cardiología

3000 años de arte mexicano en Nueva York

JOSÉ JOSÉ INICIA FRENÉTICO FIN DE SEMANA

Inevitable la invasión de las abejas africanas

Capturan «zar» del tráfico de drogas de Venezuela

Las concentraciones de ozono al doble de lo permitido

Have students scan for cognates and try to guess the meaning of each phrase.

VENDALO · COMPRELO · ALQUILELO · EMPLEELO · BUSQUELO MAS RAPIDO EN EL PERIODICO LATINO DE MAS CIRCULACION EN TODO EL ESTADO DE New Mexico
Avise en EL HISPANO

SEGUNDA FUNCIÓN:
Identifying, seeking, and locating people, places, and things using *estar*

The verb *estar* is also used in expressions referring to location of people, places, or things. Study the following examples:

For additional practice on nouns and articles, see the *Guía gramatical*.

Las Cruces está en el sur de Nuevo México. — *Las Cruces is in southern New Mexico.*

Los Estados Unidos están en Norteamérica. — *The United States is in North America.*

Roberto está en casa. — *Roberto is at home.*

Carolina y su amiga están en Santa Fe. — *Carolina and her friend are in Santa Fe.*

El estadio está cerca del parque. — *The stadium is near the park.*

Prácticas

A. La geografía. Refer to the map of New Mexico and explain to your classmates the location of the following cities.

Review adverbs of location, *Capítulo 2*, p. 53. Ask students to look up the meanings of 1–8 and report back to class the next day.

1. Las Cruces
2. Santa Fe
3. Española
4. Alamogordo
5. Socorro
6. Portales
7. Ruidoso
8. Ánimas
9. Taos
10. Albuquerque

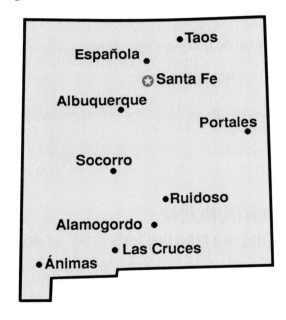

B. En la universidad. Working with a partner, take turns explaining the location of the following places on your campus.

Refer students to *Capítulo 2* for a review of *Lugares*, p. 54.

1. gymnasium
2. foreign languages building
3. president's office
4. pool
5. chemistry laboratory
6. cafeteria
7. library
8. bookstore

La Universidad de Nuevo México

C. Actividad de la clase. Think of one of the buildings on your campus. When called upon by your instructor, give its location without saying which building it is. Your classmates will try to guess the building.

■ **Ejemplo:**
Estudiante 1: *Es un edificio grande. Hay muchos libros.*
Estudiante 2: *Es la biblioteca.*

CH. Un recado. On a separate sheet of paper, write a brief note to someone explaining where you are and why you are not at home.

TERCERA FUNCIÓN:
Requesting and reporting facts using *-er* and *-ir* verbs

For additional practice on nouns and articles, see the *Guía gramatical.*

Now that you have learned how to use regular *-ar* verbs in Spanish, it will be very easy to learn the next two groups of verbs that end with *-er* and *-ir.* As you read the following sentences that describe the activities of the López family, notice the *-er* and *-ir* verbs.

A Alejandro le gusta **beber** café y **comer** pan tostado por la mañana.
A María Cristina le encanta **leer** las revistas como *Más* y *La Familia.*
A los nietos no les interesa **escribir** las prácticas para la clase de historia.

The chart on the next page shows the six suffixes used with these two groups to express ideas in the present time frame. Notice that the endings are identical except for two forms. What are they?

Verbos regulares: -er e -ir   *Regular -er and -ir verbs*

Aprender *To learn*   **Vivir** *To live*

Singular			Plural		
	-er	**-ir**		**-er**	**-ir**
	aprend**o**	viv**o**		aprend**emos**	viv**imos**
	aprend**es**	viv**es**		aprend**éis**	viv**ís**
usted	aprend**e**	viv**e**	ustedes	aprend**en**	viv**en**
él/ella	aprend**e**	viv**e**	ellos/ellas	aprend**en**	viv**en**

Here are lists of common *-er* and *-ir* verbs for you to practice.

Verbos comunes que terminan en -er   *Common -er verbs*

aprender	*to learn*	leer	*to read*
beber	*to drink*	prometer	*to promise*
comer	*to eat*	responder	*to respond*
comprender	*to understand*	suspender	*to fail*
creer	*to believe*	vender	*to sell*
deber	*to have to, should*	ver	*to see*

Introduce these verbs by asking simple personalized questions to the class as a group: *¿Bebes café o té por la mañana? ¿Comes en la cafetería todos los días? ¿Dónde vives?*

Verbos comunes que terminan en -ir   *Common -ir verbs*

abrir	*to open*	ocurrir	*to occur*
asistir a	*to attend*	permitir	*to permit*
describir	*to describe*	prohibir	*to prohibit*
escribir	*to write*	recibir	*to receive*
insistir en	*to insist on*	vivir	*to live*

Prácticas

A. Opiniones diferentes. Working in groups of three, take turns asking each other if you agree or disagree with the following eight statements.

Tell students to use the personal pronouns in their responses. Make sure that they avoid the need for using the subjunctive by following the *Ejemplo.*

■ **Ejemplo:**
Los estudiantes universitarios deben vivir con sus padres.
Estudiante 1: *¿Crees que los estudiantes universitarios deben vivir con sus padres?*
Estudiante 2: *Sí. Ellos deben vivir con sus padres.*
Estudiante 3: *No. Ellos deben vivir en las residencias.*

1. Los estudiantes universitarios deben vivir en apartamentos.
2. Los hijos deben llamar frecuentemente a casa.
3. Los tíos y primos deben pasar las vacaciones con otros parientes.
4. Los padres deben leer las cartas personales de sus hijos.

5. Los parientes deben asistir a todas las reuniones familiares.
6. Los padres, los hijos y los abuelos deben vivir en la misma° casa.
7. Todos los miembros de la familia deben comer juntos°.
8. Los hermanos deben asistir a la misma universidad.

B. Preguntas personales. Working with a partner, take turns asking and answering the questions below.

La familia
1. ¿Dónde vives? ¿Con quién?
2. ¿Cuántas personas hay en tu familia? ¿Cuántos hermanos? ¿Cuántas hermanas?
3. ¿Hablas con tus parientes frecuentemente?
4. ¿De quién recibes cartas?
5. ¿Recibes dinero de tus parientes?

La universidad
1. ¿Vives en una casa, un apartamento o una residencia?
2. ¿Cuántas clases tomas? ¿Cuáles?
3. ¿Qué días de la semana asistes al curso de español?
4. ¿Qué otras lenguas comprendes?
5. ¿Dónde comes en la universidad? ¿Con quién?
6. ¿Lees el periódico de la universidad? ¿Cómo es?

Have students exchange and read each others' paragraphs. Then report to the class about what their partner wrote.

C. La vida universitaria. Based on your partner's responses to *Práctica B,* write a brief paragraph about his/her family or university life.

CH. Entrevista. Working with a partner, take turns asking and answering questions about the following. Be prepared to report the information to the class.

1. where he/she is from
2. where he/she lives
3. what his/her family is like
4. what types of activities he/she likes to do
5. what he/she should do tomorrow and why

misma *same*   **juntos** *together*

**Artesanías de
Nuevo México**

COMPRENSIÓN AUDITIVA (STUDENT TAPE)

Comprensión auditiva may be assigned as homework.

Key words and endings. Listening is a very complex skill. When you listen to the English language, you probably don't realize the processing that is taking place in your brain, because your listening skills are so advanced that they allow you to operate on "automatic pilot." When you begin to learn a foreign language, however, your listening skills aren't developed enough for subconscious processing. You need to pay attention to a lot of information at one time. Under these circumstances, it probably won't be possible for you to understand everything, so you must "go with the flow" and not let yourself get hung up on a single word or phrase.

One way of speeding up your comprehension processes is to listen to the ends of words and phrases where the important suffixes and key words are located. As your instructor reads the following announcement, imagine that you are hearing it on television. The important words and endings are in **bold print.** As always, you are not expected to understand every word, just listen for the main topic.

Telemundo Canal 51 y la Fundación de la Familia Hispanoamericana del Año en colaboración con el *Nuevo Herald*, Sears y Ford, anunci**an** la **selección** de diez **familias** hispanas excepcionales de la **Florida**. Invit**amos** a la **selección** de candidatos de **familias** que **se caracterizan** por la **integridad**, la **armonía** familiar, y sus **servicios** a la **comunidad**. Se acept**an candidatos** de familias **tradicionales**, familias **adoptivas**, o familias con **padre** o **madre** como cabeza de familia.

Now, let's try an exercise on your student tape. Vicente Rodríguez and his friend, Ana Molina meet at the Mesilla Valley Mall in Las Cruces, New Mexico. It has been several years since they last saw each other and both are now in their late twenties. Listen carefully to the conversation on your student tape, paying special attention to the ends of words and phrases.

Entre familia

Prácticas

A. ¿Quién es? Tell whether the following phrases refer to Ana or Vicente.

1. just got a divorce
2. sees friend's mother frequently
3. just got engaged
4. has a new job
5. accepts a dinner invitation
6. doesn't like big cities
7. is in a hurry

B. Palabras importantes. Listen to the *Comprensión auditiva* segment on your student tape again. This time, write down the key end words and phrases.

LECTURA

Bring in additional short articles and have students give a brief oral presentation of the content.

Comprehension questions for realia:
1. What is unique about this building in New Mexico?
2. In what city is it located?
3. How much did the building cost to construct?
4. Where was U.S. West located before moving to the new building?

Skimming an article. In the previous reading selections you have practiced skimming advertisements, brochures, and tables of contents. By examining the visual clues, cognates, and format, you were able to sucessfully predict the general purpose of each sample and interpret the overall message, even though you were not able to understand all of the words.

Práctica

El edificio más alto. Use your skimming skills as you read the following article from *El Hispano.* Jot down at least five important ideas from the article.

El edificio más alto de Nuevo México

U.S. West Communications ha comenzado a mover sus empleados para el edificio más alto de Nuevo México, el Albuquerque Plaza, de 22 pisos en la calle tercera y Tijeras N.W. dejando una de las oficinas temporales en la Plaza del Sol. El complejo de oficinas y hotel que costó $100 millones está siendo hecho por Beta-West Properties, Inc.

U.S. West, el primer inquilino del edificio de oficinas, movió 50 empleados al sexto piso y cuando todo el movimiento haya terminado para mediados de abril, cerca de 350 empleados ocuparán desde el piso sexto al doce, así dijo Larry Railey, administrador de bienes raíces e ingeniería del U.S. West.

Más tarde en la primavera la firma de abogados Rodey, Dickason, Sloan, Akin & Robb ocuparán los cuatro pisos altos. U.S. West ocupará 150.000 pies cuadrados y la firma Rodey ocupará 50,000 pies de los 350,000 pies cuadrados de la torre.

El otro edificio de 20 pisos que ocupará el Hyatt Regency Hotel se espera abrir en agosto y tendrán 405 cuartos y con 40,000 pies cuadrados de tiendas y un garaje subterráneo.

BetaWest es una subsidiaria de U.S. West Inc. que controla la compañía telefónica en Albuquerque.

¿Que es el Censo?

COMPOSICIÓN

Filling out forms. One type of writing that we often don't think about is filling out forms. When you travel in a Spanish-speaking country, you must often fill out forms with personal information in hotels, car rental agencies, and banks. In 1990, an important form, the census, was circulated throughout the United States. Spanish-speaking families were able to use the special form shown on the next page.

Práctica

Información personal. Complete the form with your personal information.

Número de la casa	Calle o carretera/Ruta rural y número de apartado	Número del apartamento

Ciudad	Estado	Código postal (ZIP Code)

Condado o país extranjero	Nombre de las calles o carreteras más cercanas que se intersecan

	Apellido
Por favor, llene UNA columna para cada persona anotada en la Pregunta 1a en la página 1. →	Nombre Inicial

CENSO '90

2. ¿Qué parentesco tiene esta persona con la PERSONA 1?

Llene UN círculo para cada persona.

Si marca el círculo **Otro pariente** de la persona en la columna 1, anote el parentesco exacto tal como suegra, abuelo(a), yerno, sobrina, primo(a), etc.

COMIENCE en esta columna con el miembro del hogar (o uno de los miembros) en cuyo nombre se ha comprado, o se está comprando o alquilando la vivienda.

Si no existe tal persona, comience con cualquier persona adulta miembro del hogar.

■

3. Sexo
Llene UN círculo para cada persona.

Masculino   Femenino

4. Grupo racial

Llene UN círculo para el grupo racial con el cual la persona se identifica más estrechamente.

   Si marca **Indio (Amer.)**, escriba el nombre de la tribu de inscripción o tribu principal. →

Blanco
Negro
Indio (Amer.) (Escriba el nombre de la tribu de inscripción o tribu principal) ⌐
[   ]

Esquimal
Aleuta
    Asiático o de una Isla del Pacífico (AIP)

Chino		Japonés
Filipino	■	Indio Asiático
Hawaiano		Samoano
Coreano		Guameño
Vietnamés		Otro AIP ⌐

Si marca **Otro Asiático o de una Isla del Pacífico**, anote un grupo, por ejemplo: hmong, fidjiano, laosiano, tai, tongano, pakistaní, camboyano, etc. →

[   ]

Si marca **Otro grupo racial**, anote el grupo. →

Otro grupo racial (Escriba el grupo) ⌐

5. Edad y año de nacimiento

a. Escriba la edad cumplida de cada persona. Llene el círculo correspondiente debajo de cada casilla.

b. Escriba el año de nacimiento de cada persona y llene el círculo correspondiente debajo de cada casilla.

a. Edad	b. Año de nacimiento
	1
0 ○ 0 ○ 0 ○	1 ● 8 ○ 0 ○ 0 ○
1 ○ 1 ○ 1 ○	9 ○ 1 ○ 1 ○
2 ○ 2 ○	2 ○ 2 ○
3 ○ 3 ○	3 ○ 3 ○
4 ○ 4 ○	4 ○ 4 ○
5 ○ 5 ○	5 ○ 5 ○
6 ○ 6 ○	6 ○ 6 ○
7 ○ 7 ○	7 ○ 7 ○
8 ○ 8 ○	8 ○ 8 ○
9 ○ 9 ○	9 ○ 9 ○

(■ under edad box at 4)

6. Estado civil

Llene UN círculo para cada persona.

Actualmente casado(a)   Separado(a)
Viudo(a)   Nunca se ha
Divorciado(a)   casado

7. ¿Es esta persona de origen español/hispano?

Llene UN círculo para cada persona.

No, (ni español, ni hispano)
Sí, mexicano, mexicano-americano, chicano
Sí, puertorriqueño   ■
Sí, cubano
Sí, otro origen español/hispano
(Escriba el grupo, por ejemplo: argentino, colombiano, dominicano, nicaragüense, salvadoreño, español, etc.) ⌐

[   ]

Si marca **Sí, otro origen español/hispano**, anote el grupo. →

Extension: Bring in additional forms, e.g., credit card applications and rental car agency forms, and have students practice "interviewing" each other. Review the alphabet.

Capítulo 3 **99**

CULTURA POPULAR

For additional information about Hispanics in the United States, see the *Guía cultural.*

Los apellidos. As you learned in the *Expresiones*, Hispanic children are often named after a parent or other relative. Frequently, the suffix *-ito* or *-ita* is added when referring to children. These endings are also used to show affection. Thus, Rosa's daughter is called Rosita and Pablo's son is called Pablito. In a more formal situation, Pablito might be referred to as Pablo Archuleta, *hijo*. This term is similar to the "Jr." that is often attached to American names.

In Spanish-speaking countries, family last names are also different than in the United States or Canada. Study the family tree below:

LA FAMILIA LÓPEZ

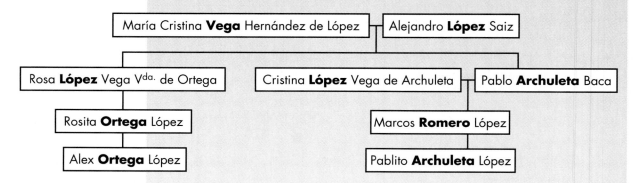

Notice that every family member has two last names! A man uses both his father's and mother's family name; the father's name goes first. Alejandro's father's family name is López and his mother's family name is Saiz. In everyday life, he would be called Alejandro López, but officially he is Alejandro López Saiz.

In most Spanish-speaking countries, a married woman traditionally uses her father's family name and her husband's family name. Cristina's name is Cristina López de Archuleta. However, just as in the United States, many women in Spanish-speaking countries prefer to use only their own family name. In Spain, for example, she would be known as Cristina López.

Rosa's husband is no longer living. Traditionally, a widow would use her father's family name and add the phrase $V^{da.}$ *de* before her husband's family name, especially if the husband was a prominent person. Today, this practice is being used less often.

Unmarried children use their father's family name plus their mother's family name. Thus, Alex is officially Alex Ortega López and his cousin is Marcos Romero López. (Remember that Marcos' parents are divorced.) In everyday life, they would be known as Alex Ortega and Marcos Romero.

Prácticas

A. ¿Cómo se llama? If Rosita Ortega López marries Román Acosta Gil, what would her traditional married name be?

B. Gemelos. If Rosita and Román have twins—Marisa and Roberto—what would the children's full names be?

C. Las esquelas. Study the death announcements below, then make a family tree based on the information provided.

ILUSTRISIMA SEÑORA
DOÑA MARIA TERESA ESTEVEZ Y GONZALEZ-BESADA
(VIUDA DE DON RAFAEL GONZALEZ-BESADA CABALLERO)
FALLECIO EN MADRID
EL DIA 5 DE MARZO DE 1991
Habiendo recibido los Santos Sacramentos
D. E. P.

Su hermana, María Estévez González-Besada (viuda de González-Besada); hermano político, Julio González-Besada Caballero; sobrinos, Augusto (marqués de González-Besada), José Luis y Rafael; sobrinas políticas, María Josefa Mateos (marquesa de González-Besada), María Teresa Valdés y Concepción López; sobrinos nietos, Augusto, Carlos y Beatriz; María, José Luis y Moisés; Rafael, Concepción, Paloma, Almudena y Pilar; primos y demás familia
RUEGAN una oración por su alma.
El funeral por su eterno descanso se celebrará el día 18 de marzo, a las diecinueve horas, en la parroquia del Santísimo Cristo de la Salud (calle Ayala, 12). Asimismo, serán aplicadas por su eterno descanso las misas gregorianas que se celebrarán en el Real Convento de Santa Clara (Toro-Zamora).
(3)

DON SALVADOR SUAREZ-INCLAN CEDRUN
INGENIERO INDUSTRIAL
FALLECIO EN VILLANUEVA DE LA CAÑADA (MADRID)
EL DIA 4 DE MARZO DE 1991
a los cuarenta y ocho años de edad
Habiendo recibido los Santos Sacramentos
D. E. P.

Su esposa, Susan Keplinger D'Auteuil; hijos, Manuel, Miguel y Nicolás; padre, Manuel Suárez-Inclán Rodríguez; madre política, María de Lourdes de Escalante García-Becerra; hermana, María del Carmen; tíos, Pilar y María Suárez-Inclán, María Sanjurjo, María del Carmen y Felipe Cedrún Mateos; padres políticos, John G. Keplinger y María Teresa D'Auteuil; primos y demás familia, Benito Liberal, Josefa Barriga y José Calleja
RUEGAN una oración por su alma.
Los funerales por su eterno descanso se celebrarán el día 13 de marzo, a las diecinueve horas, en la parroquia de la Concepción (Goya, 26), de Madrid y el día 16 de marzo, a las dieciocho horas, en la parroquia de Villanueva de la Cañada (Madrid).
(2)

ROGAD A DIOS EN CARIDAD POR EL ALMA DEL ILUSTRISIMO SEÑOR
DON JAVIER GORDON DE WARDHOUSE Y RODRIGUEZ-CASANOVA DE ARISTEGUI Y GARCIA SAN MIGUEL
CONDE DE MIRASOL
MAYORDOMO DE SEMANA DE S. M. EL REY DON ALFONSO XIII. MAESTRANTE DE RONDA. CABALLERO DEL SANTO CALIZ DE VALENCIA. LICENCIADO EN DERECHO
FALLECIO EN MADRID
EL DIA 28 DE MARZO DE 1991
Habiendo recibido los Santos Sacramentos y la bendición apostólica de Su Santidad
D. E. P.

Su viuda, ilustrísima señora doña María Jacinta Sanchiz y de Arróspide, condesa viuda de Mirasol; sus hijos, ilustrísimos señores barones de Borriol y excelentísimos señores marqueses de Pescara; nietos, don Alfonso, don Alvaro, don Juan, don Gonzalo, don Luis, doña María y doña Cristina Gordón y Sanchiz; hermana política, la ilustrísima señora condesa viuda de Valdemar de Bracamonte; primo, don Mariano Rodríguez-Casanova y Travesedo; primos políticos, sobrinos, sobrinos políticos y don Bernardo Núñez-Barranco y doña Esperanza Retana Gómez.
RUEGAN una oración por su alma.
La conducción del cadáver se efectuó en la más estricta intimidad.
El funeral se celebrará el viernes, día 5, a las diecinueve horas en la parroquia de los Doce Apóstoles (Velázquez, 88).
Se dirán los siguientes novenarios de misas en Navalvillar de Pela y Villanueva de la Serena (Badajoz), Guijo de Granadilla y Oliva de Plasencia (Cáceres), Guarromán (Jaén), Rute (Córdoba) y Casinos y Liria (Valencia). Varsovia (Polonia).
(3)

CH. Tu familia. Following the model shown for the López family on page 100, make your own family tree of everyone's official last names.

Answers: A. Rosita Ortega de Acosta B. Marisa y Roberto Acosta Ortega

Tell students that *don* and *doña* are used to show respect because of age, position, or title and should be used with first names only: *Don José.* The abbreviations are *D.* and *D^(ña.)*

Extension: Have students jot down other information in the announcement (time, place of funeral, occupation, etc.)

Comprehension questions for realia:
1. Who was Doña María Teresa's husband?
2. When did she die?
3. When and where will her funeral take place?
4. What was Don Salvador's profession?
5. When did he die?
6. When and where will his funeral take place?
7. Why does Don Javier have so many names?
8. Where did he die?
9. What type of funeral is planned for him?

This may be assigned as homework and oral presentations may be made as a whole-class activity. Students should be encouraged to ask speakers questions about their "family."

CUARTA ETAPA: ¡Muestra lo que sabes!

Autoprueba

Working with your partner, try to solve the following problems:

A. Using the *Cortesía telefónica*, call your partner and tell him/her two or three things you just finished doing.

■ **Ejemplo:**
Habla Daniel. Acabo de estudiar biología. Esta noche miro la televisión.

B. Write a thank-you note for a gift that you have received.

■ **Ejemplo:**
La novela es preciosa. Estoy muy agradecida.

C. Discuss with your partner how three of your friends are and offer an explanation for each.

■ **Ejemplo:**
Mi amigo está muy delgado porque no le gusta la comida en la cafetería.

CH. Look at the magazine covers on page 81 and write a description of one of the families. Invent personal information (their names, physical descriptions, etc.) as well as where they live and work.

D. Write a note to your partner telling him/her about some of the activities you and your friends do during a typical day. Tell when and where you do these activities.

■ **Ejemplo:**
Estudio español en la biblioteca por la tarde.

E. Listen again to the dialogue between Pablito and his grandmother on your student tape. Jot down the key words or phrases that describe Pablito's problem and his grandmother's advice.

Have students work in pairs taking the subscription information from each other.

Recorte este cupón y envíelo con su Cheque o Money Order a:

Revista

REPLICA

2994 N.W. 7 St., Miami, Fla. 33125

Nombre..

Direccion ....

Ciudad....................Estado .... Zip..........

Seis meses   ☐ $12 dólares
Un año   ☐ $20 dólares

Fíjate en el vocabulario

Personalizing vocabulary. In order to learn another language you must personalize the vocabulary and make it meaningful to you. These activities will help you practice the new words in situations that relate to your family and friends.

Prácticas

A. Make up a guest list for a wedding or other family celebration. Include all the family members you would invite, their relationships to you, and any other friends you would include.

B. Make a list of the words you would use to describe yourself and different family members.

C. Write definitions for as many family members as possible.

■ **Ejemplo:**
   El padre de mi padre es mi abuelo.

CH. Use a vocabulary "cluster," such as the family words, in complete sentences.

D. Read the following messages for *El día de la Madre* and make a list of key words. Working with your list, write a sentence or two to your mother, grandmother, or favorite aunt.

FELIZ DÍA ABUELA Te queremos mucho. Gracias por ser tan buena con nosotros. **Lisa, Mandy y Alex**	FELICIDADES PARA LA MEJOR TÍA DEL MUNDO. FELIZ DÍA. TE QUEREMOS. ALEXSANDRA, MARCEL Y BORIS
Zanovia: Porque te creemos la mejor madre, Porque te creemos la mejor abuela, Porque te creemos la mejor suegra, Te queremos mucho, mamá. **Familia Braud y Familia Montes**	**Feliz Día Mamá** Te deseamos un día de las madres muy feliz. Te queremos con todo el corazón. Tu familia, **Manolo, Carmita, Pucha y Manny**

Comprehension questions for realia:
1. To whom do Lisa, Mandy, and Alex send their regards?
2. To whom do Manolo, Carmita, Pucha, and Manny send their regards?
3. To whom do Alexsandra, Marcel, and Boris send their regards?
4. What relationships does Zanovia have with the Braud and Montes families?

E. Look through the list and pick out the nouns that identify persons, places, or things. Make two new lists, one for the masculine words, and one for the feminine. Include the corresponding articles.

VOCABULARIO

Cortesía telefónica

¿Aló?   *Hello? (most countries)*
Bueno.   *Hello? (Mexico & New Mexico)*
Dígame.   *Hello? (Spain)*
Diga.   *Hello? (Spain)*
¿Hablo con...?   *Am I speaking with . . . ?*
Por favor, ¿está...?   *Is . . . home, please?*

¿De parte de quién?   *Who's speaking?*
Soy...   *It's . . .*
Habla...   *. . . speaking.*
Está equivocado/equivocada.
    You have the wrong number.

Expresando agradecimiento...

Gracias.   *Thanks.*
Muchas gracias.   *Thank you very much.*
Mil gracias.   *Thanks a million.*
Estoy muy agradecido/agradecida.   *I'm very grateful.*

Eres muy amable.   *You're very kind.*
De nada.   *You're welcome.*
No hay de qué.   *It's nothing.*

Miembros de la familia

abuela   *grandmother*
abuelo   *grandfather*
cuñada   *sister-in-law*
cuñado   *brother-in-law*
esposa   *wife*
esposo   *husband*
gemela   *twin (f.)*
gemelo   *twin (m.)*
hermana   *sister*
hermano   *brother*
hermanastra   *stepsister*
hermanastro   *stepbrother*
hija (adoptiva)   *(adopted) daughter*
hijo (adoptivo)   *(adopted) son*
hijastra   *stepdaughter*
hijastro   *stepson*
madrastra   *stepmother*
padrastro   *stepfather*
madre (f.)   *mother*
padre (m.)   *father*
prima   *cousin (f.)*
primo   *cousin (m.)*
sobrina   *niece*
sobrino   *nephew*
suegra   *mother-in-law*
suegro   *father-in-law*
tía   *aunt*
tío   *uncle*
viuda   *widow*
viudo   *widower*
nuera   *daughter-in-law*
yerno   *son-in-law*

Expresando el pasado...

Acabo de...   *I have just . . .*
¿Acabas de...?   *Have you just . . . ?*

Palabras interrogativas

¿adónde?   *(to) where?*
¿cómo?   *how?*
¿cuál/cuáles?   *which, what?*
¿cuándo?   *when?*
¿cuánto/cuánta?   *how much?*
¿cuántos/cuántas?   *how many?*
¿dónde?   *where?*
¿por qué?   *why?*
¿qué?   *what?*
¿quién/quiénes?   *who, whom?*

Meses del año

enero   *January*
febrero   *February*
marzo   *March*
abril   *April*
mayo   *May*
junio   *June*
julio   *July*
agosto   *August*
septiembre   *September*
octubre   *October*
noviembre   *November*
diciembre   *December*

Acciones

abrir   *to open*
aprender   *to learn*
asistir a   *to attend*
beber   *to drink*
comer   *to eat*
comprender   *to understand*
creer   *to believe*
deber   *to have to, should*
describir   *to describe*
escribir   *to write*
insistir en   *to insist on*
leer   *to read*
ocurrir   *to occur*
permitir   *to permit*
prohibir   *to prohibit*
prometer   *to promise*
recibir   *to receive*
responder   *to respond*
suspender   *to fail*
vender   *to sell*
ver   *to see*
vivir   *to live*

Hablando de la salud...

estar bien   *to be fine*
estar regular   *to be fair*
estar enfermo/enferma   *to be sick*

Adjetivos de emoción

aburrido/aburrida   *bored*
animado/animada   *excited*
cansado/cansada   *tired*
contento/contenta   *happy*
deprimido/deprimida   *depressed*
encantado/encantada   *delighted*
enojado/enojada   *angry*
furioso/furiosa   *furious*
nervioso/nerviosa   *nervous*
ocupado/ocupada   *busy*
orgulloso/orgullosa   *proud*
preocupado/preocupada   *worried*

Expresiones relacionadas

estar   *to be located, to feel*
guapo   *handsome*

CAPÍTULO **4**

Un apartamento nuevo

Propósitos

Escenario: Buenos Aires, Argentina

Primera etapa: Preparación
  Introducción: Country Club Propiedades
  ¡A escuchar!: ¿Dónde vivir?
  Comunicación: *Asking how much something costs using exclamations, conversational fillers, and hesitations*
  Así es: Cómo contar del cien al cien millones
  Expresiones: Un departamento en Buenos Aires

Segunda etapa: Funciones
  Primera función: *Expressing possession, obligation, and offering excuses using* tener *and* tener que *+ infinitive*
  Segunda función: *Identifying specific people or objects using demonstrative adjectives and pronouns*
  Tercera función: *Going places and making plans using* ir *and* ir a *+ infinitive*

Tercera etapa: Estrategias
  Comprensión auditiva: *Recognizing oral cognates*
  Lectura: *Scanning for specific information*
  Composición: *Business letter*
  Cultura popular: Los barrios de Buenos Aires

Cuarta etapa: ¡Muestra lo que sabes!
  Autoprueba
  Fíjate en el vocabulario: *Using visual links*

La Avenida 9 de Julio

PRIMERA ETAPA: Preparación

Prereading activity: Have students scan ads and list information that is found in real estate advertisements. Write their ideas on the chalkboard or overhead transparency.

Introducción

Consult a newspaper or bank for the current exchange rate for *australes*. Have students practice converting. Prices are often quoted in U$S to avoid numbers larger than 6 digits.

Comprehension questions for realia:
1. What public service message is included in the ad for *Country Club Propiedades*?
2. Why do you think that this business has borrowed the title "country club" from English?
3. What is the price range for the homes mentioned in the advertisement?
4. How much does a house with a pool cost?
5. Who is the real estate agent for each property?
6. Name one special feature of each property.

Comprehension questions for realia:
1. What are the luxurious features of the house in *Partido de Pilar*? Are any of these similar to the amenities found in homes in the United States?
2. What kinds of recreational activities are available at the *Partido de Escobar* apartments? What services are located nearby?
3. How are the chalets in *Loma Verde* arranged? What outdoor activities are possible?

Country Club Propiedades. While the types of houses may vary from country to country, many of the terms used to describe real estate are very similar. Skim the following ads from different districts or *barrios* of Buenos Aires and focus upon the words or phrases that describe the location and type of each dwelling. Write four or five distinguishing features about each one.

Su casa en el Partido de Pilar. 4 dormitorios y 3 baños. Lujoso baño en el dormitorio principal con bañadera romana. Cocina completamente equipada y lavadero. Terraza con techo y columnas de ladrillos. Techos catedral. Garaje para 1 auto. Puertas francesas de madera en toda la casa. Ventanas coloniales. Rambla Propiedades 803–2573.

Departamentos° con clase para su estilo de vida. En el Partido de Escobar, la mejor zona residencial de la ciudad. Construcción de máxima calidad. Baño principal en mármol. Cocina totalmente amueblada con microondas. Antena parabólica y chimenea francesa. Superficies de 142 a 278 m². Amplios garajes. Excelente equipamiento con canchas de paddle-tennis, canchas de squash, amplios jardines, universidad, colegios, centros comerciales, centros hospitalarios, etc. Fácil acceso con omnibuses° y colectivos°. Grandes facilidades de financiación. Sábados y domingos de 10 a 18 hs. Ruta 210, km. 38, Parque Las Naciones, Guernica.

El sueño de su vida. Chalet en la zona Loma Verde. Cada dúplex tiene 4 dormitorios, 2 baños, salón comedor, cocina, garaje, amplias terrazas, cancha de tenis, zona para jardín y demás servicios. Amplias facilidades de pago. Préstamo oficial a 13 años, interés 6, 8, y 11%. Country Club Propiedades.

Departamentos *Apartments (Argentina)*   **omnibuses** *government-owned bus lines*
colectivos *smaller, privately-owned buses*

¡A ESCUCHAR! (STUDENT TAPE)

Antes de escuchar

¿Dónde vivir? Carlota Reyes and her husband Eduardo Alvarado are looking for an apartment in Buenos Aires. In this city of over ten million people, finding a place to live can be an extremely difficult task. As you listen to their conversation, note that instead of using the *"tú"* form of the verb Carlota and Eduardo use *"vos"*. This is the familiar form of address used in Argentina, Uruguay, Paraguay, and some sections of Bolivia. For example, instead of hearing *tú compras* you will hear *vos comprás*. Other examples are *vendés* and *vivís*. Now, listen to the dialogue on your student tape and answer the following questions:

- Why do Carlota and Eduardo want to move?
- Who is going to rent them an apartment?
- What problem concerns Carlota about moving to downtown Buenos Aires?
- How many cars do they have?

Pre-listening activity: Have students list some of the problems they might encounter trying to find a suitable apartment in a large city.

Answers: 1. closer to Eduardo's job 2. Eduardo's Uncle Juan 3. finding parking 4. two cars

Comprehension questions for realia:
1. Who is speaking in this cartoon? Who is the topic of conversation?
2. How were things in the "good old days?"
3. How have things changed today?

—A Papá le gusta venir aquí de cuando en cuando a recordar los viejos tiempos, cuando se podía aparcar en cualquier sitio sin ninguna dificultad.

Comprensión

Look at Carlota's list of features that she is looking for in an apartment. Listen to the conversation on your student tape once again and jot down the items Eduardo mentions in his description. What additional features does he mention?

Answers: *Precio, 4.000.000 australes; dirección, Avenida 9 de Julio; 3 dormitorios; terraza; balcón*

precio al mes
dirección
dormitorios
baños
cocina/comedor
salón familiar
balcón
piscina
garaje
aire acondicionado
terraza

COMUNICACIÓN (STUDENT TAPE)

Here are some expressions similar to those that Carlota and Eduardo used in their conversation. These phrases will help you ask and give the price of items, use exclamations, and incorporate conversational fillers and hesitations when you speak. Listen to the conversations on your student tape and practice with the other members of your class.

Pidiendo el precio... *Asking how much something costs*

Usando exclamaciones... *Using exclamations*

Extendiendo una conversación... *Conversational fillers and hesitations*

Prácticas

Pidiendo el precio...	*Asking how much something costs*
¿Cuánto cuesta el sofá?	*How much does the sofa cost?*
¿Cuánto cuestan las lámparas?	*How much do the lamps cost?*
¿Cuánto vale la casa?	*How much is the house worth?*
¿Cuánto valen los condominios?	*How much are the condos worth?*

A. ¿Cuánto vale? Read the phrases commonly used when requesting the price of items. Working with a partner, practice requesting and telling how much each of the advertised household items is worth.

Tell students that the verb *vale* must be changed to *valen* if more than one article is mentioned.

■ **Ejemplo:**
Estudiante 1: *¿Cuánto vale el escritorio?*
Estudiante 2: *Vale setenta dólares.*

1. 2 lámparas de bronce, U$S 75
2. Sofá-cama gris, U$S 100
3. TV portátil, color, U$S 95
4. 6 sillas de cocina, blancas, U$S 45
5. 6 ventanas de aluminio, 1m X 1m, U$S 85
6. Blanco y negro Zenith 20″ portátil, U$S 75
7. Mesita de teléfono con lámpara, U$S 35
8. Escritorio, U$S 70

B. Cosas personales. Working with your partner, take turns asking each other about the price of the following school supplies.

■ **Ejemplo:**
Estudiante 1: *¿Cuánto cuesta una pluma estilográfica?*
Estudiante 2: *Cuesta treinta dólares.*

1. libro de español
2. cuadernos
3. lápiz mecánico
4. bolígrafo
5. mochila
6. diario
7. regla
8. gomas
9. diccionario
10. marcadores

Usando exclamaciones... *Using exclamations*

¡Qué barbaridad!	*How unusual! Wow!*	¡Qué barbaridad!	*That's terrible!*
¡Qué bien!	*That's great!*	¡Qué desastre!	*That's a disaster!*
¡Qué increíble!	*That's amazing!*	¡Qué horrible!	*That's horrible!*
¡Qué maravilla!	*That's marvelous!*	¡Qué lástima!	*That's a pity!*
		¡Qué mal!	*That's really bad!*

Point out to students that *¡Qué barbaridad!* can be positive or negative depending upon circumstances and intonation.

C. ¡Qué barbaridad! Working with a partner, take turns telling each other what has just occurred. Make the appropriate exclamation for each situation.

■ **Ejemplo:**

Estudiante 1: *Acabo de recibir cien dólares.*
Estudiante 2: *¡Qué bien!*

1. recibir una tarjeta de crédito Visa
2. sacar malas notas en todas mis materias
3. ganar la lotería
4. perder el trabajo
5. pagar la matrícula
6. suspender un examen
7. perder mi libro de español
8. visitar el/la dentista
9. trabajar 15 horas
10. olvidar de pagar mi matrícula

SI USTED CREE QUE EL DINERO HACE LA FELICIDAD

PRUEBE CON UN TRACK-TRACK

Banco de la Provincia de Buenos Aires

VISA

Comprehension questions for realia:
1. What type of credit card is being advertised?
2. Is this same card used in the United States?
3. Why would someone want this credit card?

Expansion: Have students write five different things that have just occurred to them and share their sentences with the class. Their classmates should then offer the appropriate exclamation.

Extendiendo una conversación... *Conversational fillers and hesitations*

A ver... sí/no...	*Let's see . . . yes/no . . .*
Buena pregunta... no creo.	*That's a good question . . . I don't believe so.*
Bueno...	*Well, . . .*
Es que...	*It's that . . .*
Pues... no sé.	*Well . . . I don't know.*
Sí, pero...	*Yes, but . . .*

CH. Unas pausas. Working with a partner, read the following exchanges and practice adding the pauses at the appropriate time.

■ **Ejemplo:**
Estudiante 1: *¿Hay tarea para entregar?*
Estudiante 2: *Pues... no sé.*

1. ¿Es difícil comprar una casa bonita cerca de la universidad?
2. ¿Son caros los apartamentos aquí?
3. ¿Cuánto cuesta alquilar un apartamento pequeño?
4. ¿Todos los apartamentos tienen microondas?
5. ¿Un apartamento en Buenos Aires es muy caro?
6. ¿El parking es un problema grande en la universidad?
7. ¿Tener un patio es más importante que tener un garaje?
8. ¿Las casas modernas cuestan menos que las casas antiguas?

D. Síntesis. Read the following ads and decide when and where to go to purchase an entertainment center. Discuss the price, selection, payment plans, etc. with your partner.

Así es

Cómo contar del cien al cien millones

In *Capítulo 1* you learned to count from 0 to 100. Now, let's learn the numbers from 100 to 100,000,000. This may sound like a lot, but it is really quite easy.

Review numbers from 0–100 before beginning this section.

Los números del 100 al 100.000.000
Numbers from 100 to 100,000,000

100	cien, ciento	1.000	mil	
101	ciento uno/una	1.001	mil uno	
120	ciento veinte	1992	mil novecientos noventa y dos	
200	doscientos/doscientas			
300	trescientos/trescientas	100.000	cien mil	
400	cuatrocientos/cuatrocientas	1.000.000	un millón	
500	quinientos/quinientas	2.000.000	dos millones	
600	seiscientos/seiscientas	10.000.000	diez millones	
700	setecientos/setecientas	100.000.000	cien millones	
800	ochocientos/ochocientas			
900	novecientos/novecientas			

*Una cosita más: Cien becomes ciento before numerals 1 to 99. **Ciento** is used when counting beyond 100. After 1000, just put the appropriate number in front of the word **mil**. For example: dos mil, ocho mil. In Spanish, the word **y** is only used between the ten's place and the one's place, never between the hundred's place and the ten's place. The feminine forms (doscientas, trescientas, etc.) are used before feminine nouns and the masculine forms (doscientos, trescientos, etc.) are used before masculine nouns. The word de is used after cientos, miles, un millón, and millones before a noun, for example: miles de apartamentos, un millón de australes.*

LA MARTONA
VENTA CON FINANCIACION FIJA
O SOBRE SU PROPUESTA

1) 3 dorm. (1 suite) en construcc. carpint. made- ra techada s/GOLF · · · · · · · · · · · · u$s 20.000

2) 2 dorm. mas 1 de serv. quincho carpint. de madera. cochera · · · · · · · · · · · u$s 30.000

3) 2 dorm. baño revest. en madera depend. piso viraró. s/Golf. Quincho c/parrilla · · · .u$s 32.000

4) 2 dorm. hall ínti. gal. c/parrilla PILETA · · · · u$s 40.000

5) 3 dorm. 2 baños coch. y galería de categ. · · · · · · · · · · · · · · · · · · Contado u$s 35.000+
PILETA 40 m² · · · · · · · · · · · · · · 12 cuotas u$s 2.000

6) 3 dorm. (1 suite) coch. y galer. indep. carp./ madera lote esquina a estrenar · · · · · · · · u$s 44.000

7) 5 dorm. (2 suite) depend. c/baño gran categ. · · · · · · · · · · · · · · · · Contado u$s 46.500+
PILETA 55 mt. revest. · · · · · · · · · 12 cuotas u$s 3.900

8) 3 dorm. (1 suite) c/sal a jdín. 1400 mt. arbo- lado PILETA cercada 2 baños · · · · · · · u$s 55.000

9) 4 dorm. 3 baños Play-Room. Gran gal. 2 Bow Window al frente. Gran categoría · · · · · u$s 72.000

10) Normanda 4 dorm. (1 de serv.) 3 baños 3 bow window parrilla c/bar coc. grifería y pisos especiales lote 1000 mt. · · · · · · · · · · u$s 80.000

40 LOTES SOBRE CAMPO DE POLO - GOLF O BOSQUE VALOR PROM. u$s 2.500

• DORMY - HOUSES DESDE u$s 10.450
• CAMPOS Y CHACRAS C/CASA EN LA ZONA
ALQUILERES VERANO, CASAS CON PILETA, CONSULTAR

Arq. PATRICIA RABADAN 99-4417
Propiedades Lunes a viernes
Sáb. Dom., Fer. - Ruta 205, 80 mts. pasando la entr. al Club

Comprehension questions for realia:
1. Who is the manager for *La Martona* properties?
2. What types of dwellings are advertised?
3. What types of building lots?
4. How can you pay?
5. What amenities are featured in the most expensive house?

Prácticas

A. La Martona. "Telephone" your partner and ask him/her for the price of dwellings in Buenos Aires with 2–5 bedrooms *(dormitorios).* Your partner should tell you one additional feature of each house, such as the number of baths *(baños)*, etc.

■ **Ejemplo:**
Estudiante 1: *¿Cuánto cuesta una casa con dos dormitorios?*
Estudiante 2: *Cuesta veinte mil dólares y tiene dos baños.*

B. La lotería nacional. Most Argentines take part in the national lottery games each week with the hope of an early retirement or a weekend home in the country. They may purchase the same number every week from the same vendor year after year or bet on *números capicúas* (numbers that read the same backward or forward: 10101) in an attempt to win multi-million dollar prizes. Read the following prizes for one of the weekly lotteries and the corresponding winning number.

■ **Ejemplo:**
*El número **dieciséis mil ciento noventa y tres** gana **un millón** de australes.*

Comprehension questions for realia:
1. Why is 1991 a *número capicúa*?
2. How did the year start out for this person?

LOTERIA NACIONAL TRADICIONAL

VEINTE PREMIOS POR EXTRACCIONES DE CINCO CIFRAS: de producirse la repetición de números extraídos, los billetes enteros respectivos acumulan los premios que en cada caso les hubiera correspondido

UBICACION	PREMIO A		UBICACION	PREMIO A	
1	1.000.000.000	16193	11	2.000.000	33787
2	100.000.000	32278	12	2.000.000	43823
3	50.000.000	23538	13	2.000.000	14977
4	25.000.000	38452	14	2.000.000	43589
5	10.000.000	41264	15	2.000.000	36535
6	4.000.000	22331	16	1.000.000	06992
7	4.000.000	26174	17	1.000.000	21548
8	3.000.000	13925	18	1.000.000	38839
9	3.000.000	17375	19	1.000.000	34890
10	3.000.000	10976	20	1.000.000	22811

APROXIMACIONES 1er. PREMIO					APROXIMACIONES 2do. PREMIO				APROXIMACIONES 3er. PREMIO			
A 10.000.000	A 6.000.000	A 4.000.000	A 3.000.000	A 2.000.000	A 750.000	A 700.000	A 550.000	A 500.000	A 450.000	A 350.000	A 300.000	A 150.000
16192	16191	16190	16189	16188	32277	32276	32275	32274	23537	23536	23535	23534
16194	16195	16196	16197	16198	32279	32280	32281	32282	23539	23540	23541	23542

Comprehension questions for realia:
1. How many prizes are offered?
2. How many numbers do you need to win?
3. What are the *aproximaciones*?

MISHIADURA — Por Blopa
1991 es capicúa... ¡¡Espero que no termine igual que como empieza!!
blopa

C. Argentinos famosos. The following Argentines are known not only in their own country, but around the world through their literary works, political influence, and artistic contributions. With a partner, take turns giving the name and occupation of each person as well as his/her date of death. As you read the example, notice that *mil* is used to express the year after 999.

■ **Ejemplo:**
José Hernández, escritor, 1886
El escritor José Hernández murió° en mil ochocientos ochenta y seis.

1. Domingo Sarmiento, escritor, 1888
2. Jorge Luis Borges, escritor y poeta, 1986
3. Carlos Gardel, cantante del tango, 1936
4. Juan Perón, presidente, 1974
5. Eva Perón (Evita), esposa del presidente, 1952
6. Cesáreo Bernaldo de Quirós, pintor, 1969

CH. Fechas históricas. Many Hispanic newspapers have a section dedicated to historic events or *Efemérides*. With your partner, read the following events and match them with their corresponding dates.

1536–1680–1776–1914–1920–1941–1963–1967–1969–1991

1. La independencia de los Estados Unidos.
2. El asesinato del Presidente John Kennedy en Dallas.
3. Comienzo de la Primera Guerra Mundial.
4. Entrada de los Estados Unidos en la Segunda Guerra Mundial.
5. El primer hombre camina sobre la luna.
6. Los Juegos Panamericanos tienen lugar en Cuba.
7. La rebelión de los pueblos indios de Nuevo México.
8. Se establece el derecho de votar de la mujer en los Estados Unidos.
9. El primer Superbowl.
10. La fundación de Buenos Aires por Pedro de Mendoza.

D. Fechas importantes. After reviewing the months of the year on page 86, give the complete dates for the following:

1. tu cumpleaños
2. el cumpleaños de tu mejor amigo/amiga
3. los cumpleaños de tus hijos (u otros parientes)
4. tu aniversario de matrimonio (o compromiso° o compañerismo°)
5. tu graduación de la escuela secundaria
6. otro evento importante en tu vida

murió *died* **compromiso** *engagement* **compañerismo** *companionship*

Have students read the cartoon about Gardel and then change the context, substituting singers that were popular in their parents' or grandparents' era.

Comprehension question for realia:
1. Why do these punkers place Gardel in the same era as the Rolling Stones?

Bring in examples of artistic works of the Argentines in *Práctica C* and give a brief explanation of the importance of each in Spanish using simple sentences. Assign "mini-reports" to students and have them select other well-known Argentines.

Whole-class activity: Write a timeline on the board and have students try to place the events in their proper order.

Have students write several facts about their university or city and write the list on the board or overhead transparency.

Answers: 1. 1776 2. 1963
3. 1914 4. 1941 5. 1969
6. 1991 7. 1680 8. 1920
9. 1967 10. 1536

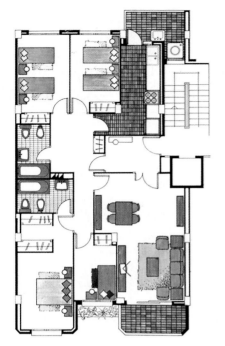

Point out that vocabulary may differ slightly with each country: *ambiente (m.)* room (Arg.); *armario* closet (Spain); *bañera* bathtub (Arg.); *pileta de cocina* kitchen sink (Arg.); *lavarropas* washing machine (Arg.); *habitación de lavandería* laundry (P.R., Cuba)

Additional terms: *retrete, excusado* toilet; *trastero* china cabinet; *heladera* (Arg.), *nevera* (Spain) refrigerator; *aparador* china cabinet (Arg.)

EXPRESIONES (INSTRUCTOR TAPE)

Un departamento en Buenos Aires. Finding the perfect place to live is always a challenge in any city. Carlota and Eduardo, native *porteños* (inhabitants of Buenos Aires), are looking for an apartment. Listen carefully to your instructor's description of the model apartment that they are considering as you look at the floorplan. Then complete the *Comprensión* activity that follows.

Comprensión

¿Sí o no? Read the following statements about the scene just described. Answer each with a simple *sí* or *no*.

Answers: 1. *no* 2. *sí* 3. *no* 4. *no* 5. *no* 6. *no* 7. *sí* 8. *no* 9. *sí* 10. *no*

Additional comprehension checks may be found in the Instructor's Manual.

1. Carlota y Eduardo tienen una familia grande.
2. Visitan un piso modelo.
3. Hay tres dormitorios en el modelo.
4. Hay un cuarto de baño completo.
5. No hay espacio para lavadora en el piso.
6. La sala es muy grande.
7. En el modelo hay una terraza.
8. En este edificio no hay ascensor.
9. En los dormitorios hay roperos.
10. Carlota no va a tener un estudio.

Cuartos	Rooms		Cuartos	Rooms
balcón (m.)	*balcony*		lavadero	*laundry*
cocina	*kitchen*		pasillo	*hallway*
comedor (m.)	*dining room*		patio	*patio*
cuarto de baño	*bathroom*		ropero	*closet*
desván (m.)	*attic*		sala	*living room*
dormitorio	*bedroom*		terraza	*terrace*
garaje (m.)	*garage*		vestíbulo	*foyer, entry*

Muebles y aparatos	Furniture and appliances				
armario	*wardrobe*	inodoro	*toilet*	refrigerador (m.)	*refrigerator*
bañera	*bathtub*	lámpara	*lamp*	silla	*chair*
bidet (m.)	*bidet*	lavabo	*wash basin*	sillón (m.)	*easy chair*
cama	*bed*	lavadora	*washing machine*	sofá (m.)	*sofa*
ducha	*shower*	lavaplatos (m.)	*dishwasher*	televisor (m.)	*TV set*
estante (m.)	*shelf*	mesa	*table*	vitrina	*china cabinet*
estufa	*stove*	mesita	*end table*		
fregadero	*kitchen sink*	mesita de noche	*nightstand*		

Preposiciones de lugar	Prepositions of location		
a lo largo de	along	encima de	on top of
al fondo de	at the back of	frente a	facing, across from
debajo de	under	junto a	next to

Expresiones relacionadas	Related expressions		
alfombra	carpet	moqueta	wall-to-wall carpet
almohada	pillow	pared (f.)	wall
ambiente (m.)	room	piscina	swimming pool
ascensor (m.)	elevator	puerta	door
azulejos	tiles	sobrecama	bedspread
cortinas	curtains	tapete (m.)	throw rug
escalera	stairway	ventana	window
maceta	flowerpot		

Colores	Colors		
amarillo/amarilla	yellow	gris	gray
anaranjado/anaranjada	orange	negro/negra	black
azul claro/clara	light blue	rojo/roja	red
azul oscuro/oscura	dark blue	rosado/rosada	pink
blanco/blanca	white	verde	green
marrón	brown	violeta	lavender

Una cosita más: When colors are used as adjectives, they must agree with the noun they describe. As you can tell from the list, some colors have separate feminine and masculine forms, while others do not. The plurals are formed by adding **-s** to a color ending in a vowel or **-es** to a color ending in a consonant.

Introduce the colors by pointing to different classroom objects and asking students *¿De qué color es...?* for each item. Mention that students may use *claro/clara* and *oscuro/oscura* with other colors to indicate different shades/tones. You may also use the following words/phrases to enhance the description of colors: *brillante; fluorescente; apagado/a* dull; *estampado/a* printed; *de cuadras* checked; *de rayas* plaid; *con lunares* polka-dotted.

Cut out floor plans from the Sunday newspaper "homes" section for students to describe. A variation on the theme would be to describe one floor plan and have students guess which one it is.

Tear out pages from old decorating magazines. Divide students into small groups and have them describe the rooms. They could also choose their favorites and explain why.

Prácticas

A. ¿Cómo es tu casa? What is your home like? It may be an apartment, a condominium, a trailer *(caravana),* or a house. Working with a partner, describe your home as completely as possible.

B. ¿Qué opinas del plano del piso? Working with a partner, tell what you like and do not like about the floor plan of the model *piso.*

C. Tu cuarto. Sketch and label the items in your bedroom.

CH. Comparación y contraste. Working with a partner, trade sketches from *Práctica C.* Using the prepositions of location, take turns comparing and contrasting where your things are located.

■ **Ejemplo:**
En tu cuarto la mesita está al lado de la cama, pero en mi cuarto está frente a la cama y tiene el TV encima.

D. ¿Cuántos hay? How big is the building where you live? Tell how many of the following items there are.

■ **Ejemplo:**
Estudiante 1: *¿Cuántos apartamentos hay en tu edificio?*
Estudiante 2: *Hay veinte.*

1. elevators	4. stairs	7. floors
2. laundry rooms	5. terraces	8. balconies
3. doors	6. bedrooms	9. garages

E. El piso modelo. Study the plan of the *piso* on page 116 that Carlota and Eduardo just visited. What are the colors of the following items?

■ **Ejemplo:**
El sofá es verde.

1. bañeras
2. azulejos de la cocina
3. alfombra de la sala
4. alfombra del dormitorio más grande
5. sobrecamas del dormitorio al lado de la cocina

F. ¿De qué color es...? La Boca is a *barrio* in the southern tip of Buenos Aires. This Italian neighborhood is famous for its sheet-iron houses painted in bright colors. On a separate sheet of paper, write a note to a friend back home in which you describe *La Boca* as pictured below.

G. Los colores de tu cuarto. Working with a partner, take turns discussing the color scheme of your room.

SEGUNDA ETAPA: Funciones

PRIMERA FUNCIÓN:
Expressing possession, obligation, and offering excuses using *tener* and *tener que* + infinitive

▲ *Tener* differs from the other verbs in that the first form has the ending *-go* for the first person, and spelling changes occur in three other forms. You have already used several forms of the verb *tener,* such as: *¿Tienes una toalla?* and *Tengo gafas de sol.* Look at the chart below and identify the forms that are irregular.

For additional practice on *tener* and *tener que* + infinitive, see the *Guía gramatical.*

Review the use of *tener* on page 20 as an introduction to the verb.

Tener *To have*			
Singular		**Plural**	
ten**go**	*I have*	tenemos	*we have*
t**ie**nes	*you have*	tenéis	*you (all) have*
usted t**ie**ne	*you have*	ustedes t**ie**nen	*you (all) have*
él/ella t**ie**ne	*he/she has*	ellos/ellas t**ie**nen	*they have*

Prácticas

Additional vocabulary: *departamento* apartment (Arg.).

Vivienda *Housing*	
apartamento	*apartment*
ático	*small attic apartment*
casa	*house*
chalet (m.)	*house, villa (frequently located in suburbs)*
condominio	*condominium*
estudio	*efficiency apartment*
mansión	*mansion*
piso	*flat, floor of a building*

A. Mi cuarto favorito. Working with a partner, take turns telling each other about different types of housing you and your relatives have. Give a brief description and tell where each is located.

■ **Ejemplo:**
Mi tío tiene un apartamento junto al mar.

Capítulo 4　**119**

B. ¿Quién tiene un vídeo? In groups of three or four, find out who has each of the following items.

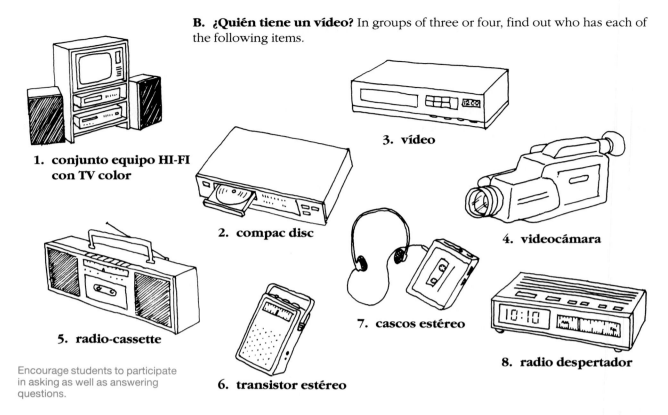

1. **conjunto equipo HI-FI con TV color**
2. **compac disc**
3. **vídeo**
4. **videocámara**
5. **radio-cassette**
6. **transistor estéreo**
7. **cascos estéreo**
8. **radio despertador**

Encourage students to participate in asking as well as answering questions.

C. Tus posesiones. Compile an inventory of your possessions. Mention the article, its value, and give a brief description. Include 10–15 items on your list.

■ **Ejemplo:**
Yo tengo un sofá cama. Vale mil dólares. Es azul, rojo y blanco.

Point out that in *tener que* + infinitive expressions the infinitive is never conjugated.

▲ In order to indicate that you or someone else has to do something, you will use a form of the verb *tener* followed by *que* and an infinitive of the verb that indicates what has to be done. Look at the following examples and tell what Eduardo and Carlota have to do.

Additional words: *barrer el piso* sweep the floor (Spain and Mex.); *cortar el pasto* cut the grass (Arg.).

Eduardo **tiene que secar** los platos.   Carlota **tiene que hacer** la cama.

Prácticas

Quehaceres domésticos	*Household chores*		
barrer el suelo	*sweep the floor*	pasar la aspiradora	*run the vacuum*
colgar la ropa	*hang up the clothes*	planchar la ropa	*iron the clothes*
cortar la hierba	*cut the grass*	poner la mesa	*set the table*
hacer la cama	*make the bed*	regar las plantas	*water the plants*
lavar las ventanas	*wash the windows*	sacar la basura	*take out the trash*
lavar los platos	*wash the dishes*	sacudir los muebles	*dust the furniture*
limpiar los roperos	*clean the closets*	secar los platos	*dry the dishes*

Comprehension question for realia:
1. Tell what each product is used for: *Elena se usa para...*

CH. Los quehaceres habituales. Write a list of your household members and indicate who always *(siempre)*, usually *(normalmente)*, and never *(nunca)* has to do the household chores on page 120.

■ **Ejemplo:**

Mi hermano nunca tiene que sacar la basura.

D. La limpieza. Discuss with your partner what chores you have to do this weekend.

Point out that many words in Spanish are verb/noun compounds and ask students to pick out these words from the list.

Additional words: *balde* (Arg.), *cubeta* (Mex.), *pozal* (Spain) bucket

Artículos de la limpieza		*Cleaning articles*	
aspiradora	*vacuum cleaner*	fregasuelos (m.)	*mop*
		lavavajilla (m.)	*dish detergent*
cubo	*bucket*	limpia cristales (m.)	*window cleaner*
detergente (m.)	*detergent*	limpiahogar (m.)	*all-purpose cleaner*
escoba	*broom*	papel de cocina (m.)	*paper towels*
esponja	*sponge*	trapo	*dust cloth*

E. ¿Qué tienes que comprar? Working with a partner, take turns telling each other which of these cleaning products you need to buy and why.

■ **Ejemplo:**

Tengo que comprar detergente para lavar la ropa.

F. Excusas. Buenos Aires offers a wide variety of international entertainment. Invite your partner to attend four of the functions announced in the *Guía Cultural.* He/She should decline the invitation and give the reason why.

■ **Ejemplo:**

Estudiante 1: *¿Deseas ir al Metropolitan para ver «42nd Street»?*
Estudiante 2: *Lo siento... pero tengo que limpiar el apartamento.*

Guía de Espectáculos

La filosofía de Oriente y Occidente, por Virginia Carmen y Abel Della Costa, a las 19, en Pte. Perón 1362, 1 piso.

Espectáculo de tango con la actuación de **Roberto Rufio, Jorge Rigal, Trío Armando Pupo y Ballet Popular de Bs.As.** a las 20, en Paraná y Sarmiento. Entrada Libre.

Recital folklórico con la presencia de **Eduardo Falú, Mercedes Sosa y Los Fronterizos** a las 19.30, en el Teatro Colón.

Museo Histórico de la Ciudad de Buenos Aires, Brigadier General Cornelio Saavedra, de 14 a 18, en C. Larralde 6309.

Presentatión de la **Hot Dog Dixieland Jazz Band,** a las 20, Perú 272. Entrada Paga.

El Teatro Colón en Buenos Aires

Comprehension questions for realia:
1. Identify the type of entertainment offered at each location.
2. Which entertainment is free?
3. At what time is each entertainment?

Una cosita más: In order to express the idea of **very** warm, jealous, etc., a form of the word *mucho* is used. For example: *tener muchos celos, tener mucha sed.*

▲ *Tener* is also used in a variety of frequently-used expressions. Like many Spanish expressions, they cannot be translated word-for-word into English. Therefore, it is best to learn these phrases as meaningful "chunks."

Expresiones con tener	*Expressions with tener*
tener... calor (m.)	*to feel warm*
celos	*to be jealous*
cuidado	*to be careful*
éxito	*to be successful*
frío	*to feel cold*
hambre (f.)	*to be hungry*
ganas de + *infinitive*	*to feel like . . .*
miedo	*to be afraid*
prisa	*to be in a hurry*
razón (f.)°	*to be right*
sed (f.)	*to be thirsty*
sueño	*to be sleepy*
suerte (f.)	*to be lucky*

Prácticas

G. Asociaciones. With which part(s) of the house would you associate each of the expressions above? Working with a partner, brainstorm the associations.

■ **Ejemplo:**

Tengo hambre. *la cocina, el refrigerador, la estufa, etc.*

Use *no tener razón* to say "to be wrong."

B. Buscando un departamento. Make a list of three rental properties you would like to visit in Buenos Aires, the number of rooms *(ambientes)*, at what time, and the price of each. Then compare your list with that of your partner.

■ **Ejemplo:**
A las cuatro voy al barrio del Congreso para ver un departamento por 550.000 australes al mes.

CABALLITO Guayaquil 569 2°, amplio, luminoso, cocina, lavadero, balcón A 1.000.000. Ver 15–18hrs.

FLORES Juan B. Alberdi 2636 P 5°, 2 amb, ampl balcón c/tza. Garaje. A 700.000. Hoy 16–19.

CONGRESO Piso apto profesional, Sarmiento 1739, piso 3°, 4 amb, 2 bñs, coc-com, V/14–17. A 930.000.

FLORESTA 1 amb, c/tel. A 750.000. V/ 15–17. Bacacay 5433.

BARRIO NORTE ¡3 ambientes espectaculares! Cocina nueva, c/tel. Av. Callao 1230 13°, V/14–18. U$S 400.

PATERNAL 1° piso, 4 amb, 3 bñs, c/tza amplia. C Díaz 1892. Ver 15–18. A 2,000,000.

Have students make a list of the phrases used in these ads and write them on the board. Then ask them to predict the meaning of each.

Comprehension questions for realia:
1. Which ad is not for a home?
2. Which dwellings have terraces?
3. Which dwelling has the most bedrooms? Bathrooms?
4. Are any of the dwellings furnished? Which?

▲ When making plans, we often use the phrase "going to" to express the idea of an activity that will take place in the near future. In Spanish, a similar construction is used based on the verb *ir + a +* an infinitive. Study the forms of the verb below.

¿Qué **van** ustedes **a hacer** mañana?	*What are you going to do tomorrow?*
Vamos a buscar una casa nueva.	*We're going to look for a new house.*

Prácticas

C. Tus planes. What plans do you have for today? Using the verbs listed below as suggestions, name five things that you are going to do and when. Then turn to a classmate and ask him/her to give you the same information.

■ **Ejemplo:**
Voy a estudiar esta noche.

esquiar
hacer ejercicios aeróbicos
hacer jogging
jugar al baloncesto°/béisbol/fútbol/tenis/voleibol
tirar el frisbee
andar en bicicleta
asistir a clase/un concierto
comer en un restaurante mexicano/español
tomar una Coca-Cola/té con limón
escribir una carta
leer una novela/mi lección de historia
buscar un apartamento nuevo

baloncesto *basketball*

You may introduce the phrases in this activity by asking individual students in the class: *¿Qué vas a hacer hoy (mañana, el sábado,* etc.)? Remind them not to use *hacer* in their responses unless it is part of the phrase (*hacer jogging,* etc.).

Refer to *Capítulo 2*, pp. 58–59 for additional phrases.

Ernesto Sábato, novelista argentina

You may assign this activity as a homework assignment and have students write a sentence for each one.

CH. Gente famosa. With your partner, take turns telling what the famous *argentinos* below are going to do today.

■ **Ejemplo:**
Ernesto Sábato (novelista)
Estudiante 1: *¿Qué va a hacer Ernesto Sábato?*
Estudiante 2: *Sábato va a escribir una novela.*

1. Norma Aleandro (actriz)
2. Julio Mascat (cinematógrafo)
3. Enrique Anderson Imbert (autor)
4. María Angélica Bosco (autora de novelas policiales)
5. Gabriela y Osvaldo Sabatini (hermanos: jugadora de tenis y modelo)
6. Carlitos y Zulemita Menem (hijos del presidente)
7. Sebastián Piana, Rodolfo Mederos y Héctor Negro (compositores del tango)

Whole-class activity: Have students skim the article and list phrases of things that should be done before going on an extended vacation. Write these items on the board or an overhead transparency. Students may then tell who in their family is going to complete each task.

D. De vacaciones. Skim the article to the right and then make a brief list of the things that you are going to do in your home or apartment before leaving on vacation. Exchange this information with the other members of the class.

Comprehension questions for realia:
1. What items should be removed from your home before leaving for vacation?
2. How should the refrigerator be cleaned?
3. What should be done to the gas, electric, and water?
4. In humid weather, how should furniture and pictures be prepared?
5. What should you do to the washer and dishwasher?

DEJE SU CASA LISTA

Antes de salir para disfrutar de las vacaciones veraniegas tiene que dejar la casa lista para no ser habitada durante una temporada. Nada de restos de comidas o de comestibles que puedan pudrirse, picarse o apolillarse. Nada de floreros con flores naturales y agua. El frigorífico debe quedar bien limpio (hacerlo con agua y vinagre), con la puerta abierta para evitar los malos olores y moho, y desenchufado. Es muy importante cerrar las llaves de paso generales del gas, la luz y el agua. Si su casa es muy húmeda, será conveniente tapar los cuadros con papeles o tela blanca, así como sofá y sillones. Limpiar cuidadosamente la despensa, de forma que no quede ni una gota de aceite, ni un poco de harina, ni restos de alimentos cocinados o frescos. No dejar ropa sucia. Dejar bien secas, y sin gota de agua, la lavadora y el lavavajillas.

TERCERA ETAPA: Estrategias

COMPRENSIÓN AUDITIVA (STUDENT TAPE)

Comprensión auditiva may be assigned as homework.

Recognizing oral cognates. You have already had some practice in recognizing cognates in their written form. As you might expect, the ability to recognize the oral forms of cognates can greatly increase your listening skills. The problem, of course, is that cognates can **sound** much different than they look. One of the ways in which you can develop your cognate recognition skills is through dictation. Dictation "concretizes" the relationship between the spoken word and its written form.

Práctica

The day after assigning this task, check dictations in class for accuracy.

Los Prados de San Martín. Listen to your student tape and write the words and phrases in the first segment. Then, based on your recognition of these words, hypothesize what the topic might be. Listen to the second segment, a radio announcement, once or twice to confirm or refute your hypothesis. Finally, answer the following questions.

1. What type of listening text is the passage?
2. What is it about?
3. What are the details?
4. How can you get more information?

LECTURA

Scanning for specific information. In the previous chapters, you practiced skimming different texts to get the main idea or general content of each selection. Now you will practice **scanning** for more specific information such as a particular word or phrase. First, quickly look at the brochure on the following page. Examine the layout, titles and subtitles, drawings, and words or phrases that give you hints about the overall content. Then, after you have determined the general purpose of the selection, read the questions below and identify the key terms in each phrase. For example, to answer the second question you must find the property that is **not** listed. Scan for the words *apartamentos, garajes, chalets, condominios,* and *estudios* and determine which one is not mentioned in the text.

Prácticas

A. Una casa en Argentina. Skim the brochure from an international bank and answer the questions.

1. Are the intended clients residents or non-residents of Argentina?
2. Which of the following is **not** mentioned in the ad?
   a. apartment
   b. condominium
   c. efficiency apartment
   d. villa
   e. parking garages
3. Which of the following services are offered in this ad?
   a. homeowner's insurance
   b. bank loans for purchase of dwellings
   c. rental properties for the summer months

Answers: 1. non-residents 2. b, c 3. b

SU CASA EN ARGENTINA, YA.

SI LE GUSTA VIVIR EN ARGENTINA, HÁGALO EN SU PROPIA CASA. EL BANCO HISPANO AMERICANO LE AYUDA A COMPRARLA AHORA.

El Banco Hispano Americano, con el fin de facilitar a las personas no residentes en la Argentina, la compra en nuestro país de inmuebles, departamentos, lugares de estacionamiento°, chalets, etc. tiene establecidas una serie de financiaciones, cuyas características principales son:

EN AUSTRALES:

- **Importe:** Hasta el 50% del valor de tasación de la propiedad.
- **Plazo:** Hasta 12 años.
- **Intereses:** Durante los dos primeros años un tipo fijo (actualmente a partir del 14%). Durante el plazo restante, variable cada año, en base al tipo que el banco tenga establecido como preferencial para los préstamos y créditos a un año, más el 1%.
- **Amortización:** Principal e intereses
  1) Mensual, sobre importes vencidos, o
  2) Trimestral, por anticipado.
  Existe la posibilidad de concesión de hasta 2 años de carencia, sin amortización del crédito. En caso de amortización anticipada existe una penalización de un 2% del importe anticipado.
- **Comisión:** 0,50% por una sola vez.
- **Garantías:** Primera hipoteca sobre la propiedad a financiar o garantía bancaria.

EN DIVISAS:

Cualquiera de las admitidas a cotización oficial en Argentina.

- **Importe:** Hasta el 50% del valor de tasación de la propiedad.
- **Plazo:** Hasta 10 años.
- **Intereses:** 6 meses más un diferencial entre un 1% y 1,50%.
- **Amortización:** Principal e intereses. Trimestral, sobre importes vencidos.
- **Comisión:** 0,50% por una sola vez.
- **Garantías:** Primera hipoteca sobre la propiedad a financiar a garantía bancaria.

Si desea obtener alguna información adicional, por favor póngase en contacto con alguna de nuestras sucursales en la Argentina o en el extranjero.

lugares de estacionamiento *parking lots*

Comprehension questions for realia:
1. To whom is this brochure directed?
2. What is its purpose?
3. If one pays in *australes*, how long can the financing be extended?
4. If one pays in foreign currency, how long can the financing be extended?
5. What are the interest rates?
6. What is the one-time charge called? How much is it?
7. Where can you get more information?

B. ¿Cuánto dinero necesita Ud.? Now you are ready to examine some of the details of this brochure. As you read each of the statements carefully, determine the correct meaning of each word or phrase in **bold type.**

- **Importe**
  a. foreign currency
  b. amount financed
  c. monthly payment

- **Plazo**
  a. term/number of years
  b. age of dwelling
  c. number of years residence in Spain

- **Intereses**
  a. discount for early payment
  b. interest rate
  c. commission

- **Amortización**
  a. repayment schedule
  b. penalty for late payment
  c. down payment

- **Comisión**
  a. monthly service charge
  b. one-time fee
  c. annual fee

- **Garantías**
  a. yearly taxes
  b. insurance
  c. guarantees

COMPOSICIÓN

The *Composición* segments should be assigned as homework. In-class peer editing is recommended, or you may provide students with individual feedback. Allow students to correct and rewrite their compositions.

Business letter. Because of their busy work schedules, many people today prefer to handle routine business matters by telephone. There are still some situations, however, when it might be necessary to respond in writing to a request, an advertisement, or some other business matter. In Spanish there are special headings, greetings, and closings that are used in such letters. In this chapter, you will learn how to use these formulae in a short business form letter.

La fecha:	Buenos Aires, 28 de enero de 1992
La dirección:	Srta. Claudia Rodríguez Avda. Libertad 1560, 2° piso 1170 Buenos Aires, Argentina
El saludo:	Distinguida señorita Galvez: Sra. Directora: Muy estimado señor Scioli: Sr. Administrador:
La despedida:	Atentamente, Cordialmente,

Notice that in *la dirección,* the street number **follows** the name of the street and the postal (zip) code precedes the name of the city. The symbol **2°** refers to *el segundo piso,* the second floor.

Explain that in the United States, this would actually be the third floor, but in Spanish-speaking countries the ground floor is called the *planta baja.*

Práctica

Una carta. Using the model letter as a guide, write a short letter to señor Vinelli. Change the information as needed to agree with the advertisement and your personal information.

Explain that Buenos Aires is often referred to as *la Capital* or *la Capital Federal*. A *casaquinta* would be a weekend house with a bit of land.

> Casaquinta a 15 minutos de la Capital. Sala-comedor, baño, cocina, 2 dormitorios, garaje. Piscina, tenis. Alquiler U$S 350 por mes. Transporte enfrente. Alberto Vinelli Ortiz, San Lorenzo 2223, 3047 Capital.

Buenos Aires, 14 de enero de 1992

Alberto Vinelli Ortiz
San Lorenzo 2223
3047 Capital Federal

Estimado Sr. Vinelli:

Explain that *La Prensa* is one of the major newspapers of Buenos Aires. As an extension activity, have students write a classified advertisement for the apartment or house where they now live. Also note the surnames of the landlord and the renter. There is a significant Italian influence in Argentina.

Le escribo en respuesta a su anuncio en *La Prensa,* del pasado 14 de diciembre referente a un departamento de tres dormitorios.

Tengo treinta y dos años y trabajo como ingeniera en Buenos Aires. Busco un departamento tranquilo y cerca de mi oficina. Puedo ofrecerle cartas de recomendaciones avalando mi buen nombre y responsabilidad. Mi teléfono en Buenos Aires es 45-3098. ¿Me haría el favor de llamarme lo más pronto posible?

Atentamente,

Mercedes Miceli

CULTURA POPULAR

Because of the interactive *Prácticas* that accompany the *Cultura popular,* this section should be done in class. For additional information about Argentina, see the *Guía cultural.*

Los barrios de Buenos Aires. Buenos Aires, also known as *la Capital Federal* (similar to Washington, D.C.), is a large city of more than nine million inhabitants. Bounded by *Avenida General Paz* and the wide *Río de la Plata,* Buenos Aires is comprised of many unique *barrios,* or neighborhoods. The *barrios* preserve their distinctive character through football teams, political alliances, ethnic identification, and traditional celebrations. Most of the city's tourist attractions are located in the eastern sector, along the river. In addition to hotels, shopping, and entertainment, the *barrios* of Buenos Aires offer a wide variety of housing. Now, read what our Argentine correspondent, Reynaldo Lozano, has to say about wonderful Buenos Aires.

Palermo

La arquitectura predominante de Palermo, como su nombre indica, es de estilo italiano. En este barrio se encuentran el jardín zoológico, los campos de polo, y el Hipódromo Argentino donde tienen lugar las carreras de caballos°.

La Recoleta

En la Recoleta los edificios se identifican por su arquitectura parisiense. Los departamentos más finos de Buenos Aires están localizados en este barrio elegante. Pero su monumento más famoso es el cementerio del mismo nombre y el famoso sepulcro de Evita Perón, la esposa del ex-presidente de Argentina.

Monserrat

Es una zona histórica. Acá° está situada la Iglesia de San Ignacio, la más vieja de Buenos Aires, fundada en 1710. En Monserrat también se encuentra la casa más vieja de Buenos Aires, en la Calle Alsina. Hay muchas mansiones antiguas que se han convertido en departamentos o conventillos.

San Telmo

San Telmo también es una zona histórica de calles empedradas° y conventillos. En la Plaza Dorrego hay un mercado muy famoso de antigüedades y curiosidades. Para los aficionados de la música, hay clubes de tango y jazz.

La Boca

Este pintoresco barrio se distingue por sus casas pintadas de colores vivos. Es un barrio artístico de murales y esculturas a lo largo de la calle El Caminito. Además, La Boca se conoce por sus pizzerías.

La Costanera

Este barrio está justo al lado del Río de la Plata. Aunque no es una zona residencial, acá se encuentran la Ciudad Universitaria, el excelente complejo deportivo° Boca Juniors, el barco Delta Queen, y muchas parrillas° que sirven el delicioso bife argentino.

Villa Crespo

Villa Crespo es un barrio tradicional judío°. Acá se encuentran excelentes restaurantes, fiambrerías° y rotiserías°.

Chacarita

En Chacarita hay otro cementerio famoso, tan conocido como la Recoleta. En Chacarita están las tumbas de Carlos Gardel, estrella máxima del tango, y Juan Perón, el ex-presidente de Argentina.

Flores

Flores es un barrio muy cómodo que se conoce por las casas de estilo colonial por sus calles pintorescas. El famoso escritor argentino Ernesto Sábato vive cerca de Flores en Santos Lugares.

---

carreras de caballos *horse races*   **Acá** *Here*   **calles (f.) empedradas** *cobblestone streets*
complejo deportivo *sports complex*   **parrillas** *grills*   **judío** *Jewish*   **fiambrerías** *delis*
rotiserías *bakeries*

Prácticas

A. ¿Qué quieres ver? Working with a partner, take turns naming the *barrios* that you would most like to see and why.

■ **Ejemplo:**
Me gustaría ver La Boca porque quiero comer pizza.

B. ¿Qué tipo de casa prefieres? Every *barrio* has its typical houses. Working with your partner, name the kind of house you prefer and the *barrio* in which you are likely to find it.

Mi casa,

❞ En nuestra casa todo estaba muy bien, pero en invierno la energía que usábamos nos dejaba el presupuesto tiritando. Hasta que descubrimos el Plan Personalizado: hoy tenemos calefacción, agua caliente y cocina por unas 15.000 ptas. al mes. ¡Y son casi 300 m² de casa! ❞

(Julio Téllez Lorenzo - Urbanización El Vellón)

CUARTA ETAPA: ¡Muestra lo que sabes!

Autoprueba

Working with your partner, try to solve the following problems:

A. With your partner, discuss the chores you have to do this weekend. Indicate those that you do and do not enjoy doing.

B. Tell your partner what kind of dwelling you are looking for.

Avoid the use of the subjunctive by writing the following example on the board:
Necesito un aparta-mento con...

■ **Ejemplo:**
Necesito una casa con tres dormitorios.

C. You have just decided to move to a furnished apartment and must sell your furniture. Write want ads for five things you are going to sell and a brief description for each.

CH. Read the following survey with your partner and decide who is the best neighbor *(vecino).*

1. ¿Vas a visitar a los niños de tus vecinos?
2. ¿Buscas oportunidades para hablar con tus vecinos?
3. ¿Ofreces ayuda en caso de emergencia?
4. ¿Hablas de los vecinos con los otros vecinos?
5. ¿Te gusta más tu casa o apartamento que los de tus vecinos?
6. ¿Tienes un amigo especial entre los vecinos con quien hablas todos los días?
7. ¿Visitas a tus vecinos frecuentemente?
8. ¿Intercambias tarjetas de Navidad y felicitaciones de cumpleaños con los vecinos?
9. ¿Manifiestas un interés activo en los problemas que tus vecinos tienen con su matrimonio, amigos o hijos?
10. ¿Son interesantes tus vecinos?
11. ¿Hablas con los nuevos vecinos de tu barrio?
12. ¿Tienes un interés activo en asuntos y eventos cívicos?
13. ¿Eres miembro de una organización de la comunidad?
14. ¿Te disgustan los animales?
15. ¿Escuchas la música o tienes fiestas desde las once hasta las tres de la mañana?

SOLUCIÓN: 1. sí 2. no 3. sí 4. no 5. no 6. no 7. sí 8. sí 9. no 10. sí
11. sí 12. sí 13. sí 14. no 15. no

13–15 correctas: Eres un vecino excelente. Estás interesado en tu prójimo, pero no eres ni agresivo ni dominante.

9–12 correctas: Eres un buen vecino que generalmente agrada a todo el mundo.

5–8 correctas: Eres un vecino promedio. Tienes conciencia social junto con unas debilidades humanas.

1–4 correctas: No eres un buen vecino. Es preferible que vivas solo en el campo.

D. Listen again to the conversation between Carlota and Eduardo on your student tape. Write an ad for *La Prensa,* based on Eduardo's description.

E. Look at the photograph in the chapter opener on pp. 106–197 and describe two of the buildings.

Fíjate en el vocabulario

Using visual links. Another proven way of remembering difficult vocabulary items is to associate the words with a mental image. As an example, let's take the word *cuesta*. The Spanish word sounds a bit like the English word "quest," although it has a totally different meaning. The trick is to make up a **visual** link between *cuesta* and "quest." If we think about the great quests of history, such as the scaling of Mount Everest, we remember that such undertakings cost a lot. The link, then, is made by visualizing the ascent of a mountain perhaps with some dollar signs floating around! Try this visual link strategy on the words and phrases that elude you.

Prácticas

A. Find (or design) an advertisement for household items and label the items in Spanish.

B. Look at a painting, poster, or photograph that you have and name the colors.

C. Make a shopping list of the furniture that you need.

CH. Find the financial section of your local paper and translate the "big" numbers into Spanish.

D. Think up situations where you might use the exclamations or regrets that you have studied.

E. Rewrite the nouns from the vocabulary list and regroup them according to masculine and feminine gender.

Expansion: Bring in the house/apartment ads from a Hispanic newspaper and have students role play the conversation on page 110 asking how much something costs, discussing the neighborhoods, prices, types of accommodations, etc.

VOCABULARIO

Pidiendo el precio...

¿Cuánto cuesta(n)...?   *How much does (do) . . . cost?*
¿Cuánto vale(n)...?   *How much is (are) . . . worth?*

Usando exclamaciones...

¡Qué barbaridad!   *How unusual! Wow! That's terrible!*
¡Qué bien!   *That's great!*
¡Qué desastre!   *That's a disaster!*
¡Qué horrible!   *That's horrible!*

¡Qué increíble!   *That's amazing!*
¡Qué lástima!   *That's a pity!*
¡Qué mal!   *That's really bad!*
¡Qué maravilla!   *That's marvelous!*

Extendiendo una conversación...

A ver... sí/no...   *Let's see . . . yes/no . . .*
Buena pregunta... no creo.   *That's a good question . . . I don't believe so.*
Bueno...   *Well, . . .*

Es que...   *It's that . . .*
Pues... no sé.   *Well . . . I don't know.*
Sí, pero...   *Yes, but . . .*

Números

cien, ciento   *100*
doscientos/doscientas   *200*
trescientos/trescientas   *300*
cuatrocientos/cuatrocientas   *400*
quinientos/quinientas   *500*
seiscientos/seiscientas   *600*

setecientos/setecientas   *700*
ochocientos/ochocientas   *800*
novecientos/novecientas   *900*
mil   *1,000*
un millón   *1,000,000*

Cuartos

balcón (m.)   *balcony*
cocina   *kitchen*
comedor (m.)   *dining room*
cuarto de baño   *bathroom*
desván (m.)   *attic*
dormitorio   *bedroom*
garaje (m.)   *garage*

lavadero   *laundry*
pasillo   *hallway*
patio   *patio*
ropero   *closet*
sala   *living room*
terraza   *terrace*
vestíbulo   *foyer, entry*

Muebles y aparatos

armario   *wardrobe*
bañera   *bathtub*
bidet (m.)   *bidet*
cama   *bed*
ducha   *shower*
estante (m.)   *shelves*
estufa   *stove*
fregadero   *kitchen sink*
inodoro   *toilet*
lámpara   *lamp*
lavabo   *wash basin*

lavadora   *washing machine*
lavaplatos (m.)   *dishwasher*
mesa   *table*
mesita   *end table*
mesita de noche   *nightstand*
refrigerador (m.)   *refrigerator*
silla   *chair*
sillón (m.)   *easy chair*
sofá (m.)   *sofa*
televisor (m.)   *TV set*
vitrina   *china cabinet*

Preposiciones de lugar

a lo largo de   *along*
al fondo de   *at the back of*
debajo de   *under*
encima de   *on top of*
frente a   *facing, across from*
junto a   *next to*
lejos de   *far from*

Expresiones relacionadas

alfombra   *carpet*
almohada   *pillow*
ambiente (m.)   *room (Arg.)*
ascensor (m.)   *elevator*
azulejos   *tiles*
cortinas   *curtains*
escalera   *stairway*
maceta   *flowerpot*
moqueta   *wall-to-wall carpet*
pared (f.)   *wall*
piscina   *swimming pool*
puerta   *door*
sobrecama   *bedspread*
tapete (m.)   *throw rug*
ventana   *window*

Colores

amarillo/amarilla   *yellow*
anaranjado/anaranjada   *orange*
azul claro/clara   *light blue*
azul oscuro/oscura   *dark blue*
blanco/blanca   *white*
marrón   *brown*
gris   *gray*
negro/negra   *black*
rojo/roja   *red*
rosado/rosada   *pink*
verde   *green*
violeta   *lavender*

Vivienda

apartamento   *apartment*
ático   *small attic apartment*
casa   *house*
chalet (m.)   *house, villa (frequently located in suburbs)*
condominio   *condominium*
estudio   *efficiency apartment*
mansión   *mansion*
piso   *flat, floor of a building*

Quehaceres domestícos

barrer el suelo   *sweep the floor*
colgar la ropa   *hang up the clothes*
cortar la hierba   *cut the grass*
hacer la cama   *make the bed*
lavar las ventanas   *wash the windows*
lavar los platos   *wash the dishes*
limpiar los roperos   *clean the closets*
pasar la aspiradora   *run the vacuum*
planchar la ropa   *iron the clothes*
poner la mesa   *set the table*
regar las plantas   *water the plants*
sacar la basura   *take out the trash*
sacudir los muebles   *dust the furniture*
secar los platos   *dry the dishes*

Artículos de la limpieza

aspiradora   *vacuum cleaner*
cubo   *bucket*
detergente (m.)   *detergent*
escoba   *broom*
esponja   *sponge*
fregasuelos (m.)   *mop*
lavavajilla (m.)   *dish detergent*
limpia cristales (m.)   *window cleaner*
limpiahogar (m.)   *all-purpose cleaner*
papel de cocina (m.)   *paper towels*
trapo   *dust cloth*

Expresiones con tener

tener calor (m.)   *to feel warm*
  celos   *to be jealous*
  cuidado   *to be careful*
  éxito   *to be successful*
  frío   *to feel cold*
  hambre (f.)   *to be hungry*
  ganas de + *infinitive*   *to feel like . . .*
  miedo   *to be afraid*
  prisa   *to be in a hurry*
  razón (f.)   *to be right*
  sed (f.)   *to be thirsty*
  sueño   *to be sleepy*
  suerte (f.)   *to be lucky*

Adjetivos demostrativos

Este/esta   *This*
Estos/estas   *These*
Ese/esa   *That*
Esos/esas   *Those*
Aquel/aquella   *That (over there)*
Aquellos/aquellas   *Those (over there)*

Pronombres demostrativos

éste/ésta   *this*
éstos/éstas   *these*
ése/ésa   *that*
ésos/ésas   *those*
aquél/aquélla   *that (over there)*
aquéllos/aquéllas   *those (over there)*

Acciones

ir   *to go*
tener que + *infinitive*   *to have to . . .*

CAPÍTULO 5

Preparaciones para las vacaciones

Propósitos

Escenario: Argentina

Primera etapa: Preparación
  Introducción: Unas vacaciones en Argentina
  ¡A escuchar!: *Unicenter Shopping*
  Comunicación: *Getting someone's attention, describing how clothing fits, and expressing satisfaction and dissatisfaction*
  Así es: Cómo regatear
  Expresiones: Vamos de compras

Segunda etapa: Funciones
  Primera función: *Selling, buying, and bargaining using stem-changing verbs*
  Segunda función: *Avoiding repetition using direct object pronouns*
  Tercera función: *Talking about yourself using reflexive pronouns*

Tercera etapa: Estrategias
  Comprensión auditiva: *Interpreting simultaneous messages*
  Lectura: *Using visual cues*
  Composición: *Combining sentences*
  Cultura popular: Los kioscos

Cuarta etapa: ¡Muestra lo que sabes!
  Autoprueba
  Fíjate en el vocabulario: *Writing original sentences*

Las Cataratas del Iguazú

PRIMERA ETAPA: Preparación

Introducción

Unas vacaciones en Argentina. Argentina, the eighth largest country in the world, has an area of nearly 1.1 million square miles and climates that range from tropical in the north to subantarctic in the south. Scan the following tourist information from the different geographical zones and write down two or three features of each location.

Buenos Aires y la Avenida de Mayo:
Desde el clásico estilo de la españolísima Avenida de Mayo, se puede pasar a los elegantes sectores de la Recoleta y el Barrio Norte, donde el estilo parisiense es el marco indicado para los más refinados restaurantes y las boutiques de la ciudad.

Bariloche:
En la provincia de Neuquén se eleva la ciudad más importante del sur de Argentina, Bariloche, el tradicional centro turístico de invierno en el país, donde el turista puede disfrutar de la práctica del esquí con visitas a los más impresionantes paisajes del sur de Argentina: lagos, montañas nevadas, cascadas y bosques. En definitiva, todo lo que ha convertido a Bariloche en una atracción internacional desde hace muchos años.

Mar del Plata:
Uno de los mayores atractivos turísticos de la provincia de Buenos Aires es su costa. Una extensísima franja de amplias playas de fina arena bañadas por un mar pleno de fauna y rodeada por encantadores bosques de pinos. En estas playas se levanta una cadena de balnearios aptos para todos los gustos. Pero sin lugar a dudas, Mar del Plata es la playa más importante de esta zona con una imponente ciudad a la que acuden anualmente más de tres millones de turistas, no sólo por sus playas, sino también por la variada vida nocturna que ofrecen sus casinos y clubes.

Cataratas del Iguazú:
Pero lo más imponente de este territorio lleno de atractivos son las mundialmente famosas Cataratas del Iguazú. Situadas en el norte de la región del río Iguazú, donde las aguas se abren en 275 cascadas. Un espectáculo único en el mundo. Este fenómeno natural se completa con una gran infraestructura turística de hoteles y hasta helicópteros para admirar las cataratas.

¡A ESCUCHAR! (STUDENT TAPE)

Antes de escuchar

Unicenter Shopping. Unicenter, the largest mall in Buenos Aires, houses more than 200 shops of different types. It is unique in size and architectural concept, and is comparable to the most elegant malls in Brazil, the United States, and Europe. The spacious halls with natural lighting and decorative detail make Unicenter a favorite place to shop. Because it is such a tourist attraction both for local and foreign visitors, the merchants provide free bus service with trilingual guides from the principal hotels in Buenos Aires.

Listen to the conversation on your student tape between Isabel and her mother, Violeta, to determine the following facts:

- the store in which the scene takes place,
- the gist of what they are discussing,
- the information requested by other shoppers.

Comprensión

Listen to the dialogue again and select the best response to complete the following sentences.

Answers: 1. d   2. b
3. a   4. b

1. All of the summer items at *Chocolate* are marked down
   a. 20%.   b. 30%.   c. 40%.   d. 50%.
2. Isabel is going to buy
   a. a beach hat.   b. a bathing suit.   c. a towel.   d. sandals.
3. She wears a size
   a. 30.   b. 32.   c. 34.   d. 36.
4. Violeta does not like the black bathing suit because of
   a. the price.   b. the color.   c. the style.   d. the way it fits.

COMUNICACIÓN (STUDENT TAPE)

These dialogues contain some of the expressions you heard on Isabel and Violeta's shopping trip. The phrases will help you to interrupt or get the attention of someone, describe how something fits, and express satisfaction and dissatisfaction. Listen to your student tape, then practice with a partner.

Remind students that *quedar* works like *gustar*. See *Capítulo 2* or *Guía gramatical* for review.

Llamando la atención... *Getting someone's attention*

Describiendo cómo queda la ropa... *Describing how clothing fits*

Expresando satisfacción y desagrado... *Expressing satisfaction and dissatisfaction*

Prácticas

<table>
<tr><td colspan="2">Llamando la atención...   Getting someone's attention</td></tr>
<tr><td>con permiso</td><td>excuse me</td></tr>
<tr><td>discúlpeme</td><td>excuse me</td></tr>
<tr><td>oiga</td><td>listen</td></tr>
<tr><td>perdone</td><td>pardon</td></tr>
<tr><td>perdóneme</td><td>pardon me</td></tr>
</table>

A. Un estudiante nuevo. Using the attention-getting phrases above, ask other members of the class for the location of different buildings on your campus or in your city.

■ **Ejemplo:**
Estudiante 1: *Perdone. ¿Dónde está la biblioteca?*
Estudiante 2: *Está detrás del estadio.*

B. De compras. Using the size conversion chart below, write a list of four different articles of clothing and the sizes for five different family members and friends.

Tallas para damas

Vestidos, Trajes y Abrigos

EEUU	8	10	12	14	16	18
Métrico	36	38	40	42	44	46

Blusas y Suéteres

EEUU	32	34	36	38	40	42	44
Métrico	40	42	44	46	48	50	52

Zapatos

EEUU	5	5½	6	6½	7	7½	8	8½	9	9½
Métrico	35	35	36	37	38	38	39	39	40	41

Tallas para caballeros

Suéteres, Trajes y Abrigos

34	36	38	40	42	44	46
44	46	48	50	52	54	56

Camisas

14	14½	15	15½	16	16½	17
36	37	38	39	40	41	42

Zapatos

7	7½	8	8½	9	9½	10	10½	11
39	40	41	42	43	43	44	44	45

<table>
<tr><td colspan="2">Describiendo como queda la ropa...
Describing how clothing fits</td></tr>
<tr><td>apretado/apretada, justo/justa</td><td>tight</td></tr>
<tr><td>bien</td><td>fine</td></tr>
<tr><td>corto/corta</td><td>short</td></tr>
<tr><td>flojo/floja</td><td>loose</td></tr>
<tr><td>grande, ancho/ancha</td><td>large</td></tr>
<tr><td>largo/larga</td><td>long</td></tr>
<tr><td>mal</td><td>bad</td></tr>
<tr><td>pequeño/pequeña, estrecho/estrecha</td><td>small, tight</td></tr>
</table>

These *Prácticas* are paired communication practice and should be done in class.

Remind students to review buildings and locations in *Cápítulo 2* before beginning this activity.

Have students identify the clothing items in each size chart.

Tell students that words used to describe size vary from country to country: *chico/chica* small (Arg. & Mex.); *huango/huanga* baggy (Mex.).

C. ¿Qué talla usas? Using the metric system, try to guess the sizes of three items of your partner's clothing. Your partner should respond by telling you how that size fits.

■ **Ejemplo:**

Estudiante 1: *¿En zapatos usas el 38?*
Estudiante 2: *No, los zapatos 38 me quedan grandes.*

Expresando satisfacción y desagrado...
Expressing satisfaction and dissatisfaction

El modelo es aceptable.	*The style is acceptable.*
El color es horrible.	*The color is horrible.*
Es demasiado grande.	*It's too big.*
Es muy caro/cara.	*It's very expensive.*
Es muy barato/barata.	*It's very inexpensive.*

CH. La última moda. With your partner, discuss the attire of these individuals using phrases of satisfaction or dissatisfaction.

a.   b.   c.   d.

D. Síntesis. Using the size chart on page 145, describe your partner's clothing. Mention the size, color, and fit of each item.

DEFINE TU ESTILO

Así es

Cómo regatear

In Argentina all retail stores and shops have fixed prices. The Plaza Dorrego in the San Telmo district in Buenos Aires, however, is an ideal place on Sunday to bargain for antiques, silver jewelry, records, ceramic and leather articles, and works of art from all over the world.

Frases para regatear	*Phrases used in bargaining*
¿Cuánto cuesta(n)?	*How much does it (do they) cost?*
¿Cuánto vale(n)?	*How much is it (are they) worth?*
De acuerdo.	*Agreed.*
Es demasiado.	*It's too much.*
Es mi última oferta.	*It's my final offer.*
Es una ganga.	*It's a bargain.*
No más.	*No more.*
No pago más de...	*I won't pay more than . . .*
Sólo... australes.	*Only . . . australes.*

Prácticas

A. Es demasiado. Working with a partner, take turns practicing the following phrases frequently used when bargaining. Use the dialogue below as a guide.

Cliente:	¿Me puede mostrar el poncho, por favor?
Vendedora:	Es una ganga.
Cliente:	¿Cuánto vale?
Vendedora:	Sólo 22.000 australes.
Cliente:	¿22.000 australes? Demasiado.
Vendedora:	Es de muy buena calidad.
Cliente:	No, no le pago más de 18.000.
Vendedora:	¿18.000?—no, no es suficiente.
Cliente:	Bueno, 18.500 es mi última oferta.
Vendedora:	19.000. No va a encontrar otro más barato en toda la ciudad.
Cliente:	18.800, no más.
Vendedora:	De acuerdo.

Remind students that the phrase, *otro más barato,* must agree in number and gender with the article they are planning to purchase.

Before beginning this activity, check the foreign exchange rate for the *austral* and write the equivalent on the board. Then have students convert the *australes* to dollars in order to determine how much they would offer for each item.

B. Un mercado al aire libre. Practice bargaining with your partner for the following articles typically found in San Telmo. Use the conversation in *Práctica A* as a model.

1. alfombra de cuero

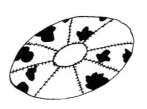

2. poncho

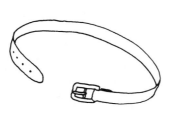

3. cinturón (m.)

4. bolsa de cuero

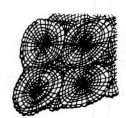

5. mantilla

6. anillo de plata

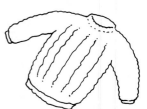

7. botas

8. suéter (m.) de lana

9. sombrero

10. discos

C. Una cocina nueva. Look at the ad below. With your partner write a list of questions you should ask the contractor before remodeling your kitchen. Mention the material, total price, payment plan, etc.

Comprehension questions for realia:
1. ¿Es de plástico o de madera el amoblamiento?
2. ¿Es fácil o difícil de limpiar?
3. ¿Cuál es el número de teléfono?
4. ¿Cuántas tiendas hay en Buenos Aires?
5. ¿A qué hora se abre y se cierra la tienda?

Los únicos totalmente en madera maciza. Fáciles de limpiar, tratados con nueve capas de poliuretano.

Solicite técnico sin cargo 393-2885

Domingos y feriados de 10 a 20 hs. Lunes a sábados de 9 a 20 hs.

otorgamos concesiones a comercios de materiales para la construcción y afines en todo el país

Este amoblamiento de 2,10 m x 3,30 m lo paga así: La 1ª cuota ₳ 427.000 Las demás decrecientes

Amoblamiento 2000 CATAMARCA S.A.

En Capital: CERRITO 1010 • Ciudadela: Av. RIVADAVIA 12026 • Prov. de Buenos Aires: La Plata: Calle 13 Nº 316 • **Baradero:** Sáenz 939 • **San Pedro:** Mitre 2606 • **San Nicolás:** Garibaldi 501 • Av. Gral. Savio 1202 • **Santa Fe: Rosario:** Bv. Rondeau 2581, Ovidio Lagos 3257, Av. Córdoba 6277 y 6899 • **Villa Constitución:** Juan D. Perón 802 • **Casilda:** España 1964.

CH. Vendo urgente por viaje. Read the following ad for a two-family sale. Then, role play an interested buyer/seller with your partner, bargaining over the listed items.

VENDO URGENTE POR VIAJE

Suntuoso mobiliario de 2 familias líquido: Comedor p/12, U$S 1000; comedor 8 pers, U$S 800; 2 alfombras persas var/medidas, U$S 600; lámparas, cuadros, de U$S 20 a 300; Auto Renault aut/89, U$S 21.500; Honda Accord pat 82 4 pts, aire, 43.000 km. Increíble estado U$S 8.100. Muy buenos. Av. F. Lacroze y Villanueva 1177, Cap. hoy y mañana de 10–20 hs.

EXPRESIONES (INSTRUCTOR TAPE)

Vamos de compras. The Gil family—Violeta, Oscar, Enrique, and Isabel—need to buy some new clothes for their summer vacation in Mar del Plata. They decide to go shopping in Unicenter because it offers the greatest selection. Listen carefully as your instructor describes their shopping trip. Look at the drawing and then complete the *Comprensión* activity that follows.

Comprensión

¿Sí o no? Did you understand the main ideas in the *Expresiones?* Read the following statements about the scene just described. If the statement is true, answer *sí.* If it is false, answer *no.*

1. La tienda Chocolate está en la tercera planta.
2. Oscar Gil lleva corbata en la playa.
3. Violeta Gil compra un conjunto completo.
4. Isabel tiene una colección de zapatillas.
5. Enrique es jugador de fútbol.
6. Hay una gran liquidación en Unicenter.

Prendas para damas y caballeros *Clothing for ladies and gentlemen*

abrigo	*coat*	falda	*skirt*
jeans (m.)	*jeans*	impermeable (m.)	*raincoat*
blusa	*blouse*	pantalones (m.)	*trousers*
calcetines (m.)	*socks*	pantalones cortos	*shorts*
camisa	*shirt*	pijama (m.pl.)	*pajamas*
camiseta	*T-shirt*	saco	*suit coat, sport coat*
cinturón (m.)	*belt*	suéter (m.)	*sweater*
chaleco	*vest*	traje (m.)	*suit*
chaqueta	*jacket*	vestido	*dress*

Complementos *Accessories*

anillo	*ring*	guantes (m.)	*gloves*
aretes (m.)	*earrings*	paraguas (m.)	*umbrella*
bolsa	*purse*	pulsera	*bracelet*
botas	*boots*	reloj (m.)	*watch*
broche (m.)	*brooch*	sombrero	*hat*
bufanda	*scarf*	zapatillas	*flip-flops*
cartera	*billfold*	zapatos	*shoes*
collar (m.)	*necklace*	de oro	*(of) gold*
corbata	*tie*	de plata	*(of) silver*
gorra	*cap*	de diamantes	*(of) diamonds*

Broches y aretes muy a la moda, de James Arpad

Have students practice vocabulary by describing their own or classmates' clothing.

Los guantes de La Crasia

Telas *Fabrics*

algodón (m.)	*cotton*
cuero	*leather*
lana	*wool*
lino	*linen*
nilón (m.)	*nylon*
poliéster (m.)	*polyester*
rayón (m.)	*rayon*
seda	*silk*

Expresiones relacionadas *Related expressions*

conjunto	*outfit*
de cuadros	*plaid, checked*
de flores	*floral, flowered*
de lunares	*polka dotted*
de rayas	*striped*
hacer juego	*to go with*
liquidación	*sale*
moda	*fashion, style*
modista	*dressmaker*
prenda	*garment, clothing*
rebajado/rebajada	*reduced*
sastre (m.)	*tailor*

Estaciones *Seasons*

invierno	*winter*
otoño	*autumn*
primavera	*spring*
verano	*summer*

Como una tentación otoñal...

Números ordinales *Ordinal numbers*

primero/primera	*first*
segundo/segunda	*second*
tercero/tercera	*third*
cuarto/cuarta	*fourth*
quinto/quinta	*fifth*
sexto/sexta	*sixth*
séptimo/séptima	*seventh*
octavo/octava	*eighth*
noveno/novena	*ninth*
décimo/décima	*tenth*

Prácticas

A. Cuatro estaciones. On a separate sheet of paper, make four separate lists of the clothing you like to wear in each season of the year. Be as descriptive as possible. Include the colors, patterns, and fabrics of your favorite seasonal wardrobe items.

B. ¿Qué llevas? What would you wear to each of the following places or events? Working with a partner, compare your chosen wardrobes.

1. la clase de español
2. un partido de baloncesto
3. el cine
4. un baile formal
5. la piscina
6. el museo
7. una fiesta informal
8. un centro comercial°
9. una excursión al campo
10. las canchas de tenis

C. Compañeros de clase. Working in a small group, take turns describing each other's attire. Be sure to mention colors and accessories, as well as the major articles of clothing.

CH. ¿De qué es? Describe the fabric in each article of clothing you are wearing today.

Prácticas that indicate pair or large group work are to be used in class. *Prácticas* involving individual written work may be assigned as homework. You may wish to review the colors at this point. Use tear sheets from fashion magazines as additional description and guessing activities.

To expand this activity, have students make a list of clothing they would take if they were traveling to Buenos Aires next week. Remind them that summer in the southern hemisphere is from December to March, and that winter is from June to August.

Most articles of clothing and bolts of fabric have a tag explaining the fiber content. Have students make up "tags" for their clothing, such as: *50% algodón/50% poliéster.*

Moda *Fashion*

elegante	*elegant*
encantador/encantadora	*enchanting*
exquisito/exquisita	*exquisite*
clásico/clásica	*classic*
femenino/femenina	*feminine*
impresionante	*impressive*
masculino/masculina	*masculine*
precioso/preciosa	*precious*
sensacional	*sensational*
super- (*as prefix*)	*super* (superelegante, *etc.*)

centro commercial *shopping center*

D. Desfile de moda. Write "high-fashion" descriptions of three of your classmates' outfits. You may wish to include some of the expressions on pages 151–153 in your description.

ES MODERNA, TIENE CONFIANZA EN SÍ MISMA. AMA SU PROFESIÓN, ES AMBICIOSA. REPRESENTA A LA MUJER JOVEN, MODERNA QUE SABE TOMAR DECISIONES. SU FORMA DE VESTIR NO ES COMPLICADA, PERO SÍ MEDITADA EN CUANTO A LA LÍNEA, EL CORTE, LA CALIDAD, Y EL ACABADO. LE GUSTA QUE LA MODA SEA ÁGIL Y CAMBIANTE, QUE PERMITA MIL COMBINACIONES DIFERENTES. UNA MODA, QUE TODOS LOS DÍAS Y EN TODAS LAS OCASIONES SEA SU COMPAÑERA IDEAL.

Pure new wool

E. Un viaje. What articles of clothing would you need for a trip to the following places?

1. Bariloche
2. Mar del Plata
3. Cataratas del Iguazú
4. Patagonia
5. Buenos Aires

PRIMERA FUNCIÓN:
Selling, buying, and bargaining using stem-changing verbs

▲ In *Capítulos 2* and *3* you studied regular *-ar*, *-er*, and *-ir* verbs. Now we are going to look at three different groups of verbs that are called stem-changing verbs because they require some internal spelling changes. In verbs like *pensar*, *perder*, and *preferir*, when the vowel *e* in the stem is stressed, it changes to *ie*. In a bilingual dictionary these verbs are frequently written with the stem change indicated in parentheses like this:

> pensar (ie)   *to think, intend*
> perder (ie)   *to lose*
> preferir (ie)   *to prefer*

However, it is important to recognize these verbs without using a dictionary, since the infinitive alone gives you no clue that the verb is stem-changing. Also notice that the *nosotros* and *vosotros* forms do not have spelling changes.

> ### Verbos que cambian en la raíz: e→ie
> #### *Present indicative of* e→ie *stem-changing verbs*
>
> **Pensar**   **Perder**   **Preferir**
>
> pienso   pensamos   pierdo   perdemos   prefiero   preferimos
> piensas pensáis   pierdes perdéis   prefieres preferís
> piensa   piensan   pierde   pierden   prefiere   prefieren

Here are some of the frequently used *e → ie* stem-changing verbs.

> ### Verbos con cambios en la raíz   *Some stem-changing verbs*
>
> **-ar verbs**   **-er verbs**
>
> cerrar   *to close*   entender   *to understand*
> comenzar   *to begin*   perder   *to lose*
> desplegar   *to unfold*   querer   *to want, wish, love*
> empezar   *to begin*
> encerrar   *to lock up*   **-ir verbs**
> pensar   *to think, intend*
> plegar   *to fold*   mentir   *to lie*
> recomendar   *to recommend*   preferir   *to prefer*
>   sugerir   *to suggest*

For additional practice on stem-changing verbs, see the *Guía gramatical.*

Before beginning the stem-changing verbs, review *tener* and *tener* idioms in *Capítulo 4.*

Point out to students that although stems change, endings are the same as regular verbs.

Use the following warm-up questions to introduce this section:
1. ¿Dónde piensas trabajar en el futuro?
2. ¿Qué carrera piensas seguir?
3. ¿Dónde quieres vivir?
4. ¿Quién miente frecuentemente?
5. ¿Prefieres trabajar en una ciudad grande o en un pueblo?
6. ¿Qué cosas pierdes frecuentemente?
7. ¿Dónde prefieres tomar las vacaciones?

Prácticas

A. El próximo año. Read the following ads for the *liquidaciones* in two stores in Buenos Aires. Working with a partner, discuss the things you want to buy and why.

■ **Ejemplo:**

   Quiero comprar una bolsa para mi hermana. Sólo cuesta 50.000 australes.

OFERTA
DE LA SEMANA

Moños de seda lisos y estampados (₳ 78.000), corbatas italianas, de seda, búlgaras, rayadas y en tonos pastel (₳ 130.000), camisas de batista lisas y rayadas (₳ 250.000), camisas de tela importada (₳ 320.000), de voile suizo, rayadas (₳ 390.000). La Mezzanine. Libertad 1360.

La línea B – D con todas sus opciones: hebilla con tela o gamuza (₳ 65.000); chica de acrílico (₳ 35.000); moñitos de tela (₳ 20.000); vincha (₳ 55.000); bolso para cosméticos (₳ 60.000); pantuflas (₳ 140.000) en Rafael, Cerrito 352.

LIQUIDACIONES

Para hombres: slips de algodón (₳ 55.000), medias stretch con cuchilla para días (₳ 60.000), cepillo para ropa (₳ 55.000), pañuelo para bolsillo (₳ 55.000), cinturón de cuero trenzado (₳ 95.000), tiradores (₳ 95.000), gemelos con logo (₳ 4.000 c/u), caja de jabones (₳ 27.000), traba para corbata (₳ 20.000), llaveros (₳ 45.000), colonia Agua Verde (₳ 60.000). Todo en Giesso, Santa Fe 1557.

LIQUIDACIONES

● Playa: salvavidas importados (₳ 99.000); antiparras para nadar (₳ 35.000); bolsas para llevar al picnic (₳ 50.000). En Lima 7.

● Telas: lino de 1 metro de ancho (₳ 89.000); polidón de 1,50 (₳ 39.000); poplin a lunares (₳ 29.000); gabardina de 1,50 (₳ 79.000); raso muchos colores (₳ 39.900). En Textil Bale, Lima 50.

● Chicos: mochila portabebé (₳ 69.900); babero (₳ 39.000). En Lima 130.

B. Las preferencias. Working in pairs, take turns asking each other the following questions about clothing preferences. Then using the responses as a guide, write a brief paragraph about your partner's preferences.

1. ¿Qué color de ropa prefieres?
2. ¿Qué tipo de ropa prefieres llevar los fines de semana? ¿a clase?
3. ¿Te gusta llevar ropa de última moda? ¿Por qué?
4. ¿En qué tienda prefieres comprar ropa?
5. ¿Prefieres comprar ropa cara o ropa barata?
6. Cuando la moda cambia, ¿piensas comprar ropa nueva?
7. ¿Cuándo piensas ir de compras? ¿Qué vas a comprar?

C. ¿Qué recomiendas? Working with a partner, use the following categories and take turns telling each other what to visit in Buenos Aires and why.

■ **Ejemplo:**
Recomiendo el Teatro Colón porque es el teatro más grande del mundo.

Monumentos
Casa Rosada: oficina del presidente
Palacio del Congreso: centro de la legislatura
Cementerio Recoleta: tumba de Carlos Gardel

Calles
Avenida de Mayo: estilo español clásico
Avenida 9 de Julio: más ancha del mundo
Avenida Santa Fe: centro de moda

Actividades
reductos tangueros: oír y bailar el tango
Teatro Colón: más grande del mundo

▲ Now that you are familiar with the concept of stem-changing verbs, let's examine another group that changes the stressed vowel **o** to **ue**. As you study the chart below, you can see that the verb endings are regular and that the *nosotros* and *vosotros* forms do not change their spelling.

Bring in photographs of these places and have students expand upon their descriptions.

As an expansion of this activity, have students plan a short two-day excursion to these places and write their packing list. They can then compare their lists with their partner and the rest of the class.

Use the following questions as a whole class activity:
1. ¿Cuántas horas duermes de noche?
2. ¿Cuándo almuerzas?
3. ¿Dónde y con quién almuerzas normalmente?
4. ¿A qué hora vuelves a tu casa o residencia por la noche?
5. ¿Siempre devuelves los libros a la biblioteca?
6. ¿Devuelves muchos regalos de Navidad?
7. ¿Pruebas mucha comida exótica?
8. ¿A qué deportes juegas?
9. ¿Te gusta envolver los regalos?

Verbos que cambian en la raíz: o → ue
Present indicative of o → ue stem-changing verbs

Encontrar		Poder		Dormir	
enc**ue**ntro	encontramos	p**ue**do	podemos	d**ue**rmo	dormimos
enc**ue**ntras	encontráis	p**ue**des	podéis	d**ue**rmes	dormís
enc**ue**ntra	enc**ue**ntran	p**ue**de	p**ue**den	d**ue**rme	d**ue**rmen

A few more commonly used *o → ue* stem-changing verbs are listed below.

Verbos con cambios en la raíz
Some stem-changing verbs

-ar verbs

almorzar	to eat lunch
aprobar	to approve
contar	to count
costar	to cost
encontrar	to find
jugar	to play (a sport)
mostrar	to show
probar	to try, test
recordar	to remember

-er verbs

devolver	to return (something)
envolver	to wrap
poder	to be able
volver	to return

-ir verbs

| dormir | to sleep |
| morir | to die |

Una cosita más: Costar is generally used in 3rd person singular and plural only. *Jugar* is the only verb in this group that changes its stem from **u** to **ue**: *juego, juegas, juega, jugamos, jugáis, juegan.* Notice that before the name of a sport or a game, *jugar* is usually followed by the preposition *a: Juego al voleibol.*

Prácticas

CH. El Mercado Nacional de Artesanías. In the National Handicraft Market in Buenos Aires you can purchase traditional handicrafts for sale from all of Argentina's 22 provinces. Most tourists who visit the market buy several articles that are traditionally used by the *gauchos,* the Argentine cowboys who work on the large cattle ranches or *estancias.* Working with a partner, ask him/her how much each of the following items costs.

Gauchos argentinos

■ **Ejemplo:**
chambergo *gaucho-style hat*
Estudiante 1: *¿Cuánto cuesta el chambergo?*
Estudiante 2: *¿El chambergo? Cuesta 50.000 australes.*

1. rastra *leather belt*
2. rebenque (m.) *riding crop*
3. pañuelo *kerchief, bandana*
4. bombachas *baggy trousers*
5. botas *boots*
6. faja *woolen sash*
7. facón (m.) *knife*
8. poncho *cape*

D. Una mala memoria. With your partner, mention five or six things you or your friends never remember. Refer to the list on the next page.

■ **Ejemplo:**
Yo nunca recuerdo el cumpleaños de mi hermana.

la fecha
cuando hay que ir al dentista
el cumpleaños de...
el aniversario de...
los números de teléfono

llevar mi libro a clase
llamar a mi madre o padre
el vocabulario
mis sueños
contestar las cartas

E. ¿Cuántas cosas puedes hacer? Working in groups of three, take turns telling each other which of the following things you and your friends can do well.

Expand this exercise to include the things students cannot do well.

1. tocar un instrumento musical
2. hablar otro idioma
3. programar computadoras
4. cocinar
5. pintar cuadros
6. esquiar
7. cantar
8. bailar
9. escribir poesía
10. jugar a las cartas
11. preparar una cena elegante
12. contar chistes°
13. andar en bicicleta
14. reparar un coche
15. nadar
16. practicar karate
17. limpiar la casa
18. dibujar
19. hablar en público
20. sacar fotos

F. Los deportes populares. While soccer is the most important sport in Argentina, sports complexes offer many other types of competitive games. Interview eight other members of the class about their participation in the following sports that are also popular among Argentines.

Have students report back to the class with a summary of their findings.

■ **Ejemplo:**
Estudiante 1: *¿Juegas al tenis?*
Estudiante 2: *No, no juego al tenis.*

1. polo
2. fútbol
3. boliche°
4. golf
5. baloncesto
6. voleibol
7. tenis
8. fútbol americano
9. béisbol
10. rugby
11. criquet (m.)
12. tenis de mesa

chistes *jokes*
boliche *bowling*

El fútbol, deporte nacional

▲ The last group of verbs have a stem vowel change from *e* to *i*. As you look at the list below, you will also notice that they are all *-ir* verbs. Verbs like *elegir*, *(con)seguir* and *decir*, however, have irregular first person singular forms and *reír* has an accent on the *i* in every form of the present tense.

<table>
<tr><td colspan="8" align="center">Presente de indicativo de los verbos que cambian en la raíz: e→i
Present indicative of e → i stem-changing verbs</td></tr>
<tr><td colspan="2">Pedir</td><td colspan="2">Decir</td><td colspan="2">Seguir</td><td colspan="2">Reír</td></tr>
<tr><td>pido</td><td>pedimos</td><td>digo</td><td>decimos</td><td>sigo</td><td>seguimos</td><td>río</td><td>reímos</td></tr>
<tr><td>pides</td><td>pedís</td><td>dices</td><td>decís</td><td>sigues</td><td>seguís</td><td>ríes</td><td>reís</td></tr>
<tr><td>pide</td><td>piden</td><td>dice</td><td>dicen</td><td>sigue</td><td>siguen</td><td>ríe</td><td>ríen</td></tr>
</table>

The following are some common *e → i* stem-changing verbs.

Una cosita más: In verbs that end in **-ger** or **-gir** (*elegir*), the **g** changes to **j** before **o** and **a.** Verbs that end in **-guir** (*seguir*), drop the **u** before **o** and **a.**

<table>
<tr><td colspan="4" align="center">Verbos con cambios en la raíz
Some stem-changing verbs</td></tr>
<tr><td>conseguir</td><td>to get, obtain</td><td>reír</td><td>to laugh</td></tr>
<tr><td>decir</td><td>to say, tell</td><td>repetir</td><td>to repeat</td></tr>
<tr><td>elegir</td><td>to elect, choose</td><td>seguir</td><td>to follow</td></tr>
<tr><td>pedir</td><td>to ask (for), request</td><td>servir</td><td>to serve</td></tr>
</table>

Prácticas

Un estudiante argentino con termo y bombilla

G. ¿Qué hay para tomar? In Argentina, the national drink is *mate,* a strong herbal tea, served in a hollow gourd, and sipped through a communal silver straw. This Argentine version of a tea ceremony has a magical way of increasing a feeling of comraderie in a small group. Other nationalities also have their typical beverages. Look at the list below and match the country with the drink that is most commonly associated with it.

■ **Ejemplo:**
Los argentinos sirven mate.

Nacionalidades	Bebidas
españoles	vodka
japoneses	cerveza
alemanes	vino
franceses	café
brazileños	sake
ingleses	champán
suizos	tequila
mexicanos	chocolate
americanos	té
rusos	Coca-Cola

H. Preguntas personales. Working with a partner, take turns asking each other the following questions.

1. ¿Qué número° pides cuando compras zapatos?
2. ¿Qué color eliges en pantalones?
3. ¿Siempre dices tu talla verdadera?
4. ¿Para qué sirve un poncho?
5. En general, ¿sigues la moda?
6. ¿Es fácil o difícil conseguir ropa elegante en tu ciudad?

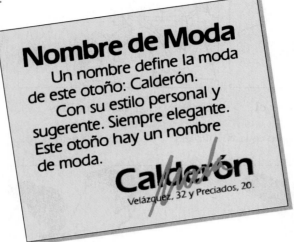

Nombre de Moda

Un nombre define la moda de este otoño: Calderón. Con su estilo personal y sugerente. Siempre elegante. Este otoño hay un nombre de moda.

Calderón

Velázquez, 32 y Preciados, 20.

SEGUNDA FUNCIÓN:
Avoiding repetition using direct object pronouns

▲ In English and in Spanish direct object pronouns receive the action of the verb and answer the question *what?* or *whom?* To avoid repetition of nouns or noun phrases you may use the corresponding direct object pronouns. Study the following examples:

Who is going to call **the travel agent?**	Violeta is going to call **him.**
Are **the suitcases** packed?	Yes, Oscar is packing **them.**
Don't forget to take **the beach umbrella.**	Enrique put **it** in the car.

Refer to the chart below as you read the conversation on page 162. Identify the **direct objects** and the **direct object pronouns** in each sentence. Notice that when the pronouns replace the nouns, they must agree in number and gender and they must precede the verb.

Before introducing this *Función*, review the use of direct objects and the use of the personal *a* in *Capítulos 2* and *3*. For additional practice on direct object pronouns, see the *Guía gramatical*.

Pronombres usados como complemento directo *Direct object pronouns*			
Singular		**Plural**	
me	*me*	nos	*us*
te	*you*	os	*you*
lo	*you, him, it*	los	*you (all), them*
la	*you, her, it*	las	*you (all), them*

Point out to students that for clarity or politeness they should use *lo* or *la* with the phrase *a usted*. Write the following example on the board: ¿Puedo ayudarla a usted?

número *(shoe) size*

Oscar: ¿Quieres comprar **el sombrero**?

Violeta: Sí. Es perfecto. **Lo** quiero.

Oscar: ...¿Y **las zapatillas** también?

Violeta: Sí, mi amor. **Las** quiero.

Oscar: ...¿También necesitas **un vestido**?

Violeta: Sí, **lo** necesito.

Violeta: ¿Tienes **tu tarjeta de crédito**?

Oscar: Sí, mi vida, **la** tengo aquí.

Violeta: ¿Dónde está **la dependiente**?

Oscar: Allí **la** veo, detrás del mostrador.

▲ When you use double verb constructions or *ir* + *a* + infinitive, the direct object pronoun may precede the conjugated verb or may be attached to the infinitive. Look at the conversation that follows.

Violeta: ¿Vas a comprar **un abrigo nuevo**?

Oscar: Voy a comprar**lo.**

Violeta: ¿Quieres comprar **unos zapatos** también?

Oscar: No, no **los** quiero comprar.

Prácticas

Tell students to review the vocabulary in *Capítulo 4* before beginning this activity.

Tell students to review the frequency phrases in *Práctica CH* in *Capítulo 2,* page 59, before beginning this activity.

A. Los quehaceres. Working with a partner, take turns asking each other when or how many times you do the following household chores. Use the appropriate direct object pronoun in your response.

■ **Ejemplo:**
  Estudiante 1: *¿Cuándo barres el suelo?*
  Estudiante 2: *Lo barro todos los días.*

1. barrer el suelo
2. limpiar el ático
3. lavar las ventanas
4. limpiar los roperos
5. cortar la hierba
6. regar las plantas
7. sacudir los muebles
8. guardar los platos
9. sacar la basura
10. lavar los platos

B. ¿Llevas la ropa apropiada? With your partner, discuss when or where the following items should be worn.

■ **Ejemplo:**
  ¿Los jeans? Los llevo solamente a clase.

1. jeans
2. camisa rota°
3. pijamas
4. botas
5. sandalias
6. camiseta
7. pantalones cortos
8. sombrero
9. traje
10. zapatillas

C. Personas especiales. Answer the following questions and then write a brief paragraph using your responses about the special people in your life as a guide.

These questions may also be used for pair work.

1. ¿Quién te ayuda con los problemas?
2. ¿Quién te cree siempre?
3. ¿Quién te llama por teléfono con frecuencia?
4. ¿Quién te admira?
5. ¿Quién te saluda todos los días?
6. ¿Quién te invita a fiestas?
7. ¿Quién te quiere mucho?
8. ¿Quién dice siempre la verdad?
9. ¿Quién te comprende siempre?
10. ¿Quién te ayuda con la tarea?

rota *torn*

CH. Adivinanza. Using the activities listed below, you and your partner should independently select five different activities that you have recently completed and write them on a slip of paper. You must then each try to guess what the other has written.

■ **Ejemplo:**
Estudiante 1: *¿Acabas de estudiar el vocabulario?*
Estudiante 2: *Sí, lo acabo de estudiar.*
Sí, acabo de estudiarlo.

1. estudiar el vocabulario
2. tomar un café
3. leer el periódico
4. escribir una carta
5. comer un sándwich
6. recibir una carta
7. hablar con unos amigos
8. llamar a alguien por teléfono
9. estudiar en la biblioteca
10. tomar un refresco
11. hacer la tarea
12. estudiar el vocabulario
13. lavar los platos
14. aparcar el coche
15. practicar un deporte
16. saludar a un amigo/una amiga
17. comprar algo en la librería
18. limpiar la habitación
19. jugar a las cartas
20. sacudir los muebles

D. Esta noche. Working with a partner, take turns asking about the activities each is thinking about and when. Remember to use the appropriate direct object pronoun in the response.

■ **Ejemplo:**
Estudiante 1: *¿Cuándo piensas mirar la tele?*
Estudiante 2: *Pienso mirarla esta noche.*
OR   *No pienso mirarla.*

1. visitar a amigos
2. escuchar la radio
3. tocar un instrumento musical
4. escribir unas cartas
5. llamar a un pariente
6. estudiar este capítulo
7. comprar ropa
8. jugar al tenis
9. limpiar tu habitación
10. hacer la tarea

E. ¿Qué necesitas llevar? Working with a partner, select one of the destinations from the ad and take turns asking each other what types of things you need to take or buy for the trip. Then write a list of 15 items that you think are the most important.

■ **Ejemplo:**

Estudiante 1: *¿Necesitamos llevar unas chaquetas a Bariloche?*
Estudiante 2: *Sí, las necesitamos llevar.*

F. Algunas preguntas. Write down five different questions to ask your professor about class activities and plans.

You may collect the questions and answer them in class the next day or allow each pair to ask one or two of their questions as a whole-class activity.

■ **Ejemplo:**

¿Cuándo nos va a hablar de sus viajes a otros países?

1. invitar a una fiesta en su casa
2. ayudar con la tarea
3. hablar de sus amigos hispanoamericanos
4. llamar por teléfono
5. visitar durante las vacaciones
6. invitar a almorzar
7. permitir hablar inglés en la clase
8. devolver los exámenes
9. permitir salir pronto de la clase
10. hablar del examen final

For additional practice on direct object pronouns, see the *Guía gramatical.*

For additional practice on reflexive pronouns, see the *Guía gramatical*.

TERCERA FUNCIÓN:
Talking about yourself using reflexive pronouns

In Spanish when the subject of the sentence both performs and receives the action you must use reflexive pronouns. In the following sentences, which construction is reflexive?

Rogelio lava el perro el sábado.

Después Rogelio se lava.

Violeta va a lavar el coche el domingo.

Después Violeta va a lavarse.

Correct! The first sentences are not reflexive because Rogelio is washing his dog and Violeta is going to wash her car. The second sentences are reflexive because both Rogelio and Violeta are washing themselves. Notice that the reflexive pronoun may be placed in front of the conjugated verb or attached to the infinitive. As you look at the chart of pronouns below, observe that the verb's infinitive is written with a *se* on the end. This indicates that the verb is reflexive. The same format is used in all Spanish/English dictionaries. Notice that some of these verbs are irregular and stem-changing as well as reflexive.

Verbos reflexivos		*Reflexive verbs*	
Lavarse		**Ponerse**	
me lavo	**nos** lavamos	**me** pongo	**nos** ponemos
te lavas	**os** laváis	**te** pones	**os** ponéis
se lava	**se** lavan	**se** pone	**se** ponen
		Dormirse	
		me duermo	**nos** dormimos
		te duermes	**os** dormís
		se duerme	**se** duermen

Use sentences like *Me miro en el espejo* vs. *Te miro en el espejo* or *Me compro el libro* vs. *Te compro el libro* to illustrate the differences between reflexive and non-reflexive verbs.

The list below contains some common reflexive verbs.

Rutina diaria	Daily routine
acostarse (ue)	to go to bed
afeitarse	to shave
arreglarse	to get dressed up
bañarse	to bathe
despertarse (ie)	to wake up
divertirse (ie)	to have a good time
dormirse (ue)	to fall asleep
enfadarse, enojarse	to get angry
lavarse	to wash
levantarse	to get up
llamarse	to be named
marcharse, irse	to leave, go away
ponerse	to put on
preocuparse	to worry
probarse (ue)	to try on
quedarse	to remain, stay
quitarse	to take off
sentarse (ie)	to sit down
sentirse (ie)	to feel
vestirse (i)	to get dressed

Prácticas

A. Comparaciones. Compare and contrast the time you normally do things and when you do the same things during your vacation.

■ **Ejemplo:**
Normalmente me levanto a las seis, pero durante las vacaciones me levanto a las nueve.

1. acostarse
2. bañarse
3. vestirse
4. dormirse
5. levantarse
6. afeitarse

B. ¿Cuándo te sientes así? With a partner, discuss when you feel sad, happy, angry, etc.

■ **Ejemplo:**
Me siento feliz cuando saco una «A» en un examen.

1. sentirse feliz
2. quejarse
3. enojarse
4. divertirse
5. sentirse triste
6. preocuparse

C. ¿Cómo se divierten tus amigos? In groups of three, discuss whether you and your friends have fun doing these activities.

■ **Ejemplo:**

Mi amiga Carla se divierte cuando va a una fiesta.

1. leer libros
2. mirar la televisión
3. ir al cine
4. comer en un restaurante bueno
5. ir a la playa
6. comprar ropa nueva
7. jugar al béisbol
8. salir con los amigos

CH. ¿Qué tienes que hacer? With a partner, discuss when you must do the following things.

■ **Ejemplo:**

Este fin de semana tengo que levantarme temprano.

1. despertarse
2. levantarse
3. vestirse
4. arreglarse para salir
5. marcharse con los amigos
6. acostarse

Un gaucho en las pampas argentinas

COMPRENSIÓN AUDITIVA (STUDENT TAPE)

Interpreting simultaneous messages. Listening frequently involves interpreting several messages simultaneously. For example, as a friend telephones you to describe her most recent job interview, a message comes on the radio to announce a thunderstorm warning. When you go to a party, you often hear many different messages at the same time. "Tuning in" to the messages you wish to hear is a skill that you must practice if you are to become a good listener.

Now, imagine that you are in Patio Bullrich, another of Buenos Aires' shopping malls in *el Barrio Norte*. The locale was at one time an auction center where pedigree breeders from the best *estancias* (ranches) brought their thoroughbred yearlings and cattle to be sold. Renovations began in 1990 and Patio Bullrich now offers *porteños* many exclusive stores such as Pierre Cardin, Gucci, Lacoste, and Yves Saint Laurent. Listen to the following conversations on your student tape several times in order to hear the different messages.

Prácticas

A. Rebajas. Listen to the announcements that are heard in the shopping mall and jot down what stores are having sales, what discount is offered, and the items that are marked down.

B. Interrupciones. Now, play the student tape again and listen for the information requested by each shopper.

Calle Florida, Buenos Aires

LECTURA

Using visual cues. Do you remember the old saying, "A picture is worth a thousand words?" It's true. Pictures, illustrations, and photographs can all help you understand what you read. Skim the comic section of the daily newspaper. Can you understand the story line without reading the "bubbles"?

Práctica

Gente auténtica. Look at each frame and guess the general topic of the Levi's ad. Then, read each frame using the skimming and scanning strategies you practiced in previous *Lecturas* and answer the following questions.

1. What product is being described?
2. What are some of the terms the captain uses in the second frame to describe the product?
3. What mistake does he make? (Hint: The pirate's comment in the third frame.)
4. How would you interpret *gente auténtica* in the fourth frame and what would they **not** wear?
5. In what stores should you shop if you wish to purchase this product?

COMPOSICIÓN

Combining sentences. Although Ernest Hemingway was known for his short, effective prose, most amateur writers make a better impact with longer sentences. In Spanish, there are many words that may be used to combine sentences. Study the list of conjunctions below.

Conjunciones	*Conjunctions*
aunque	*although*
mientras	*while*
ni...ni	*neither . . . nor*
o	*or*
o...o	*either . . . or*
pero	*but*
porque	*because*
que	*that*
si	*if*
sin embargo	*nevertheless, however*
sino	*but*
y	*and*

Una cosita más: The conjunction *y* changes to *e* before a word that begins with the sound *i* (*ingeniero, historia*). The conjunction *o* changes to *u* before a word that begins with the sound *o* (*ocho, hotel*). *Sino* is used instead of *pero* when the beginning of the sentence is negative: *No bebo café sino té.*

Prácticas

A. ¿Quién es este modelo? Read about one of Argentina's most popular models. Combine each pair of sentences below into one longer sentence.

1. Osvaldo Sabatini es de Argentina. Vive en Nueva York.
2. Osvaldo es modelo. Es actor también.
3. Osvaldo es el hermano de Gabriela. Gabriela Sabatini es una jugadora de tenis famosa.
4. Osvaldo hace comerciales de la televisión. No desea ser actor.

B. La moda. Select a fashion photograph from a magazine of your own. Using the sentence-combining technique, write a caption describing the fashions being modeled.

C. La moda estadounidense. Using some of the connecting words above, write a paragraph about the typical fashions worn by college students at your university or college. After writing your paragraph, be sure to review it for errors. Here is a checklist that you might use in your review:

1. verb endings (agreement with subject)
2. noun and adjective endings (gender and number agreement)
3. spelling
4. punctuation
5. sentence length

CULTURA POPULAR

Because of the interactive *Prácticas* that accompany the *Cultura popular,* this section should be done in class. For additional information about Argentina, see the *Guía cultural.*

Los kioscos. You are undoubtedly familiar with the phenomenon of the "convenience stores" open 24 hours where you can run out at night to buy a snack, gas for your car, a newspaper or magazine, or some urgently-needed school supplies. In Buenos Aires there are *los kioscos,* the tiny stands that sell just about everything. The *kiosquero* sells candy, hardware, cigarettes, aspirins, toiletries, toys, and hundreds of other items from this tiny domain through a window to the street or subway station. Business is usually conducted over the candy display.

Kioscos are noted for their small size. Inside there is just enough room for the clerk to stand or perch on a stool, while the walls are lined from floor to ceiling with merchandise. They may be modern, glitzy affairs with neon lights, or simply an open window of a restaurant, barber shop, or private home. If there is room for a small refrigerator inside, the *kiosco* may also be a source of cold pop, beer, and ice cream. *Kioscos* offer a wide variety of merchandise, so if you don't see what you want, just ask!

Práctica

¿Qué hay en el kiosco? Working with a parner, take turns asking for the following items generally found in a *kiosco.* Your partner should reply using the appropriate form of the direct object pronoun.

■ **Ejemplo:**
Estudiante 1: *¿Tiene usted Coca-Cola Lite?*
Estudiante 2: *Sí, la tengo.*

aspirinas	cassette de Carlos Gardel
revistas	tarjetas postales
champú (m.)	mapa (m.) de Buenos Aires
periódico	bolígrafos
caramelos	lápiz
cuaderno	encendedor (m.) Bic

172   *¡A conocernos!*

CUARTA ETAPA: ¡Muestra lo que sabes!

Autoprueba

Working with your partner, try to solve the following problems.

A. Working with a partner, take turns explaining why you have to return an item of clothing. Tell what you are going to buy in exchange.

B. With your partner, talk about five or six things you want to do after you graduate.

■ **Ejemplo:**
   Después de graduarme quiero viajar a Costa Rica.

C. Make a list of five things you do each day before you come to class.

CH. With your partner, discuss the things that worry you or make you angry.

D. Read the following hints on how to take care of your plants when you go on vacation. Then, briefly explain the process in your own words to your partner.

Y CON LAS PLANTAS, ¿QUE?

Las plantas en casa y usted de vacaciones es siempre un problema. No cabe duda que la mejor manera de que no se estropeen es pedirle a una persona de confianza que cuide de ellas. Si no tiene a nadie, hay varias fórmulas para que no se mustien demasiado las plantas. Dejarlas en el balcón, dentro de un barreño con agua, de manera que ésta cubra hasta la mitad de los tiestos. Si no tiene ningún lugar al exterior, colóquelas en la bañera con agua. Los tiestos absorben el líquido y lo transmiten a las plantas. Otro sistema es clavar en la tierra de los tiestos botellas de plástico llenas de agua y con el cuello hacia abajo. De esta manera el agua penetra lentamente en la tierra de la planta y la mantiene húmeda. En el comercio venden muchos inventos muy sofisticados que se pueden probar.

E. Listen to the conversation in *Unicenter* on your student tape. List the items advertised and the floor on which each sale is taking place.

Fíjate en el vocabulario

Writing original sentences. As your Spanish vocabulary increases, you should find that learning new words and phrases becomes easier. That is because you are more "in tune" with the language and can understand the similarities and connections between words. In order to reach this level, you should spend some time each day assimilating new vocabulary. Some students have found that it is helpful to make up original sentences incorporating the new items. At times the more outlandish the sentence, the better you learn the words! For example, the following sentences relate clothing to other expressions:

En la tienda hay una liquidación. Voy a comprar ropa de rebaja como un conjunto de cuadros, una camisa y corbata de rayas, una falda floja de flores, un chaleco de cuero y unos pantalones y pijamas de poliéster.

Try this strategy as you study the vocabulary for *Capítulo 5.*

Prácticas

A. Look over the list of daily routine activities on page 167 and group them in chunks by meaning, rather than by grammatical similarity.

B. Using the reflexive verbs that express daily routine, list in chronological order the activities you do every day.

C. From a magazine or newspaper, select an outfit you like and describe it.

CH. Have you ever bought an article of clothing that you regretted? Think of one of your worst purchases and explain what was wrong with it.

D. Read the following article from the *Clarín* and discuss with your partner why the authors wrote their manual and what type of advice it gives.

Ask students if they agree or disagree with the idea that men do not know how to "dress well." Have them give specific examples to support their opinions.

Espejito, espejito...

Así como se sostiene que hay cosas que hacen los hombres que son imposibles de realizar por las mujeres (silbar, por ejemplo), ellas afirman que **ellos nunca combinan los colores como es debido.**

Para solucionar este tipo de inconvenientes es que, en Italia, a **Riccardo Villarosa** y **Giuliano Angeli** se les ocurrió crear un manual que enseña a los hombres a **"vestirse bien".** En este libro se reseñan consejos para aprender a elegir telas, modelos, accesorios y colores; e incluso reconocer diferentes calidades. Hombres, ahora sí, no hay excusas.

E. Rewrite the nouns from the vocabulary list on pages 175–177 and regroup them according to gender.

VOCABULARIO

Llamando la atención...

con permiso *excuse me*
discúlpeme *excuse me*
oiga *listen*
perdone *pardon*
perdóneme *pardon me*

Describiendo como queda la ropa...

apretado/apretada, justo/justa *tight*
bien *fine*
corto/corta *short*
flojo/floja *loose*
grande, ancho/ancha *large*
largo/larga *long*
mal *bad*
pequeño/pequeña, estrecho/estrecha *small, tight*

Expresando satisfacción y desagrado...

barato/barata *inexpensive*
caro/cara *expensive*
demasiado *too*
modelo *style*

Rutina diaria

acostarse (ue) *to go to bed*
afeitarse *to shave*
arreglarse *to get dressed up*
bañarse *to bathe*
despertarse (ie) *to wake up*
divertirse (ie) *to have a good time*
dormirse (ue) *to fall asleep*
enfadarse, enojarse *to get angry*
irse *to leave, go away*
lavarse *to wash*
levantarse *to get up*
llamarse *to be named*
marcharse *to leave, go away*
ponerse *to put on*
preocuparse *to worry*
probarse (ue) *to try on*
quedarse *to remain, stay*
quitarse *to take off*
sentarse (ie) *to sit down*
sentirse (ie) *to feel*
vestirse (i) *to get dressed*

Expresiones relacionadas

conjunto   *outfit*
de cuadros   *plaid, checked*
de flores   *floral, flowered*
de lunares   *polka dotted*
de rayas   *striped*
hacer juego   *to go with*
liquidación   *sale*
moda   *fashion, style*
modista   *dressmaker*
prenda   *garment, clothing*
rebajado/rebajada   *reduced*
sastre (m.)   *tailor*

Estaciones

invierno   *winter*
otoño   *autumn*
primavera   *spring*
verano   *summer*

Frases para regatear

¿Cuánto cuesta(n)?   *How much does it (do they) cost?*
¿Cuánto vale(n)?   *How much is it (are they) worth?*
De acuerdo.   *Agreed.*
Es demasiado.   *It's too much.*
ganga   *bargain*
No más.   *No more.*
No pago más de...   *I won't pay more than . . .*
sólo...   *only . . .*
última oferta   *final offer*

Moda

elegante   *elegant*
encantador/encantadora   *enchanting*
exquisito/exquisita   *exquisite*
clásico/clásica   *classic*
femenino/femenina   *feminine*
impresionante   *impressive*
masculino/masculina   *masculine*
precioso/preciosa   *precious*
sensacional   *sensational*
super-   *super* (superelegante, *etc.*)

Prendas para damas y caballeros

abrigo   *coat*
jeans (m.)   *jeans*
blusa   *blouse*
calcetines (m.)   *socks*
camisa   *shirt*
camiseta   *T-shirt*
cinturón (m.)   *belt*
chaleco   *vest*
chaqueta   *jacket*
falda   *skirt*
impermeable (m.)   *raincoat*
pantalones (m.)   *trousers*
pantalones cortos   *shorts*
pijama (m.pl.)   *pajamas*
saco   *suit coat, sport coat*
suéter (m.)   *sweater*
traje (m.)   *suit*
vestido   *dress*

Números ordinales

primero/primera   *first*
segundo/segunda   *second*
tercero/tercera   *third*
cuarto/cuarta   *fourth*
quinto/quinta   *fifth*
sexto/sexta   *sixth*
séptimo/séptima   *seventh*
octavo/octava   *eighth*
noveno/novena   *ninth*
décimo/décima   *tenth*

Telas

algodón (m.)   *cotton*
cuero   *leather*
lana   *wool*
lino   *linen*
nilón (m.)   *nylon*
poliéster (m.)   *polyester*
rayón (m.)   *rayon*
seda   *silk*

Acciones

almorzar (ue)   *to eat lunch*
aprobar (ue)   *to approve*
cerrar (ie)   *to close*
comenzar (ie)   *to begin*
conseguir (i)   *to get, obtain*
contar (ue)   *to count*
costar (ue)   *to cost*
decir (i)   *to say, tell*
desplegar (ie)   *to unfold*
devolver (ue)   *to return (something)*
dormir (ue)   *to sleep*
elegir (i)   *to elect, choose*
empezar (ie)   *to begin*
encerrar (ie)   *to lock up*
encontrar (ue)   *to find*
entender (ie)   *to understand*
envolver (ue)   *to wrap*
jugar (ue)   *to play (a sport)*
mentir (ie)   *to lie*
morir (ue)   *to die*
mostrar (ue)   *to show*
pedir (i)   *to ask (for), request*
pensar (ie)   *to think, intend*
perder (ie)   *to lose*
plegar (ie)   *to fold*
poder (ue)   *to be able*
preferir (ie)   *to prefer*
probar (ue)   *to try, test*
querer (ie)   *to want, wish, love*
recomendar (ie)   *to recommend*
recordar (ue)   *to remember*
reír (i)   *to laugh*
repetir (i)   *to repeat*
seguir (i)   *to follow*
servir (i)   *to serve*
sugerir (ie)   *to suggest*
volver (ue)   *to return*

Complementos

anillo   *ring*
aretes (m.)   *earrings*
bolsa   *purse*
botas   *boots*
broche (m.)   *brooch*
bufanda   *scarf*
cartera   *billfold*
collar (m.)   *necklace*
corbata   *tie*
gorra   *cap*
guantes (m.)   *gloves*
paraguas (m.)   *umbrella*
pulsera   *bracelet*
reloj (m.)   *watch*
sombrero   *hat*
zapatillas   *flip-flops*
zapatos   *shoes*
de diamantes   *(of) diamonds*
de oro   *(of) gold*
de plata   *(of) silver*

CAPÍTULO 6

La vida urbana

Propósitos

Escenario: Buenos Aires, Argentina

El subte de Buenos Aires

PRIMERA ETAPA: Preparación

Introducción

¿Qué trabajo prefieres? The following *Ofertas de Empleo* are from the *Clarín* and *La Nación,* two daily newspapers in Buenos Aires. First, skim the want ads using cognate and format cues. Then, match each *Oferta* with the appropriate job category:

skilled manual labor
unskilled manual labor
domestic help

medical professionals
industrial professionals
skilled technical labor

PSICÓLOGO/A industrial con experiencia en selección y formación. Sólo tardes. 362-4362

PERSONA responsable para cuidar niña y ayudar en casa. Verano solamente. Experiencia. Un fin de semana libre al mes. 382-3893

CLÍNICA DENTAL necesita dentista para trabajar en Santa Fe. 201-7866

CAMAREROS/AS necesito con buena presencia, imprescindible tener experiencia. 146-0807

SECRETARIO de 22 a 26 años, dispuesto a viajar, alto y de buen aspecto. Llamar de 16 a 20h. 345-7793

CHICA de 16 a 18 años, para limpieza de restaurante de 9 a 17h. 347-0538

ELECTRÓNICO industrial con el servicio militar cumplido. 185-1096

TÉCNICO de radio, televisión y vídeo, instalación de antenas, preciso. 379-9070

PROFESOR DE INGLÉS para academia de idiomas. 16 a 21 horas. 341-0053

Tell students to review vocabulary related to courses of study in *Capítulo 2* before beginning this activity.

Employment ads usually follow a predictable format. Scan the ads on the next page and determine in what order the following topics occur. Next, jot down the items that are included in ads:

title of position
benefits offered
information about business
salary

address for mailing application
requirements for position
age
telephone number

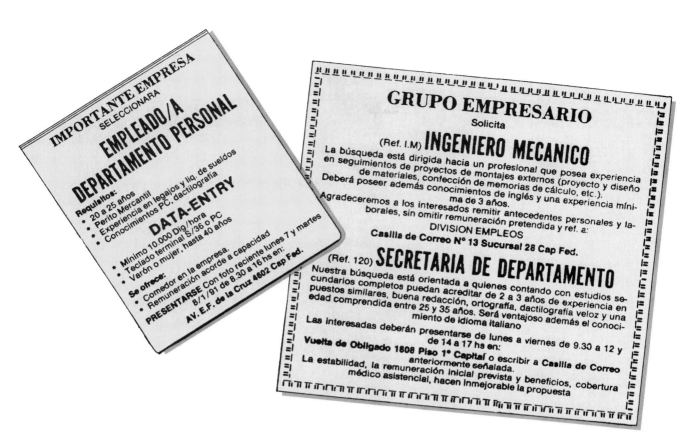

IMPORTANTE EMPRESA
SELECCIONARA

EMPLEADO/A
DEPARTAMENTO PERSONAL

Requisitos:
* 20 a 25 años
* Perito Mercantil
* Experiencia en legajos y liq. de sueldos
* Conocimientos PC, dactilografía

DATA-ENTRY
* Mínimo 10.000 Dig/hora
* Teclado terminal S/36 o PC
* Varón o mujer, hasta 40 años

Se ofrece:
* Comedor en la empresa.
* Remuneración acorde a capacidad

PRESENTARSE Con foto reciente lunes 7 y martes 8/1/91 de 8.30 a 16 hs en:
AV. E.F. de la Cruz 4602 Cap Fed.

GRUPO EMPRESARIO
Solicita

(Ref. I.M) **INGENIERO MECANICO**

La búsqueda está dirigida hacia un profesional que posea experiencia en seguimientos de proyectos de montajes externos (proyecto y diseño de materiales, confección de memorias de cálculo, etc.). Deberá poseer además conocimientos de inglés y una experiencia mínima de 3 años.

Agradeceremos a los interesados remitir antecedentes personales y laborales, sin omitir remuneración pretendida y ref. a:
DIVISION EMPLEOS
Casilla de Correo Nº 13 Sucursal 28 Cap Fed.

(Ref. 120) **SECRETARIA DE DEPARTAMENTO**

Nuestra búsqueda está orientada a quienes contando con estudios secundarios completos puedan acreditar de 2 a 3 años de experiencia en puestos similares, buena redacción, ortografía, dactilografía veloz y una edad comprendida entre 25 y 35 años. Será ventajoso además el conocimiento de idioma italiano

Las interesadas deberán presentarse de lunes a viernes de 9.30 a 12 y de 14 a 17 hs en:
Vuelta de Obligado 1808 Piso 1º Capital o escribir a **Casilla de Correo** anteriormente señalada.
La estabilidad, la remuneración inicial prevista y beneficios, cobertura médico asistencial, hacen inmejorable la propuesta

---

Read the summary at the right of an international survey about the jobs of the future. Discuss with your partner the profession that is most appealing to you, and mention three or four courses that would be most helpful should you decide to change careers.

Review *Capítulo 2,* page 57, for courses.

Las profesiones del futuro

LAS investigaciones de organismos internacionales e instituciones empresariales sobre el futuro de las carreras universitarias en España señalan que las empresas precisan para su modernización una serie de profesionales cuya formación no garantiza la oferta de titulaciones superiores. Estas son las profesiones del futuro:

* **Informática.** Aplicada a dos grandes áreas, la gestión de la empresa y la robótica en las cadenas de producción.
* **Alta dirección («management»).** Profesionales conocedores del complejo mundo de la empresa en todas sus áreas, con las más modernas técnicas de gestión.
* **«Marketing».** Relaciones comerciales, ventas, imagen de la empresa, jefes de producción.

* **Tecnología punta.** Diversas ingenierías: nuclear, láser, telemática, biogenética, microelectrónica y solar.
* **Comunicólogos.** Expertos en comunicación, imagen y semiología.
* **Relaciones humanas.** Expertos en gestión de personal, desarrollo de los recursos humanos, relaciones con el entorno.
* **Técnicos varios.** Comercio exterior, tráfico marino, seguridad e higiene en el trabajo, riesgos y gestión bancaria.
* **Área de seguros.**
* **Área de alimentación.**

¡A ESCUCHAR! (STUDENT TAPE)

Antes de escuchar

Las noticias. Ernesto Vilas, chief executive for an export firm, always begins his day by listening to the news on the radio as he eats breakfast with his wife, Josefa, and his son, Cacho. The cosmopolitan city of Buenos Aires experiences many of the same problems as any large city. Before listening to the student tape, think about what news you might hear in New York, Los Angeles, or Chicago. Remember that prediction and reinforcing statements made by the family will help you interpret the simultaneous messages you hear.

Now listen to your student tape and indicate which of the following news items are mentioned in the morning news report. Then listen again for the family's comments.

1. El Vaticano niega el divorcio
2. Argentina empieza sus entrenamientos en Barcelona
3. Una exposición de arte por Juan Miró
4. Robo de un banco en la Calle Florida
5. Celebración de la boda de la hija del Presidente
6. Accidente de tráfico en la Avenida de la Plata
7. Producción musical de *Tango Argentino*
8. Festival de los gauchos de San Antonio de Areco

Comprensión

Familiarize yourself with the pertinent information in the listening passage by reading the items below in advance. Listen to the dialogue again and complete the sentences with the best response.

1. Josefa y Ernesto no piensan
   a. divorciarse.
   b. tener una familia.
   c. ir a los Juegos Olímpicos.
2. Josefa cree que los desastres naturales son
   a. menos frecuentes hoy.
   b. más frecuentes en el pasado.
   c. más frecuentes en el presente.
3. Ernesto no puede
   a. hablar con el ministro.
   b. comprar un coche nuevo.
   c. trabajar en la industria.
4. Cacho va a volver a la cama porque
   a. hace mal tiempo.
   b. está enfermo.
   c. hay muchos problemas hoy.

COMUNICACIÓN (STUDENT TAPE)

The following conversations are similar to the comments señor Villas and his family made about the morning news as they ate their breakfast. These phrases will help you express sympathy or lack of sympathy in certain situations and make requests. Listen to the conversations on your student tape then practice these exchanges with your partner.

Expresando condolencia... *Expressing sympathy*

Reprochando... *Expressing lack of sympathy*

Peticionando... *Making requests*

Prácticas

Expresando condolencia...	*Expressing sympathy*
¡Ay, Dios mío!	*Good grief.*
¡Eso debe ser horrible!	*That must be horrible.*
¡Pobre!	*Poor thing.*
¡Qué espanto!	*What a shame!*
¡Qué horror!	*How horrible!*
¡Qué lástima!	*What a pity!*
¡Qué mala suerte/pata!	*What bad luck!*
¡Qué terrible!	*How terrible!*

A. Las noticias. With a partner, practice reading the following headlines, and take turns using the expressions used to express sympathy.

1. Rumania: Hay más de 12.000 muertos.
2. Colombia: La guerrilla mató a tres militares.
3. Energía, una situación de equilibrio precario.
4. Revelan que 500 mil personas en Córdoba viven en extrema pobreza.
5. Muere el escritor Irvin Wallace.
6. Seis víctimas al explotar una planta química en Japón.
7. La disminución de la capa de ozono puede afectar el equilibrio ecológico mundial.
8. Un incendio forestal destruyó 500 casas en el sur de California.

NUMERO 833 – DOMINGO 27 DE MAYO DE 1990

HOJA de la CARIDAD
DIRIGIDA POR CARITAS DE MADRID-ALCALA
MARTIN DE LOS HEROS, 21 • Teléfs. 542 01 00 y 247 14 03 • 28008-MADRID
Donativos: de 8 de la mañana a 8 de la tarde

47.461. –Señora anciana, que vive con un hijo alcohólico. Sus ingresos son únicamente la pensión de la madre, 21.000 pesetas. Se pide ayuda **para lo más necesario.**

47.462. –50.000 pesetas para una señora viuda, a la que le han concedido la tutela de sus cuatro nietos, huérfanos de madre y abandonados por el padre. Con lo que cobra como pensionista **no puede pagar los recibos** que debe de alquiler, agua, luz, etc.

47.463. –Familia con dos hijos de un año y dos meses. El padre enfermo de Sida terminal y la madre padece hepatitis. **No puede trabajar** y no tiene ningún ingreso.

47.464. –Esta señora pide ayuda para **pagar el alquiler del piso,** debe dos meses. El marido es toxicómano, actualmente en tratamiento. Tiene un hijo de un año y su situación económica es angustiosa.

47.465. –Se solicita **una beca salario** para asistir a un taller de Móstoles. Es para un hijo de una familia de pensionistas que no lo puede pagar. Este chi-

co presenta trastornos de personalidad, que se espera mejorarán al integrarse en estas clases.

47.466. –**Urgente ayuda** para que una anciana pueda pagar el alquiler del piso. Le han desahuciado y se verá en la calle si no hace frente a la deuda. Son 70.000 pesetas.

47.467. –Madre de cuatro hijos en edad escolar. El padre les ha abandonado, y al no pagar el piso le han dado un plazo de un mes para marcharse de la casa. Se pide 60.000 pesetas para una **fianza del nuevo domicilio,** si no se verá en la calle.

47.468. –Familia con dos hijos. La esposa ha estado enferma, por lo que han contraído **deudas con el comedor del colegio** de la niña (especial para deficientes). También deben el alquiler de la casa.

47.469. –Matrimonio con cinco hijos. Viven en una chabola **en muy malas condiciones.** Una hija tuvo una quemadura grave que necesita una venda ortopédica especial. Se piden 100.000 pesetas para arreglar la chabola.

B. Hoja de la Caridad. Many Hispanic newspapers have a section devoted to requests for charitable contributions. Readers indicate the family they wish to help by writing the number that appears with each petition on a check or money order and sending it to *"Caritas"*. This Spanish organization then directs all funds to the appropriate family. With your partner, read five or six petitions and make the appropriate comments.

Reprochando...	*Expressing lack of sympathy*
Es tu culpa.	*It's your fault.*
¿Qué esperas?	*What do you expect?*
¡Qué esto te sirva de lección!	*That will teach you.*
¿Qué importancia tiene?	*What's so important about that?*
Te lo mereces.	*You deserve it.*
¿Y qué?	*So what?*

C. Tú tienes la culpa. Working in pairs, take turns reading the following situations and using as many different expressions for lack of sympathy as possible.

1. Suspendo el examen porque no estudio.
2. Nunca reparo el coche y ahora no funciona.
3. Nunca tengo dinero porque lo malgasto.
4. Pierdo el partido porque no juego bien.
5. Llego tarde porque me levanto tarde.
6. No puedo sacar libros de la biblioteca porque no los devuelvo.

Peticionando...	*Making requests*
¿Me das...?	*Will you give me. . . ?*
¿Me haces el favor de...?	*Will you do me the favor of . . . ?*
¿Me puedes dar...?	*Can you give me . . . ?*
¿Quieres darme...?	*Do you want to give me . . . ?*

Remind students to change the verb from familiar to formal since they would be speaking to someone they do not know. You may also want to point out the use of **lo**. See *Capítulo 5* and the *Guía gramatical* for review of direct object pronouns.

Bring in photographs or illustrations to use as visual cues for the activity.

CH. En la confitería. The social life in Argentina revolves around the typical *café* or *confitería*. These meeting places range from elegant establishments to intimate corner bars and are frequented by the young and old alike. Practice asking your partner for the following items, using the expressions for making requests and the appropriate direct object pronouns.

■ **Ejemplo:**
Estudiante 1: *¿Me hace el favor de traerme **un café?***
Estudiante 2: *Sí, en seguida **lo** traigo.*

1. té con limón
2. expreso
3. refresco
4. menú (m.)
5. churros°
6. pasteles (m.)
7. medialunas°
8. chocolate (m.) caliente
9. cerveza
10. licuado°

churros *fritters* **medialunas** *croissants*
licuado *fruit and milkshake*

D. Síntesis. Reread the *Hoja de la Caridad* on page 184 and write a brief note to one of the families explaining why you are sending them a donation.

Así es

Cómo pedir y dar información

When asking and giving general information in which a specific subject isn't named, you can use an impersonal reflexive construction. In the following sentences the *se* means "one, they, people," or "you." Notice that the plural form of the verb is used when the noun is plural.

¿Cómo es la confitería Café Tortoni?

Se dice que la confitería Café Tortoni es muy elegante.

¿Qué **se puede** hacer en Bariloche?
¿Dónde **se compran** alfombras de cuero?

En Bariloche **se puede** esquiar.
Se compran alfombras de cuero en San Telmo.

The impersonal *se* construction is also used to express an action in the passive voice. Signs that give information or warnings frequently use this construction. Look at the following signs and tell what each one means.

Prácticas

A. Horario argentino. When traveling from country to country, you will notice that the time schedules for everyday activities may vary. Working with a partner, take turns asking each other at what time the following events take place.

■ **Ejemplo:**
　　Estudiante 1: *¿A qué hora se abren las tiendas?*
　　Estudiante 2: *Las tiendas se abren a las nueve de la mañana.*

1. abrir las tiendas	9:00 de la mañana
2. cerrar las tiendas	7:00 de la noche
3. abrir el correo°	8:00 de la mañana
4. cerrar el correo	6:00 de la tarde
5. abrir los bancos	10:00 de la mañana
6. cerrar los bancos	3:00 de la tarde
7. almorzar	1:00 de la tarde
8. cenar	9:00 de la noche
9. merendar°	6:00 de la tarde

correo *post office*　**merendar** *to have a late afternoon snack*

B. Comparaciones. Using the information from *Práctica A,* write a paragraph that illustrates the comparisons and contrasts between the times for these activities in Argentina and the United States.

■ **Ejemplo:**

En Argentina se cena a las nueve, pero en los EEUU se cena a las seis.

C. ¿Qué recuerdas? Working in groups of three, answer the following questions about Argentina.

Review cultural information about Argentina in Capítulos 4 and 5.

1. ¿Qué deportes se juegan?
2. ¿Qué se toma en las confiterías?
3. ¿Dónde se pueden comprar artículos típicos en Buenos Aires?
4. ¿A qué hora se cena?
5. ¿Qué bebida típica se toma?
6. ¿Dónde se puede comprar unas bombachas?
7. ¿Adónde se va para las vacaciones?
8. ¿Dónde se compran aspirinas, caramelos, cigarrillos?
9. ¿Dónde se puede esquiar?
10. ¿Qué moneda° se usa?

CH. Mi rutina. Working with a partner, take turns explaining when you typically do the following activities.

1. cenar
2. mirar la tele
3. ir a la universidad
4. ir al supermercado
5. estudiar
6. hablar con amigos
7. trabajar
8. leer el periódico

EXPRESIONES (INSTRUCTOR TAPE)

Profesiones y oficios. In this chapter you will learn about the professions and occupations of typical *porteños.* Study the overhead transparency while your instructor describes the scenes for you. Listen carefully and try to get the gist of the lesson. After listening to the description, complete the *Comprensión* activity on page 188.

MARGARITA DELGADO

ERNESTO VILAS

FÉLIX ESTRADA

PATRICIO FLORES

ADELINA ONSUREZ

LAURA ALBERTINI

moneda *currency*

Comprensión

¿Sí o no? Read the following statements about the people described in the *Expresiones*. If the statement is true, answer *sí*. If it is false, answer *no*.

1. El gerente de una empresa tiene poca influencia.
2. La persona que trabaja para un periódico es un periodista.
3. La persona que se especializa en la cocina tradicional de Argentina es una cocinera.
4. Un técnico de computadoras tiene un oficio muy importante hoy en día.
5. Por lo general, el ama de casa no es la madre de los niños.
6. Una médica trabaja en una clínica o en un hospital.

Profesiones y oficios	*Professions and occupations*
abogado/abogada	*attorney*
ama de casa	*homemaker*
bombero/bombera	*firefighter*
científico/científica	*scientist*
cocinero/cocinera	*cook*
dentista (m. f.)	*dentist*
gerente (m. f.)	*manager*
ingeniero/ingeniera	*engineer*
locutor/locutora	*announcer*
maestro/maestra	*teacher*
médico/médica	*doctor*
periodista (m. f.)	*journalist*
policía/mujer policía	*police officer*
programador/programadora	*programmer*
secretario/secretaria	*secretary*
(p)sicólogo/(p)sicóloga	*psychologist*
técnico/técnica	*technician*
trabajador/trabajadora social	*social worker*
veterinario/veterinaria	*veterinarian*

Lugares (m.) y edificios   *Places and buildings*

ayuntamiento	*city hall*
banco	*bank*
catedral (f.)	*cathedral*
cine (m.)	*movie theater, cinema*
clínica	*clinic*
empresa	*firm*
estación de policía	*police station*
estación de radio	*radio station*
fábrica	*factory*
farmacia	*pharmacy*
hogar (m.)	*home*
hospital (m.)	*hospital*
iglesia	*church*
jardín (m.)	*garden*
jardín zoológico	*zoo*
kiosco	*kiosk, stand*
oficina	*office*
oficina de correos	*post office*
palacio	*palace*
plaza	*square*
taller (m.)	*workshop, garage*
teatro	*theater*
tintorería	*dry cleaners*

Expresiones relacionadas   *Related expressions*

ambiente (m.)	*atmosphere, environment*
cocina	*cuisine, cooking*
ley (f.)	*law*
máquina de escribir	*typewriter*
noticias	*news*
pacientes (m.)	*patients*
periódico	*newspaper*
público	*public*
puesto	*position, job*

Prácticas

A. ¿Cuál es su profesión? Working with a partner, exchange information about the profession or occupation of the following people.

1. tío
2. hermano/hermana
3. prima
4. buen amigo
5. abuela

Prácticas that indicate pair or large group work are to be used in class. *Prácticas* involving individual written work may be assigned as homework.

B. ¿Dónde trabajan? Using the information from *Práctica A,* find out where these individuals work by asking your partner for more information.

C. El ambiente. Describe to your partner the environment where you work. If you do not work, describe a previous workplace or the workplace of someone you know.

CH. Estudio de palabras. In Spanish, the names of occupations and the workplace associated with them are often similar. Study the following example and then state the occupation for each workplace shown below.

■ **Ejemplo:**

peluquería *hair salon* hairdresser *peluquero/peluquera*

1. panadería *bakery* baker
2. jardín *garden* gardener
3. kiosco *kiosk, stand* kiosk clerk
4. banco *bank* banker

■ **Ejemplo:**

farmacia *pharmacy* pharmacist *farmacista*

5. periódico *newspaper* journalist
6. floristería *florist shop* florist
7. recepción *reception desk* receptionist

D. ¿Qué tienes en mente? What type of job do you have in mind? Read señora Miaja's comment about her job aspirations and then talk to your partner about one or two things you would like to do.

■ **Ejemplo:**
Quiero un puesto como gerente en una compañía internacional porque me gusta viajar y trabajar en lugares diferentes.

PRIMERA FUNCIÓN:
Telling to whom or for whom something is done using indirect object pronouns

In *Capítulo 5,* you learned how to use pronouns to avoid repeating the direct object. Now you will learn how to use indirect objects in Spanish. In order to identify the indirect object of a sentence, you say the subject, the verb, the direct object, and then ask "to or for whom?" The answer to the question will be the indirect object.

SUBJECT	VERB	INDIRECT OBJECT	DIRECT OBJECT
I	gave	my **instructor**	the homework.
Who	gave	to/for whom	the homework?

Pronouns that can replace an indirect object **always** refer to people (or animals): me, you, him, her, it, us, them. Here are the forms in Spanish:

Objetos indirectos	*Indirect object pronouns*		
Singular		**Plural**	
me	*me*	nos	*us*
te	*you*	os	*you (all)*
le	*you, him, her, it*	les	*you (all), them*

Notice that there is no distinction between masculine and feminine forms. It is usually easy to understand from context whether the indirect object pronoun refers to a male or female.

Like the direct object pronouns, the indirect object pronouns may go before a conjugated verb or be attached to an infinitive.

> **Les** escribo cartas con frecuencia.
> Voy a mandar**te** una tarjeta postal de Buenos Aires.

Prácticas

A. Una agencia de publicidad.
Look at the advertisement and identify the indirect and direct object pronouns.

Review the forms and usage of the direct object pronouns before beginning this section. Also review *gustar, faltar* and similar verbs, explaining that indirect object pronouns are used with these verbs. For additional practice on indirect object pronouns, see the *Guía gramatical.*

Una cosita más: The indirect object pronouns may be emphasized or clarified by adding a prepositional phrase: *a mí, a ti, a él/ella, a usted, a Tomás, a nosotros/nosotras, a vosotros/vosotras, a ellos/ellas, a ustedes, a los abogados,* etc. For example: *La profesora* **me** *habla* **a mí.** **Le** *vendo el coche* **a Elisa.**

A cuántas les dirá lo mismo...

Y ninguna lo entiende.
O si lo hace, de poco pueden ayudarle.
Difícil es tener que resolver problemas de un producto, y no dar con la agencia de publicidad indicada.
Bien, le propongo que esta vez me lo cuente a mí. Cuénteme lo mismo que a las otras. Y esta vez le aseguro que será la última.

Mi equipo y yo manejamos con suma habilidad las armas para lograr una perfecta comunicación. Con seria investigación. Con modernas técnicas. Marketing. Semiología. Sicología.
Soy Mónica Barreiro.
Pertenezco a una estirpe de publicitarios.
Y estoy haciéndole honor a ella.

MB10 PUBLICIDAD
Callao 569, 4º Piso - Tels.: 40-3516/3508 y 45-5366
(1022) Buenos Aires - Argentina

B. Entrevista profesional. Role play an interview situation with your partner. Answer these job-related questions, using the appropriate indirect object pronoun.

1. ¿Le interesa esta empresa?
2. ¿Nos informa de su experiencia?
3. ¿Quiénes nos escriben cartas de recomendación?
4. ¿Le explico las responsabilidades del puesto?
5. ¿Puedo ofrecerle un café?

C. ¿Quién sabe? Working as a whole class, identify common *-ar, -er,* and *-ir* verbs that you have already studied that may be used with indirect object pronouns.

CH. Trabajo de compañeros. Working with a partner, use the list of verbs from *Práctica C* to ask each other questions.

■ **Ejemplo:**
Estudiante 1: *¿Me invitas a tu apartamento?*
Estudiante 2: *Sí, te invito.*

SEGUNDA FUNCIÓN:
Avoiding repetition using two object pronouns

Before presenting this section, review the forms and usage of indirect object pronouns. For additional practice with double object pronouns, see the *Guía gramatical.*

In both English and Spanish, it is possible to use two object pronouns in the same sentence. This phenomenon usually occurs in questions or requests, when both the direct object (DO) noun and the indirect object (IO) pronoun have already been stated. Let's look at an example in English:

Will they give **me** a **job?** Yes, they'll probably give **it** to **you.**

There are several important things to remember about using two object pronouns in the same sentence. Let's look at these examples in Spanish:

• The indirect object pronoun always precedes the direct object pronoun.

¿Me compras una **computadora** nueva? Sí, **te la** compro.

• The two object pronouns may precede a conjugated verb or they may both attach to an infinitive. In the latter case, an accent mark must be written above the theme vowel of the infinitive *(a, e,* or *i)* to indicate the proper stress.

¿Le escribe el Sr. Vega una **carta** al **gerente?** Sí, **se la** escribe.

• The indirect object pronouns *le* and *les* change to *se* when they are followed by *lo, la, los,* or *las.*

¿Nos puede explicar el **puesto?** Sí, **se lo** puedo explicar.
OR
Sí, puedo explicár**selo.**

Prácticas

A. Preguntas personales. In a job interview, how would you answer the following questions? Use two object pronouns in your reply.

■ **Ejemplo:**

¿Me paga usted el Seguro Social?
Sí, se lo pago.

1. ¿Les mando una solicitud de empleo°?
2. ¿Le explico mis habilidades, señor?
3. ¿Me ofrecen ustedes un salario bueno?
4. ¿Contestan ustedes las preguntas de los empleados?
5. ¿Me da usted su decisión?

B. Compañeros. Working with a partner, take turns making up questions based on the following clues.

After students have prepared the questions, have them work in pairs asking and answering.

■ **Ejemplo:**

tell you his/her phone number
Estudiante 1: *¿Me das tu número de teléfono?*
Estudiante 2: *No, no te lo doy.*

1. tell you a secret
2. buy you something (name the item)
3. write you a letter
4. tell you a story *(un cuento)*
5. prepare a certain food for you (name the food)

C. ¿Quiénes son? Answer the following questions about your friends, family, and acquaintances. Use a prepositional phrase in each sentence to emphasize or clarify.

1. ¿Quién te escribe cartas?
2. ¿A quién le cuentas tus secretos?
3. ¿A quiénes les mandas tarjetas?
4. ¿Quién te da regalos?
5. ¿A quiénes les prestas° tus cosas?
6. ¿A quién le llamas por teléfono con frecuencia?

CH. Preguntas originales. Use your list of verbs that work with indirect objects from *Práctica C* on page 192. Make up five original questions that you might ask your classmates.

List the verbs on the chalkboard.

Mejores trabajos y más altos salarios

---

solicitud (f.) de empleo *job application*   **prestas** *lend*

TERCERA FUNCIÓN:
Sharing ideas and beliefs using comparisons

**La montaña más
alta del país**

▲ In English, when adjectives are used to compare the qualities of nouns they modify, they change forms. You say: "Santa Fe is a **large** city, but Rosario is **larger,** and Buenos Aires is the **largest.**" Another way of forming comparisons in English is to use the words **more** and **most:** "In Argentina the exportation of wool is important, but wheat is **more** important, and meat products are the **most** important." Read these sentences and notice how similar comparisons are formed in Spanish.

Magdalena es un pueblo pequeño.	(4.114 habitantes)
Navarro es **más** pequeño **que** Magdalena.	(2.547 habitantes)
Médanos es **el más** pequeño **de** todos.	(2.300 habitantes)

The formula for forming comparisons in Spanish is as follows:

$$\left.\begin{array}{l}\textbf{más}\\\textbf{menos}\end{array}\right\} + \text{adjective} + \textbf{que} = \text{most, least}$$

$$\text{definite article} + \left.\begin{array}{l}\textbf{más}\\\textbf{menos}\end{array}\right\} + \text{adjective} + \textbf{de} = \text{the most, the least}$$

Prácticas

A. La geografía de Argentina. Here are a few more facts about Argentina. With your partner, practice making comparisons as you learn a little more about this country.

■ **Ejemplo:**

Algunas ciudades grandes: Santa Fe (200.000 habitantes); Rosario (500.000); Buenos Aires (10.000.000)
Santa Fe es una ciudad grande. Rosario es más grande que Santa Fe. Buenos Aires es la más grande de todas.

1. Algunas provincias grandes: Mendoza (600.000 habitantes); Córdoba (1.500.000); Santa Fe (2.000.000)
2. Algunas montañas altas: Fitzroy (11.138 pies); Ojos del Salado (22.539); Aconcagua (23.035)
3. Ríos extensos: Río Negro (645 km); Colorado (853); Paraná (3282)

B. Algunas comparaciones. Working with your partner, write five sentences comparing the geography of the United States.

■ **Ejemplo:**
   El Río Mississippi es más largo que el Río Ohio.

C. Actividades diferentes. Working with a partner, tell which of the following activities is more or less interesting or exciting.

■ **Ejemplo:**
   Navegar el Río Paraná es más interesante que esquiar en Bariloche.

1. esquiar en Bariloche
2. tomar sol en el Mar de Plata
3. explorar la selva°
4. acampar en las montañas
5. cruzar los Andes
6. nadar en el Atlántico
7. hacer una excursión en tren
8. montar a caballo en las pampas
9. ir a Antártida
10. ir a las Islas Malvinas

▲ Spanish also has some irregular comparative and superlative forms. Study the chart below.

Algunas comparaciones	*Some comparisons*	
Adjective	**Comparative**	**Superlative**
bueno/buena *good*	mejor *better*	el/la mejor *best*
malo/mala *bad*	peor *worse*	el/la peor *worst*
joven *young*	menor *younger*	el/la menor *youngest*
viejo *old*	mayor *older*	el/la mayor *oldest*

Una cosita más: When *pequeño* and *grande* refer to size rather than age, both words follow the regular pattern for formation of comparisons: *Esta mesa es pequeña, pero ésa es más pequeña y aquélla es la más pequeña.*

Prácticas

CH. Opiniones diferentes. Write five comparisons using the suggestions given and compare the results with other members of the class.

■ **Ejemplo:**
   refrescos   *RC Cola es buena, pero Pepsi es mejor y Coca-Cola es la mejor.*

1. comida
2. película
3. disco
4. día de la semana
5. canción
6. cantante (m.)
7. cantante (f.)
8. actor (m.)
9. actriz (f.)
10. pintor (m.)

selva *jungle*

D. Una entrevista. Working with a partner, find out the following information about each other's family.

■ **Ejemplo:**
Estudiante 1: *¿Quién es el mayor de tu familia?*
Estudiante 2: *Mi hermano es el mayor.*

1. el/la menor
2. el/la mayor
3. el/la más alto/alta
4. el/la más bajo/baja
5. el/la mejor deportista
6. el/la peor cantante
7. el/la peor cocinero/cocinera
8. el/la mejor artista
9. más trabajador/trabajadora
10. menos interesante

E. En tu opinión. Working in groups of three, give your opinions about the following topics.

■ **Ejemplo:**
cursos difíciles
Estudiante 1: *La programación es más difícil que el español.*
Estudiante 2: *La química es más difícil que la programación.*
Estudiante 3: *La física es el curso más difícil.*

1. cursos fáciles
2. películas interesantes
3. novelas aburridas
4. equipos deportivos malos
5. coches buenos
6. escritores interesantes
7. restaurantes caros
8. deportes violentos
9. profesión exigente
10. cosas importantes (amor, dinero, amigos, etc.)

F. ¿De acuerdo o no? Study the survey of the most difficult careers and college degrees shown below. State whether you agree or disagree by making comparisons.

Los títulos, uno a uno

	Dureza	Duración media	Tasa de paro (%)	Perspectivas
Geo./Hist.	●●●	5,33	23,1	*
Filología	●●●	5,33	23,1	**
Filosofía	●●●	5,33	23,1	*
Bellas Artes	●●●	4,76	6,7	**
Traductores	●●●●	–	–	***
Psicología	●●	–	–	*
Pedagogía	●●	–	–	*
Maestro EGB	●●	3,43	22,2	*
Derecho	●●●	5,57	–	****
Económicas	●●●●	5,36	–	****
Políticas	●●●	5,79	14,3	**
CS. Inform.	●●	5,19	12,9	**
Empresariales	●●●	4,08	16,1	****
Biblioteconomía	●●●	–	–	**
Trabajo Social	●●●	3,50	13,5	*
Química	●●●●	5,50	18,6	****
Física	●●●●	5,77	4,6	***
Matemáticas	●●●●●	6,23	–	*****
Biología	●●●●	5,12	39,5	*
Geología	●●●●	5,20	–	***
Veterinaria	●●●●	5,88	8,1	****
Farmacia	●●●●●	6	8,6	***
Medicina	●●●●	6,47	32,1	***
Enfermería	●●●	3,20	12,3	****

● Muy poca ●● Poca ●●● Media ●●●● Dura ●●●●● Muy dura.
* Muy pocas ** Pocas *** Regulares **** Buenas ***** Muy buenas.

TERCERA ETAPA: Estrategias

COMPRENSIÓN AUDITIVA (STUDENT TAPE)

Comprensión auditiva may be assigned as homework.

At this point you may wish to review the previous listening strategies: vocabulary recognition, script activation, attending to the ends of words and phrases, and avoiding interference.

Using visual cues. When listening to native speakers of Spanish, you may, at times, be able to take advantage of visual clues. This is certainly the case when you are watching television. Gestures and other body language, facial expressions, product displays, and live news footage all help us comprehend the spoken word. In our native language, we often don't need or pay attention to the visual image. You may have noticed this if you have ever tried to study with the television set on!

When listening to a foreign language, however, visual images are effective means of aiding comprehension. Research has shown that many foreign language learners feel more relaxed and able to comprehend the spoken language when it is accompanied by some form of visual input. In this chapter, you will practice listening to Spanish and using visual cues. Listen to your student tape and do the following *Práctica*.

Prácticas

A. En el subte de Buenos Aires. Like many major cities of the world, Buenos Aires has an extensive subway system. There are five main lines that cut across the city in all directions and passengers may transfer from one line to another at certain stops. The *subte* is open almost all the time except between 11:30 P.M. and 5:30 A.M. Tokens, which are very inexpensive, must be purchased at special *boleterías,* or ticket offices.

1. Playoleta Pellegrini
2. Estación de trenes Retiro
3. Estación de autobuses
4. Oficina de Correos
5. Oficina de Turismo
6. Aerolineas Argentinas
7. Oficinas de Parques Nacionales
8. Hotel Central Córdoba
9. Teatro Colón
10. Petit Hotel Goya
11. Hotel Apolo

Central Buenos Aires

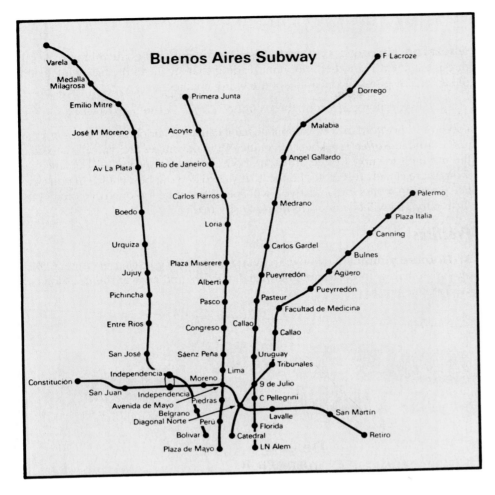

In this activity, imagine that you are off by yourself on a sightseeing excursion and that you wish to use the *subte* as your primary means of transportation. Naturally, you have brought along your trusty street and subway maps! You are staying at a hotel on *Avenida 9 de Julio* near *Avenida Córdoba*. Your destination is one of the principal tourist attractions, the *Recoleta* Cemetery. There you will see the grave of former First Lady of Argentina, Eva Perón. Look for a simple black crypt marked *Familia Duarte*.

Before leaving the hotel, you call the front desk for information. Using your subway map as a guide, listen to the hotel desk clerk as she gives you directions to *el Cementerio de la Recoleta*. With your finger, trace the route on your subway map. Then continue along with your Buenos Aires street map.

B. Direcciones. Working with a partner, take turns giving each other directions for the *subte* or the street map of Buenos Aires. The partner who is following directions must guess the destination.

■ **Ejemplo:**

Estás en el Teatro Colón. Hay que doblar a la izquierda en la Avenida 9 de Julio...

LECTURA

Guessing through context. Learning to guess the meaning of words through context is another important reading strategy. Read the following example and try to guess the meaning of the word in italics:

> Every morning I drink three cups of *Kaffee* before I go to work.

Looking at the word in context limits what it can and cannot mean. If it is in a cup and I drink it, *Kaffee* must be a beverage. What beverages are typically served in the morning in cups? Coffee or tea are both acceptable responses, but since the word more closely resembles coffee, that would be your best choice. If you practice guessing words in context you will spend less time looking up words in the dictionary and will become a more proficient reader.

Prácticas

A. Hombre y mujer. Now you are ready to practice guessing in context. Skim the article below to determine the overall content and answer the questions on the following page.

HOMBRE Y MUJER
CUANDO DE TRABAJO SE TRATA

Así le califican a él en la oficina

- **Tiene colocada encima de su mesa las fotos de su esposa e hijos.**
  Es un hombre responsable que se preocupa por su familia.

- **Su escritorio está lleno de papeles.**
  Se nota que es una persona ocupada, siempre trabajando.

- **Está hablando con sus compañeros de trabajo.**
  Seguro que está discutiendo nuevos proyectos.

- **No se encuentra en su despacho.**
  Debe estar en una reunión.

- **No está en la oficina.**
  Habrá ido a visitar a unos clientes.

- **Salió a almorzar con el jefe.**
  Su prestigio aumenta.

- **El jefe criticó su actuación.**
  Rápidamente mejorará.

- **Hizo un mal negocio.**
  ¿Estaba muy disgustado?

- **Le gritó a un empleado que no cumplió sus órdenes.**
  Tiene carácter, sabe imponerse.

- **Se va a casar.**
  Eso le estabilizará.

- **Va a tener un hijo.**
  Necesitará un aumento de sueldo.

- **Va a hacer un viaje de negocios.**
  Es conveniente para su carrera.

- **Se va. Tiene un trabajo mejor.**
  Hace bien en aprovechar la oportunidad.

- **Faltó al trabajo por enfermedad.**
  Debe de encontrarse muy mal.

De esta manera a ella...

- **Tiene colocada encima de su mesa las fotos de su esposo e hijos.**
  ¡Um! Su familia tiene prioridad sobre su carrera.

- **Su escritorio está lleno de papeles.**
  Es una desordenada.

- **Está hablando con sus compañeras de trabajo.**
  Seguro que está cotilleando.

- **No se encuentra en su despacho.**
  Estará en el tocador.

- **No está en la oficina.**
  Debe haberse ido de tiendas.

- **Salió a almorzar con el jefe.**
  Debe tener un «affaire».

- **El jefe criticó su actuación.**
  Estará furiosa.

- **Hizo un mal negocio.**
  ¿Se echó a llorar?

- **Le gritó a un empleado que no cumplió sus órdenes.**
  Está histérica.

- **Se va a casar.**
  Pronto se quedará embarazada y dejará el trabajo.

- **Va a tener un hijo.**
  Le costará a la empresa la maternidad.

- **Va a hacer un viaje de negocios.**
  ¿Qué opina su marido?

- **Se va. Tiene un trabajo mejor.**
  No se puede confiar en las mujeres.

- **Faltó al trabajo por enfermedad.**
  Tendrá un catarrito.

---

1. Who is being compared?
2. Under what circumstances are they being compared?

B. ¿Qué significa? Examine the following phrases and guess the meanings of the *italicized* words.

1. Tiene *colocadas* encima de su mesa las fotos de su esposo e hijos.
   ¡Um! Su familia tiene *prioridad* sobre su carrera.
2. Su escritorio está *lleno* de papeles.
   Es una *desordenada*.
3. Está *hablando* con sus compañeros de trabajo.
   Seguro que está *discutiendo* nuevos proyectos.

As a follow-up to this activity, students should read the sentences to their partners and ask for their opinion.

C. ¿Cómo se comparan? Scan the article again and write four different comparisons that are made.

■ **Ejemplo:**
   Para la mujer, la familia tiene más importancia que su carrera.

COMPOSICIÓN

Telarañas. In *Capítulo 2,* you learned about organization as an important composition strategy. Many people, however, find that selecting an appropriate topic is the hardest part of writing. In this chapter, you will learn a strategy that is helpful for generating ideas as well as organizing them. This easy, fun strategy is called *telarañas* (spider webs).

You may want to draw a sample *telaraña* on the chalkboard with input from the class. Have the students choose a popular topic about which they know a lot.

Let's assume that you are going to write something about the general topic of *la ciudad.* That would be the center of our *telaraña.* At this point, just let your imagination run wild and think of whatever themes might be associated with *la ciudad.* You are probably thinking of things like urban problems, night life, shopping, sightseeing, public transportation, etc. Think of these subthemes as the threads of a spider web radiating out from its center. In addition, there are often other topics related to more than one of the subthemes. Think of these as the crosswise strands of the web. Any one of these subthemes could produce a composition. You could even choose a subtheme and make it the center of a *telaraña*. In this activity you will make your own *telaraña* and then write a short paragraph about it. *¡Qué divertido!*

Práctica

Have students exchange *telarañas* with a partner before writing their paragraph. Stress individual editing for grammar. After paragraphs are written, students should exchange papers again for peer editing of content.

¡Muchas ideas! Choose one of the chapter themes already introduced: *la playa, la universidad, la familia, un apartamento, de compras,* or *la ciudad.* Draw a *telaraña* with as many subthemes and crosswise threads as you can. Then select either a very narrow subtheme or a crosswise thread and write a short paragraph in Spanish. Of course, you will want to incorporate the vocabulary from the appropriate chapter.

For additional information about Argentina, see the *Guía cultural.*

CULTURA POPULAR

La política en la calle. A large part of politics in Buenos Aires happens in the streets. Sidewalk cafes and *confiterías* are always filled with young and old discussing national and international events. Public demonstrations may occur to voice opinions about elections, military activities, divorce, or political intervention from other countries.

Perhaps the most famous protest is that of the Mothers of the Plaza de Mayo. These brave women have marched every Thursday since the late 1970's demanding to know what has happened to the *"desaparecidos,"* their sons and daughters who have "disappeared" because they were suspected of anti-government activity.

Much can be learned from a country by reading not only what is printed in books and newspapers, but also what is written on walls and on the banners of protesters. Look at the protest phrases on page 203 and identify the issues that are of national interest.

LAS MALVINAS SON ARGENTINAS

EVITA VIVE

PRISIÓN PARA LOS MILITARES

¡¡SÍ, A LA DEMOCRACIA!!

¿DÓNDE ESTÁN NUESTROS HIJOS?

MUERTE A LOS REVOLUCIONARIOS

FAMILIA SÍ, DIVORCIO NO

AQUÍ SE DEFIENDEN LOS DERECHOS HUMANOS

ABAJO CON LA DICTADURA

PRESIDENTE DE LOS ARGENTINOS—MENEM

UNICAMENTE EN corfam COMPRE ASI:

BANCO CENTRAL DE LA REPUBLICA ARGENTINA

JOSE EVARISTO URIBURU

PRESIDENTE

VICEPRESIDENTE

100.000

76.918.216 A

100.000 Cien Mil Australes

76.918.216A

2 3 4 5 6 7 8 9 ó 10

CUOTAS FIJAS MENSUALES Y EN AUSTRALES

Prácticas

A. Algunos lemas°. In pairs, write five slogans that reflect some of the political or social attitudes of students on your campus.

B. Mafalda. Mafalda is one of the most popular Argentine comic strips. It appears in many Hispanic newspapers around the world. Read the following conversation between Mafalda and her friend. Then, mention four of five other *barbaridades que hay en el mundo.*

C. Las protestas. One of the most common ways of voicing one's political opinion is through strikes *(las huelgas).* Using simple sentences, describe the scene below and explain the joke to your partner.

■ **Ejemplo:**
Hay dos hombres en la playa...

lemas *slogans*

CUARTA ETAPA: ¡Muestra lo que sabes!

Autoprueba

Working with a partner, try to solve the following problems.

A. Discuss with your partner the things that are no longer acceptable or in style.

■ **Ejemplo:**
Ya no se fuma en muchas oficinas.

B. Using the ads on pages 180–181 as a model, write three different *ofertas de empleo*.

C. Discuss with your partner three occupations that are easy and three that are not, and briefly explain why.

■ **Ejemplo:**
Ser gerente no es fácil porque hay que trabajar muchas horas cada día y solucionar muchos problemas.

CH. Using the phrases you learned for making requests, ask your partner to lend you three things. He/She should use double object pronouns in the response.

■ **Ejemplo:**
Estudiante 1: *¿Me quieres dar tu bolígrafo?*
Estudiante 2: *No, no quiero dár**telo** porque es muy caro.*

D. Describe several different members of your family to your partner, comparing and contrasting physical as well as personality traits.

E. Reread the article on page 200 and compare/contrast the attitudes toward women in the workplace.

F. Referring to the photograph at the beginning of this chapter and the subway map on page 199, tell where one of the commuters is going and why.

This activity could be done by the whole class as a type of memory game similar to "my father owns a grocery store and in it he sells . . ." or "I'm going on a trip and I'm packing in my suitcase . . ."

Diga siempre dígame!

G. With your partner, take turns asking each other the following *"Preguntas para una crisis"*. Then determine who is more likely to suffer from tension and stress caused by the economy, world tensions, and a hurried schedule.

1. ¿Vives en una ciudad mayor de 200.000 habitantes?
   ☐ **sí** ☐ **no**

2. ¿Tu casa tiene más de cinco habitaciones?
   ☐ **sí** ☐ **no**

3. ¿Utilizas calefacción eléctrica?
   ☐ **sí** ☐ **no**

4. ¿Prefieres el baño o la ducha?
   ☐ **sí** ☐ **no**

5. ¿Tienes más de cinco electrodomésticos?
   ☐ **sí** ☐ **no**

6. ¿Vives a más de veinte millas de tu trabajo?
   ☐ **sí** ☐ **no**

7. ¿Permaneces más de diez minutos diarios en atascos°?
   ☐ **sí** ☐ **no**

8. ¿Vives lejos de tu familia?
   ☐ **sí** ☐ **no**

9. ¿Confías en las previsiones de los economistas?
   ☐ **sí** ☐ **no**

10. ¿Ignoras los mecanismos especuladores en el mundo del petróleo?
    ☐ **sí** ☐ **no**

11. ¿Usas con frecuencia tarjetas de crédito?
    ☐ **sí** ☐ **no**

12. ¿Consumes habitualmente productos congelados°?
    ☐ **sí** ☐ **no**

13. ¿Comes fuera de casa tres o más veces a la semana?
    ☐ **sí** ☐ **no**

14. ¿Piensas pedir crédito del banco?
    ☐ **sí** ☐ **no**

15. ¿Tienes que comprar toda ropa nueva este año?
    ☐ **sí** ☐ **no**

H. Listen again to the news report on your student tape. Tell your partner about three events that occurred that morning. Your partner should react using an appropriate sympathetic or non-sympathetic response.

Fíjate en el vocabulario

Using a cassette recorder. Do you use all of your senses when studying Spanish vocabulary? In previous chapters, you were advised to use visual imagery and to make up original sentences incorporating new vocabulary. Some students have found that taping new vocabulary on a cassette and listening to it later helps them remember the new items. Try this technique and see if it works for you.

Prácticas

A. Make up a series of situations that would be appropriate for expressing sympathy or lack of sympathy.

B. Has something ever happened to your roommate, friend, or spouse that you thought he/she really deserved? Think of some of those situations and a response that doesn't express sympathy.

atascos *traffic jams* **productos congelados** *frozen foods*

C. Make a list with requests for information about some things in Argentina that interest you.

CH. Draw your family tree and label the professions and occupations of your family members.

D. Compare yourself with your best friend. Write down at least ten comparisons.

E. Read the article below from the *Clarín* about how to cope with stress in the urban jungle. Then tell your partner five or six things he/she has to do to survive in the city.

As an expansion to this activity, make up true and false questions about the suggestions and ask students if they agree or disagree. You may also ask simple comprehension questions.

■ **Ejemplo:**
No hay que prolongar las meditaciones.

ADIÓS, ESTRÉS, ADIÓS

El estrés, tan inevitable como el amor, suele provocar serios problemas. Dicen los que saben, que la jungla urbana predispone al individuo al estrés saludable (eustrés) o al distrés (que puede causar patologías). Pero no todo está perdido. Hay decenas de estudios médicos que aportan datos de cómo convivir en la ciudad.

1. No prolongar las meditaciones sobre si está bien o mal.
2. Actuar.
3. Pensar si es un problema que sufre sólo usted o si es general.
4. Reconocer el problema.
5. Prepararse para enfrentar el estrés.
6. Reconocer que tiene un enorme poder sobre su vida y debe usarlo para cuidarse.
7. Reconocer que puede hacer infinitos cambios en su vida.
8. Hablar con alguien sobre sus problemas.
9. No tomar tranquilizantes o alcohol para soportar el ruido.
10. No intentar cambiar todo de golpe°.
11. Evitar situaciones conflictivas.
12. Comer sanamente, consumir poca carne roja, poca sal y comida con colesterol.
13. Beber poco alcohol.
14. Evitar los lugares y horas de concentración de automóviles (provocan el 70 por ciento de la contaminación.)
15. Correr—o bien temprano o bien tarde—por lugares abiertos.
16. Tener sólo animales domésticos que en tamaño y número guarden relación con la vivienda.
17. Acostumbrarse al silencio. Escuchar música a bajo volumen. No gritar. Denunciar ruidos molestos.

F. Rewrite the nouns from the vocabulary list on pages 208–209 and regroup them according to gender.

de golpe *at once*

VOCABULARIO

Expresando condolencia...

¡Ay, Dios mío!   *Good grief.*
¡Eso debe ser horrible!   *That must be horrible.*
¡Pobre!   *Poor thing.*
¡Qué espanto!   *What a shame!*
¡Qué horror!   *How horrible!*
¡Qué lástima!   *What a pity!*
¡Qué mala suerte/pata!   *What bad luck!*
¡Qué terrible!   *How terrible!*

Reprochando...

Es tu culpa.   *It's your fault.*
¿Qué esperas?   *What do you expect?*
¡Qué esto te sirva de lección!   *That will teach you.*
¿Qué importancia tiene?   *What's so important about that?*
Te lo mereces.   *You deserve it.*
¿Y qué?   *So what?*

Peticionando...

¿Me das...?   *Will you give me . . . ?*
¿Me haces el favor de...?   *Will you do me the favor of . . . ?*
¿Me puedes dar...?   *Can you give me . . . ?*
¿Quieres darme...?   *Do you want to give me . . . ?*

Profesiones y oficios

abogado/abogada   *attorney*
ama de casa   *homemaker*
bombero/bombera   *firefighter*
científico/científica   *scientist*
cocinero/cocinera   *cook*
dentista (m. f.)   *dentist*
gerente (m. f.)   *manager*
ingeniero/ingeniera   *engineer*
locutor/locutora   *announcer*
maestro/maestra   *teacher*
médico/médica   *doctor*
periodista (m. f.)   *journalist*
policía/mujer policía   *police officer*
programador/programadora   *programmer*
secretario/secretaria   *secretary*
(p)sicólogo/(p)sicóloga   *psychologist*
técnico/técnica   *technician*
trabajador/trabajadora social   *social worker*
veterinario/veterinaria   *veterinarian*

Lugares y edificios

ayuntamiento   *city hall*
banco   *bank*
catedral (f.)   *cathedral*
cine (m.)   *movie theater, cinema*
clínica   *clinic*
empresa   *firm*
estación de policía   *police station*
estación de radio   *radio station*
fábrica   *factory*
farmacia   *pharmacy*
hogar (m.)   *home*
hospital (m.)   *hospital*
iglesia   *church*
jardín (m.)   *garden*
jardín zoológico   *zoo*
kiosco   *kiosk, stand*
oficina   *office*
oficina de correos   *post office*
palacio   *palace*
plaza   *square*
taller (m.)   *workshop, garage*
teatro   *theater*
tintorería   *dry cleaners*

Expresiones relacionadas

ambiente (m.)   *atmosphere, environment*
cocina   *cuisine, cooking*
ley (f.)   *law*
máquina de escribir   *typewriter*
noticias   *news*
pacientes (m.)   *patients*
periódico   *newspaper*
público   *public*
puesto   *position, job*

Objetos indirectos

me   *me*
te   *you*
le   *you, him, her, it*
nos   *us*
os   *you (all)*
les   *you (all), them*

Algunas comparaciones

bueno/buena   *good*
joven   *young*
malo/mala   *bad*
mayor   *older*
mejor   *better*
menor   *younger*
peor   *worse*
viejo   *old*
el/la mayor   *oldest*
el/la mejor   *best*
el/la menor   *youngest*
el/la peor   *worst*

El medio ambiente

Propósitos

Escenario: España

Primera etapa: Preparación
 Introducción: El medio ambiente
 ¡A escuchar!: Una conferencia sobre el medio
 ambiente
 Comunicación: *Expressing agreement, disagreement,
 and obligation*
 Así es: Cómo hablar del tiempo
 Expresiones: España: Tierra de contrastes

Segunda etapa: Funciones
 Primera función: *Describing and narrating habitual
 activities in the past using the imperfect of regular
 verbs*
 Segunda función: *Describing and narrating habitual
 activities in the past using the imperfect of
 irregular verbs*
 Tercera función: *Making comparisons between
 similar people, things, or actions*

Tercera etapa: Estrategias
 Comprensión auditiva: *Using format cues*
 Lectura: *Examining prefixes and root words*
 Composición: *Comparison and contrast*
 Cultura popular: La ecología en España

Cuarta etapa: ¡Muestra lo que sabes!
 Autoprueba
 Fíjate en el vocabulario: *Guessing meanings using
 prefixes and root words*

La Costa Brava, España

PRIMERA ETAPA: Preparación

Introducción

El medio ambiente. This article from *Cambio 16*, a popular Spanish news magazine, illustrates the concern many Spaniards have for the environment or *medio ambiente*. Skim the article and choose the best title. Then, reread it more carefully and guess the meaning of the phrases from context. Finally, indicate if the statements are true or false.

¿Cuál es el mejor título?

Abuso de los recursos naturales
Vehículos ecológicos

Animales en peligro de extinción
El reciclaje del papel

A partir del próximo 1° de julio se podrán comprar en España coches no contaminantes, o menos contaminantes que los actuales.

La marca Ford sacará a la venta toda una gama de coches equipados con catalizador que cumplirán las normativas anticontaminación aprobadas por todos los ministros de Medioambiente de la Comunidad Europea.

Los modelos de la casa Ford: Fiesta, Escort, Orión, Sierra y Scorpio, utilizarán como combustible, gasolina sin plomo y emitirán un tercio menos de monóxido de carbono y la mitad de óxidos de nitrógeno e hidrocarburos sin quemar de lo que emiten los demás modelos.

En España ya existen 196 estaciones de servicio en las que se puede adquirir gasolina sin plomo. La inmensa mayoría de estas estaciones de servicio están situadas a lo largo de la costa para poder servir a los automóviles extranjeros que son, de momento, los únicos susceptibles de utilizar este tipo de combustible. Muy pronto también lo harán a coches nacionales.

Para informarse sobre la ubicación exacta de las estaciones de servicio con gasolina sin plomo en funcionamiento en España, llamar a CAMPSA, teléfono (91) 582 59 96.

¿Qué significan estas oraciones?

coches no contaminantes
equipados con catalizador
gasolina sin plomo
estaciones de servicio

la inmensa mayoría
a lo largo de la costa
este tipo de combustible
la ubicación exacta

Decide si cada oración es **verdadera** o **falsa.**

a. «No contaminantes» se refieren a coches que usan gasolina sin plomo.

b. La gasolina sin plomo produce mucho monóxido de carbono y óxidos de nitrógeno e hidrocarburos.

c. No hay estaciones de servicio en España que venden gasolina sin plomo.

d. La compañía Ford va a vender los primeros coches no contaminantes en España.

e. Los automóviles extranjeros (los franceses, alemanes, italianos, ingleses, etc.) ya usan gasolina sin plomo.

¡A ESCUCHAR! (STUDENT TAPE)

Antes de escuchar

Una conferencia sobre el medio ambiente. One of the primary environmental issues in Spain today is the pollution of the coasts and waters of the Mediterranean Sea. At *La Conferencia Sobre el Medio Ambiente en el Mediterráneo,* scientists, government officials, and ecologists met to discuss the dumping of toxic waste and overpopulation on the coasts. Look at the chart that was used during the lecture to bring attention to specific points of the presentation. Then, listen to the lecture on your student tape and answer the following questions.

Vertidos anuales a todo el Mediterráneo	
Producto	**Cantidad (en toneladas)**
Petróleo	2.300.000
Materias nitrogenadas	800.000
Fósforo	320.000
Aceites minerales	120.000
Detergentes	60.000
Cinc	21.000
Fenoles	12.000
Plomo	3.800
Fosfatos	3.600
Cromo	2.400
Mercurio	100

NIVEL BAJO
NIVEL MEDIO
NIVEL ALTO

FUENTE: MOPU

CONTAMINACIÓN POR VERTIDOS URBANOS
CONTAMINACIÓN POR VERTIDOS INDUSTRIALES

- When will the clean-up plan for the Mediterranean be completed?
- What toxic substances are being dumped into the sea?
- What coasts suffer most from pollution?

Comprensión

Listen to the lecture again and rearrange the following statements in the order of their presentation during the lecture. Before you begin to listen, read each of the statements carefully to familiarize yourself with the content. During the interview, you will hear the speakers discussing the cost in *ecus* and *pesetas*. The *ecu* is the standard monetary unit used for countries that belong to the common market. The *peseta* is the monetary unit used only in Spain.

1. Después, hay que desarrollar una estrategia para el tratamiento de residuos industriales tóxicos.
2. No es un problema irreversible.
3. El problema es muy grave. Cada año 2,5 millones de toneladas de petróleo son vertidos° al mar.
4. Las costas de Barcelona, Castellón y Málaga están muy contaminadas.
5. Hay que limpiar las aguas en las localidades turísticas.
6. Primero, hay que identificar e investigar las zonas costeras más necesitadas de protección.
7. Durante la conferencia se escribió un documento para desintoxicar el Mediterráneo para el año 2025.
8. El proyecto va a costar más de un cuarto de billón de pesetas.
9. En 1995 hay que establecer programas concretos para la protección de las zonas más afectadas.
10. Van a recibir 500 millones de ecus de la Comunidad Europea.

vertidos *dumped*

Capítulo 7 **213**

COMUNICACIÓN (STUDENT TAPE)

Orientación: Comunicación fo-cuses on common phrases. The illustrations help you understand the general meaning. Word-by-word translations are impossible, so study the expressions as phrases and not as individual words. Listen to your Student Tape. Repeat aloud until you are comfortable with the sounds. Be prepared to role play with your classmates.

The following short conversations are based on the questions and comments from the previous interview. These phrases will help you to express obligation or necessity and to agree or disagree with someone. Listen to the conversations on your student tape and practice them with other members of your class.

Expresando acuerdo... *Expressing agreement*

Expresando desacuerdo... *Expressing disagreement*

Expresando obligación... *Expressing obligation*

Prácticas

Orientación: The Prácticas sections in this textbook are just what they seem—opportunities for practicing your new language skills. Some Prácticas may be completed by yourself at home, while others are to be done in pairs or small groups. It is recommended that you complete all of these activities, whether they are assigned or not. Just as chess champions often play against themselves for practice, you can pretend to converse with yourself in Spanish for additional practice! You will notice that each Práctica has a title that indicates what it is about.

Expresando acuerdo y desacuerdo...

Así es.	*That's so.*	No es así.	*That's not so.*
Claro.	*Certainly.*	No es cierto.	*It's not so.*
Correcto.	*That's right.*	Incorrecto.	*That's not right.*
Es verdad.	*It's true.*	No es verdad.	*It's not true.*
Estoy de acuerdo.	*I agree.*	No estoy de acuerdo.	*I don't agree.*
Exacto.	*Exactly.*	Al contrario.	*On the contrary.*
Eso es.	*That's it.*	No es eso.	*That's not it.*
Por supuesto.	*Of course.*	Todo lo contrario.	*On the contrary.*
Seguro.	*Sure.*	Es dudable.	*It's doubtful.*
Probablemente.	*Probably.*	No es probable.	*It's not likely.*

A. Un planeta en terapia intensiva. Lee el siguiente artículo sobre los problemas de la contaminación. Después, escribe cinco oraciones para resumir° el artículo. Compáralas con las oraciones de alguien en la clase y discute si están o no están de acuerdo con las ideas del autor.

Put these words and phrases into short sentences and pronounce them for your students. Have them repeat as a whole class, then in groups, and then individually.

The Prácticas are paired communication practice and should be done in class.

Un planeta en terapia intensiva

Cada vez, menos verde, menos azul, menos transparente, devastados sus bosques, contaminados el cielo y el agua polucionada por los desechos° de la sociedad industrial, el planeta Tierra se aleja definitivamente de su imagen de paraíso terrenal. Y hoy quizás haya llegado demasiado tarde la hora ecológica.

Los datos que aporta la realidad son alarmantes: según el Red Data Book que publica la Unión Internacional para la Conservación de la Naturaleza, se calcula que a fines de siglo se habrán extinguido entre medio millón y un millón de diferentes especies de animales y plantas.

El mundo entero está en peligro. El comercio internacional que manipula los residuos contaminantes prospera en las sociedades industrializadas utilizando los países del tercer mundo como basureros° de residuos tóxicos a cambio de pagar unos cuantos millones de dólares.

Las perspectivas del futuro son inquietantes, como el agujero de ozono que pasó de ser una curiosidad científica a ser una amenaza real. Los científicos están acumulando pruebas de que el deterioro de la capa ozono no se debe a un fenómeno natural sino a la utilización de aerosoles (CFC). El deterioro del ozono aumenta directamente el efecto de invernadero en la Tierra que viene a ser agravado por los humos industriales en forma de lluvia ácida, afectando la calidad de las aguas, la tierra, la fauna y la vegetación.

A pesar de todo hay algunos signos positivos, como el incremento de la conciencia cívica acerca de la importancia de la protección del medio ambiente y la conservación de los recursos naturales para el futuro.

resumir *summarize* **desechos** *wastes* **basureros** *rubbish dumps*

Put these words and phrases into short sentences and pronounce them for your students. Have them repeat as a whole class, then in groups, and then individually.

Also refer students to the article on p. 215 for additional suggestions.

Expresando obligación...

Hay que... *One should . . .*   No hay que... *One shouldn't . . .*

B. La conservación. Con alguien en la clase escribe diez sugerencias° sobre cómo proteger el medio ambiente.

■ **Ejemplo:**

Hay que conservar los recursos naturales. No hay que quemar los bosques....°

El medio ambiente

ayudar	*to help*	animales (m.)	*animals*
conservar	*to conserve*	energía	*energy*
construir	*to build*	energía solar	*solar energy*
contaminar	*to pollute*	escasez (f.)	*shortage*
controlar	*to control*	fábrica	*factory*
desarrollar	*to develop*	gasolina sin plomo	*unleaded gasoline*
destruir	*to destroy*	lluvia ácida	*acid rain*
evitar	*to avoid*	pesticidas	*pesticides*
poner más multas	*to give more fines*	población	*population*
prohibir	*to prohibit*	productos sintéticos	*synthetic products*
proteger	*to protect*	productos tóxicos	*toxic products*
usar	*to use*	recursos naturales	*natural resources*
vertir	*to dump*		

C. No es así. Túrnate con alguien en la clase para leer las doce oraciones que siguen e indica si estás de acuerdo o no. Si no estás de acuerdo, ofrece una respuesta alternativa o una solución.

1. Para conservar la electricidad se debe abrir las ventanas en el verano en vez de usar el aire acondicionado.
2. No hay que beber café o refrescos en vasos que no son reusables.
3. Hay que llenar el lavaplatos completamente antes de utilizarlo.
4. No se debe usar el ascensor cuando sólo hay que subir o bajar dos pisos.
5. Se debe lavar la ropa a mano en vez de utilizar la lavadora.
6. Calentar el agua con electricidad no es económico. Hay que bañarse con agua fría.
7. Para ir a la ciudad hay que tomar el autobús.

sugerencias *suggestions*   **quemar los bosques** *burn the forests*

8. Se debe lavar los platos con agua fría.
9. La gasolina sin plomo no es mejor que la gasolina normal.
10. No se debe apagar las luces° de la casa. No se gasta tanta energía.
11. Hay que planear las compras para usar menos el coche.
12. Debemos cortar más árboles en vez de reciclar el papel. Es más barato.

CH. Síntesis. Habla con alguien en la clase y pregúntale su nombre, edad, dirección y cuánto dinero quiere donar a ADENA para proteger los osos pardos. Explícale por qué es importante proteger la naturaleza.

EL ULTIMO REFUGIO QUE LE QUEDA AL OSO PARDO EN ESPAÑA,

ES ESTE CUPON.

☐ **SI**, quiero contribuir a crear un refugio seguro para nuestros últimos osos pardos.

Nombre y Apellidos ....
....Edad.............
Dirección ....
Localidad .........................C.P......................
Provincia ....Tel.( ) ....

Envíanos este cupón con tus datos y tu firma. Recibirás tu carnet exclusivo de socio de ADENA, además de nuestra revista trimestral PANDA. Por favor, señala con una X la categoría de socio que deseas, así como la forma de pago de tu cuota.

Categoría de socio
☐ Juvenil (hasta 17 años): 2.000 pts./año.
☐ Numerario (A partir de 17 años): 3.000 pts./año.
☐ Colaborador: 7.000 pts./año.
☐ Benefactor: 12.000 pts./año.
☐ Empresa colaboradora: 250.000 pts./año.
☐ Socio protector: 250.000 pts. (una sola vez).

Forma de pago
☐ Giro Postal (a ADENA, Santa Engracia nº 6. 28010 MADRID
☐ Reembolso
☐ Banco
☐ Talón

Cuota.............. **X** ....
                          Firma

Recorta por la línea de puntos.

Así es

Cómo hablar del tiempo

Talking about the weather is as much a social activity as it is informative. In Spanish, there are three types of phrases that you will use to describe various types of weather, one using the verb *hacer*, another using the verb *estar*, and a third group with *hay*. Let's look at some phrases with *hacer* first.

Orientación: Every chapter has a "how-to" section, followed by *Prácticas*. In *Capítulo 7* you will learn about the weather.

Hace buen tiempo.	*It's nice weather.*	Hace mal tiempo.	*It's bad weather.*
calor.	*It's hot.*	sol.	*It's sunny.*
fresco.	*It's cool.*	viento.	*It's windy.*
frío.	*It's cold.*		

Now, let's look at some phrases with *estar*.

Está despejado.	*It's clear.*
nublado/nuboso.	*It's cloudy.*

Finally, there are a number of weather terms that may be used with *hay*.

Hay una borrasca.	*There's a storm front.*
relámpagos.	*There is lightning.*
niebla.	*It's foggy.*

In addition to the *hacer, estar,* and *hay* phrases, there are some other expressions that use specific verbs. Study these phrases carefully.

Llueve.	*It rains.*	Está lloviendo.	*It is raining.*
Nieva.	*It snows.*	Está nevando.	*It is snowing.*

apagar las luces *turn off the lights*

Prácticas

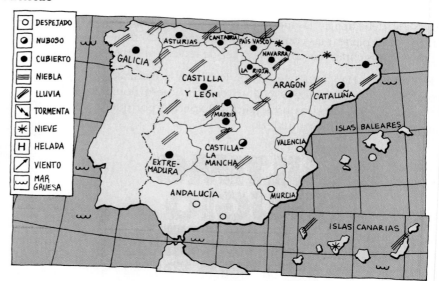

Legend:
- ○ DESPEJADO
- ◐ NUBOSO
- ● CUBIERTO
- ▤ NIEBLA
- ▨ LLUVIA
- ↘ TORMENTA
- ✳ NIEVE
- H HELADA
- ╱ VIENTO
- 〜 MAR GRUESA

Before assigning this activity, introduce the names of the provinces of Spain on a map or overhead transparency.

A. El tiempo. Estudia la sección «El Tiempo» del periódico *El País* y decide el sitio perfecto para tus «vacaciones» y explica por qué quieres ir allí.

■ **Ejemplo:**

Quiero ir a las Islas Baleares porque hace sol.

B. Llamada telefónica. Explícale a alguien en la clase cómo es el tiempo (según *El País)* en estas regiones: Madrid, Andalucía, Cataluña.

ESPAÑA		MÁX.	MÍN.			MÁX.	MÍN.			MÁX.	MÍN.			MÁX.	MÍN.
Albacete	Q	18	9	Cuenca	P	15	9	Madrid	P	14	11	Santander	V	22	20
Alicante	A	22	10	Gerona	D	20	15	Mahón	D	20	14	Santiago de C.	P	15	13
Almería	A	22	12	Gijón	P	19	17	Málaga	Q	21	12	Segovia	P	13	10
Ávila	P	11	9	Granada	A	22	8	Melilla	D	23	12	Sevilla	Q	21	12
Badajoz	P	18	15	Guadalajara	P	14	10	Murcia	D	22	15	Soria	P	12	9
Barcelona	Q	19	13	Huelva	P	20	16	Orense	P	16	14	Tarragona	Q	20	13
Bilbao	V	21	19	Huesca	P	14	10	Oviedo	P	17	13	Teruel	Q	17	9
Burgos	P	12	10	Ibiza	D	23	14	Palencia	P	14	10	Toledo	P	15	13
Cáceres	P	16	14	Jaén	A	22	18	Palma	D	22	12	Valencia	A	22	14
Cádiz	P	21	15	Lanzarote	Q	22	17	Palmas, Las	D	22	16	Valladolid	P	14	12
Castellón	A	21	13	León	P	12	10	Pamplona	P	18	15	Vigo	P	16	15
Ceuta	Q	19	15	Lérida	Q	17	10	Pontevedra	P	16	13	Vitoria	P	15	13
Ciudad Real	P	18	10	Logroño	Q	20	15	Salamanca	P	14	13	Zamora	P	14	13
Córdoba	Q	22	10	Lugo	P	14	12	San Sebastián	V	21	18	Zaragoza	Q	16	11
Coruña, La	P	16	15					S. C. Tenerife	Q	22	17				

A, agradable / **C,** mucho calor / **e,** calor / **D,** despejado / **F,** mucho frío / **I,** frío /**H,** heladas / **N,** nevadas / **P,** lluvioso / **Q,** cubierto / **S,** tormentas / **T,** templado / **V,** vientos fuertes.
* Datos del día anterior.

Expansion: have students use the daily newspaper and convert the temperatures in cities around the United States in Celsius. Make comparisons of the winter temperatures in Spain (December) and cities in the U.S.

C. La temperatura. Nota que las temperaturas se dan en grados Celsius, no en Fahrenheit. Para convertir las temperaturas, usa la fórmula siguiente:

$$F = 9/5\ C + 32$$

Ahora, usando la carta de *El País,* convierte las temperaturas para estas ciudades: Alicante, Barcelona, Ceuta, Gijón, Logroño, Madrid, Pamplona, Sevilla, Toledo, Zaragoza. Compara tus calculaciones con alguien en la clase.

■ **Ejemplo:**

San Sebastián = 21°C   F = 9/5 (21) + 32 = 69.8° F

The *Expresiones* are to be used in class. They are coordinated with the drawing in the textbook. Read the passage twice or use the Instructor Tape. Point out the designated items on the overhead transparency. You may always use the illustration in your book instead. Some prefer to read the script first, pointing to the designated items, then play the tape for the second presentation.

CH. Símbolos meteorológicos. Estudia los símbolos meteorológicos y determina su significado°. Compara los resultados con los de alguien en la clase.

heladas	calor	nieve	viento
niebla	despejado	nubes y claros	lluvia
tormenta	nublado	frío	

Orientación: Expresiones present key vocabulary related to the chapter theme. As it is easier to learn vocabulary that is presented in context, this section always has a visual and a taped passage. As you listen to the story, your instructor will indicate related aspects of the visual. Relax and listen for the main ideas. After hearing the passage, answer the *Comprensión* questions. The second part gives key words and phrases in print. Be sure to learn how to spell them correctly. There will be several *Prácticas* to help you learn the *Expresiones*.

EXPRESIONES (INSTRUCTOR TAPE)

España: Tierra de contrastes. La geografía de España es muy variada e interesante. Fuera de las ciudades grandes hay paisajes de todo tipo. Escucha bien mientras tu instructor/instructora describe las escenas. Escucha cuidadosamente para entender las ideas principales. Después de escuchar la narración, contesta las preguntas de la sección *Comprensión*.

significado *meaning*

Comprensión

¿Sí o no? ¿Entendiste las ideas principales de las *Expresiones?* Lee las siguientes oraciones sobre las escenas que tu instructor/instructora acaba de describir. Si la oración es correcta, según la narración, contesta **sí.** Si la oración no es correcta, contesta **no.** Corrige las oraciones falsas añadiendo más información.

1. España es el país más montañoso de Europa.
2. La capital está situada en el centro del país.
3. Uno de los productos más importantes es la fruta.
4. Hay muchos balnearios populares en Galicia.
5. El Ebro es el único río navegable de España.
6. La Rioja es una región en la que se produce vino.
7. La Sierra Nevada divide España de Francia.
8. Se crían los toros bravos en la Costa Cantábrica.
9. La provincia de Valencia es el centro de los arrozales.
10. El Sardinero es una playa popular.

Direcciones

noreste (m.)	*northeast*	sureste (m.)	*southeast*
noroeste (m.)	*northwest*	suroeste (m.)	*southwest*

Topografía

árido/árida	*dry, arid*	meseta	*plateau*
bahía	*bay*	montaña	*mountain*
balneario	*bathing resort*	montañoso/montañosa	*mountainous*
bosque (m.)	*forest*	ojo	*spring*
catarata	*waterfall*	península	*peninsula*
cerro	*hill*	pozo	*well, pool*
continente (m.)	*continent*	profundo/profunda	*deep*
cordillera	*mountain range*	ría	*estuary, fjord*
costa	*coast*	río	*river*
escarpado/escarpada	*rugged*	rocoso/rocosa	*rocky*
golfo	*gulf*	salvaje	*wild*
isla	*island*	sierra	*mountain range*
islote (m.)	*barren island*	tierra	*land, Earth*
lago	*lake*		

Agricultura

árbol (m.)	*tree*	olivo	*olive tree*
arrozal (m.)	*rice paddy*	pesca	*fishing*
flor (f.)	*flower*	verdura	*vegetable*
fruta	*fruit*	vino	*wine*
jerez (m.)	*sherry*		

Prácticas

A. Tu país. Nombra los rasgos geográficos (ríos, montañas, costas, etc.) de los Estados Unidos.

B. La naturaleza. Descríbele a alguien en la clase un sitio natural de tu estado. Él/Ella tiene que adivinar el sitio.

■ **Ejemplo:**

Estudiante 1: *Es un lugar en el noreste de los Estados Unidos. Cerca hay un lago muy grande. Está entre Canadá y los Estados Unidos. Muchos matrimonios van allí.*

Estudiante 2: *Son las cataratas del Niágara.*

C. Mapa de Estados Unidos. Consulta un mapa de los Estados Unidos. ¿En qué dirección quedan los siguientes lugares de tu ciudad o pueblo?

■ **Ejemplo:**

Cleveland queda al noreste de Columbus.

1. Cincinnati
2. Santa Fe
3. Washington, D.C.
4. San Francisco
5. Río Mississippi
6. Lago Michigan
7. Playa de Miami
8. Montañas Rocosas
9. Golfo de México
10. Océano Pacífico

CH. Miraflores de la Sierra. Lee el siguiente folleto sobre Miraflores de la Sierra donde la Universidad Autónoma de Madrid ofrece cursos de español para extranjeros. Luego, usándolo como modelo, escribe un folleto breve sobre algún lugar que tú conoces que sea perfecto para un curso de verano.

Expansion: bring in different photographs of regions of the United States and have students write brief "travel brochure" descriptions for each. They should give the location of the area, a brief description, and mention some of the activities that would be appropriate for the area.

This *Práctica* could be used as a game for the whole class.

Comprehension questions for realia:
1. ¿A qué distancia está Miraflores de Madrid?
2. ¿Cuál es el rasgo geográfico de la región?
3. ¿Cómo es el clima en Miraflores en el verano?
4. ¿Por qué es Miraflores un sitio ideal en verano?
5. ¿A qué distancia está la residencia del centro de Miraflores? ¿Cómo se llama la residencia?
6. ¿Hay actividades deportivas? ¿Cuáles?
7. ¿Cuáles son los monumentos más importantes de la región?

Encourage students to use phrases from the brochure in their own compositions, changing only the places. Students should exchange brochures for peer editing and rewrite before handing in.

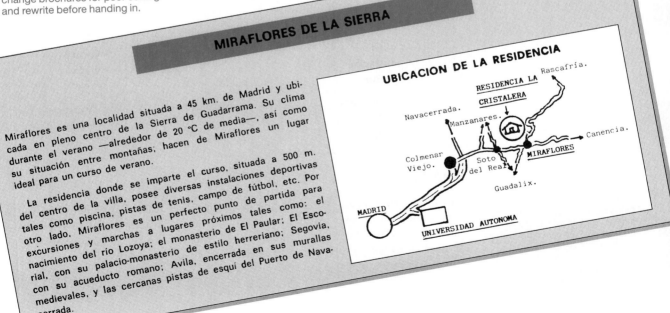

MIRAFLORES DE LA SIERRA

Miraflores es una localidad situada a 45 km. de Madrid y ubicada en pleno centro de la Sierra de Guadarrama. Su clima durante el verano —alrededor de 20 °C de media—, así como su situación entre montañas; hacen de Miraflores un lugar ideal para un curso de verano.

La residencia donde se imparte el curso, situada a 500 m. del centro de la villa, posee diversas instalaciones deportivas tales como piscina, pistas de tenis, campo de fútbol, etc. Por otro lado, Miraflores es un perfecto punto de partida para excursiones y marchas a lugares próximos tales como: el nacimiento del río Lozoya; el monasterio de El Paular; El Escorial, con su palacio-monasterio de estilo herreriano; Segovia, con su acueducto romano; Avila, encerrada en sus murallas medievales, y las cercanas pistas de esquí del Puerto de Navacerrada.

UBICACION DE LA RESIDENCIA

Rascafría.

RESIDENCIA LA CRISTALERA

Navacerrada.

Manzanares.

Canencia.

Colmenar Viejo.

Soto del Real.

MIRAFLORES

Guadalix.

MADRID

UNIVERSIDAD AUTONOMA

SEGUNDA ETAPA: Funciones

Orientación: In the *Segunda etapa* you will learn three language functions in contexts that relate to the chapter theme. Each *función* is followed by at least three related *Prácticas.* If you need additional explanations or practice, see the *Guía gramatical.*

For additional practice on the imperfect of regular verbs see the *Guía gramatical.* At this point you may want to do a thorough review of the present tense endings.

Have students make up additional examples of routine activities and background information. Write these examples on the chalkboard.

Have students write five activities they did in elementary school and five activities from secondary school. Compare and contrast their list with the other members of the class.

As an alternative, you may want to do a survey of the whole class, counting how many played basketball, etc., in high school. Tally the results on the chalkboard.

PRIMERA FUNCIÓN:
Describing and narrating habitual activities in the past using the imperfect of regular verbs

In Spanish, as in English, there are several tenses that may be used to tell about activities in the past. One of these tenses, the imperfect, is used to describe actions that used to take place routinely. It is also used in providing background information in narration (telling stories). Study the following examples:

César **esquiaba** todos los días en el invierno cuando **vivía** en Burguete, en los Pirineos.

César used to ski every day in the winter when he lived in Burguete in the Pyrenees.

En el puerto de Peñíscola, los hombres **pescaban** mientras que las mujeres **reparaban** las redes.

In the port of Peñíscola, the men fished while the women repaired the nets.

There are several ways to translate the imperfect tense. **Used to** reflects a habitual or routine activity, as does the **-ed** ending in English. **Was/were + -ing** usually indicates background information in a narrative. The forms of the imperfect tense are very easy to learn. Study the chart below and provide your own English equivalents.

El tiempo imperfecto: verbos regulares		
-ar	**-er**	**-ir**
cant**aba**	hac**ía**	viv**ía**
cant**abas**	hac**ías**	viv**ías**
cant**aba**	hac**ía**	viv**ía**
cant**ábamos**	hac**íamos**	viv**íamos**
cant**abais**	hac**íais**	viv**íais**
cant**aban**	hac**ían**	viv**ían**

Prácticas

Have students skim the story and ask several simple comprehension questions before beginning this activity. Use stick figures on the board or on an overhead transparency to emphasize important vocabulary: *¿De qué animal habla el cuento? ¿Qué le gustaba hacer? ¿Cómo eran sus cuernos? ¿Era un toro fuerte o débil?* etc.

A. Érase una vez... Ernest Hemingway, famoso autor norteamericano, pasó unos años en España y muchas de sus novelas se tratan de temas españoles. También escribió cuentos infantiles. Lee los párrafos en la página siguiente de su libro *El toro fiel* y escribe una lista de los verbos en imperfecto.

As a follow-up to this activity, have students write an introduction to their own mystery story. You may write several model sentences on the board or an overhead transparency: *Martín leía en... El viento soplaba... Llovía...* Then have students read their scenes aloud and take a vote on the most mysterious passage.

El toro fiel

Había una vez un toro al que le encantaba luchar y luchaba con todos los demás toros de su misma edad o de cualquier otra edad, y era el campeón.

Sus cuernos eran tan resistentes como la madera dura y tan afilados como las púas de un puerco espín.

Cuando luchaba le dolía la base de los cuernos, pero eso no le preocupaba en absoluto. Los músculos del cuello se le encrespaban en lo que los entendidos llaman el morrillo, y su morrillo se elevaba como una montaña cuando se disponía a entrar en combate.

B. Defensores de la naturaleza. Lee la información sobre los siguientes grupos ecológicos en España y explícale a alguien en la clase lo que hacían en el pasado. En tu explicación, cambia los verbos del presente al imperfecto.

Extension: have the class list several other national or international environmental groups and give a brief summary of their activities.

■ **Ejemplo:**
En el pasado Amigos de la Tierra **contaba** *con 15.000 miembros.*

 Amigos de la Tierra: Asociación de carácter internacional que, en España, cuenta con 15.000 socios. Mantiene una lucha constante contra los armamentos, la energía nuclear, la contaminación y los pesticidas. Denuncia los transportes de productos tóxicos y defiende el esfuerzo en la búsqueda de alternativas fuentes de energía.

 Greenpeace: La delegación en España de esta organización de ámbito internacional reúne a más de 15.000 miembros. Sus esfuerzos se centran en la defensa del Mediterráneo. Se opone a la presencia de submarinos y barcos con armamento nuclear; intenta detener los vertidos industriales que contaminan las aguas. Actúa en forma no violenta para proteger la naturaleza.

 Depana: Se mantiene al margen de acciones ambientales y se ocupa más de la supervivencia vegetal y animal. Suma 1.200 miembros. Regulan la circulación motorizada en las reservas naturales.

Adenex: Actúa en España a nivel local. Sus 4.500 socios batallan para preservar el patrimonio natural y cultural de Extremadura. Intentaron parar el proyecto de urbanización en un embalse de origen romano próximo a Mérida y tomaron parte en la formación del parque natural de Monfrague.

C. ¿Qué hacía la gente? Con alguien en la clase, escribe una lista de las cosas que se hacían antes de que la gente tomará conciencia del problema.

Tell students to review the phrases in *El medio ambiente* before beginning this activity.

■ **Ejemplo:**
No respetaba el sistema ecológico.

—¿Este es el rinconcito maravilloso donde picaban tan bien?

CH. Humor. Mucha gente cree que la época moderna no es como el pasado. Estudia la caricatura y escribe cinco o más cosas buenas del pasado.

■ **Ejemplo:**

Los peces picaban° bien.

peces picaban *fish used to bite*

SEGUNDA FUNCIÓN:
Describing and narrating habitual activities in the past using the imperfect of irregular verbs

Only three verbs, *ir, ser,* and *ver,* are irregular in the imperfect tense. Study their forms below. Provide your own equivalents in English *(was/were + -ing, -ed, used to . . .).*

El tiempo imperfecto: verbos irregulares		
Ir	**Ser**	**Ver**
iba	era	veía
ibas	eras	veías
iba	era	veía
íbamos	éramos	veíamos
ibais	erais	veíais
iban	eran	veían

Prácticas

Expresiones de repetición	
a veces	*at times*
de vez en cuando	*from time to time*
generalmente	*generally*
los lunes (martes, etc.)	*on Mondays (Tuesdays, etc.)*
normalmente	*normally*
siempre	*always*
todos los días (años, meses, etc.)	*every day (year, month, etc.)*
usualmente	*usually*

A. ¿Adónde ibas? Cuando eras joven, ¿adónde ibas? Empleando las expresiones de repetición, escribe cinco oraciones explicando adónde ibas de vacaciones con la familia.

B. En la época de tus abuelos. ¿Cómo era la vida de tus abuelos? Mira la foto de arriba y piensa en cinco actividades del pasado. Compara tu lista con la de alguien en la clase.

■ **Ejemplo:**
Cuando mis abuelos eran jóvenes lavaban la ropa sin lavadora.

C. ¿Ayudas a proteger la naturaleza? Usando los siguientes temas como puntos de partida, entrevista a alguien en la clase y decide quién de los dos ayudaba a proteger la naturaleza.

■ **Ejemplo:**
¿Tirabas botellas de cristal a la basura?

1. pertenecer a una asociación como Greenpeace
2. lavar la ropa con detergentes biodegradables
3. comprar gasolina con o sin plomo
4. poner productos tóxicos en la basura
5. fumar
6. comprar aerosoles
7. tirar artículos y botellas de plástico a la basura
8. usar insecticidas
9. poner fertilizantes en el jardín
10. reciclar el papel

CH. Antes y después. Escribe cinco frases explicando lo que la industria hacía para contaminar la naturaleza.

For additional practice, use these phrases to ask about the past (they may be written on the board or on an overhead transparency and used in groups or as a whole-class activity): *ir a la escuela secundaria, practicar algún deporte, jugar con amigos, perder frecuentemente, celebrar tu cumpleaños, ir de vacaciones, tener un perro o un gato, visitar a los primos/primas, llamarse el maestro/la maestra del colegio, ser el programa favorito de televisión.*

FERNANDO RUBIO

Review *Capítulo 6, Tercera función* before beginning this section. For additional practice on making comparisons see the *Guía gramatical.*

TERCERA FUNCIÓN
Making comparisons between similar people, things, or actions

▲ In *Capítulo 6* you practiced using the regular and irregular comparative and superlative forms of adjectives to contrast people, things, or actions. Sometimes, however, you may wish to make comparisons to show ways in which things are similar. In English you say that Mount Castle in Colorado is **as tall as** Mount Quandry (14,265 feet) or that South Dakota is **as large as** Nebraska (approx. 77,000 sq.mi.). Read the following sentences and notice how similar comparisons are formed in Spanish.

> Gibraltar es **tan** grande **como** Torremolinos. (pop. 29.000)
> El río Ebro es **tan** largo **como** el Duero.

The formula for forming comparisons of equality is as follows:

$$\text{verb} + \textbf{\textit{tan}} + \text{adjective/adverb} + \textbf{\textit{como}}$$

▲ If you wish to form comparisons using nouns instead of adjectives or adverbs you must use a different formula. Notice that in the following sentences *tanto* is an adjective and must agree in number and gender with the noun it modifies.

> Se produce **tanto** vino en Andalucía **como** en la Rioja.
> En el campo no hay **tanta** polución **como** en la ciudad.
> En Barcelona hay **tantos** museos **como** en Madrid.
> España produce **tantas** naranjas **como** la Florida.

▲ *Tanto como* can also be used as an adverb, but in this case it is written together and has only one form.

> Me gusta ir a la playa **tanto como** ir a las montañas.
> No quiero viajar **tanto como** tú.

Point out to students that subject pronouns are used after *tanto como.*

In groups of three, have students compare and contrast how they are similar and different. Write one or two examples on the chalkboard or overhead transparency: *Yo tengo tantos libros como Silvia.*

As an introduction to the activities, have students describe how they are similar to or different from other members of their family. This may also be used as a written assignment.

Prácticas

A. Estados y regiones. Aunque España es uno de los países más grandes de Europa, es pequeño en comparación a los Estados Unidos. El área total de España (la península) es 492.463 km² o casi el tamaño de California y South Carolina. Las dos listas en la página 227 contienen las trece provincias de España y algunos estados de Estados Unidos que son más o menos del mismo tamaño. Escribe seis comparaciones entre las regiones de España y algunos estados.

■ **Ejemplo:**
España es casi° tan grande como California y South Carolina.

casi *almost*

Galicia, valle del río Navia

Provincias	km²	Estados	km²
Andalucía	87.268	California	411.015
Aragón	47.669	Connecticut	12.973
Asturias	10.565	Delaware	5.328
Cantabria	5.289	Hawaii	16.706
Castilla—La Mancha	79.226	Indiana	93.994
Castilla—León	94.147	Maine	86.027
Cataluña	31.930	Maryland	27.394
Extremadura	41.602	Massachusetts	21.386
Galicia	29.434	New Hampshire	24.097
La Rioja	5.034	Rhode Island	3.144
Madrid	7.995	South Carolina	80.432
Murcia	11.317	Vermont	26.180
Navarra	10.421	West Virginia	62.628
País Vasco	7.261		
Valencia	23.305		
Islas Baleares	5.014		
Islas Canarias	7.273		

To convert square kilometers to square miles: Km² × .386. To convert square miles to square kilometers: Miles² × 2.59.

Animales de España

Animales salvajes

águila	*eagle*
cabra montesa	*ibex (mountain goat)*
ciervo	*deer*
faisán (m.)	*pheasant*
jabalí (m.)	*wild boar*
lince (m.)	*lynx*
lobo	*wolf*
oso pardo	*brown bear*
paloma	*dove*
pato	*duck*
salmón (m.)	*salmon*
trucha	*trout*
zorro	*fox*

Animales domésticos

burro	*donkey*
caballo	*horse*
cerdo	*pig*
conejo	*rabbit*
gallina	*chicken*
gallo	*rooster*
gato	*cat*
oveja	*sheep*
perro	*dog*
toro	*bull*
vaca	*cow*

Put these words and phrases into short sentences and pronounce them for your students. Have them repeat as a whole class, then in groups, and then individually.

Point out to students that *águila* takes the definite article *el* in the singular. The plural form is *las águilas.*

El acueducto romano de Ronda, Andalucía

Capítulo 7 **227**

B. Animales españoles. España es un país de contrastes. Así que tiene muchos tipos de animales que habitan diferentes regiones. Usando la lista de animales en la página 227, escoje° algunos y escribe comparaciones con alguien en la clase.

■ **Ejemplo:**

La cabra montesa es tan ágil como el ciervo.

1. grande
2. rápido
3. pequeño
4. lento
5. feroz
6. peligroso
7. hermoso
8. dócil

C. Geografía personal. Lee la historieta siguiente. ¿Cómo es tu propio «país»? Compara y contrasta con la historieta.

■ **Ejemplo:**

Tengo tantos islotes como Anás.

escoje *select*

TERCERA ETAPA: Estrategias

COMPRENSIÓN AUDITIVA (STUDENT TAPE)

Using format cues. In *Capítulo 2* you learned that background knowledge is one of the important keys to listening comprehension. One specific kind of background knowledge is the format of the message. Being able to recognize the format can often help you make hypotheses and predictions about the message. Let's consider the example of gossip. Often times when a person is about to repeat a bit of gossip, he/she will start out by saying: "Karen told me not to repeat this, but . . . ." or "Did you hear what happened to Mark?" At this point we expect that some interesting information is about to be divulged. Taking the speaker's reputation into account, we may hypothesize whether this information will be truthful or not. There are many other types of message formats that we recognize from experience and that may help us to understand the message better. Listen to your student tape and do the following *Práctica*.

Orientación: The third phase of each chapter is the *Estrategias*. Here, you will learn helpful strategies for listening, reading, and writing Spanish. Each section has an explanation about the specific strategy, followed by *Prácticas*. The *Cultura popular* section presents aspects of everyday Hispanic cultures relating to the chapter theme.

Comprensión auditiva may be assigned as homework.

Práctica

Radio Española. Vas a escuchar una variedad de textos orales. Escucha bien los seis textos e identifica la forma de cada mensaje°.

- **Ejemplo:**
  Te habla Mercedes. No estoy en casa ahora. Favor de dejar un recado después del tono.
  answering machine message

Answers: 1. weather forecast 2. disk jockey/radio program 3. announcement of flight information 4. commercial 5. announcement 6. warning

Using a bilingual dictionary, have students look up one additional word that begins with each prefix. Then write a complete sentence for each new word.

LECTURA

Examining prefixes and root words. You have practiced guessing words and phrases based on specific context and your own background knowledge of particular topics. Now, you will learn to expand your guessing skills by figuring out what part of speech the word must be by examining prefixes, root words, and using the surrounding context. For example, the root word in *reutilizar* is *utilizar* (to use or utilize). By adding the prefix *re-* (again) the meaning has been changed from "use" to "reuse." Here are some common prefixes that will help you expand your vocabulary.

Orientación: The *Lectura* section explains a different reading strategy in each chapter. You may be tempted to look up every unfamiliar word in your bilingual dictionary. These strategies will help you to develop good reading skills and rely less on your dictionary. Many of the readings are from Spanish-language newspapers and magazines that native speakers of Spanish read.

Prefijos comunes

ante- *(before)*	anteayer	inter- *(come between)*	intervenir
bio- *(life, living matter)*	biodegradable	inter- *(between)*	interponerse
contra- *(against)*	contradecir	pos-/post- *(after)*	posponer
des-/de- *(separate, undo)*	deshacer	sub-/so- *(under)*	submarino
hiper- *(in excess)*	hipertensión	super- *(in excess)*	superabundancia
il-/i- *(not)*	ilógico		

mensaje (m.) *message*

Práctica

Viviendas biológicas. Antes de leer el artículo siguiente sobre el medio ambiente, estudia el título y trata de predecir° el contenido. Entonces lee el artículo con cuidado e indica si las oraciones son verdaderas o falsas.

1. Se hace el biomueble de productos sintéticos.
2. En España se puede comprar electrodomésticos anticontaminantes.
3. La lana es un producto derivado del petróleo.
4. En Europa hay casas totalmente construidas con materiales naturales.
5. No se puede utilizar energía solar en los sistemas de calefacción.
6. Las casas biológicas están construidas de materiales naturales y sintéticos.
7. En Alemania hay más de 1.500 casas biológicas.
8. También existen muebles y pintura que no son tóxicos.

VIVIENDAS BIOLÓGICAS

El biomueble es elaborado sin la intervención de productos sintéticos o derivados del petróleo. Además, en su acabado se utilizan elementos naturales como cera, grasa, tierra y extractos de árboles. Para los que quieran vivir en un entorno natural desde dentro de su casa, hay en España varios establecimientos en los que se pueden comprar muebles y accesorios de decoración ecológicos. En algunos de ellos se pueden comprar también electrodomésticos como hornos, cocinas y frigoríficos no contaminantes.

Para decorar las paredes, dormitorios y salones se pueden adquirir tapices, edredones, rellenos con lana natural esponjada y accesorios de artesanía en resina, madera o metal pintado.

Las «casas biológicas» totalmente construidas con materiales naturales, amuebladas y pintadas con productos no tóxicos y con sistema de calefacción por energía solar ya son una realidad en Europa. Según Uwe Geiner, arquitecto alemán, entre el 5 al 10 por ciento de las casas que se construyen hoy en Alemania son casas biológicas y en otro 25 por ciento se han utilizado materiales de bioconstrucción como biopintura. En la República Federal de Alemania ya hay aproximadamente 2.000 casas biológicas extendidas por todo el país.

COMPOSICIÓN

Orientación: You already know that writing in your native language is a sophisticated process. It takes time and effort to "turn a phrase" just the right way. The *Composición* section will help you develop your writing skills in Spanish. You will start out slowly by learning how to organize your ideas and then begin to write very simple compositions.

Comparison and contrast. One of the most frequently used forms of composition is comparison and/or contrast. Comparison and contrast are frequently seen in newspaper and magazine articles and are often incorporated into a written argument to reinforce the writer's point of view.

A comparison refers to the similarities between two entities. A contrast, on the other hand, points out the differences. Of course, it is entirely possible to include

predecir *predict*

both comparisons and contrasts within the same composition. After you have decided on the topic for your composition, it is a good idea to get organized by listing the similarities and/or differences between the two entities you wish to compare or contrast. You may need to consult outside sources for information.

Next, decide how you will present your information. There are two basic methods involved: you may either present all of the information relating to one topic, then all of the information relating to the other topic, or you may compare and contrast point by point. In writing an effective comparison or contrast, it is best to make an outline of your organization and the relevant items of information.

The following list provides a few phrases in Spanish that may be used to compare and contrast.

Put these words and phrases into short sentences and pronounce them for your students. Have them repeat as a whole class, then in groups, and then individually.

Comparación y contraste

comparado/comparada con	*compared with*	en contraste con	*in contrast with*
del mismo modo	*similarly*	al contrario	*on the contrary*
como	*like, as*	a diferencia de	*in contrast*
en comparación	*in comparison*	diferente de	*unlike*
comparar	*to compare*	hacer diferencia entre	*to draw a distinction between*

Práctica

Los residuos tóxicos. España, como casi todo el mundo, tiene problemas severos respecto a los residuos tóxicos°. Estudia el mapa y el párrafo. Luego escribe una composición breve (dos o tres párrafos) en la que se comparan y/o se contrastan dos de las regiones.

residuos tóxicos *toxic waste*

GENERACIÓN DE RESÍDUOS TÓXICOS Y PELIGROSOS POR COMUNIDADES

Cantabria 22.300
P. Vasco 263.000
Asturias 70.300
Navarra 29.000
Cataluña 458.000
Galicia 43.850
La Rioja 13.750
Aragón 98.650
Castilla y León 116.150
Madrid 148.000
Valencia 155.950
Baleares 19.000
Castilla-La Mancha 35.750
Extremadura 22.700
Murcia 17.500
Andalucía 167.650
TOTAL: 1.708.400 TM/AÑO
Canarias 26.850

Menos de 30.000
De 30.000 a 80.000
De 80.000 a 250.000
Más de 250.000

ADRIANA EXENI

España se ahoga entre toneladas de residuos tóxicos y peligrosos

Sólo un 23 por ciento de lo que se genera cada año recibe tratamiento adecuado. Expertos y gestores se reunirán en Madrid y Barcelona para buscar soluciones oportunas.

- El costo de la reconversión ecológica para conformar con otros paises europeos se estima en un billón de pesetas.
- Casi el 70 por 100 de los residuos industriales puede reciclarse y reutilizarse.

CULTURA POPULAR

Orientación: As you already know, there are twenty-two Spanish-speaking countries (including the United States). The cultures represented by those countries probably have more differences than similarities. Rather than trying to "homogenize" the various Hispanic cultures, the *Cultura popular* presents little "snapshots" about specific aspects of everyday culture. The *Guía cultural,* on the other hand, will provide you with geographical, historical, and other cultural information about each of the Spanish-speaking countries.

La ecología en España. Many companies and organizations in Spain are very active in their efforts to protect and preserve the environment. The Spanish Parliament, in response to the efforts of the international organization, Friends of the Earth *(Federación de Amigos de la Tierra),* has declared the 1990's the *"Década del Medio Ambiente."* The *Asociación Ecologista de Defensa de la Naturaleza* actively campaigns against deforestation and the effects of pollutants on the ozone layer. Read the following list of major environmental concerns published during *El Día de la Tierra* and jot down the topics that you are most familiar with. Then, compare your list with other members of the class.

Las graves enfermedades del Globo

- **Deforestación.** En la última década han sido quemados 36.000 kilómetros cuadrados de bosques y selvas; 100.000 kilómetros cuadrados de selva amazónica desaparecen al año.
- **LLuvia ácida.** La mezcla entre el oxígeno atmosférico y las emisiones tóxicas también ataca al ser humano causando unas 50.000 muertes prematuras al año.
- **Destrucción de la capa de ozono.** Los CFCs atacan la capa que nos protege de las radiaciones ultravioleta del sol.
- **Efecto invernadero.** Si las emisiones tóxicas a la atmósfera continúan, los científicos predicen que la temperatura de la Tierra aumentará entre 1,5 y 4,5 grados centígrados en 2030.
- **Especies en peligro de extinción.** Tres especies animales desaparecen cada día, y el 20 por ciento del total de las mismas podría extinguirse de aquí al año 2000.
- **Contaminación del agua.** Mareas negras y vertidos tóxicos provocan la muerte de 25 millones de animales al año.
- **Contaminación atmosférica.** Unos 600 millones de personas respiran aire dañino para la salud.
- **Basuras y residuos industriales.** España produce 300 kilos de basura por habitante y año y casi dos millones de toneladas de residuos industriales.
- **Plásticos.** Degradan el paisaje y ocasionan millones de muertes en animales al ingerirlos confundidos con alimentos.

USAR Y NO TIRAR

En toda Europa se desperdician 210 kilos de papel por habitante por año. En otros países, como en Estados Unidos, el reciclaje se realiza de una forma más generalizada. En muchos hogares se tienen dos o tres cubos de basura para separar lo desechable de lo que se puede reciclar.

En España hay diversos puntos de reciclaje de papel a los que se pueden llevar cartones o periódicos viejos para ser reutilizados y evitar así la tala masiva de bosques.

Prácticas

A. El reciclaje. Desde 1987 existe en Europa un esfuerzo de los 12 países del Mercado Común para informar, sensibilizar y animar a todos los ciudadanos a conservar y mejorar el medio ambiente. El artículo a la izquierda explica una de las formas de conservar la naturaleza. Después de leerlo, escribe una lista de cosas que se reciclan en los Estados Unidos.

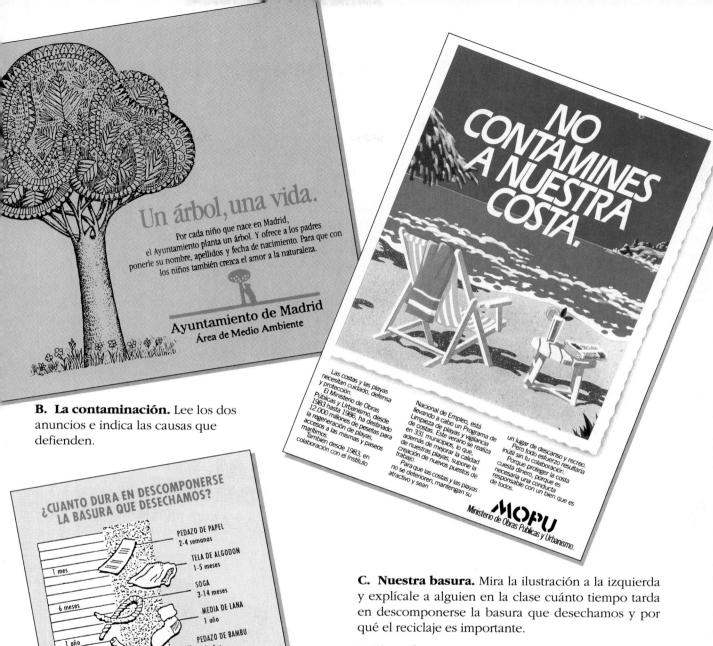

Un árbol, una vida.

Por cada niño que nace en Madrid,
el Ayuntamiento planta un árbol. Y ofrece a los padres
ponerle su nombre, apellidos y fecha de nacimiento. Para que con
los niños también crezca el amor a la naturaleza.

Ayuntamiento de Madrid
Área de Medio Ambiente

NO CONTAMINES A NUESTRA COSTA.

Las costas y las playas
necesitan cuidado, defensa
y protección.
El Ministerio de Obras
Públicas y Urbanismo, desde
1983 hasta 1986, ha destinado
12.000 millones de pesetas para
la regeneración de playas,
accesos a las mismas y paseos
marítimos.
También desde 1983, en
colaboración con el Instituto

Nacional de Empleo, está
llevando a cabo un Programa de
Limpieza de playas y vigilancia
de costas. Este verano se realiza
en 331 municipios, que,
además de mejorar lo, que,
de nuestras playas, supone la
creación de nuevos puestos de
trabajo.
Para que las costas y las playas
no se deterioren, mantengan su
atractivo y sean

un lugar de descanso y recreo.
Pero todo esfuerzo resultará
inútil sin tu colaboración.
Porque proteger la costa
cuesta dinero, porque es
necesaria una conducta
responsable con un bien que es
de todos.

MOPU
Ministerio de Obras Públicas y Urbanismo.

B. La contaminación. Lee los dos
anuncios e indica las causas que
defienden.

¿CUANTO DURA EN DESCOMPONERSE LA BASURA QUE DESECHAMOS?

PEDAZO DE PAPEL
2-4 semanas

1 mes

TELA DE ALGODON
1-5 meses

SOGA
3-14 meses

6 meses

MEDIA DE LANA
1 año

PEDAZO DE BAMBU
1-3 años

1 año

PEDAZO DE MADERA PINTADA
13 años

10 años

LATA DE HOJALATA
100 años

100 años

LATA ALUMINIO
200-500 años

YUNTAS PLASTICAS
450 años

500 años

BOTELLA DE CRISTAL
indeterminado

C. Nuestra basura. Mira la ilustración a la izquierda
y explícale a alguien en la clase cuánto tiempo tarda
en descomponerse la basura que desechamos y por
qué el reciclaje es importante.

■ **Ejemplo:**
*Una lata aluminio tarda 200 a 500 años en
descomponerse.*

Use this activity as a review of
numbers and comparisons. Students may indicate how long it
takes for each item to decom-
pose or compare the times required by several different
objects.

Capítulo 7 **233**

CUARTA ETAPA: ¡Muestra lo que sabes!

Autoprueba

Trabaja con alguien en la clase para resolver los problemas siguientes.

A. Escribe una lista de diez actividades que vas a hacer para preservar el medio ambiente.

B. Escríbele una tarjeta postal a tu amigo/amiga en la que describes el tiempo y paisaje de un lugar de vacaciones que conoces.

C. Una pregunta común que se hace durante un viaje en el extranjero es «¿Cómo es el lugar donde vives?». Practica una descripción de tu región con alguien en la clase.

CH. Comparte algunos recuerdos de tu niñez° con alguien en la clase. Dile las actividades que siempre hacías cuando eras niño/niña.

D. Estudia el mapa de España y escribe cinco oraciones en las que comparas y contrastas los rasgos geográficos, el tamaño, los productos, etc., con los de tu país.

E. Lee el siguiente anuncio para *Visa Adena/Banco Santander* y explícale a alguien en la clase por qué debe o no debe usar esa tarjeta.

Comparte algunos recuerdos de tu niñez *Share some childhood memories*

F. Escucha otra vez la entrevista ¡A escuchar! en tu cassette. Escribe sobre dos o tres problemas significativos del Mar Mediterráneo.

Fíjate en el vocabulario

Guessing meanings using prefixes and root words. In this chapter, you learned how to guess the meanings of words from their prefixes and roots. This is an important strategy for building vocabulary, as well as comprehension. Take the verb *escribir,* for example. By adding a variety of prefixes you can "build" a number of different words such as:

describir   inscribir   prescribir   subscribir   transcribir

As you continue your study of Spanish, be on the watch for root words of this type. You'll be surprised how your vocabulary will increase.

Orientación: Fíjate en el vocabulario contains some study strategies that will help you learn the key words and phrases for the chapter.

These activities may be assigned as homework.

Prácticas

A. Haz una lista de los animales salvajes de tu estado. Indica los animales que están en peligro de extinción.

B. ¿Estás o no estás de acuerdo con la política ambiental sobre los bosques del noroeste, la contaminación de las vías fluviales° y el aire y la protección de animales en peligro de extinción? Escribe cinco oraciones explicando tu opinión.

C. Dibuja° un mapa de Estados Unidos con los rasgos geográficos importantes.

CH. Lee la sección sobre el tiempo en el periódico de hoy. Escribe en español el pronóstico para tu ciudad y tres sitios más.

D. Mira las fotos de la provincia de Castilla la Vieja y compáralas con tu estado.

vías fluviales *waterways*   **Dibuja** *Draw*

Ávila y Segovia

E. Lee el chiste y explícale a alguien en la clase por qué la mujer quiere dinamitar los edificios.

F. Escribe otra vez los sustantivos° de la lista de vocabulario y clasifícalos según su género.

Orientación: The *Vocabulario* is a list of words and phrases from which you may select when doing the speaking and writing *Prácticas.* The list is subdivided into smaller categories for study and reference purposes. However, you may wish to organize the list into other meaningful categories.

sustantivos *nouns*

—EXISTE UNA FIRME VOLUNTAD DE ADECENTAR LAS COSTAS ESPAÑOLAS.
—¿SERÁ POSIBLE DINAMITAR TANTO EDIFICIO?

VOCABULARIO

Expresando acuerdo...

Así es.   *That's so.*
Claro.   *Certainly.*
Correcto.   *That's right.*
Es verdad.   *It's true.*
Estoy de acuerdo.   *I agree.*
Exacto.   *Exactly.*
Eso es.   *That's it.*
Por supuesto.   *Of course.*
Seguro.   *Sure.*
Probablemente.   *Probably.*

Expresando desacuerdo...

No es así.   *That's not so.*
No es cierto.   *It's not so.*
Incorrecto.   *That's not right.*
No es verdad.   *It's not true.*
No estoy de acuerdo.   *I don't agree.*
Al contrario.   *On the contrary.*
No es eso.   *That's not it.*
Todo lo contrario.   *On the contrary.*
Es dudable.   *It's doubtful.*
No es probable.   *It's not likely.*

Expresando obligación...

Hay que...   *One should . . .*
No hay que...   *One shouldn't . . .*

Medio ambiente

animales (m.)   *animals*
ayudar   *to help*
conservar   *to conserve*
construir   *to build*
contaminar   *to pollute*
controlar   *to control*
desarrollar   *to develop*
destruir   *to destroy*
energía   *energy*
energía solar   *solar energy*
escasez (f.)   *shortage*
evitar   *to avoid*
fábrica   *factory*
gasolina sin plomo   *unleaded gasoline*
lluvia ácida   *acid rain*
pesticidas   *pesticides*
población   *population*
poner multas   *to give fines*
productos sintéticos   *synthetic products*
productos tóxicos   *toxic products*
prohibir   *to prohibit*
proteger   *to protect*
recursos naturales   *natural resources*
usar   *to use*
vertir   *to dump*

Agricultura

árbol (m.) *tree*
arrozal (m.) *rice paddy*
flor (f.) *flower*
fruta *fruit*
jerez (m.) *sherry*
olivo *olive tree*
pesca *fishing*
verdura *vegetable*
vino *wine*

Expresiones de repetición

a veces *at times*
de vez en cuando *from time to time*
generalmente *generally*
los lunes (martes, etc.) *on Mondays (Tuesdays, etc.)*
normalmente *normally*
siempre *always*
todos los días (años, meses, etc.) *every day (year, month, etc.)*
usualmente *usually*

Topografía

árido/árida *dry, arid*
bahía *bay*
balneario *bathing resort*
bosque (m.) *forest*
catarata *waterfall*
cerro *hill*
continente (m.) *continent*
cordillera *mountain range*
costa *coast*
escarpado/escarpada *rugged*
golfo *gulf*
isla *island*
islote (m.) *barren island*
lago *lake*
meseta *plateau*
montaña *mountain*
montañoso/montañosa *mountainous*
ojo *spring*
península *peninsula*
pozo *well, pool*
profundo/profunda *deep*
ría *estuary, fjord*
río *river*
rocoso/rocosa *rocky*
salvaje *wild*
sierra *mountain range*
tierra *land, Earth*

Cómo hablar del tiempo

Hace buen tiempo. *It's nice weather.*
calor. *It's hot.*
fresco. *It's cool.*
frío. *It's cold.*
mal tiempo. *It's bad weather.*
sol. *It's sunny.*
viento. *It's windy.*
Está despejado. *It's clear.*
nublado/nuboso. *It's cloudy.*
Hay una borrasca. *There's a storm front.*
relámpagos. *There is lightning.*
niebla. *It's foggy.*
Llueve. *It rains.*
Nieva. *It snows.*
Está lloviendo. *It's raining.*
Está nevando. *It's snowing.*

Direcciones

noreste (m.) *northeast*
noroeste (m.) *northwest*
sureste (m.) *southeast*
suroeste (m.) *southwest*

Animales

águila *eagle*
burro *donkey*
caballo *horse*
cabra montesa *ibex (mountain goat)*
cerdo *pig*
ciervo *deer*
conejo *rabbit*
faisán (m.) *pheasant*
gallina *chicken*
gallo *rooster*
gato *cat*
jabalí (m.) *wild boar*
lince (m.) *lynx*
lobo *wolf*
oso pardo *brown bear*
oveja *sheep*
paloma *dove*
pato *duck*
perro *dog*
salmón (m.) *salmon*
toro *bull*
trucha *trout*
vaca *cow*
zorro *fox*

CAPÍTULO 8

Las diversiones

Propósitos

Escenario: España

Primera etapa: Preparación
Introducción: El ocio
¡A escuchar!: En Barcelona
Comunicación: *Adding information, and asking for clarification and opinions*
Así es: Cómo hablar del transcurso del tiempo
Expresiones: Una tienda de deportes

Segunda etapa: Funciones
Primera función: *Reporting actions that took place and were completed in the past using the preterite tense of regular verbs*
Segunda función: *Giving direct orders using regular informal commands*
Tercera función: *Describing and qualifying actions using adverbs*

Tercera etapa: Estrategias
Comprensión auditiva: *Identifying referents*
Lectura: *Recognizing the author's intent*
Composición: *Making smooth transitions*
Cultura popular: Tascas y tapas

Cuarta etapa: ¡Muestra lo que sabes!
Autoprueba
Fíjate en el vocabulario: *Using suffixes to expand vocabulary*

El Estadio Olímpico, Barcelona

PRIMERA ETAPA: Preparación

Introducción

El ocio°. Leisure time in Spain is not synonymous with *siesta*. On the contrary, free time is spent participating in sports, hobbies, and attending cultural events, like the theatre, museums, etc. As you can see from the ad at the left, Spain has even dedicated an international trade show to *el ocio*.

Scan the advertisement and jot down some of the hobbies *(pasatiempos)* that are exhibited. What phrase indicates that leisure time activities are for everyone?

Now, read the following paragraph and study the chart below from the *ABC*, one of Spain's most popular newspapers, that indicates how young Spanish men and women spend their free time. Then write a list of five or six activities that you usually do and compare the results with the other members of the class and with the survey.

Según la encuesta° en el *ABC*, al 68 por ciento de los jóvenes mayores de dieciséis años les gusta viajar durante sus vacaciones. Pero hay otras formas también de pasar las horas de ocio. ¿Cuáles son?

ocio *leisure time* **encuesta** *survey*

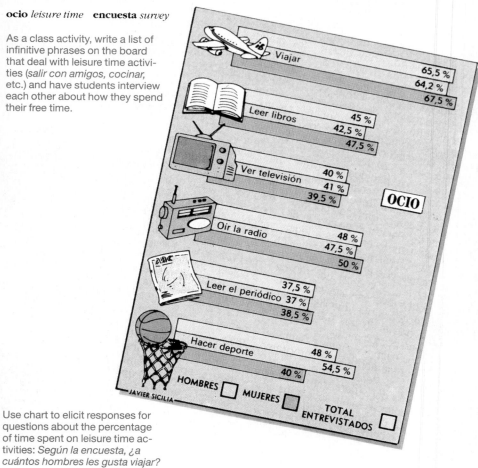

El ocio es cosa de todos

expo ocio

La Feria del Tiempo Libre

28 ABRIL 6 MAYO

11 a 21 horas
CARAVANAS-CAMPING
FOTOGRAFIA
INTERIORISMO - MUEBLE
MOTOR SHOW - PISCINAS
AUTOMOVILISMO - NAUTICA
BRICOLAJE - JARDINERIA
FEMINA - 3.º EDAD - HOBBYS

FERIAL CASA DE CAMPO • MADRID

Viajar	65,5 % / 64,2 % / 67,5 %
Leer libros	45 % / 42,5 % / 47,5 %
Ver televisión	40 % / 41 % / 39,5 %
Oír la radio	48 % / 47,5 % / 50 %
Leer el periódico	37,5 % / 37 % / 38,5 %
Hacer deporte	48 % / 54,5 % / 40 %

OCIO

HOMBRES □ MUJERES □ TOTAL ENTREVISTADOS □

JAVIER SICILIA

¡A ESCUCHAR! (STUDENT TAPE)

Antes de escuchar

En Barcelona. Barcelona, the capital of Cataluña and the second largest city in Spain, is also one of the major ports on the Mediterranean Sea. A thriving center for the arts and creativity, Barcelona is one of the truly cosmopolitan cities of the world. Cataluña is one of the provinces of Spain that has its own language, *catalán,* and the majority of the province's inhabitants are bilingual, speaking Spanish and *catalán*.

Tim, an American studying in Barcelona, is asking his friend Mauricio for some advice. During the conversation, you will notice that when Mauricio is referring to Tim and other friends, he uses *vosotros* instead of *ustedes*. Play your student tape and jot down notes on the following points.

- Determine if Mauricio greets his friend in Spanish or *catalán*.
- Listen for what type of advice Tim asks for.
- Identify three of Mauricio's suggestions.

Comprensión

Ahora, escucha el cassette otra vez y termina las siguientes frases.

1. En Barcelona hay 70...
2. Un famoso artista del estilo cubista es...
3. A Tim le gustan mucho la pintura y...
4. En Montjuich hay un museo muy importante de arte...
5. En las Ramblas hay muchas cosas interesantes como...

Answers: 1. *museos* 2. *Picasso* 3. *la cerámica* 4. *catalán, romántico* 5. *objetos de arte, artículos hechos a mano, libros y pájaros*

Before assigning the *Antes de escuchar,* use a map of Spain and point out to students that the following regions have their own languages/dialects: *Galicia—gallego; País Vasco—euskera; Valencia—valenciano; Islas Baleares—mallorquín; Islas Canarias—canario.*

This plural form of *tú* is only used in Spain. In Latin America, the plural form *ustedes* is used both in formal and informal situations.

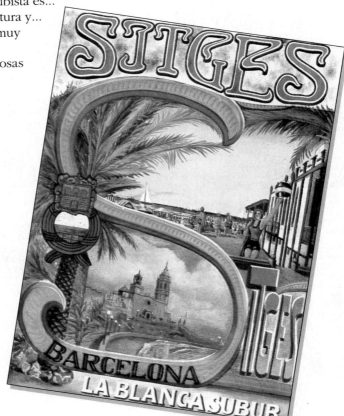

COMUNICACIÓN (STUDENT TAPE)

The following short dialogues are based on some expressions that Tim and Mauricio used in their conversation. These phrases will help you to add information, ask for clarification, and ask for opinions. Listen to the conversations on your student tape and practice them with other members of the class.

Añadiendo información... *Adding information*

Pidiendo clarificación... *Asking for clarification*

Pidiendo opiniones... *Asking for opinions*

Prácticas

The following *Prácticas* are paired communication practice and should be done in class.

Añadiendo información...

Además...	*In addition* . . .
De paso...	*By the way* . . .
También...	*Also* . . .

A. Los museos de Barcelona. Lee las siguientes descripciones de los museos y menciona una obra que se exhibe en cada sitio. Luego, alguien en la clase debe añadir° más información.

To review time and location, have students indicate where each museum is located and when it is open. Point out that several places are closed during lunch and re-open in the afternoon. Students may also indicate what museums they would and would not like to visit and explain why.

■ **Ejemplo:**

Estudiante 1: *El Museo de Arte de Cataluña tiene colecciones de arte románico y gótico catalán.*

Estudiante 2: *También tiene pinturas murales.*

Present alternative verb phrases to use with this activity: *También hay pinturas murales... Se exhiben pinturas murales... El museo ofrece pinturas murales,* etc.

añadir add

MUSEOS DE BARCELONA

Museo de Arte de Cataluña y Museo de Cerámica
Colecciones de arte románico y gótico catalán; pinturas murales—entre las mejores colecciones del mundo, retablos. El arte barroco español y europeo también están representados. Palacio Nacional de Montjuich. Abierto de 10 a 14.

Museo Arqueológico
Piezas diversas desde la Prehistoria hasta el siglo VIII. Magnífica colección de mosaicos romanos. Parque de Montjuich. Abierto de 10 a 18. Festivos de 10 a 13.

Museo de Artes Decorativas, Colección Cambó y Museo Postal
Muebles, tapices, cerámicas, vidrios, marfiles, etc. Colección Cambó de los grandes maestros de la pintura universal. Museo Postal con valiosas colecciones filatélicas. Palacio de la Virreina. Rambla de las Flores. Abierto de 10 a 14 y de 18 a 21.

Museo Marítimo
Recuerdos de todas las épocas de la navegación, principalmente catalana, a vela, remo y vapor. Cartografía y marina mercante. Reales Atarazanas, Puerta de la Paz. Abierto de 10 a 13 y de 16 a 18, excepto los lunes.

Museo Municipal de Música
Instrumentos de cuerda, viento, etc., cultos y populares, españoles y exóticos. Manuscritos y recuerdos de grandes músicos. Bruch, 110. Abierto laborales de 10 a 14.

Ajuntament de Barcelona

Museu

Picasso

Nº 297054

Sèrie B

Preu: Segons ordenances vigents

B. Excursiones. En grupos de tres hablen sobre algunos sitios en España que les gustaría visitar. Cada persona debe añadir algo más que se puede hacer en cada sitio.

■ **Ejemplo:**

Estudiante 1: *Me gustaría ir a las Islas Canarias para ver las playas.*
Estudiante 2: *De paso podemos ver los volcanes.*
Estudiante 3: *También podemos ir a la isla de Lanzarote.*

Pidiendo clarificación...

¿Cómo?	*What?*
Dime una cosa.	*Tell me something.*
Más despacio.	*More slowly.*
No comprendo./No entiendo.	*I don't understand.*
¿Perdón?	*Pardon me?*
¿Qué? Otra vez, por favor.	*What? One more time, please.*
Repita, por favor.	*Please repeat.*

C. ¿Cómo...? Mientras lees las siguientes oraciones, alguien en la clase debe interrumpirte para pedir clarificación.

■ **Ejemplo:**

Estudiante 1: *En Cataluña hablan español y catalán.*
Estudiante 2: *Perdón. ¿Qué hablan?*

1. Las corridas de toros empiezan en la primavera y terminan en el verano.
2. El baile regional de Aragón es la jota.
3. El Real Madrid es un equipo de fútbol muy popular.
4. Hay seis horas de diferencia entre Barcelona y Nueva York.
5. Vega-Sicilia es un buen vino tinto de la región de Valladolid.
6. En el invierno, mucha gente va a los Pirineos para esquiar.
7. El Rey Juan Carlos y su familia pasan mucho tiempo en su yate en las Islas Baleares.
8. El único río navegable en España es el Guadalquivir.

Vamos a esquiar en los Pirineos

Pidiendo opiniones...

¿Cuál prefieres?	*Which do you prefer?*
¿Qué opinas de...?	*What is your opinion about . . . ?*
¿Qué piensas?	*What do you think?*
¿Qué te parece(n)...?	*How does . . . seem to you?*
¿Te gusta(n)...?	*Do you like . . . ?*
¿Te interesa(n)...?	*Are you interested in . . . ?*

CH. ¿Qué opinas de...? Pídele a alguien en la clase su opinión sobre las siguientes cosas.

■ **Ejemplo:**

Estudiante 1: *¿Qué opinas de la corrida de toros?*
Estudiante 2: *Pienso que la corrida es emocionante.*

1. el reciclaje de papel
2. el arte moderno
3. la violencia en el deporte
4. la experimentación con animales
5. la energía nuclear
6. la ingeniería genética
7. el fumar en sitios públicos
8. la contaminación de las aguas
9. los abrigos de piel

Have students review *Cápitulo 7* for additional items to add to this list. You may write their phrases on the board or an overhead transparency for further classroom discussion.

D. Síntesis. Mira la siguiente lista de deportes del *Sport Center* en Ibiza y discute con alguien en la clase los que quieres practicar. Debes justificar cada decisión.

El complejo deportivo que la gente de Ibiza esperaba y necesitaba

En SPORT CENTER encontrará
- Tenis
- Squash
- Fútbol Sala
- Baloncesto
- Minibasket
- Padel Tenis
- Mini Golf
- Parque Infantil
- Snack Bar
- Salón social
- Gimnasia-aerobic
- Jogging

Gimnasia: abonos semanales, quincenales y mensuales

Dirigido por un Licenciado en Educación Física (INEF Barcelona)
En Playa d'en Bossa (frente al Hotel Playa d'en Bossa y la discoteca SPACE)

Comprehension questions for realia:
1. ¿Cómo se llama el complejo deportivo?
2. ¿Dónde está?
3. ¿Qué es un abono?
4. ¿Qué cosas ofrecen que no son deportes?

Así es

Cómo hablar del transcurso del tiempo

How long have you been studying Spanish? How long have you been attending the university? In Spanish, in order to talk about an action or event that began in the past and continues into the present, you need only to remember one simple formula. Let's look at some sentences that tell about some of the things that are happening in Barcelona. What pattern is evident in the following examples?

Hace treinta años **que** el museo de Picasso está abierto.
Hace quince años **que** los estudiantes estudian catalán en la escuela.
Hace cien años **que** los arquitectos trabajan en la Sagrada Familia.

To introduce this concept, write phrases on the board or overhead transparency and have students complete as an in-class activity: *Hace un año que no... Hace diez años que mi familia... Hace seis meses que mi amigo...*

Right! In order to tell how long someone has been doing something or an action has been going on you must use the following formula. Since the action is still in progress you must use the present tense.

Hace + time period + **que** + present tense verb

Now, using the pattern above, let's talk about how long you have been involved in some activities.

Prácticas

As an introduction to this activity, ask students in Spanish to think of activities they have been involved in for a period of time and make a list on the board. Then ask students (as a whole-class activity) how long they have played tennis, owned their own car, etc.

A. ¿Cuánto tiempo hace que...? Túrnate con alguien en la clase, preguntando° sobre las siguientes acciones.

■ **Ejemplo:**
Estudiante 1: *¿Cuánto tiempo hace que conduces?*
Estudiante 2: *Hace diez años que conduzco.*

1. salir con tu novio/novia
2. estar casado/casada
3. estudiar español
4. vivir en tu casa/apartamento
5. no ir de vacaciones
6. trabajar/buscar un trabajo
7. querer visitar un país extranjero
8. practicar algún deporte
9. (no) fumar
10. asistir a la universidad

Expansion: have students write why they have not accomplished three or four of their goals. Write one or two sentences on the board to serve as examples: *Hace diez años que quiero comprar un coche deportivo, pero no gano suficiente dinero.*

B. Unos deseos. Cuéntale a alguien en la clase cuánto tiempo hace que quieres hacer las siguientes cosas.

■ **Ejemplo:**
Hace diez años que quiero comprar un coche deportivo.

1. viajar al extranjero
2. conocer a alguien interesante
3. tomar unas vacaciones exóticas
4. terminar los estudios
5. comprar... (un coche deportivo, una casa...)
6. aprender a... (cocinar, programar computadoras...)
7. dejar de... (fumar, comer tanto, beber café...)
8. visitar a... (mi compañero/compañera de colegio, mis parientes en...)

C. Comparaciones. Usando las frases en *Prácticas A* y *B,* escribe un párrafo comparando tus actividades con las de alguien en la clase.

■ **Ejemplo:**
Hace dos años que no voy de vacaciones, pero sólo hace un año que Donna no va de vacaciones.

Before assigning this *Práctica,* tell students to review the vocabulary on page 120 *(Capítulo 4)*

CH. Los quehaceres. Pregúntale a alguien en la clase cuánto tiempo hace que no hace los siguientes quehaceres.

■ **Ejemplo:**
Estudiante 1: *¿Cuánto tiempo hace que no riegas las plantas?*
Estudiante 2: *Hace una semana que no riego las plantas.*

1. hacer la cama
2. sacar la basura
3. cortar la hierba
4. barrer el suelo
5. lavar las ventanas
6. sacudir los muebles
7. limpiar los roperos
8. pasar la aspiradora
9. colgar la ropa

preguntando *asking*

EXPRESIONES (INSTRUCTOR TAPE)

Una tienda de deportes. En esta lección, vas a visitar una tienda de equipo deportivo° con Mauricio Moro, de Barcelona. Como muchas personas, a Mauro le gusta mantenerse en forma° con el ejercicio. Escucha cuidadosamente a tu instructor/instructora para entender las ideas principales. Después de escuchar, completa la sección *Comprensión*.

Comprensión

¿Sí o no? ¿Entendiste las ideas principales de las *Expresiones?* Lee las siguientes oraciones sobre las escenas ya descritas°. Si la oración es correcta, según la narración, contesta **sí.** Si la oración no es correcta, contesta **no.** Corrige las oraciones que no son correctas.

1. Se usa un casco para jugar al tenis.
2. A Mauro le fascina el béisbol.
3. Jai alai es el deporte más rápido del mundo.
4. En la natación se usa una tabla para desarrollar los músculos.
5. No se practica el culturismo en España.
6. A los españoles les gusta pescar.
7. Es necesario tener una raqueta para jugar al ráquetbol.
8. Un frontón es un tipo de cancha.

equipo deportivo *sporting goods*   **mantenerse en forma** *keep in shape*   **descritas** *described*

Equipo deportivo

aletas	*flippers*	gafas	*goggles*
avíos de pesca	*fishing tackle*	guante (m.)	*glove*
bate (m.)	*bat*	máquina	*machine*
caña de pescar	*fishing rod*	pelota	*ball*
casco	*helmet*	raqueta	*racket*
cesta	*basket*	tabla	*kickboard*
frontón (m.)	*jai alai court*	tubo para respirar	*snorkel*

Deportes

baloncesto	*basketball*
béisbol (m.)	*baseball*
bucear (con tubo de respiración)	*to dive (snorkel)*
caminar, pasear	*to walk, stroll*
cazar	*to hunt*
correr	*to run*
culturismo	*body building*
esquiar	*to ski*
fútbol (m.)	*soccer*
fútbol americano	*football*
hacer alpinismo	*to climb mountains*
ejercicios	*to exercise*
esquí acuático	*to water ski*
gimnasia	*to do gymnastics*
submarinismo	*to do underwater sports*
windsurf	*to windsurf*
yoga	*to do yoga*
jai alai (m.)	*jai alai*
levantar pesas	*to lift weights*
luchar	*to wrestle*
nadar	*to swim*
natación	*swimming*
navegar a la vela	*to sail*
patinar	*to skate*
pelota	*handball*
pesca	*fishing*
pescar	*to fish*
practicar karate	*to do karate*
judo	*judo*
artes marciales	*martial arts*
practicar la esgrima	*to fence*
volante (m.)	*badminton*

Expresiones relacionadas	
aficionado/aficionada	*fan*
cartel (m.)	*poster*
deportivo/deportiva	*related to sports*
detenerse	*to stop*
entrenar	*to train*
inspeccionar	*to inspect*
originar	*to originate*
partido	*game, match*
practicar un deporte	*to play a sport*

Prácticas

A. Tu deporte preferido. Pon a prueba° a alguien en la clase. Nombra un deporte que te gusta. Él/Ella tiene que mencionar el equipo necesario para practicarlo.

■ **Ejemplo**

Estudiante 1: *A mí me gusta el béisbol.*
Estudiante 2: *Necesitas una pelota y un bate.*

Pon a prueba *Test*

Nuevo gran
CENTRO DEPORTIVO
60.000 m² en plena naturaleza

¡Haz deporte! ¡Juega al tenis! Zambúllete en la piscina! ¡Goza del fútbol sala sobre césped natural! ¡Diviértete con el ping-pong! ¡Practica el badmington! ¡Y haz felices a tus hijos en el jardín infantil! ¡Tómate un refresco en las terrazas!

El fútbol profesional, Málaga

This *Práctica* could be used as a whole-class game.

B. El deporte en España. Lee la lista de deportes y las noticias breves° de *El País*. Selecciona las noticias para cada deporte.

1. golf
2. natación
3. ciclismo
4. fútbol americano
5. fútbol
6. vela

Comprehension questions for realia:

1. ¿Cuántas millas navegaron? ¿Cuántos barcos salieron? ¿De dónde salieron? ¿Adónde van a terminar?
2. ¿De dónde son los Boxers? ¿Qué ganaron? ¿Quiénes perdieron el partido? ¿Quién logró un touchdown?
3. ¿Dónde se jugó el Open de Escocia? ¿Quién ganó? ¿Cuántos golpes tuvo Ballesteros? ¿Olazábal?
4. ¿Qué equipo fue criticado? ¿Quién es el portavoz del equipo? ¿Cómo defendió a sus compañeros?
5. ¿Cuál es la especialización de Nuria Castelló? ¿Cuál fue el récord del país que superó Castelló? ¿En qué competencia superó el récord?
6. ¿Quién ganó la tercera etapa de esta carrera? ¿Dónde tiene lugar la competencia? ¿En qué lugar es?

VEINTITRÉS BARCOS emprendieron ayer en Fremantle, Australia, la tercera etapa de la Vuelta al Mundo, cuyo final será en Aukland, Nueva Zelanda después de navegar 3.400 millas.

LOS BOXERS de Barcelona ganaron ayer la segunda edición de la liga de fútbol americano al vencer en la final a los Drags de Badalona por 18–13. Los Drags dominaron durante casi todo el partido, pero a poco del final, White logró el *touchdown* que dio el triunfo a los Boxers.

EL GALÉS Ian Woosnam ganó el Open de Escocia con 264 golpes. José María Olazábal terminó quinto con 273, y Severiano Ballesteros sexto, con 275. Éste es el peor resultado de Seve en los últimos meses.

EL SELECCIONADOR italiano, Azeglio Vicino, se defendió ayer de las críticas unánimes contra el juego de su equipo, que empató sin goles el pasado jueves ante la selección de Argentina. «Es que los jugadores italianos están saturados de partidos.» Liga Inglesa: Liverpool, 0; Manchester United, 0. Clasificación Arsenal, 36 puntos. Liverpool, 35.

NURIA CASTELLÓ superó el record de España de los 800 metros libres, con 8.45.75 minutos en la última jornada de los Campeonatos de Cataluña.

LA ITALIANA Roberta Bonanomi venció en solitario en la tercera etapa del Tour de Francia femenino, y ahora es primera en la clasificación general.

This would be a good "Olympics" game for the whole class.

C. Los Juegos Olímpicos. Escribe una lista de los deportes oficiales en los Juegos Olímpicos de Barcelona, 1992. Compara tu lista con la de alguien en la clase.

CH. Cuando eras joven. Escribe un párrafo sobre los deportes que practicabas de niño/niña.

noticias breves *news briefs*

PRIMERA FUNCIÓN:
Reporting actions that took place and were completed in the past using the preterite tense of regular verbs

For additional practice on preterite tense regular verbs, see the *Guía gramatical.*

In *Capítulo* 7 you practiced describing and narrating habitual and routine activities that took place in the past. In this chapter you will practice reporting actions that occurred and were completed within a specific time frame or within a definite period in the past. Read Tim's postcard to Mauricio from Gerona, one of Spain's most popular vacation spots on the Costa Brava, and give three or four details about his trip.

> 15 DE JULIO
>
> QUERIDO MAURICIO,
> POR FIN LLEGUÉ A GERONA. SALÍ DE
> BARCELONA A LAS 8, PERO PARÉ MUCHAS
> VECES PARA SACAR FOTOS DEL MAR. POR
> LA TARDE VISITÉ EL PUEBLO DE FIGUERAS
> DONDE NACIÓ EL PINTOR DALÍ. MAÑANA
> VOY A DESCANSAR Y TOMAR EL SOL...
> HASTA LA SEMANA PRÓXIMA,
> Tim

Have students list on the board verbs they know that follow the pattern for verbs with spelling changes. Have them use each one in an original sentence.

Point out to students that the regular preterite forms are stressed on the endings and not the stems. Write several examples on the board to indicate the difference between the stressed and non-stressed vowels (*hablo* vs. *habló*).

Point out that the *nosotros* preterite forms for -*ar* and -*ir* verbs are identical to the *nosotros* present tense forms and that context will determine if the verb is present or preterite.

There are two ways to translate the preterite tense. In English the most frequent ending is -*ed* but you may also use *did* as an auxiliary verb in questions and negative sentences. There is no Spanish equivalent for this auxiliary. As you study the following chart of the endings for the regular verbs, notice that the endings for the -*er* and -*ir* verbs are the same.

Una cosita más: Verbs ending in -*gar*, -*car*, and -*zar* have the following spelling changes in the first person singular of the preterite: -*gar* becomes -*gué*; -*car* becomes -*qué*; and -*zar* becomes -*cé*. All other forms of these verbs follow the regular pattern. Notice the changes in the following sample: *Cuando **llegué** a mi casa a las cinco, **almorcé** y después **practiqué** el piano.*

El pretérito: verbos regulares

-ar	-er	-ir
habl**é**	volv**í**	viv**í**
habl**aste**	volv**iste**	viv**iste**
habl**ó**	volv**ió**	viv**ió**
habl**amos**	volv**imos**	viv**imos**
habl**asteis**	volv**isteis**	viv**isteis**
habl**aron**	volv**ieron**	viv**ieron**

Prácticas

A. Adivinanza. Lee la siguiente lista y escribe cinco actividades que hiciste° ayer. Trabajando con alguien en la clase, intenta adivinar lo que él/ella escribió. La primera persona que adivine las cinco actividades de su oponente gana el juego.

■ **Ejemplo:**

Estudiante 1: *¿Miraste la televisión ayer?*
Estudiante 2: *No, no miré la televisión.*   OR   *No, no la miré.*

almorzar en la cafetería	llegar tarde a clase
barrer el suelo	mirar la televisión
comer en un restaurante elegante	pasar la aspiradora
comprar algo en la librería	perder algo
cortar la hierba	planchar
darle un regalo a alguien	practicar un deporte
escribir una carta	recibir una carta
escuchar la radio	regar las plantas
estudiar en la biblioteca	sacar apuntes en clase
hablar con alguien por teléfono	sacar unas fotos
lavar los platos	suspender un examen
levantarse tarde	tocar un instrumento musical

hiciste *you did*

B. El cine. Aquí hay una lista de películas que Tim y Mauricio vieron en Barcelona. Después de leer la lista, contesta las siguientes preguntas.

¿Qué películas vieron? ¿A qué hora empezaron?
¿Por qué decidieron ver esas películas?
¿De qué se trataron las películas?

TE OFRECE DISFRUTAR Y SOÑAR EN TU TIEMPO DE OCIO

IBEROAMERICANA FILMS

ARLEQUÍN (San Bernardo, 5)
-Uno de los nuestros
1990. EEUU. Director: Martín Scorsese. Intérpretes: Robert de Niro, Ray Liotta, Joe Pesci. La colaboración de un gángster con la policía le sirve de excusa a Scorsese para relatar una historia sobre la Mafia vista desde adentro. No recomendada para menores de dieciocho años. Todos los días: 4:30, 7:15 y 10:15.

COLOMBIA MULTICINES (Bucaramanga, 2. Centro Comercial Colombia)
-¡Ay, Carmela!

1989. España. Director: Carlos Saura. Intérpretes: Carmen Maura, Andrés Pajares. Adaptación de la obra teatral de Sanchis Sinisterra, que narra las aventuras de una pareja de cómicos durante la Guerra Civil española. Tolerada. Sesiones todos los días: 5:30, 8:00, 10:15.

IDEAL MULTICINES (Ocho nuevas salas. Calle Doctor Cortezo, 6. Aparcamiento: Plaza Benavente)
-La caza del Octubre Rojo
1990. EEUU. Aventuras. Mayores de 13 años. Director: John McTiernan. Intérpretes: Sean Connery, James Earl Jones. Un submarino nuclear soviético surca el Atlántico camino a Estados Unidos.

LUCHANA (Luchana, 38. Tres salas. Se admiten tarjetas de crédito)
-Nikkita
1990. Francia. Policiaca. Director: Luc Besson. Intérpretes: Anne Parillaud, Jeanne Moreau. Una delincuente drogadicta pasa a ser colaboradora de la policía en el último film del autor de Subway y El gran azul. Mayores de dieciocho años. Pases: 5:30, 7:50 y 10:15.

POMPEYA (Gran Vía, 70. Centro. Metro Plaza España)
-Cinema Paradiso
1989. Italia. Drama. Director Buseppe Tornatore. Intérpretes: Phillipe Noiret, Salvatore Cascio. 13 años. La amistad entre un niño y el proyeccionista del cine de su pueblo. Pases película: 12:15, 4:15, 8:15, 10:15.

For additional practice use these questions as a whole-class activity. The topic: *¿Quién lleva una vida más sana?*

1. *¿Caminaste a la universidad o tomaste un autobús/coche?*
2. *¿Te acostaste tarde o temprano?*
3. *¿A qué hora te levantaste esta mañana?*
4. *¿Qué deporte practicaste la semana pasada?*
5. *¿Visitaste al médico y al dentista el año pasado?*
6. *¿Tomaste una siesta ayer?*
7. *¿Cuántas horas trabajaste la semana pasada?*
8. *¿Dejaste de fumar?*
9. *¿Controlaste tu peso durante las vacaciones?*
10. *¿Comiste tres comidas adecuadas ayer?*

C. ¿Quién se divierte más? Con alguien en la clase, contesta las siguientes preguntas. Después de contestarlas, determina quién se divierte más.

1. ¿Adónde viajaste el año pasado?
2. ¿Cuántas novelas leíste el mes pasado?
3. ¿Cuántas horas miraste la tele anoche?
4. ¿Leíste el periódico esta mañana?
5. ¿Qué deportes practicaste en el verano (otoño, primavera, invierno)?
6. ¿Qué museos o exhibiciones de arte visitaste últimamente?
7. ¿Cuándo viste un partido de baloncesto o fútbol americano?
8. ¿Qué deporte acuático practicaste el verano pasado?
9. ¿Cómo se llama la última película que viste?
10. ¿Qué equipo deportivo compraste este año?

CH. ¿Qué les pasó a tus amigos? Empleando las siguientes frases y los verbos en *Práctica A,* escribe cinco oraciones sobre las actividades de tus amigos.

Expresiones de tiempos definidos

a las cinco de la tarde	*at five in the afternoon*
anoche	*last night*
anteayer	*the day before yesterday*
ayer	*yesterday*
el año pasado	*last year*
el mes anterior	*the month before*
el sábado pasado	*last Saturday*
esta mañana	*this morning*

For additional practice on informal commands, see the *Guía gramatical.*

SEGUNDA FUNCIÓN:
Giving direct orders using regular informal commands

▲ Imperative forms are used when giving a direct order or command *(mandato).* Some examples in English of affirmative and negative commands are:

Warm up before exercising.
Walk four miles every day.
Don't swim alone.
Don't overdo it.

In Spanish, there are several different forms of the imperative, but in this lesson you will learn how to give informal commands. Informal commands, like the *tú* form of the verbs, are used with family, friends, and people of your own age. In some Hispanic cultures, they would also be used with domestic helpers, such as maids and gardeners. Both affirmative and negative informal commands can always be softened by adding *por favor.*

Now let's begin by looking at the formation of the informal commands. Notice that the affirmative commands are exactly the same as the *usted* form of the verb. Reflexive pronouns are attached to the end of the verb, and an accent mark is written above the stressed vowel. Object pronouns are also attached to the affirmative informal commands.

Mandatos afirmativos informales			
	-ar	**-er**	**-ir**
Verbo:	nadar	correr	abrir
Mandato:	nada	corre	abre

Prácticas

A. En el club deportivo. Dale los mandatos afirmativos a alguien en la clase usando las siguientes frases.

■ **Ejemplo:**
Practica la esgrima hoy.

1. pasear
2. cazar
3. luchar
4. patinar
5. practicar el judo

B. ¿Qué quieres? Quieres practicar deportes hoy con otra persona. Dale cinco mandatos.

■ **Ejemplo:**
Felipe, juega al tenis conmigo.

C. Juego de clase. Una persona comienza el juego con un mandato a alguien en la clase. Si esa persona puede cumplir° el mandato, él/ella da el próximo mandato.

■ **Ejemplo:**
Estudiante 1: *Abre el libro.*
Estudiante 2: *(opens book)*
Estudiante 1: *Escribe tu nombre.*
Estudiante 2: *(writes name)*

▲ The negative informal commands are a bit more complex. They are formed by taking the *yo* form of the verb, removing the *-o* ending, and adding the opposite theme vowel + *s*. The word *no* goes directly in front of the verb.

Mandatos negativos informales			
Verbo	**Formación**	**Mandato**	
nad**ar**	nado - o = nad	+ **es** = nades	no nades
corr**er**	corro - o = corr	+ **as** = corras	no corras
abr**ir**	abro - o = abr	+ **as** = abras	no abras

Una cosita más: Verbs ending in *-car, -gar,* and *-zar* have the following spelling changes in the negative informal command: *-car* becomes *-ques, -gar* becomes *-gues,* and *-zar* becomes *-ces.* Notice the spelling changes in the following examples: *No **pesques** en ese río; está contaminado. No **navegues** a vela sin mí. Es una zona prohibida. No **caces** por allí.*

cumplir *to carry out*

Prácticas

CH. Ejercicios saludables. Escribe una lista de seis recomendaciones para controlar la tendencia de hacer ejercicios al exceso.

■ **Ejemplo:**
No corras más de ocho millas al día.

D. En casa. Escríbele una nota a alguien que va a limpiar tu casa diciéndole lo que no debe hacer.

■ **Ejemplo:**
No muevas mis papeles.

▲ Both direct and indirect object pronouns and reflexive pronouns may be used with informal commands. They are always attached to affirmative commands, but they precede the verb in negative commands. An accent mark must be written over the stressed vowel.

> ¿Es importante levantar **pesas** todos los días?
> Sí, levánta**las** todos los días.
> No, no **las** levantes todos los días.

Práctica

E. Preguntas. Con alguien en la clase, túrnate haciendo preguntas sobre si debes o no debes hacer las siguientes cosas. No te olvides de incluir el pronombre del complemento directo.

■ **Ejemplo:**
Estudiante 1: *¿Veo las corridas de toros?*
Estudiante 2: *Sí, velas.*
Estudiante 3: *No, no las veas.*

1. ¿Juego al ajedrez?
2. ¿Uso los patines de ruedas°?
3. ¿Miro las telenovelas?
4. ¿Hago los ejercicios aeróbicos?
5. ¿Compro los discos compactos?
6. ¿Veo esa película nueva de Pedro Almodóvar?

patines de ruedas (m.) *roller skates*

La fiesta de San Fermín, Pamplona

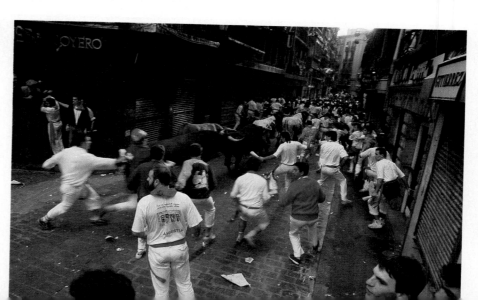

▲ There are several irregular informal commands that must be memorized. The following list shows the ones used most frequently. Sometimes, only the affirmative command will be irregular. In other cases, the negative form is irregular.

Mandatos informales de verbos irregulares

Verbo	Mandato afirmativo	Mandato negativo
dar	da	no des
decir	di	no digas
hacer	haz	no hagas
ir	ve	no vayas
poner	pon	no pongas
salir	sal	no salgas
ser	sé	no seas
tener	ten	no tengas
venir	ven	no vengas

Prácticas

F. De vacaciones en España. Hay muchos lugares interesantes en España donde los aficionados de deportes pueden divertirse. Usando los mandatos irregulares, recomienda unas vacaciones interesantes a alguien en la clase.

■ **Ejemplos:**
Ve a los Pirineos para esquiar.
Haz windsurf en Marbella. ¡Es fantástico!
Ponte la cesta y juega al jai alai en el País Vasco.

Lugar	Deporte
Islas Baleares	hacer submarinismo
Picos de Europa	andar en bicicleta
San Sebastián	jugar al jai alai
Asturias	pescar
Toledo	practicar la esgrima
Marbella	hacer windsurf
Santander	nadar
Pamplona	ver corridas de toros
Pirineos	hacer alpinismo
Costa del Sol	navegar a la vela
Galicia	cazar

FOMENT DE TURISME DE SITGES
Plaça Eduard Maristany s/n
Tel. 894 12 30 Telex: 57599 SITH-E
SITGES (Barcelona- España)

G. Recomendaciones. Usando los mandatos irregulares, haz una lista de recomendaciones para los aficionados al ejercicio.

Tell students that *al* + infinitive may be used to show that two actions occur simultaneously.

■ **Ejemplo:**
Ten cuidado al levantar pesas.

For additional practice on adverbs, see the *Guía gramatical*.

TERCERA FUNCIÓN:
Describing and qualifying actions using adverbs

In *Capítulo 2,* you learned a number of adverbial phrases that indicate location: *a la derecha, detrás de,* etc. In addition to indicating space and time relationships, adverbs may be used to qualify most actions. Here are some examples in English:

Martha ran **quickly** to the finish line.
Jack studied the map **carefully.**
Arnold and Susan argued **furiously.**

Adverb formation in Spanish is quite easy. All you need to do is to take the feminine form of an adjective and add the suffix *-mente.*

rápida**mente**   cuidadosa**mente**   furiosa**mente**

If the adjective does not have a special feminine form, you only need to add the suffix *-mente.*

elegante**mente**   normal**mente**   eficaz**mente**

Suppose that you would like to use more than one adverb to qualify the same action. While you use the feminine form of both adjectives (if they have one), only the last one carries the *-mente* suffix.

Sofía jugaba al ajedrez **frecuente** y **brillantemente.**
Reynaldo miraba **fijada** y **curiosamente** el partido.

Prácticas

A. Los deportes. ¿Cómo practicas los siguientes deportes? Sigue el ejemplo y compara tus respuestas con las de alguien en la clase.

■ **Ejemplo:**
   patinar   *Patino rápidamente.*

1. pescar
2. caminar
3. levantar pesas
4. jugar al volante
5. hacer ejercicios aeróbicos
6. correr
7. nadar
8. esquiar

B. ¿Qué opinas? Escribe una oración sobre cada persona o actividad de la siguiente lista.

■ **Ejemplo:**
   Montserrat Caballé canta divina y poderosamente.

1. Mis amigos hablan...
2. Plácido Domingo canta...
3. Mi compañero/compañera de cuarto practica...
4. Arantxa Sánchez juega al tenis...
5. Los culturistas levantan pesas...
6. Carlos Montoya toca la guitarra...

Una cosita más: Some adverbs do not end in *-mente.* Among these are *muy* (very), *pronto* (soon), *ahora* (now), and *poco* (little), *bien* (well), and *mal* (badly).

Have the whole class practice by volunteering adjectives, then changing them to adverbs. If students are unable to generate their own adjectives, write a list on the board, such as:

cómico   incorrecto   paciente
correcto   inmediato   perfecto
especial   intensivo   rápido
fácil   natural   tranquilo
frecuente   normal   triste

Ask students to generate a list of adjectives before doing this *Práctica.* Write the list on the chalkboard or on an overhead transparency.

C. Atletas famosos. Haz una lista de atletas famosos con una característica de su habilidad en el deporte. Entonces, escribe una oración completa para cada persona. Incorpora un adverbio en la oración.

This may be done as a whole-class activity in teams.

- ■ **Ejemplo:**
  Arantxa Sánchez juega al tenis estupendamente.

CH. Mis amigos. Escribe ocho oraciones sobre las habilidades que tienen tus amigos. Incluye adverbios en estas oraciones.

- ■ **Ejemplo:**
  Mi amigo Tim corre rápidamente en las maratones.

TERCERA ETAPA: Estrategias

The *Comprensión auditiva* may be assigned as homework and followed up in class.

COMPRENSIÓN AUDITIVA (STUDENT TAPE)

Identifying referents. Another important aspect of listening comprehension is being able to identify the referents of direct and indirect object pronouns and other terms that refer back to items previously mentioned. In a conversational situation, you may be able to stop the speaker and ask for clarification, but in non-interactive situations, you will be completely on your own. In this lesson you will practice listening for clues to the referent. Play your student tape and do the following *Prácticas*.

Prácticas

Answers: 1. *nosotros* 2. *yo/él/ella* 3. *yo* 4. *usted*
5. *ellas* 6. *ellos/ellas/ustedes*
7. *nosotras* 8. *yo* 9. *yo/él/ella* 10. *tú*

A. Sujetos. En esta práctica, vas a identificar el sujeto de la oración. Escucha bien las oraciones y escribe los posibles pronombres personales (*yo, tú, usted, él, ella, nosotros, nosotras, ustedes, ellos, ellas*) a los que se refiere la oración. En algunos casos son posibles múltiples pronombres.

Answers: 1. d. 2. a 3. c.
4. a 5. b 6. d. 7. b
8. c 9. a 10. d

B. Complementos directos. Vas a escuchar diez oraciones que contienen objetos de complemento directo. En una hoja de papel, escribe el término (a, b, c, d) al que se refiere el pronombre.

a. la pelota   b. el casco   c. las cestas   ch. los avíos de pesca

Answers: 1. *no* 2. *en el mar*
3. *los que preferían el barco de regatas* 4. *en el verano*
5. *windsurf*

C. Un deporte nuevo. Vas a escuchar un pasaje sobre el ejercicio en tu cassette. Presta atención y contesta las siguientes preguntas.

1. ¿Es un deporte tradicional?
2. ¿Dónde se practica?
3. ¿Quiénes son los nuevos aficionados?
4. ¿Cuándo se practica este deporte?
5. ¿Cuál es el deporte que se describe?

Pescadores en San Sebastián

LECTURA

ABC INFANTIL

«Merlín el encantador»

Dirección: Wolfgang Reitherman.
Guión: Bill Peet. Basado en el libro
de T. H. White. Color.

Videoteca ....

La espada de oro trae como premio a quien la logre ser coronado rey de Inglaterra. La magia ayuda a quien se propone alcanzar el honor. Merlin aporta sus especiales poderes. Largometraje Disney. Distribución: Filmayer Disney Video. Precio aproximado de venta al público: 3.995 pesetas

ABC COMEDIA

«Heartbreak Hotel»

Dirección: Chris Columbus.
Guión: Chris Columbus. Color.
Principales intérpretes: David Keith, Tuesday Weld, Charlie Schlatter.

Videoteca ....

Una especie de mitomanía, basada en la admiración por Elvis Presley. La película rinde homenaje al rey del «rock 'n' roll». Johny Wolfe, joven «rockero» frustrado y aburrido, se refugia en sus fantasías. Distribución: Filmayer Video. Precio aproximado de venta al videoclub: 12.000 pesetas

AVENTURAS

«La costa de los Mosquitos»

De Peter Weir. Con Harrison Ford, Helen Mirren, River Phoenix. 1986. Color. Ciento trece minutos. ★★

Harrison Ford

Videoteca .... **ABC**

VIERNES 9. Canal 9. Hora: 21,30. Sin llegar a la excelencia de su anterior trabajo con Harrison Ford, «El único testigo», Peter Weir ha llevado a cabo una notable adaptación de la apasionante novela de Paul Théroux. Un filme, a su manera, ecologista con momentos espléndidos y discutible final

MUSICAL

«Carmen»

De Carlos Saura. Con Laura del Sol, Antonio Gades, Cristina Hoyos. 1983. Color. Noventa minutos. ★★

Laura del Sol

Videoteca .... **ABC**

LUNES 29. TVE-1. Hora: 1,00. Sin duda, el más exitoso, aunque no necesariamente el mejor, de los tres musicales de Saura en colaboración con Antonio Gades, a caballo entre la novela de Mérimée, la ópera de Bizet, el folclore popular y las técnicas utilizadas ya en «Bodas de sangre»

Recognizing the author's intent. Recognizing the intent of the author is another helpful reading strategy. For example, articles about the theater, cinema, or musical performances may take the form of a description or a review. Read the excerpts above from the film guide in the *ABC,* Madrid's daily newspaper, and determine which is a description of a movie, and which is a review or critique. How do the two forms differ and what type of information is included in each?

Prácticas

A. Descripciones. Lee los mismos comentarios en la guía y escribe una lista de adjetivos positivos y una de adjetivos negativos que se use para describir las películas.

B. A escribir. Selecciona dos de tus películas favoritas y escribe una descripción breve y una crítica.

COMPOSICIÓN

Making smooth transitions. As you become more skillful in writing Spanish, you will be able to pay more attention to style. An important feature of writing style is being able to make smooth transitions between sentences and paragraphs, as opposed to abrupt changes. This can be done readily by adding stock phrases to your compositions. Study the following list of transitional words and phrases.

Una cosita más: There are three different equivalents of **but** in Spanish:
1. **But** followed by a contrastive adjective or adverb: *Roberto es inteligente **pero** perezoso.*
2. **But** preceded by a negative verb: *No voy a hacer windsurf **sino** bucear.*
3. **But** followed by a clause: *No quiero pescar hoy **sino que** prefiero quedarme en casa.*

Palabras y frases transicionales

To show that a similar point is being made:

además	*besides, furthermore*
del mismo modo	*similarly*
entonces	*then, next*
otra vez	*again*
también	*in addition, also*

To show that a contrasting point is being made:

a pesar de	*in spite of*
al contrario	*on the contrary*
aunque	*although*
no obstante	*however*
pero	*but*
por otra parte	*moreover, on the other hand*
sin embargo	*nevertheless*
sino (que)	*but*

To show relationships:

ante todo	*foremost*
anteriormente	*formerly*
así	*thus*
en particular	*in particular*
en principio	*in principle*
por eso	*therefore*

To show order of events:

al fin y al cabo	*after all*
al principio	*at the beginning*
antes, previamente	*previously*
inicialmente	*initially*
en conclusión, en suma	*in conclusion*
en resumen	*in summary*
hasta ahora, hasta aquí	*up to now, so far*
hasta hace poco	*until a little while ago*
para empezar	*to begin with*
por último	*lastly, finally*

Prácticas

A. Los bonsais. Revisa el artículo de abajo y haz una lista de las palabras de transición.

B. Composición personal. Selecciona un tema de interés sobre los pasatiempos. Haz una lista de los puntos importantes relacionados con el tema. Incluye los puntos importantes en un párrafo coherente sobre el tema.

C. Ampliación. Ahora, revisa tu párrafo incorporando unas frases de transición lógicas.

Comprehension questions for realia:
1. ¿Cuál es uno de los regalos más solicitados?
2. ¿Por qué mueren muchos de éstos antes de la primavera?
3. ¿Cuáles son los estilos?
4. ¿En qué depende la calidad y belleza de un bonsai?
5. ¿Cómo se llama la asociación de bonsai en España?
6. ¿Qué hace esta asociación?
7. ¿Cuál es su mayor ventaja?
8. ¿Cuáles son los «secretos» de cuidar un bonsai?
9. ¿Qué tipo de agua se recomienda para un bonsai?
10. ¿Qué tipo de información se necesita antes de comprar?

Miniaturas naturales

Hasta hace bien poco, los bonsais eran un cultivo exótico y minoritario. Por eso de las cosas de la moda, se han convertido en los últimos años en uno de los regalos más solicitados para las fiestas de Navidad. Muchos de ellos, sin embargo, apenas sobreviven al llegar la primavera, y no precisamente por desidia, sino porque la mayoría de las veces se adquieren como objetos decorativos, olvidando que se trata de plantas extremadamente delicadas que requieren una atención especial.

En principio, cualquier planta es susceptible de convertirse en bonsai. Su pequeño tamaño se consigue mediante la poda proporcionada de raíces, tronco y ramas, que más tarde hay que ir alambrando para formarlo, según un estilo determinado (escoba, cascada, azotado por el viento...). Esta configuración se mantiene con sucesivas podas y pinzamientos, a la vez que se aplican otras técnicas destinadas a envejecerlo. La calidad y belleza de cada bonsai dependen en gran medida de la experiencia y habilidad de las manos que le dan forma. Por ello, a la hora de comprar, lo mejor es dirigirse a un centro especializado, ya sea vivero, floristería o una de las 12 delegaciones de Iberbonsai que existen en toda España. En ellos, además de encontrar una mayor variedad, se aconseja e informa al público con todo detalle sobre la forma ideal para cuidarlos. Estos establecimientos proporcionan también una especie de carné de identidad del bonsai en el que figura su nombre botánico y especie, el estilo en que está realizado y, sobre todo, su antigüedad, dato que influye decisivamente sobre el precio.

Pero quizá la mayor ventaja de un centro especializado es su servicio posventa. Ellos cuidarán del bonsai cuando los dueños se marchen de vacaciones, y podrán también hacerse cargo de él cuando sufra alguna enfermedad o necesite un nuevo trasplante, alambrado o poda. Muchos de estos centros organizan cursillos a lo largo del año para quienes desean iniciarse en este cultivo o perfeccionar alguna técnica.

Es importante plantearse antes de comprar cuál va a ser la ubicación del bonsai. Si está destinado a vivir dentro de casa, habrá que decidirse por alguna variedad de interior y tener especial cuidado con la frecuencia de los riegos; los bonsais llevan muy poca tierra, y se resecan fácilmente con la calefacción, pero también el exceso de humedad podría pudrir las raíces. Para conseguir el punto de equilibrio hay que ser muy cauto, sobre todo al principio, y observar cómo reacciona el árbol antes de volver a regar. Es preferible hacerlo con agua mineral sin gas, para evitar que el cloro o la cal del agua corriente perjudique a la planta.

Es necesario informarse también sobre otras cuestiones, como abono, trasplante o poda, la época en que han de realizarse y los productos que se deben emplear.

Por último, si se piensa regalar un bonsai se debe intentar averiguar antes si a la persona que va a recibirlo le agradan este tipo de plantas y si estará dispuesta a dedicarle la atención necesaria.

Pilar G.-Centurión

CH. Un chiste. Lee el siguiente chiste y explícaselo a alguien en la clase.

CULTURA POPULAR

Tascas y tapas. A favorite activity in Spain is tasca-hopping. Before lunch, dinner, or after the theater, *tascas,* small neighborhood bars, become centers of lively discussions. People lean against the counter, sipping beer, wine, or soft drinks while eating a variety of hors d'oeuvres or *tapas.* While *tapas* may vary from province to province, there are some traditional items that are always on the menu.

Prácticas

A. Para picar°. Lee la lista de tapas y decide con alguien en la clase que tapas quieres picar.

■ **Ejemplo:**

Estudiante 1: *¿Quieres probar algunas almendras?*
Estudiante 2: *Sí, las quiero probar.*

aceitunas	*olives*
almendras	*almonds*
anguilas	*eels*
bacalao con tomate	*codfish in tomato sauce*
calamares a la romana	*deep-fried "squid-rings"*
champiñones	*mushrooms*
gambas al ajillo	*shrimp fried in olive oil/garlic*
tortilla española	*potato omelette*

B. ¿Adónde vamos? Con alguien en la clase lee los siguientes anuncios de algunas tascas y contesta las preguntas.

■ **Ejemplo:**

Estudiante 1: *¿Que bar te parece más interesante?*
Estudiante 2: *Me gusta Dos Pasos porque tiene terraza jardín.*

1. sirve más tapas
2. abre más temprano
3. cierra más tarde
4. tiene la mejor vista°
5. es más atractivo
6. cierra los fines de semana

picar *to taste*   **vista** *view*

EL BORNE Pg. del Born, 29. Tel 319 53 3. De 19 a 3 horas. Para picar a última hora. Muy bonito.

BODEGA Sepúlveda

Bodega Sepúlveda Sepúlveda, 173. Tel 323 59 44. Tapas con mantel. Más de 100 variedades. Abiertos laborables.

DOS PASOS CAFÉ-BAR Pl. Sant Vincens. Tel 204 92 62. Abierto todos los días de 13 a 2,30h. Comida mejicana. Terraza jardín.

MIRABLAU Final Avda. Tibidabo. Tel 418 58 79. De 12 de la mañana hasta las 5 de la madrugada. Degustación de copas y tapas con la mejor panorámica de Barcelona.

CUARTA ETAPA: ¡Muestra lo que sabes!

Autoprueba

Play the *¡A escuchar!* segment from Student Tape.

Trabaja con alguien en la clase para resolver los siguientes problemas.

A. Escribe un cuestionario de diez preguntas sobre diferentes diversiones para preguntarle a alguien en la clase.

B. Lee la guía de museos de la página 243 y discute qué museo prefieres visitar y por qué.

C. Con alguien en la clase discute qué deportes son los más caros y cuáles son los más baratos para practicar. Menciona el precio del equipo y del entrenamiento.

CH. Invítale a alguien en la clase al cine. Discute sobre las películas que quieren ver, dónde y a qué hora van a reunirse.

D. Dile a alguien en la clase cinco actividades interesantes que hiciste la semana pasada.

E. ¿Cuáles son los cinco mandatos que vas a necesitar si tienes que cuidar de un niño de cinco años?

F. Escucha otra vez la conversación entre Tim y Mauricio en el cassette estudiantil. Escribe uno o dos puntos sobre cada sitio que sugiere Mauricio.

Fíjate en el vocabulario

Using suffixes to expand vocabulary. At some time or another you have been undoubtedly at a loss for words. This happens to everyone, especially when they are trying to communicate in a foreign language. Because of the similarities between Spanish and English, however, you may sometimes be able to "fake it" when you are in that type of predicament. Many English words can be changed to Spanish with the addition of a Spanish suffix and pronunciation. Here are some examples:

sanctuary = *sanctuario*   patriot = *patriota*   magnify = *magnificar*

All you need to do is remember a few basic suffixes and the meaning of each. You won't always be correct, but it's worth a try! Using the chart below as a guide, write the following nouns in Spanish. Check them in a bilingual dictionary.

adversary	tourney	rivalry
entertainment	spectators	skater
martial arts	velocity	spectacle
professional	exhibition	trainer
boxers	obstacles	situation

266 *¡A conocernos!*

Sufijos

Inglés	Ejemplo	Español	Ejemplo
-ace	*preface*	-acio	prefacio
-age	*reportage*	-aje (m.)	reportaje
-ance, -ancy	*importance*	-ancia	importancia
-ant	*important*	-ante (m.)	importante
-ary	*anniversary*	-ario	aniversario
-ator	*aviator*	-dor, -dora	aviador/aviadora
-cle	*receptacle*	-culo	receptáculo
-cy	*frequency*	-cia	frecuencia
-ent	*imminent*	-ente	inminente
-ge	*privilege*	-gio	privilegio
-ic	*logic*	-ica	lógica
-ine	*discipline*	-ina	disciplina
-ism	*vegetarianism*	-ismo	vegetarianismo
-ist	*dentist*	-ista (m. f.)	dentista
-ment	*department*	-mento	departamento
-mony	*ceremony*	-monia	ceremonia
-ter, -tre	*center*	-tro	centro
-tery	*mystery*	-terio	misterio
-tion	*precaution*	-ción (f.)	precaución
-ty	*society*	-dad, -tad (f.)	sociedad
-ure	*adventure*	-tura	aventura
-y	*geology*	-ía	geología

Prácticas

A. Haz una lista de los deportes y el equipo que corresponde con cada uno.

B. Explícale a alguien en la clase todas tus actividades de ayer y anoche.

C. Tienes la oportunidad de entrevistar a muchas personas famosas. Piensa en diez personas importantes y pídeles sus opiniones sobre varios temas.

■ **Ejemplo:**
Arnold Schwarzenegger: ¿Qué opina usted del culturismo de hoy?

CH. Haz una cronología lineal personal con las expresiones de tiempo de este capítulo: **el año pasado, el mes pasado, anteayer, ayer, anoche.** Escribe una actividad en cada punto de la línea.

■ **Ejemplo:**
Aprendí a patinar el año pasado.

D. Escribe otra vez los sustantivos de la lista de vocabulario activo y clasifícalos según su género.

VOCABULARIO

Añadiendo información...

Además... *In addition . . .*
De paso... *By the way . . .*
También... *Also . . .*

Pidiendo clarificación...

¿Cómo? *What?*
Dime una cosa. *Tell me something.*
Más despacio. *More slowly.*
No comprendo./No entiendo. *I don't understand.*
¿Perdón? *Pardon me.*
¿Qué? Otra vez, por favor. *What? One more time, please.*
Repita, por favor. *Please repeat.*

Pidiendo opiniones...

¿Cuál prefieres? *Which do you prefer?*
¿Qué opinas de...? *What is your opinion about . . . ?*
¿Qué piensas? *What do you think?*
¿Qué te parece(n)...? *How does . . . seem to you?*
¿Te gusta(n)...? *Do you like . . . ?*
¿Te interesa(n)...? *Are you interested in . . . ?*

Expresiones de tiempos definidos

a las cinco de la tarde *at five in the afternoon*
anoche *last night*
anteayer *the day before yesterday*
ayer *yesterday*
el año pasado *last year*
el mes anterior *the month before*
el sábado pasado *last Saturday*
esta mañana *this morning*

Equipo deportivo

aletas *flippers*
avíos de pesca *fishing tackle*
bate (m.) *bat*
caña de pescar *fishing rod*
casco *helmet*
cesta *basket*
frontón (m.) *jai alai court*
gafas *goggles*
guante (m.) *glove*
máquina *machine*
pelota *ball*
raqueta *racket*
tabla *kickboard*
tubo para respirar *snorkel*

Deportes

baloncesto   *basketball*
béisbol (m.)   *baseball*
bucear   *to dive (snorkel)*
caminar, pasear   *to walk, stroll*
cazar   *to hunt*
correr   *to run*
culturismo   *body building*
esquiar   *to ski*
fútbol (m.)   *soccer*
fútbol americano   *football*
hacer alpinismo   *to climb mountains*
    ejercicios   *to exercise*
    esquí acuático   *to water ski*
    gimnasia   *to do gymnastics*
    submarinismo   *to do underwater sports*
    windsurf   *to windsurf*
    yoga   *to do yoga*
jai alai (m.)   *jai alai*
levantar pesas   *to lift weights*
luchar   *to wrestle*
nadar   *to swim*
natación   *swimming*
navegar a la vela   *to sail*
patinar   *to skate*
pelota   *handball*
pesca   *fishing*
pescar   *to fish*
practicar artes marciales   *to do martial arts*
    judo   *to do judo*
    karate   *to do karate*
practicar la esgrima   *to fence*
volante (m.)   *badminton*

Expresiones relacionadas

aficionado/aficionada   *fan*
cartel (m.)   *poster*
deportivo/deportiva   *related to sports*
detenerse   *to stop*
entrenar   *to train*
inspeccionar   *to inspect*
originar   *to originate*
partido   *game, match*
practicar un deporte   *to play a sport*

La salud

Propósitos

Escenario: España

Una clínica española

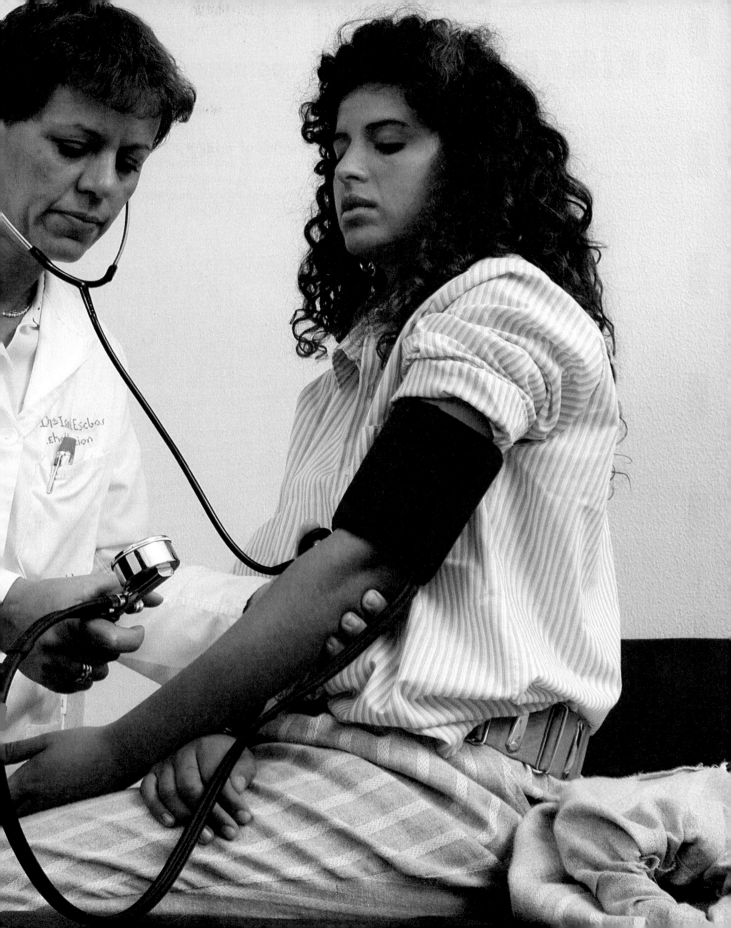

PRIMERA ETAPA: Preparación

As an introduction to this activity, have students tell how many hours a week they engage in sports. Remind them to review vocabulary from p. 159 (Los deportes populares).

Introducción

¿Cuál es su grado de bienestar físico? Being in good health is an international issue and articles on how to maintain one's physical appearance are featured in many Spanish newspapers and magazines. Using your cognate recognition strategy, read the following survey and choose one of the three responses to each question to determine how physically fit you are.

1. Por la noche, antes de acostarte, ¿qué haces?
   O) Haces cosas que te gustan y te relajan como leer o escuchar la radio.
   X) Tomas una cerveza mientras miras la televisión.
   +) Trabajas hasta la hora de dormir. Nunca tienes tiempo para descansar.

2. ¿Qué comes normalmente al mediodía?
   +) Una bebida dietética.
   O) Una comida sencilla pero sana.
   X) Una hamburguesa, papas fritas y una Coca-Cola.

3. ¿Qué haces cuando tienes dolor de cabeza°?
   O) Sales a tomar aire y a relajarte.
   X) Te tomas una aspirina.
   +) Te preocupas porque sabes que tienes que continuar con el trabajo.

4. ¿Qué haces si alguien se enfada° contigo?
   X) Empiezas a gritar y llorar.
   O) Intentas explicar tus razones con una cierta moderación y al mismo tiempo con firmeza.
   +) No dices nada y continúas con el trabajo, pero durante el resto del día estás de mal humor.

5. ¿Practicas algún deporte o haces algo de ejercicio?
   X) Casi nunca.
   +) Sólo cuando tu ropa te aprieta mucho.
   O) Con cierta regularidad.

6. Normalmente, ¿cómo es tu alimentación°?
   X) Más bien rica; te gusta comer bien.
   O) Variada; te gusta comer bien, pero también intentas controlar lo que comes.
   +) Depende. Algunos días comes, otros días no.

7. ¿Sabes encontrar el tiempo para dedicarte a alguna actividad que te guste, además del trabajo?
   X) De vez en cuando, pero no tienes preferencias especiales.
   +) Trabajas demasiado para tener tiempo para otras actividades.
   O) A pesar de estar siempre muy ocupado, consigues unos momentos libres para tu uso personal.

8. ¿Sufres de dolores de cabeza, depresiones, o estrés?
   O) Muy raramente.
   +) Frecuentemente.
   X) A veces.

dolor de cabeza *headache*   **se enfada** *gets angry*   **alimentación** *normal diet, nutrition*

Más Os: ¡Felicidades! Tu salud es buena, así como tu resistencia al estrés.

Más Xs: Tu actitud respecto a tu bienestar físico es de una absoluta falta de interés. Tienes que pensar en la calidad de tu vida, en hacer más ejercicio y en disminuir las dosis de alcohol, café, tabaco, etc.

Más + s: El exceso de trabajo, un ritmo de vida demasiado intenso para tus auténticas posibilidades y la tensión son las causas de tu malestar, que se puede resumir en una sola palabra: estrés. La calidad de vida es tan importante como el trabajo. Tienes que aprender a descansar y a divertirte más.

¡A ESCUCHAR! (STUDENT TAPE)

Antes de escuchar

Primeros auxilios. Today almost everyone is interested in good health and fitness. In order to better serve the public, some places, such as libraries, hospitals, and clinics provide information on health care.

In this lesson, you will hear a recorded message about first aid.

- First, read the following *Guía de temas* from a clinic in Barcelona.
- Then, listen carefully to the message on your student tape and indicate the topic or topics that are being discussed.

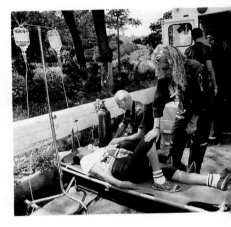

PRIMEROS AUXILIOS
Para actuar pronto y bien en caso de emergencia

Clínica Barraquer
Calle Muntaner, 314   Barcelona   (93) 209 53 11

Tema
- Respiración boca a boca
- Convulsiones epilépticas
- Fracturas
- Hemorragias nasales
- Mordeduras de animales
- Picaduras de insectos
- Plantas venenosas
- Primeros auxilios para personas con ataque de corazón
- Shock eléctrico
- Sobredosis de drogas

Comprehension questions for realia:
1. *¿Cómo se llama la clínica?*
2. *¿Dónde está?*
3. *¿Cuál es el teléfono?*
4. *¿Cuáles son los temas que se pueden escuchar por teléfono?*

Comprensión

Ahora, escucha el cassette otra vez y escribe una de las emergencias mencionadas y cinco de los tratamientos.

COMUNICACIÓN (STUDENT TAPE)

The following conversations are similar to the comments made by the narrator on the first aid tape. The phrases will help you to make suggestions using impersonal expressions, give instructions using infinitives, and express doubt. Listen to the conversations on your student tape and practice them with other members of the class.

Dando sugerencias con expresiones impersonales
Giving suggestions using impersonal expressions

Dando instrucciones con el infinitivo   *Giving instructions using infinitives*

¿Creer o no creer?   *Expressing belief and disbelief*

Prácticas

The following *Prácticas* are paired communication practice and should be done in class.

Dando sugerencias con expresiones impersonales

Es bueno	*It's good*
Es conveniente	*It's convenient*
Es importante	*It's important*
Es imprescindible	*It's indispensable*
Es mejor	*It's better*
Es necesario	*It's necessary*
Es preciso	*It's necessary*
Es preferible	*It's preferable*

A. No sé lo que puedo hacer. Trabajando con alguien en la clase lee las siguientes oraciones y da soluciones apropiadas. Usa las expresiones impersonales en tus oraciones.

■ **Ejemplo:**
Estudiante 1: *Acabo de perder mis tarjetas de crédito.*
Estudiante 2: *Es preciso llamar al banco.*

1. ganar la lotería
2. encontrar $100 en la calle
3. conseguir dos entradas para un concierto de Julio Iglesias
4. aumentar quince libras°
5. recibir una invitación a una cena formal
6. llegar tarde el primer día de trabajo
7. perder mi libro de español
8. tener un accidente con el coche de un amigo
9. romper la ventana del vecino
10. perder la mochila

Dando instrucciones con el infinitivo

Aplicar una pomada.	*Apply cream/ointment.*
Bañarse con agua fría/caliente.	*Take a bath in cold/hot water.*
Lavar la herida.	*Wash the wound.*
Llamar al médico.	*Call the doctor.*
Pedir información.	*Ask for information.*
Poner hielo.	*Put on ice.*
Poner una tirita/una venda.	*Put on a Band-Aid/bandage.*
Quedarse en la cama.	*Stay in bed.*
Sacar la lengua.	*Stick out your tongue.*
Tomar la medicina/las pastillas.	*Take medicine/pills.*

---

libras *pounds*

B. Primeros auxilios. Lee los tres tratamientos siguientes y adivina la emergencia que corresponde.

a. **Electrocución**　　b. **Hipo°**　　c. **Medusas°**

1. Arrancar de la piel todos los tentáculos y el resto del animal. Lavar la zona con agua de mar, luego con alcohol o amoníaco. Llevar a la víctima a un centro sanitario para su cuidado.
2. No tocar a la víctima mientras esté todavía en contacto con la fuente de energía. Permanecer sobre algún material aislante mientras intente desconectar la corriente eléctrica con un pedazo de plástico o papel de periódico. Llamar al médico inmediatamente.
3. Respirar en una bolsa de papel, no de plástico, durante varios minutos.

C. Un amigo enfermo. Trabajando con alguien en la clase, escríbele una nota a un amigo que no se encuentra bien porque se cayó° de un caballo. Dale algunos consejos apropiados tomados de la lista o usa tu imaginación.

¿Creer o no creer?			
Es cierto.	*That's right.*	Es dudoso.	*It's doubtful.*
No lo dudo.	*I don't doubt it.*	Lo dudo.	*I doubt it.*
No tengo dudas.	*I have no doubts.*	Tengo mis dudas.	*I have my doubts.*
Sí, es verdad.	*That's true.*	No puede ser.	*It can't be.*
Lo creo.	*I believe it.*	No lo creo.	*I don't believe it.*

CH. ¿Lo crees o no? Escribe diez oraciones (verdaderas o falsas) sobre tu vida. Alguien en la clase tiene que decidir si cree o no cree lo que dices.

- **Ejemplo:**
  Estudiante 1: *Tengo diez hermanos.*
  Estudiante 2: *Lo dudo. Creo que tienes dos hermanos.*

Tell students to use informal commands or *hay que* + infinitive.

D. Síntesis. Explícale a alguien en la clase lo que se debe hacer con una cortada en el dedo.

Así es

Cómo describir síntomas

The *Oficinas de Turismo* in Spain will provide lists of English-speaking physicians at your request and many major hospitals have translators available. For a mild case of indigestion or a headache, however, a trip to the local pharmacy is usually all that is required. The phrases on page 277 will help you to describe some typical symptoms.

Hipo *Hiccups*　**Medusas** *Jellyfish*　**se cayó** *fell*

Una farmacia, Barcelona

En la farmacia	
tener catarro	*to have a cold*
tener diarrea	*to have diarrhea*
tener dolor de garganta	*to have a sore throat*
tener fiebre	*to have a fever*
tener mareos	*to be dizzy*
tener tos	*to have a cough*
Me duele la cabeza.	*I have a headache.*
Me duele todo el cuerpo.	*My whole body aches.*
necesitar pastillas (para fiebre, mareos, etc.)	*to need pills (for fever, dizziness, etc.)*
necesitar una receta	*to need a prescription*

Prácticas

A. No me encuentro bien. Descríbele unos síntomas a alguien en la clase. Él/
Ella tiene que decidir si debes ir al médico, a la farmacia, o solamente a la cama
para descansar.

■ **Ejemplo:**
Estudiante 1: *Tengo una fiebre de 105 grados.*
Estudiante 2: *Estás muy enfermo. Debes ir al médico.*

B. Tengo que faltar a clase. Escribe una nota a tu profesor o profesora explicándole que estás enfermo/enferma y tienes que faltar a clase.

Explain the meaning of the *dicho* used as the title of this *Práctica:* God cures but the doctor gets the money.

C. Dios cura pero el médico lleva la plata. Con alguien en la clase túrnate representando los papeles de médico/médica y paciente.

■ **Ejemplo:**
  Estudiante 1: *Tengo mareos y diarrea.*
  Estudiante 2: *Usted tiene gripe.*

Enfermedades comunes

depresión	*depression*	insomnio	*insomnia*
estreñimiento	*constipation*	mononucleosis (f.)	*mononucleosis*
fractura	*broken bone, fracture*	quemadura de sol	*sunburn*
gripe (f.)	*flu*	resaca	*hangover*
hipertensión	*hypertension, high blood pressure*	resfriado	*cold*
inflamación de la garganta	*strep throat*	rubéola	*measles*

As an expansion of this activity, have students survey each other about the types and frequency of student illnesses.

Comprehension questions for realia:
1. ¿Quiénes escribieron el artículo?
2. ¿Dónde enseñan?
3. ¿Quiénes participaron en el estudio?
4. ¿Los hombres o las mujeres sufren más de dolores de cabeza?
5. ¿Quién tiene más tics nerviosos?
6. ¿Cuáles son las enfermedades más típicas de los estudiantes?
7. ¿De qué sufres tú?

CH. Achaques universitarios. Trabajando con alguien en la clase lee el siguiente artículo y adivina las enfermedades típicas de los estudiantes.

Achaques universitarios

Ramón Bayes y María Dolors Riba, profesores de la facultad de Psicología de Barcelona, han realizado un estudio según el cual casi la cuarta parte de los estudiantes universitarios padecen dolores de cabeza, el 13% sufre estreñimiento y más del 8% tiene etapas de insomnio. El trabajo revela también que un 25% se muerde las uñas y un 3,5% tiene tendencia a arrancarse pelos de la cabeza. Un dato curioso es que las mujeres sufren más dolores de cabeza que sus colegas, así como estreñimiento, mientras que los hombres las superan en *tics* nerviosos. El resto de los problemas están repetidos por igual entre ambos sexos mientras son estudiantes universitarios. ■

EXPRESIONES (INSTRUCTOR TAPE)

El cuerpo humano. En esta lección sobre la salud, vas a aprender las partes del cuerpo humano y algunas expresiones relacionadas con la salud y el estado físico. Escucha cuidadosamente a tu instructor/instructora para entender las ideas principales. Después de escuchar la narración, contesta las preguntas de la sección *Comprensión*.

Enfermedades *Illnesses*

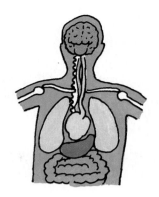

Comprensión

¿Sí o no? ¿Entendiste las ideas principales de las *Expresiones?* Lee las siguientes oraciones sobre las escenas ya descritas. Si la oración es correcta, según la narración, contesta **sí.** Si no es correcta, contesta **no.** Corrige las oraciones que no son correctas.

The *Comprensión* is to be used in class as an oral activity.

Answers: 1. *sí* 2. *no* 3. *sí*
4. *no* 5. *no* 6. *sí* 7. *sí*
8. *no* 9. *sí* 10. *sí*

Additional comprehension checks may be found in the Instructor's Manual.

1. Los seres humanos tienen cinco dedos en la mano.
2. Los pulmones son los órganos de la vista.
3. El cerebro controla los sistemas del cuerpo.
4. El codo hace doblar la pierna.
5. El pie y la pierna están conectados por el cuello.
6. El ser humano huele con la nariz.
7. Las posturas de yoga alivian la tensión.
8. Los hombros hacen posible la digestión.
9. La parte superior del tronco es el pecho.
10. Los jóvenes normalmente no son calvos.

Hablando del cuerpo...

aliviar	*to relieve, alleviate*	oler°	*to smell*
contener	*to contain*	proteger	*to protect*
doblar	*to bend*	respirar	*to breathe*
lamer	*to lick*	sostener	*to support*
mantenerse en forma	*to stay fit, keep in shape*	tocar	*to touch*
masticar	*to chew*		

Partes de la cabeza

barbilla	*chin*	frente (f.)	*forehead*	ojo	*eye*
boca	*mouth*	lengua	*tongue*	oreja	*outer ear*
cara	*face*	mejillas	*cheeks*	párpado	*eyelid*
cejas	*eyebrows*	nariz (f.)	*nose*	pelo	*hair*
dientes (m.)	*teeth*	oído	*inner ear*	pestaña	*eyelash*

---

huelo, hueles, huele, olemos, oléis, huelen

Partes del tronco

abdomen (m.)	*abdomen*	hombros	*shoulders*
cadera	*hip*	nalga	*buttock*
cuello	*neck*	pecho	*chest*
espalda	*back*		

Extremidades

brazo	*arm*	mano	*hand*	pierna	*leg*
codo	*elbow*	muñeca	*wrist*	rodilla	*knee*
dedo	*finger, toe*	pie (m.)	*foot*	tobillo	*ankle*

Sentidos

gusto	*taste*	olfato	*smell*	vista	*sight*
oído	*hearing*	tacto	*touch*		

Partes del esqueleto

columna vertebral	*spinal column*
coyuntura	*joint*
hueso	*bone*

Órganos internos

arteria	*artery*	intestinos	*intestines*
cerebro	*brain*	pulmón (m.)	*lung*
corazón (m.)	*heart*	vena	*vein*
estómago	*stomach*		

Expresiones relacionadas

cutis (m.)	*complexion*	salud (f.)	*health*
delantero/delantera	*front*	sangre (f.)	*blood*
digestión	*digestion*	sano/sana	*healthy*
inferior	*lower*	ser humano (m.)	*human being*
piel (f.)	*skin*	superior	*upper*
postura	*posture*	trasero/trasera	*back*
respiración	*breathing*		

Prácticas

A. Simón dice. Trabajando con alguien en la clase practica algunos mandatos que incorporan las partes del cuerpo.

This is fun when used as a whole-class activity.

■ **Ejemplo:**

Estudiante 1: *Tócate la nariz.*
Estudiante 2: *(touches his/her nose)*

B. Asociaciones. Trabajando con alguien en la clase identifica las partes del cuerpo que se asocian con los siguientes procesos y actividades.

Turn this into a whole-class activity by asking students to name additional processes and activities for their classmates to identify. Try to make as many "pairs" as possible.

1. la respiración	6. la vista	11. el gusto
2. la masticación	7. el cantar	12. el oído
3. el correr	8. el culturismo	13. la digestión
4. el tacto	9. la natación	14. el ballet
5. el olfato	10. la arqueología	15. el aprender

C. Un análisis del cerebro. Descubre si piensas más con el hemisferio siniestro (de la izquierda) del cerebro o con el diestro (de la derecha). Contesta las siguientes oraciones con **sí** o **no**. Luego lee el análisis en la página 282.

1. Tienes capacidad para los conceptos espaciales.
2. Tienes talento para hacer planes.
3. Tienes una buena intuición.
4. Te gusta poner las cosas en secuencia.
5. Tienes una mente lógica y creadora.
6. Aplicas la lógica para resolver problemas.
7. Te gusta bailar y tienes ritmo.
8. Te gustan las palabras de distintas lenguas.
9. Estimas las bellas artes y la música.
10. Tienes una buena memoria.
11. Comprendes fácilmente los aparatos mecánicos.
12. Siempre dices la palabra correcta.
13. Tienes una coordinación física superior.
14. Te gusta analizar los problemas desde varias perspectivas.
15. Puedes calcular las distancias con precisión.
16. Tienes buen sentido del tiempo.
17. Te consideras una persona sentimental.
18. Tienes facilidad para las matemáticas.
19. Te gustan los rompecabezas°.
20. Tienes talento para escribir cartas.
21. Siempre tienes nuevas ideas.
22. Mantienes bien arreglado tu escritorio.
23. Estimas las cosas bellas.
24. Tienes capacidad para los juegos de palabras.

rompecabezas *jigsaw puzzles*

ANÁLISIS:

Los números nones° miden el hemisferio diestro. Los números pares° miden el hemisferio siniestro. Cuenta todas las respuestas afirmativas que corresponden con los números nones. Entonces cuenta las respuestas afirmativas que corresponden con los números pares. Si la diferencia entre los totales es dos o menos, no tienes un hemisferio dominante. Si uno de los totales (nones o pares) es más de dos, ése es tu hemisferio dominante.

Dominancia del hemisferio diestro: Eres una persona intuitiva y perceptiva. Tienes capacidad para los aparatos mecánicos y comprendes los dibujos mecánicos. Tienes una buena coordinación física.

Dominancia del hemisferio siniestro: Tienes talento para las palabras y lenguas. Usas la lógica y el análisis. Tienes una buena memoria y tienes capacidad para las matemáticas. Tienes un buen sentido del tiempo.

CH. Consejos para la salud. En España, como en Estados Unidos, las revistas anuncian docenas de medicamentos patentados para «curar» cualquier dolencia° o enfermedad. Lee el siguiente anuncio y completa las oraciones.

Comprehension questions for realia:
1. ¿Qué tipo de producto es Nustec?
2. ¿En qué consiste este producto?
3. ¿Con qué ayuda Nustec?
4. ¿Qué recibes cuando compras Nustec?
5. ¿Dónde se produce Nustec?

1. Nustec es una fibra...
2. Nustec combate problemas de...
3. Se vende Nustec en...
4. Nustec reduce la absorción de...

5. Nustec ayuda el intestino a...
6. Con la compra de Nustec el/la cliente recibe gratis...

números nones *odd numbers*   **números pares** *even numbers*   **dolencia** *ailment*

CONSEJOS DE SALUD
El peso excesivo y el estreñimiento.

Todos los problemas de peso excesivo y de estreñimiento pueden combatirse de una forma sana y natural con NUSTEC, comprimidos de fibra vegetal para sentirse y permanecer en forma.

Ayuda a comer menos. Los comprimidos NUSTEC, al tener una máxima concentración de fibra, adquieren volumen en el estómago, produciendo sensación de saciedad y ayudando, realmente, a mantener una dieta sin problemas.

Ayuda a controlar el peso. La fibra vegetal que contiene NUSTEC, reduce la absorción de grasas y calorías inútiles, por lo que ayuda de verdad, a controlar el peso.

Ayuda a eliminar el estreñimiento. La fibra natural de NUSTEC ayuda al intestino a recuperar y mantener su ritmo natural, corrigiendo así el estreñimiento. NUSTEC es un producto dietético natural de venta exclusiva en farmacias.

FIBRA
NUSTEC
la fibra vegetal

GRATIS: *Por la compra de un frasco de NUSTEC, le regalamos este interesante libro. Pídalo en su farmacia o envíe una solapa de la caja a* LABORATORIOS LABAZ, S. A., *apartado de correos 35064 - 08080 Barcelona*

Cómo adelgazar definitivamente
2ª EDICIÓN

LA FORMA MAS NATURAL DE ESTAR EN FORMA
En su farmacia.

SEGUNDA ETAPA: Funciones

PRIMERA FUNCIÓN:
Reporting actions that took place and were completed in the past using the preterite tense of *ir, ser, dar,* and *ver*

For additional practice on the preterite tense of irregular verbs see the *Guía gramatical.*

Review the endings for the regular preterite verbs.

▲ A number of common Spanish verbs have irregular forms in the preterite tense. Among these are *ser* and *ir.* The preterite forms of *ir* and *ser* are identical so you must depend on context to determine the correct meaning. *Dar* is also irregular in the preterite tense because it takes the same endings as the *-er* and *-ir* verbs, and *ver* is irregular because of its stem (*v-*). Notice that neither *dar* nor *ver* require written accent marks on the *-i* or the *-io* endings. Read the following excerpt from one of Tim's letters:

EL VERANO PASADO FUIMOS A ESPAÑA. NUESTRO AMIGO, MAURO, FUE NUESTRO GUÍA Y VIMOS MUCHOS MONUMENTOS, PERO TAMBIÉN PASAMOS MUCHO TIEMPO EN LA PLAYA. AL FINAL DE LAS VACACIONES, ÉL NOS DIO UNA FIESTA DE DESPEDIDA.

El pretérito de verbos irregulares			
Ir	**Ser**	**Dar**	**Ver**
fui	fui	di	vi
fuiste	fuiste	diste	viste
fue	fue	dio	vio
fuimos	fuimos	dimos	vimos
fuisteis	fuisteis	disteis	visteis
fueron	fueron	dieron	vieron

▲ There are only a few stem-changing verbs in the preterite tense, and they are all *-ir* verbs. Unlike the present tense, these verbs change only in the third person singular (*usted, él, ella*) and plural (*ustedes, ellos, ellas*) forms. Study the following examples:

El pretérito de verbos que cambian la raíz			
Servir		**Dormir**	
serví	servimos	dormí	dormimos
serviste	servisteis	dormiste	dormisteis
sirvió	sirvieron	durmió	durmieron

Some of the more frequently used stem-changing verbs are listed below. In a bilingual dictionary, the stem changes for these words may appear in parentheses following the verb infinitive. The first *-ie, -ue,* or *-i* indicates a change in the present tense, and the second *-i* or *-u* indicates a change in the preterite tense. Study the following verbs:

Más verbos que cambian la raíz

(con)seguir (i,i)	*to obtain, get*
despedir(se) (i,i)	*to say good-bye*
divertir(se) (ie,i)	*to have a good time*
morir(se) (ue,u)	*to die*
pedir (i,i)	*to ask for, request*
preferir (ie,i)	*to prefer*
reír(se)° (i,i)	*to laugh (at)*
sonreír (i,i)	*to smile*

▲ In *Capítulo 8,* you learned about verbs that have spelling changes in the preterite tense (verbs that end in *-car, -gar,* and *-zar*). In addition to these verbs, verbs that have a vowel before the *-er* or *-ir* infinitive ending have spelling changes in the third person singular and plural of the preterite tense. These endings become *-yó* and *-yeron.* Study the following verbs:

Leer		**Oír**	
leí	leímos	oí	oímos
leíste	leísteis	oíste	oísteis
le**y**ó	le**y**eron	o**y**ó	o**y**eron

Other common verbs that follow the same model as *leer* and *oír* include *creer* and *construir.*

rei, reíste, rio, reímos, reísteis, rieron

Prácticas

A. Al mal tiempo...buena cara. Numerosas enfermedades se atribuyen a la lluvia. Pero la lluvia es también un agente saludable en determinados casos. Lee el siguiente artículo sobre los beneficios saludables de la lluvia. Entonces conversa con alguien en la clase parafraseando lo que leyeron.

■ **Ejemplo:**
Leí que la lluvia es un agente saludable.

Al mal tiempo...buena cara.

A PESAR DE LAS NUMEROSAS ENFERMEDADES QUE SE le atribuyen, la lluvia es también un agente saludable en determinados casos.

En invierno, por ejemplo, la lluvia compensa la sequedad del ambiente producida por las calefacciones y la contaminación. Lo mismo ocurre en las zonas más áridas. Con la llegada de las precipitaciones se alivian o desaparecen las rinofaringitis secas, desecación de las mucosas de nariz y garganta que origina obstrucción nasal o irritación de garganta. Los enfermos de asma también pueden verse favorecidos por una humedad relativa; por esta razón se les recomienda el clima marítimo o de montaña.

Otros beneficios de la humedad se observan en la piel. Es mucho más fácil mantener así su nivel óptimo de hidratación.

En el consultorio

examen	*examination*
historia médica	*medical history*
medicamento	*medication*
ponerle una inyección	*to give an injection*
prueba	*test*
recetar	*to prescribe*
sacarle rayos X	*to take an X-ray*
tomarle la presión sanguínea	*to take someone's blood pressure*
tomarle la temperatura	*to take someone's temperature*
tratamiento	*treatment*
vacunar	*to vaccinate*

B. ¿Qué ocurrió en el consultorio? Escribe cinco cosas que ocurrieron la última vez que fuiste al consultorio médico.

■ **Ejemplo:**
La médica me dio una receta.

Prácticas that indicate pair or large group work are to be used in class. Prácticas involving written work may be assigned as homework.

Explain the meaning of the *dicho:* In bad weather . . . a happy face.

Comprehension questions for realia:
1. *¿Cuáles son algunos beneficios de la lluvia?*
2. *En el invierno, ¿que cosas producen un ambiente árido?*
3. *¿Cuál es una de las enfermedades producidas por un ambiente árido?*
4. *¿Por qué se les recomienda un clima marítimo a las personas que sufren de asma?*
5. *¿Cómo afecta a la piel la humedad?*

Additional *Prácticas:*
1. *Pregúntales a cinco compañeros de clase dónde fueron ayer y por qué.*
2. *Explícale a alguien en la clase quién te dio los regalos más interesantes para tu cumpleaños o Navidad.*
3. *En grupos de tres, pregúntense uno a otro qué programas vieron en la tele la semana pasada. Entonces, escribe los programas en las categorías de «más interesante, aburrido, violento, cómico y triste». Compara los resultados con los otros miembros de la clase.*
4. Whole class: List the items on the board to determine who received the most interesting gift.

Refer students to list of first aid vocabulary on page 275.

C. La tele no es siempre saludable. En las revistas y los periódicos se leen muchos artículos sobre los efectos negativos de la televisión para la salud física y mental. Trabajando con alguien en la clase haz una lista de estos efectos malos. Incorpora las palabras de la lista en la página 278.

■ **Ejemplo:**

Una película violenta me dio una pesadilla.°

CH. Teléfono de la salud. La revista española *Salud* mantiene un servicio de consulta telefónica para ayudar a los lectores cuando tienen dudas sobre la salud y su estado físico. Cada día un/una especialista diferente contesta las preguntas. Elije cinco especialidades y escribe un problema para cada médico.

■ **Ejemplo:**

Llamo al doctor Platas porque necesito aprender a comer mejor.

pesadilla *nightmare*

TELÉFONO DE LA SALUD

VETERINARIO

Dr. Miguel Ruiz Pérez
Académico miembro de la Academia de Ciencias Veterinarias.

CIRUJANA PLASTICA

Dra. Concepción Mínguez
Cirujana plástica de la Clínica Puerta de Hierro de la Seguridad Social, de Madrid.

UROLOGO

Dr. Jorge Masarra
Especialista en urología.

DERMATOLOGO

Dr. Angel Simón Merchán
Jefe de Dermatología de la Clínica Puerta de Hierro de la Seguridad Social, de Madrid.

SEXOLOGA

M.ª Angeles Sanz
Psicóloga Miembro del Centro de Investigación y Terapia de Conducta.

CIRUJANO PLASTICO

Dr. Benito Vilar Sancho
Especialista en cirugía plástica y estética.

TRAUMATOLOGO

Dr. José Ignacio Parra
Traumatólogo infantil del Hospital 12 de Octubre de la Seguridad Social, de Madrid.

PSICOLOGO

Bernabé Tierno Jiménez
Psicólogo y psicopedagogo.

ENDOCRINO

Dr. Jorge Platas
Especialista en nutrición y modelación corporal.

Comprehension questions for realia:
1. ¿Cuál es la especialización del Dr. José Ignacio Parra?
2. ¿Cómo se llama el cirujano plástico?
3. ¿Cuál de los especialistas es el jefe de un departamento médico?
4. ¿Cuáles son las horas de consulta?
5. ¿Cuál es el número de teléfono?
6. ¿Se puede consultar la línea de salud todos los días?
7. ¿Cuál de los especialistas consultarías tú? ¿Qué preguntarías?

For additional practice on verbs with irregular stems in the preterite tense see the *Guía gramatical*.

SEGUNDA FUNCIÓN:
Reporting actions that took place and were completed in the past using the preterite tense of *decir, estar, hacer, poder, poner, querer, saber, tener,* and *venir*

▲ Several high-frequency verbs have preterite tense stems that are markedly different from their infinitives. Note that the endings are the same for all the verbs in this section and that their endings have no accent marks. Thus, the first *(yo)* and third person *(usted, él, ella)* singular forms stress the next-to-the-last syllable. Verbs that are regular in the preterite tense stress the last syllable of these forms. The forms of *estar* in the preterite tense, for example, are *estuve, estuviste, estuvo, estuvimos, estuvisteis, estuvieron.*

Una cosita más: Other verbs that follow the same pattern as *decir* include *conducir, introducir, producir, traducir,* and *traer.* Any compound of the verbs shown above, such as *componer,* will have the same irregular stem as the root word.

El pretérito de verbos irregulares

Infinitivo	Raíz	Terminación
decir	dij-	
estar	estuv-	
hacer	hic-	-e
poder	pud-	-iste
poner	pus-	-o
querer	quis-	-imos
saber	sup-	-isteis
tener	tuv-	-ieron
venir	vin-	

▲ In addition to their irregularities in form, some of these verbs *(poder, querer, no querer,* and *saber)* also have special meanings in the preterite tense. In the chart below, you will see the infinitive and the English equivalents for the present and preterite tenses of these verbs.

At this point it would be a good idea to tell students of the special meaning of *conocer* (met for the first time) in the preterite tense. Also explain the difference between *conocer* and *encontrar* (to run into someone).

Verbos que tienen un significado especial en el pretérito

Infinitivo	Tiempo presente	Tiempo pretérito
poder	*can/be able*	*managed*
querer	*want*	*tried*
no querer	*doesn't want*	*refused*
saber	*know*	*found out*

Prácticas that indicate pair or large group work are to be used in class. *Prácticas* involving written work may be assigned as homework.

As an additional *Práctica*, have students work in pairs and survey their classmates about where they were last night.

Prácticas

A. ¿Cuándo fue la última vez...? Con alguien en la clase túrnate preguntando cuándo fue la última vez que pasaron las siguientas cosas.

■ **Ejemplo:**
Estudiante 1: *¿Cuándo fue la última vez que estuviste enfermo?*
Estudiante 2: *Estuve enfermo hace seis semanas.*

1. tener un accidente
2. ir al consultorio del médico
3. hacer ejercicios
4. venir a clase enfermo/enferma
5. decirle una mentira° al médico
6. traer una excusa médica a clase
7. ponerte enfermo
8. no poder ir a clase
9. no querer tomar una medicina
10. saber de un descubrimiento médico

B. Construcción de oraciones. Usa un elemento de las columnas A y B y agrega un elemento de información original (columna C) para escribir cinco oraciones completas. No te olvides de conjugar el verbo en el tiempo pretérito.

■ **Ejemplo:**
A los quince años tuve una operación.

A	B	C
A los quince años	decir	....
Ayer	estar	
El año pasado	hacer	
El sábado pasado	poner	
En agosto	producir	
Un día	no querer	
	saber	
	tener	
	traer	
	venir	

C. Preguntas personales. ¿Conoces la clínica de los estudiantes de tu universidad? ¿un consultorio médico particular°? ¿la sala de emergencia de un hospital? Contesta las preguntas sobre lo que pasó en uno de estos lugares.

1. ¿Cuándo te pusiste enfermo/enferma?
2. ¿Pudiste conseguir una consulta inmediata?
3. ¿Qué te dijo el/la recepcionista?
4. ¿Dónde te hicieron esperar?
5. ¿Qué hiciste en la sala de espera?
6. ¿En qué quisiste pensar?
7. ¿Supiste la causa de tu problema?
8. ¿Qué te dijo el médico/la médica?

una mentira *a lie*   **particular** *private*

CH. Cartas a la Hermana Laura. En los países hispanos, al igual que en Estados Unidos, hay mucha gente que cree en los curanderos° y espiritualistas°. Lee las cartas de abajo que sus «pacientes» mandaron a la Hermana Laura. ¿Qué problemas tuvieron los señores García, López y Sánchez?

Comprehension questions for realia:
1. ¿Cuáles son las horas de consulta?
2. ¿Qué profesión tiene la Hermana Laura?
3. ¿A quiénes puede ayudar la Hermana Laura?
4. ¿De quiénes son los testimonios?
5. ¿Quién ayuda a la Hermana Laura?
6. ¿Qué tipo de enfermedad o problema tenía cada paciente mencionado en el anuncio?

Abierto todos los días de 8 A.M. a 8 P.M.

HERMANA LAURA—Espiritual Oradora y Consejera

¿Está sufriendo? ¿Enfermo? ¿Necesita consejo? Venga a la **HERMANA LAURA**. Ella tiene el poder que le ha dado Dios de curar por medio de la oración. Curar a los enfermos y los que sufren, pero no hay compasión para aquéllos que saben que están de malas y no vienen a ver a la **HERMANA LAURA**. Le garantiza que le ayudará o no tiene que pagar nada.

Estuve enferma y casi paralítica por muchos años, pero una sola visita a la Hermana Laura y por medio de su poder ya estoy curada y hasta conseguí trabajo.
  —Sra. García

Perdí a todos mis seres queridos por causa de la bebida y la mala suerte. Pero gracias a Dios oí hablar de la Hermana Laura y la fui a ver. Ahora mis seres queridos están conmigo. Dejé de beber y soy un hombre feliz y saludable.
  —Sr. López

Perdí mi trabajo porque estaba bajo malas influencias. Pero una visita a la Hermana Laura y desde entonces tengo un trabajo fijo y me siento muy bien.
  —Sr. Sánchez

TERCERA FUNCIÓN:
Giving direct orders and advice using formal commands

For additional practice on formal commands see the *Guía gramatical.*

In *Capítulo 8,* you learned how to give orders to family and friends with informal commands. Now, you will learn how to give orders and instructions that can be used with groups of people, as well as individuals. As you will see, the formation of the formal commands is very similar to that of the negative informal commands.

Review the formation of negative informal commands.

The affirmative formal commands are formed by taking the *yo* form of the verb, removing the *-o* ending, and adding the opposite theme vowel. The command is made plural by adding *-n*. The negative commands are formed by adding the word *no* before the verb.

Remind students of spelling changes for *-car, -gar,* and *-zar* verbs.

Remind students that pronouns are attached to affirmative commands and precede negative commands. Write several examples on the board.

Mandatos formales					
-ar		**-er**		**-ir**	
Respire	Respiren	Ponga	Pongan	Viva	Vivan
No respire	No respiren	No ponga	No pongan	No viva	No vivan

curanderos *healers* **espiritualistas** *spiritualists*

Unfortunately, there are several irregular formal commands that must be memorized. Here is a list of the most common ones for you to study:

Mandatos formales irregulares

Verbo	Singular	Plural
dar	dé	den
estar	esté	estén
ir	vaya	vayan
saber	sepa	sepan
ser	sea	sean
ver	vea	vean

10 consejos para dormir mejor.

Lea estos 10 consejos de Flex. La empresa que desde 1920 se desvela por el sueño de nuestro país: Investigando, innovando, creando nueva tecnología..., pensando siempre en su descanso. Por eso, si usted sueña con dormir mejor, siga los consejos de Flex y duerma a lo grande.

1 Los niños deben dormir de firme: 9 de cada 10 niños y jóvenes duermen de forma inadecuada en la etapa esencial del crecimiento. La posición horizontal y un lecho equilibrado es lo que necesitan para el perfecto crecimiento.

2 Evite los estimulantes: Evite el café, el té y el alcohol en las horas que anteceden al sueño. Al igual que las comidas copiosas son enemigos irreconciliables del buen dormir.

3 Haga deportes, pero de día: El jogging, los ejercicios y el deporte practicado durante las últimas horas del día, produce un cansancio y una tensión muscular que provoca un estímulo inadecuado para las horas del sueño. Por eso la ducha antes de dormir es relajante.

4 No duerma blando, ni duro: Si sufre dolores de espalda lo indicado es un colchón multielástico que se adapta perfectamente a las distintas partes del cuerpo, sobre una base firme y resistente.

5 Elija su colchón según su peso y su estatura: En las tiendas especializadas le darán información.

6 La cama es cosa de dos: el colchón y la base. Lo ideal es dormir en un colchón multielástico sobre una base firme.

7 Silencio, se duerme: La habitación de dormir ha de estar bien ventilada y silenciosa. Colchón multielástico más Canapé eliminan todo tipo de ruidos.

8 No duerma a ciegas: La oscuridad total puede ser fuente de perturbación. Un poco de claridad es sedante y tranquilizadora.

9 Algo muy importante: Observe escrupulosamente un ritmo regular en las horas de acostarse y levantarse.

10 Y un consejo que vale por diez:

Mejor que un Flex ni lo sueñe.

FLEX

Prácticas

A. Diez consejos. Lee el artículo a la izquierda que viene de un periódico español. Identifica los mandatos formales. Después dale cinco consejos a alguien en la clase sobre cómo dormir mejor.

Prácticas that indicate pair or large group work are to be used in class. *Prácticas* involving written work may be assigned as homework.

Comprehension questions for realia:
1. ¿Cuánto tiempo lleva esta empresa?
2. ¿Cuál es la posición perfecta para dormir bien?
3. ¿Duermes tú a ciegas?
4. ¿Cuáles son las partes de la cama?
5. ¿Por qué se recomienda una ducha antes de dormir?
6. ¿Qué debes evitar antes de dormir?
7. ¿Cómo debes seleccionar un colchón?
8. ¿Cuál es el consejo de Flex?

B. En el consultorio. Escribe diez mandatos que un médico usa con frecuencia cuando habla con su paciente.

■ **Ejemplo:**
Saque° la lengua.

C. Entrenador de deportes. Escribe diez mandatos plurales que un entrenador/una entrenadora le da a su equipo°.

■ **Ejemplo:**
No tomen bebidas alcólicas.

CH. Cómo mejorar la salud pública. Es seguro que tienes opiniones sobre la política o el gobierno. Escríbeles una lista de diez mandatos a los políticos de tu ciudad, región o país para el mejoramiento de la salud pública.

■ **Ejemplo:**
No permitan los vertidos tóxicos.

D. La digitopuntura...una terapia preventiva. La digitopuntura es un método de curación que emplea la presión de los dedos en algunos puntos estratégicos del cuerpo humano. Se utiliza para tratar condiciones nerviosas, molestias relacionadas con la tensión (insomnio, migraña, dolor de cabeza y fatiga), además de otros problemas comunes como neuralgia, dolor de espalda y sinusitis. Lee las siguientes instrucciones y trabajando con alguien en la clase, practica las técnicas.

Draw a hand on the board and indicate the appropriate name for each finger: *índice, dedo medio, anular, meñique, dedo pulgar.*

Saque *Stick out* **equipo** *team*

1. Indigestión, agruras y flatulencia
El punto Cheng-qi
Presione firmemente la cuenca interna del ojo -donde inicia la nariz- con el dedo pulgar, o dé masaje rítmicamente.

2. Para flujo nasal
El punto Ju-liao
Presione el centro de su mejilla con los dedos índice, justo abajo de los pómulos; a unos 3 ó 5 cm abajo del centro de su párpado inferior.

3. Tensión en cuello y hombros
Punto Fei-shu
Encuentre dos puntos, cada uno a unos 2.5 cm de la espina dorsal en la parte alta de la espalda. Dé masaje en el área presionando con los dedos índice o cordial.

4. Para ojos hinchados y congestión de senos frontales
Punto Tai-yang
Coloque el dedo medio de cada mano en la parte central inferior de las cejas y presione en movimiento rotatorio, también con los dedos índice y anular.

5. Migraña y dolor de dientes
Punto Hegu
Usando el pulgar y el índice de una mano, presione con fuerza la parte entre el pulgar y el índice de la otra mano.

6. Mareo Punto Zan-zhu
Presione con el dedo índice entre las dos cejas hasta que los síntomas desaparezcan. Este punto se relaciona también con el estómago, por lo que interrumpe el vómito y las náuseas.

7. Fatiga Punto Pia-sen
Con el pulgar de una mano presione el centro de la articulación superior del meñique de la otra mano.

8. Tensión general y jaqueca
Punto Feng-chi
Localice los puntos con los dedos índice justo en la parte del nacimiento del cabello, cada uno separado 2.5 cm de la columna vertebral.
Presione y dé masaje primero a uno y después al otro; a continuación dé pequeños golpecitos hacia arriba y hacia abajo.

Comprehension questions for realia:
¿Cómo se alivia...
1. *la tensión general?*
2. *el mareo?*
3. *la indigestión?*
4. *la migraña?*
5. *el flujo nasal?*

TERCERA ETAPA: Estrategias

Comprensión auditiva may be assigned as homework.

COMPRENSIÓN AUDITIVA (STUDENT TAPE)

Following spoken instructions. Being able to follow spoken instructions is a very important aspect of listening comprehension. In both Spanish and English, instructions are usually given as formal commands. In this lesson you will listen to a tape explaining how to jump rope correctly for health and fitness. Play your student tape and do the following *Prácticas*.

Práctica

Cómo saltar a la cuerda°. ¿Recuerdas los ejercicios que hacías cuando eras pequeño/pequeña, como era saltar a la cuerda? Pues, toma una cuerda (o imagina que tengas una), escucha bien las instrucciones, y ¡salta! Ésta es una *Práctica* física. Es aún más divertido saltar con otra persona. Nota que los mandatos de la cinta son formales.

LECTURA

Chronological order. In both listening and reading, the form of a text can often be used as an aid to comprehension. Many of the articles you read concerning health and fitness are organized chronologically. They tell you how to exercise, how to prepare a low-calorie recipe, and how to get rid of stress. You can easily recognize this type of text by its step-by-step instructions or suggestions. Look for the sequence in the following activities.

Prácticas

A. El frío. Lee el siguiente artículo y escribe brevemente los datos más importantes sobre cómo evitar la hipotermia accidental.

saltar a la cuerda *to jump rope*

Las bajas temperaturas ambientales pueden originar lesiones locales en las zonas de máxima exposición o desprotegidas, como son la cara, las manos y los pies. Para evitar las congelaciones, una serie de medidas generales de sentido común es útil: El uso de ropas cálidas, guantes, calcetines, gorras, y botas aislantes. El acostumbramiento progresivo al medio frío, las bebidas calientes, un adecuado soporte nutritivo de alimentación y el ejercicio físico moderado. Una vez producidas las lesiones, deben ser tratadas por un médico. Se debe evitar un recalentamiento brusco de las zonas afectadas.

B. La siesta. Lee el artículo sobre los pasos° que hay que tomar para disfrutar de la siesta. Discute con alguien en la clase sobre el sitio ideal para tomar una siesta.

El sitio mejor

No hay un sitio fijo para la siesta; cada persona tiene sus preferencias. En épocas de calor hay que buscar el lugar más fresco de la casa, un sillón que no dé calor, como pueden ser las mecedoras clásicas de rejilla, las *chaisse-longues* de paja o similares y, si la calorina aprieta, un abanico, el ventilador o el aire acondicionado. A unos les llega el sueño a través de la lectura del periódico o de un libro, a otros con el *rum-rum* de la televisión en un tono muy bajo (incluso hay quien despierta sobresaltado si le apagan la televisión sin previo aviso) y a muchos, escuchando música. La habitación debe estar en penumbra o completamente a oscuras, depende de los gustos o hábitos adquiridos, y alejada de lugares ruidosos, aunque a la hora de la siesta y en verano hasta las calles más bulliciosas están en silencio.

Para que la siesta cumpla su cometido beneficioso no debe ser larga, más de una hora es desaconsejable, porque entonces el sueño produce amodorramiento y el despertar es muy desagradable, con mal cuerpo y peor humor. ■

COMPOSICIÓN

Definitions. There are many types of expository (non-fiction) writing. The **definition** is perhaps the most common. Although we usually think of definitions as being found in the dictionary, an extended definition can be the subject of a composition, an article, or even a book. There are various ways to define a term:

1. By example: *La penicilina es un antibiótico poderoso.*
2. By synonym: *La respiración es la inhalación o el aliento.*
3. By word origin: *Estetoscopio: instrumento que sirve para auscultar.*
                    Del griego στηθοζ (pecho) + scopio.
4. By class: *Rubéola: enfermedad contagiosa, normalmente contraída por los niños.*

Prácticas

A. Fuerza brutal. Lee el siguiente anuncio y escríbele una nota a alguien en la clase describiendo el producto.

pasos *steps*

SI ENTRENAS COMO UN ANIMAL... ¡ALIMENTATE COMO TAL!!

¡FUERZA BRUTAL!

Para conseguir una **fuerza BRUTAL** y un tamaño DESCOMUNAL, no sólo debes entrenar como un animal usando pesos pesados y suficientes series como para despertar y desarrollar cada célula muscular de tu cuerpo, si no que también debes alimentarte para aguantar esas palizas y además nutrir abundamentemente y regularmente todos tus musculos.
La carne de buey es el mejor alimento para el volumen muscular, los más grandes culturistas y sobre todo aquellos de mayor peso corporal tienen predilección por los abundantes filetes de buey durante su época de volumen. Ahora para aquellos que no pueden sentarse a comer medio kilo de carne 4 ó 5 veces al día (no sólo por tiempo, precio o apetito) disponemos de carne de buey desecada a baja temperatura y comprimida en tabletas sin ningún tipo de aditivos. Buey 100% puro en tabletas de 1.200 mg, ideal para llevar encima y consumir a cualquier hora, solas o para enriquecer los batidos o comidas.
Cada tableta aporta 1.000 mg de proteína de alto valor biológico, siendo además fuente de vitaminas y minerales.
Bote de 250 tabletas de 1.200 mg. P.V.P. 975 ptas.   **BOLETIN DE PEDIDOS PAG. 59**

B. Lo que me interesa. Selecciona una parte del cuerpo, una profesión, una materia de la universidad y una actividad o deporte que te gusta. Escribe cuatro párrafos breves en los que defines los temas. Utiliza una estrategia distinta en cada definición.

CULTURA POPULAR

Las farmacias de guardia. If you feel ill while traveling in Spain, it is not always necessary to go to a physician to get medical advice. Pharmacists are highly skilled and may be able to sell you the proper remedy after a consultation. As *Su Turno* informs us, the pharmacy is one of the only places you don't have to wait for medical attention. If you are looking for a place to buy an antibiotic late in the evening, each day a list of *farmacias de guardia* is published in the newspaper and posted at all pharmacies to indicate which ones will be open all night or until the early morning hours.

SU TURNO

Usted guarda turno...

Para obtener su número en el consultorio.   Para la atención médica.   Para su análisis.   Para su radiografía.   Para su especialista.   Para su hospital.

Solo en SU FARMACIA, usted no hace turno,

porque el turno lo hacemos nosotros, los farmacéuticos y sus auxiliares, esté donde esté, en cualquier lugar de España, de día y de noche

Nosotros hacemos el turno por usted

Defienda su libertad de elegir farmacia

Prácticas

A. ¿A qué hora? Lee la siguiente sección sobre las farmacias de guardia y contesta las preguntas.

Farmacias

DE 9 A 13.30 Y DE 16.30 A 9 HORAS DE LA MAÑANA SIGUIENTE (DIA 1)

JUAN DE CELAYA, 16 (junto al grupo Valvariera, por el 300 de S. Vicente). Desamparados Vila.

PERIODISTA AZZATI, 1 (junto ayuntamiento). Josefina Belloch.

FELIPE RINALDI, 8 (grupo Torrefiel). Alejandro Bosch.

PINTOR NICOLAU, 3 (paralela a Avda. Puerto). M. Isabel Navarro.

DE 9 A 22 HORAS

JOSE BENLLIURE, 13. M. José Bañuls.

PINTOR STOLZ, 2 (saliendo a Avda. del Cid por calle Linares). Sres. Benlloch y Pérez.

OBISPO J. PEREZ, 19 (Monteolivete). Desamparados Leal.

ALAMEDA, 11. Vda. Don Vicente Pons.

DE 9 A 13.30 Y DE 16.30 A 9 HORAS DE LA MAÑANA SIGUIENTE (DIA 2)

CAMINO VIEJO DE CHIRIVELLA (Cruz Mislata). Salvador V. Baixaulí.

JAIME ROIG, 18 (junto Colegio Alemán). Santiago Centelles.

MAYOR, 95 (Nazaret). Isabel Lahoz.

AVDA. BARON DE CARCER, 33 (esquina Garrigues, 17). Fernando Pardo.

DE 9 A 22 HORAS

JERONIMO MONSORIU, 40 (esquina C. Industria). Elvira Bosch.

PERIODISTA GIL SUMBIELA, 14 (entrada por Avda. Juan XXIII). L. Vilanova y M. L. Escutía.

S. VICENTE, 209 (junto paso elevado estación S. Vte. con Giorgeta). M. Jesús Nebot.

CISCAR, 59. Carmen Ruiz.

1. ¿Cuántas farmacias de guardia hay el día primero?
2. ¿A qué hora se abren y a que hora se cierran?
3. ¿Qué clase de información se da entre paréntesis?
4. ¿A qué hora abre la farmacia en la Avenida Barón de Carcer?

B. Servicios de emergencia y clínicas. Se pueden obtener tratamiento médico y consejos de clínicas y centros sanitarios abiertos las 24 horas. Lee el siguiente anuncio y indica algunos de los servicios que se ofrecen.

Comprehension questions for realia:
1. ¿Qué clase de servicios ofrece el Centro Médico «Salus»?
2. ¿Dónde está el Centro?
3. ¿Qué tipo de cliente trata de atraer el centro médico?

MEDICAL CENTRE
MEDIZINISCHES ZENTRUM
LÄKARE CENTRUM
LÄÄKÄRIKESKUS
CENTRE MEDICAL

Médicos
Practicantes
Ambulancias
Rayos X
Electrocardiografía
Análisis Clínicos

Centro médico "Salus"

Santa Eulalia - C/ del Mar s/n.

SERVICIO PERMANENTE
LAS 24 H. DEL DIA

TELEFONO: **33 08 27**

CUARTA ETAPA: ¡Muestra lo que sabes!

Autoprueba

Trabaja con alguien en la clase para resolver los siguientes problemas.

A. Pregúntale a alguien en la clase sobre cinco cosas que hizo durante sus vacaciones.

B. Habla con alguien en la clase sobre tus más recientes enfermedades.

C. Menciona algunas de las cosas que haces para mantenerte en forma.

CH. Alguien en la clase no puede dormir bien. Lee los «10 consejos para dormir mejor» en la página 290 y discute algunos de los puntos con él/ella.

D. Explica por qué se debe o no se debe donar sangre.

E. Escucha otra vez el cassette de «los primeros auxilios» y da un resumen breve de uno de los tratamientos.

Fíjate en el vocabulario

Using suffixes with adjectives and verbs. In *Capítulo 8,* you learned how to create Spanish nouns by adding suffixes to English root words. The same technique may be used with adjectives and verbs. Using the examples below, make up some adjectives and verbs on your own, then check them with a bilingual dictionary.

Sufijos de adjetivos			
Inglés	**Ejemplo**	**Español**	**Ejemplo**
-acious	tenacious	-az	tenaz
-an	European	-o/a	europeo/europea
-aneous	instantaneous	-áneo/a	instantáneo/instantánea
-ant/ent	pertinent	-ente	pertinente
-ary	temporary	-ario/a	temporario/temporaria
-ive	effective	-ivo/a	efectivo/efectiva
-ous	contagious	-oso/a	contagioso/contagiosa
-tional	institutional	-cional	institucional

Sufijos de verbos			
Inglés	**Ejemplo**	**Español**	**Ejemplo**
-ate	*vibrate*	-ar	vibrar
-fy	*rectify*	-ficar	rectificar
-ize	*minimize*	-izar	minimizar
-e	*preserve*	-ar	preservar

Prácticas

A. Indica las partes de tu propio cuerpo y nómbralas en voz alta°.

B. Recuerda la última visita que hiciste al médico. Describe tus síntomas.

C. Mira la foto de abajo y da los mandatos formales para el ejercicio que hace las personas.

voz alta *aloud*

Haciendo ejercicio en el Retiro, Madrid

CH. Haz el siguiente «test».

El «test» del verano

Un cuerpo «10»

Desde que Bo Derek fuera una mujer «10» en el cine, más de uno ha querido llegar a tan ansiada calificación. Desafiando el hecho de que nadie es buen juez de sí mismo y teniendo en cuenta que muchas veces es más importante la armonía del conjunto que la perfección de los elementos, juzgue cada una de las partes de su cuerpo y puntúelas del 1 al 4. Prescinda de los cánones de belleza y guíese por su propio y personal criterio.

Puntúe de uno a cuatro cada parte de su cuerpo:

1. Cabellos.
2. Frente.
3. Ojos.
4. Nariz.
5. Boca.
6. Dientes.
7. Orejas.
8. Rostro.
9. Cuello.
10. Hombros.
11. Brazos.
12. Manos.
13. Pecho o tórax.
14. Caderas.
15. Barriga.
16. Genitales.
17. Pelvis.
18. Espalda.
19. Trasero.
20. Muslos.
21. Piernas.
22. Rodillas.
23. Tobillos.
24. Pies.
25. Altura.
26. Esbeltez.
27. Estruc. corpórea.
28. Cutis.
29. Tonicidad.
30. Juicio global.

© Luisa Franceschini Rampazzo. De Vecchi.

SOLUCION

RESPUESTAS

Sume todos los puntos que se haya concedido; busque luego en los distintos grupos el que le corresponda.

Entre 120 y 110

¡El amor que siente por su cuerpo recuerda al de Narciso! Decididamente se gusta hasta el punto que parece ser un poco megalómano o carente de sentido crítico. De todos modos, una actitud de este tipo tiene sobre los demás un impacto muy positivo: su seguridad los arrastra y los fascina.

Entre 109 y 60

Se encuentra a gusto en su propia piel, y no por considerarse perfecto, sino porque sabe que ciertos pequeños defectos, si se saben llevar, pueden ser para los demás motivo de atracción. Además, se trata de defectos que los juzga con poca severidad, ya que en general encuentra su cuerpo bastante agradable, por lo que suele tener una buena relación con él, procurando siempre encontrarse en su «envoltorio».

Entre 59 y 30

Acepta discretamente su propio cuerpo, al que quiere suficientemente, pero sin pararse. ¿A qué se debe esta moderación suya? Unas simples calificaciones no son suficientes para aclararlo, pero analice sus respuestas y así podrá ponerse en el buen camino, llegando a quererse un poco más.

Entre 29 y 0

Decididamente no se gusta nada o ha sido demasiado severo consigo mismo. ¿Por qué? Una enfermedad o un malestar ocasional pueden explicar este rechazo. Pero si esta actitud negativa es una constante mantenida desde hace tiempo, entonces es que las cosas no van bien dentro de usted. Sentirse incómodo en la propia piel puede estropear las relaciones con los otros, además de con uno mismo. Y también las relaciones sexuales pueden verse perjudicadas. Intente quererse un poco más y júzguese con mayor benevolencia. Así también los demás empezarán a hacerlo.

D. Escribe otra vez los sustantivos de la lista de vocabulario activo y clasifícalos según su género.

VOCABULARIO

Sugerencias

Es bueno   *It's good*
Es conveniente   *It's convenient*
Es importante   *It's important*
Es imprescindible   *It's indispensable*
Es mejor   *It's better*
Es necesario   *It's necessary*
Es preciso   *It's necessary*
Es preferible   *It's preferable*

Instrucciones

Aplicar una pomada.   *Apply cream/ointment.*
Bañarse con agua fría/caliente.   *Take a bath in cold/hot water.*
Lavar la herida.   *Wash the wound.*
Llamar al médico.   *Call the doctor.*
Pedir información.   *Ask for information.*
Poner hielo.   *Put on ice.*
Poner una tirita/venda.   *Put on a Band-Aid/bandage.*
Quedarse en la cama.   *Stay in bed.*
Sacar la lengua.   *Stick out your tongue.*
Tomar la medicina/las pastillas.   *Take medicine/pills.*

¿Creer o no creer?

Es cierto.   *That's right.*
Es dudoso.   *It's doubtful.*
No lo dudo.   *I don't doubt it.*
Lo dudo.   *I doubt it.*
No tengo dudas.   *I have no doubts.*
Tengo mis dudas.   *I have my doubts.*
Sí, es verdad.   *That's true.*
No puede ser.   *It can't be.*
Lo creo.   *I believe it.*
No lo creo.   *I don't believe it.*

En la farmacia

tener catarro   *to have a cold*
tener diarrea   *to have diarrhea*
tener dolor de garganta   *to have a sore throat*
tener fiebre   *to have a fever*
tener mareos   *to be dizzy*
tener tos   *to have a cough*
Me duele la cabeza.   *I have a headache.*
Me duele todo el cuerpo.   *My whole body aches.*
necesitar pastillas (para fiebre, mareos, etc.)   *to need pills (for fever, dizziness, etc.)*
necesitar una receta   *to need a prescription*

Enfermedades comunes

depresión *depression*
estreñimiento *constipation*
fractura *broken bone, fracture*
gripe (f.) *flu*
hipertensión *hypertension, high blood pressure*
inflamación de la garganta *strep throat*
insomnio *insomnia*
mononucleosis (f.) *mononucleosis*
quemadura de sol *sunburn*
resaca *hangover*
resfriado *cold*
rubéola *measles*

Hablando del cuerpo

aliviar *to relieve, alleviate*
contener *to contain*
doblar *to bend*
lamer *to lick*
mantenerse en forma *to stay fit, keep in shape*
masticar *to chew*
oler *to smell*
proteger *to protect*
respirar *to breathe*
sostener *to support*
tocar *to touch*

Partes de la cabeza

barbilla *chin*
boca *mouth*
cara *face*
cejas *eyebrows*
dientes (m.) *teeth*
frente (f.) *forehead*
lengua *tongue*
mejillas *cheeks*
nariz (f.) *nose*
oído *inner ear*
oreja *outer ear*
párpado *eyelid*
pelo *hair*
pestaña *eyelash*

Partes del tronco

abdomen (m.) *abdomen*
cadera *hip*
cuello *neck*
espalda *back*
hombros *shoulders*
nalga *buttock*
pecho *chest*

Extremidades

brazo *arm*
codo *elbow*
dedo *finger, toe*
mano *hand*
muñeca *wrist*
pie (m.) *foot*
pierna *leg*
rodilla *knee*
tobillo *ankle*

Partes del esqueleto

columna vertebral *spinal column*
coyuntura *joint*
hueso *bone*

Órganos internos

arteria *artery*
cerebro *brain*
corazón (m.) *heart*
estómago *stomach*
intestinos *intestines*
pulmón (m.) *lung*
vena *vein*

Sentidos

gusto *taste*
oído *hearing*
olfato *smell*
tacto *touch*
vista *sight*

Expresiones relacionadas

cutis (m.) *complexion*
delantero/delantera *front*
digestión *digestion*
inferior *lower*
piel (f.) *skin*
postura *posture*
respiración *breathing*
salud (f.) *health*
sangre (f.) *blood*
sano/sana *healthy*
ser humano (m.) *human being*
superior *upper*
trasero/trasera *back*

Acciones

(con)seguir   *to obtain, get*
dar   *to give*
decir   *to say, tell*
despedir(se)   *to say good-bye*
divertir(se)   *to have a good time*
dormir   *to sleep*
estar   *to be*
hacer   *to do, make*
ir   *to go*
leer   *to read*
mantener   *to maintain*
morir(se)   *to die*
oír   *to hear*
pedir   *to ask for, request*
poder   *to be able to*
poner   *to put*
preferir   *to prefer*
querer   *to want, wish, love*
reír(se)   *to laugh (at)*
respirar   *to breathe*
saber   *to know*
ser   *to be*
servir   *to serve*
sonreír   *to smile*
tener   *to have*
venir   *to come*
ver   *to see*
vivir   *to live*

CAPÍTULO **10**

La comida mexicana

Propósitos

Escenario: México

Primera etapa: Preparación
Introducción: La etiqueta del taco
¡A escuchar!: Restaurantes de autoservicio
Comunicación: *Describing, complaining, denying, and contradicting*
Así es: Cómo pedir comida
Expresiones: En el mercado

Segunda etapa: Funciones
Primera función: *Expressing cause-and-effect relationships using the present subjunctive*
Segunda función: *Expressing cause-and-effect relationships using impersonal expressions*
Tercera función: *Making recommendations and suggestions using the irregular subjunctive*

Tercera etapa: Estrategias
Comprensión auditiva: Cómo sacar apuntes y hacer un dictado
Lectura: Lenguaje figurativo
Composición: Secuencia y conclusión
Cultura popular: Un plato patriótico

Cuarta etapa: ¡Muestra lo que sabes!
Autoprueba
Fíjate en el vocabulario: *Using note cards*

Buffet mexicano, Guadalajara

PRIMERA ETAPA: Preparación

Remind students to review the formal commands in *Capítulo 9* before reading this article and tell them to use the format of this article combining text and illustrations when writing their brief description.

Introducción

La etiqueta del taco. La tortilla es la base de la comida mexicana. Es una torta de maíz que se prepara con diferentes tipos de relleno°. Una tortilla rellena con carne, pollo, o cerdo y frita en aceite es un taco.

Mientras lees el siguiente artículo que explica la manera de hacer y comer tacos, escribe las frases más importantes. Entonces, usando tus apuntes, explícale a alguien en la clase la etiqueta del taco. Finalmente, usando este artículo como guía, escribe una descripción breve sobre como se debe comer otro plato (un sandwich submarino o un gyro).

relleno *filling*

Extienda bien la tortilla sobre la mano izquierda

Distribuya bien el relleno con la mano derecha, sin llenarla demasiado

Doble primero el borde derecho por el medio y sobrepóngale el izquierdo

ILUSTRACIÓN POR SANTIAGO COHEN

H ay una etiqueta correcta para comerse un taco? Claro que sí. De otra forma, ¿cómo es que los miles de comensales que visitan las taquerías diariamente pueden comer tacos sin mancharse el vestido?

¿Cuál es el criterio para la taco-etiqueta? Primero, hay que asegurarse de que el taco está hecho correctamente, con el lado más delgado de la tortilla para arriba. Extienda la tortilla en la mano izquierda y añádale el relleno con la derecha. Doble el borde derecho de la tortilla por el medio y sobrepóngale el borde opuesto.

Es muy importante la forma de tomar el taco. Tómelo cuidadosamente entre el pulgar y los primeros dos dedos de la mano derecha—si usted es zurdo, la izquierda—con el lado doblado para arriba. Ponga el tercer dedo debajo del taco para elevarlo, e inclíne el taco para que no se le salga el relleno.

Al prepararse para comer el taco, inclínese hacia adelante, extendiendo la mano más allá de los hombros. Así los jugos del relleno caerán al plato—o al piso, si está comiendo de pie.

Antes de la primera mordida, incline la cabeza. Y disfrútelo. Cuatro o cinco mordiscos es todo lo que se necesita. Si lo hace con rapidez y destreza, no perderá ni una gota de jugo o de salsa. Como en toda actividad, la práctica es esencial para que usted no tenga que agregar el costo de limpiar su vestido, camisa o corbata, al precio de un suculento y delicioso taco.

Asegúrese de que el lado más delgado de la tortilla está para arriba

Tome el taco entre los dedos y elévelo un poco para que no se salga la salsa

Inclínese hacia adelante, extendiendo la mano más allá de los hombros

¡A ESCUCHAR! (STUDENT TAPE)

Antes de escuchar

Restaurantes de autoservicio. *Sanborn's, Denny's, VIP's* y *Shirley's* no parecen nombres apropiados para restaurantes típicos en México. Sin embargo estos restaurantes de autoservicio cada día ganan en popularidad no solamente con los turistas sino con los mexicanos también. Antes de escuchar tu cassette, estudia el menú e indica las cosas que reconoces.

Después, escucha los consejos que Marcos Salinas le da a Ricardo Gómez en Burger King, un restaurante nuevo de autoservicio en México.

- Escribe la comida que mencionan durante la conversación.
- Indica si el pedido es para llevar o para comer en Burger King.

Have students read the menu and predict the meanings of any unfamiliar terms. Ask *¿Cuál restaurante de autoservicio prefieres? ¿Qué pides normalmente? ¿Qué malteadas prefieres? ¿Dónde sirven las mejores papas fritas? ¿Qué normalmente pones en tu hamburguesa?* etc.

Point out to students that in informal conversation, last names instead of first names are frequently used to address friends. In this exchange Marcos refers to his friend as Gómez and Ricardo uses Salinas.

WHOPPER

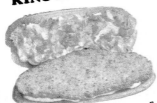

KING DE POLLO

WHOPPER: La hamburguesa grande tradicional de Burger King. 100% carne de primera calidad, asada a la parrilla, y aderezada con lechuga, jitomate, pepinillos, catsup, mayonesa y cebolla; como hecha en casa.

HAMBURGUESA: Una hamburguesa 100% de carne, asada a la parrilla, aderezada con catsup, pepinillos y mostaza.

A LA TEXANA: Doble carne, dos rebanadas de queso, tocino, y una original salsa BBQ. Ideal para un gran apetito.

A LA RANCHERA: Doble carne, dos rebanadas de queso, mayonesa, lechuga y salsa picante.

KING DE POLLO: Delicioso sandwich de pollo.

CHICKEN TENDERS: 6 ó 9 piezas de tiernos trocitos de pollo empanizados.

Bienvenidos a Burger King y gracias por su pedido
Hora: 2:00

. . .	
. . .	6000
whopper - con queso	2500
malteada - chocolate	2500
malteada - vainilla	2000
Coca-Cola - mediana	3000
hamburguesa	2500
papas fritas	

para el comedor

Comprensión

Escucha el cassette otra vez e indica si el siguiente pedido es correcto o no. Escribe las correcciones necesarias.

Correct order: Whopper con queso y sin cebolla, Whopper, dos Coca-Colas medianas.

COMUNICACIÓN (STUDENT TAPE)

Las siguientes conversaciones son similares a las preguntas y comentarios que acabas de escuchar en la conversación entre Marcos Salinas, Ricardo Gómez y la mesera de Burger King. Después de aprender estas oraciones, puedes describir, negar, contradecir y quejarte. Escucha las conversaciones en tu cassette y practícalas con los otros miembros de la clase.

Describiendo... *Describing*

Quejándose... *Complaining*

Negando y contradiciendo... *Denying and contradicting*

Prácticas

Remind students that these expressions can be made plural by changing the verb: *contiene, contienen,* etc.

Describiendo...

Contiene...	*It contains . . .*
Es...	*It's . . .*
Es como...	*It's like . . .*
Huele a...	*It smells like . . .*
Sabe a...	*It tastes like . . .*
Se parece a...	*It looks like . . .*

A. ¿Cómo es? Lee el menú de Burger King en la página 305. Después, con alguien en la clase describe las siguientes cosas.

■ **Ejemplo:**
Un Whopper es una hamburguesa con mayonesa, jitomate, cebolla, lechuga, catsup y pepinillos en pan tostado.

1. A la ranchera
2. A la texana
3. Hamburguesa con queso
4. Chicken Tenders
5. King de pollo

Negando y contradiciendo...

Imposible.	*Impossible.*
Jamás.	*Never. (emphatic)*
Ni hablar.	*Don't mention it.*
No es así.	*It's not like that.*
No está bien.	*It's not right.*
Nunca.	*Never.*

Tell students to review making comparisons in *Capítulo 6* and *7* before beginning this activity.

B. Los alimentos. Lee las siguientes oraciones sobre la comida. Entonces, túrnate con alguien en la clase comentando y dando otras sugerencias de la nutrición.

■ **Ejemplo:**
Estudiante 1: *No es necesario beber agua.*
Estudiante 2: *No está bien. Hay que beber mucha agua cada día.*

1. Hay siete grupos básicos de alimentos.
2. Es mejor comer chocolate que frutas.
3. Los cereales y la leche son del mismo grupo.
4. Los huevos no contienen mucho colesterol.
5. El café contiene muchas calorías.
6. Una buena dieta consiste en comer solamente yogur y frutas.
7. Los vegetales pueden sustituir las frutas en una buena dieta.
8. La carne tiene más calorías que el queso.

GRUPO ALIMENTOS (calorías/gramo)

Grupo 1°
LECHE y DERIVADOS
leche 65
queso de Roquefort 364
queso de Gruyere 420

Grupo 2°
CARNES, HUEVOS y PESCADOS
carne de res 300
pollo 200
huevos 160
atún 180

Grupo 3°
LEGUMBRES y TUBÉRCULOS
papas 85
garbanzos 360

Grupo 4°
VERDURAS
coliflor 40
espárragos 40
lechuga 30
tomate 20

Grupo 5°
FRUTAS
melón 40
naranja 40
mermelada 300

Grupo 6°
CEREALES y BEBIDAS
pan 280
cereal 360
macarrones 360
cerveza 30
Coca-Cola 45

Grupo 7°
GRASAS y ACEITES
aceite de oliva 884
chocolate 500
margarina 720

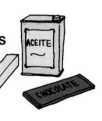

C. Una prueba. Usando la información de los grupos básicos, escribe ocho preguntas sobre los alimentos. Pídele la opinión a alguien en la clase.

■ **Ejemplo:**
Estudiante 1: *Qué contienen más calorías, ¿las frutas o los cereales?*
Estudiante 2: *Las frutas.*
Estudiante 1: *No, no es cierto. Los cereales contienen más calorías.*

Quejándose...

Esto es el colmo.	*This is the last straw.*
Lo necesito ya.	*I need it now.*
No puedo esperar más.	*I can't wait any more.*
No puedo soportar más.	*I can't take this any more.*
Pero, por favor...	*But, please . . .*

CH. Problemas y más problemas. Lee los siguientes problemas con alguien en la clase. Después, usa una de las frases apropiadas para explicarle por qué estás tan impaciente o enfadado/enfadada.

Remind students that *usted* is generally used instead of *tú* in formal situations or with people you do not know well.

As a follow-up to this activity, have students write a brief conversation for one of the situations and present it in class the following day.

■ **Ejemplos:**

Tu comida va a tardar media hora porque el cocinero está muy ocupado.
No puedo esperar más. Tengo que volver a trabajar en quince minutos.

1. Vas a una librería y descubres que ya no se publica el libro que quieres.
2. La lavandería te llama por teléfono para decirte que perdieron tus pantalones.
3. El mecánico te dice que la reparación de tu coche va a costar dos mil dólares.
4. Recibes una carta del *Internal Revenue Service* indicando que tienes que pagar cien dólares más de impuestos.
5. Vas al supermercado para comprar una cosa y cuando llegas a la caja hay tres personas delante de ti con carritos llenos de comida.
6. Tienes que estudiar para un examen y tus amigos te dicen que van a ir a una fiesta.
7. Cuando vas a entregar la tarea al profesor/a la profesora descubres que la perdiste.
8. Tu novio/novia te dice que quiere casarse con otra/otro.

D. Síntesis. Escribe diez recomendaciones sobre lo que hay que comer y evitar de comer para bajar de peso.

Upon completion of this activity, have students compare their lists. Remind them to use the expressions of denying, contradicting, or agreement in their responses.

■ **Ejemplos:**

Para bajar de peso hay que evitar de comer chocolate y margarina.

Así es

Cómo pedir comida

Mexican eating establishments range from extremely elegant restaurants and clubs to the informal *cafés, fondas, merenderos, comedores,* or *loncherías* that specialize in sandwiches or inexpensive fixed-price full-course meals or *comidas corridas.* The phrases on page 310 are useful when eating out. They will help you to make reservations, order foods, and request items from the waiter or waitress.

Un almuerzo de negocios en la Zona Rosa

En el restaurante

¿Cuánto es la entrada?		*How much is the cover charge?*	
¿Está incluída la propina?		*Is the tip included?*	
¿Me puede traer..., por favor?		*Can you please bring me . . . ?*	
Mesero/Mesera, me falta(n) un(a)...		*Waiter/Waitress, I need a . . .*	
botella	*bottle*	plato	*plate*
cuchara	*soupspoon*	servilleta	*napkin*
cucharita	*teaspoon*	taza	*cup*
cuchillo	*knife*	tenedor (m.)	*fork*
cuenta	*check*	vaso	*glass*
hielo	*ice*		
¿Puedo ver la carta/la lista de vinos?		*May I see the menu/the wine list?*	
¿Qué recomienda usted?		*What do you recommend?*	
¿Qué tarjetas de crédito aceptan?		*What credit cards do you accept?*	
Quisiera hacer una reservación para...		*I would like to make a reservation for . . .*	
¿Se necesitan reservaciones?		*Are reservations required?*	
¿Tiene usted una mesa para...?		*Do you have a table for . . . ?*	

Prácticas

A. Una cena en *La Rioja*. Lee el anuncio de *La Rioja,* un restaurante mexicano que se especializa en comida española. Escribe una lista de cosas que tienes que preguntar para hacer una reservación.

RIOJA

RESTAURANTE Y SALON DE BANQUETES

548-04-30
548-79-88   INSURGENTES SUR 2390   JUNTO AL RELOX

TODOS LOS DIAS EL MEJOR BUFFET ESPAÑOL

CON BARRA DE MARISCOS · ENSALADAS · PATES · CARNES FRIAS · FABADA · PAELLA · CALLOS · CARACOLES · PESCADO TERNERA · FILETE · CORDERO, ETC.

20 DIFERENTES POSTRES

Y NUESTRO TRADICIONAL

SERVICIO A LA CARTA

AL MEJOR PRECIO

ESTACIONAMOS SU COCHE

HOTEL SEGOVIA REGENCY
★ ★ ★ ★
• Frente a la Zona Rosa
• 120 Habitaciones Alfombradas
• T.V. y F.M. 5 canales
• Restaurant-Bar • Estacionamiento propio • Cajas de seguridad
• Agua purificada

Av. Chapultepec 328   525-03-88
06700 México, D.F.   525-93-54
525-06-42 con diez líneas
Telex **SERME 1761910**

B. Servicio de cuartos. Lee la carta de servicio de cuartos en la página 311 del *Hotel Segovia Regency*. Escribe lo que deseas desayunar.

BUENOS DÍAS
DESAYUNO

EL CONTINENTAL

Selección de Jugos o Frutas Frescas
Pan Tostado o Daneses
Mantequilla y Mermelada
Café, Té o Chocolate

EL AMERICANO

Selección de Jugos o Frutas Frescas
Pan Tostado o Daneses
Mantequilla y Mermelada
Dos huevos a su gusto con Salchichas, Tocino o Jamón
Café, Té o Chocolate

JUGOS - FRUTAS - CEREALES

Jugos Frescos de Naranja, V-8, piña, tomate
Medio Melón
Plato de Frutas Tropicales
Corn Flakes o Rice Krispies
Granola Natural
Con Plátano

HUEVOS y OMELETTES

Dos Huevos, al gusto
Con Jamón, Tocino o Salchicha
Omelette a la Española
Rancheros

RECIÉN HORNEADAS EN NUESTRA PANADERÍA

Pasteles Daneses Pequeños
Pan Tostado Francés
Mufin Inglés

PARA BEBER

Café, Té o Decaf
Leche
Chocolate Estilo Suizo

C. Unos problemas. Con alguien en la clase, decide lo que vas a decirle al mesero/a la mesera para solucionar los siguientes problemas.

1. Quieres una botella de vino, pero no sabes qué marca pedir.
2. Necesitas un cuchillo.
3. Quieres una taza de café.
4. No tienes suficiente dinero para pagar la cuenta.
5. Quieres saber si tienes que dar una propina.
6. Tu Coca-cola no está fría.
7. Entras en un restaurante con diez amigos.
8. No sabes si quieres fruta o cereal para el desayuno.
9. Encuentras un insecto en tu ensalada.
10. Terminaste de comer y quieres pagar.

CH. Una encuesta. Usando el menú como guía, pregúntales a diez de tus compañeros de clase lo que normalmente desayunan. Después escribe un párrafo breve sobre costumbres para desayunar que tienen algunos estudiantes típicos.

D. Un Whopper para llevar. Usando el menu para Burger King en la página 305, túrnate con alguien en la clase representando el mesero/la mesera y el cliente/la cliente.

Before beginning the activity, have students list what items are typically on a breakfast menu. Then have them scan the menu above to check their predictions. After students have prepared their list you may play the role of a restaurant desk clerk and take their "order."

Have students compare/contrast Burger King menu from Mexico with one from their city and write a brief paragraph in Spanish.

EXPRESIONES (INSTRUCTOR TAPE)

En el mercado. Aunque los supermercados al estilo estadounidense son cada vez más populares en México, muchas personas prefieren comprar en un mercado tradicional. En la mayoría de las ciudades mexicanas, los mercados generalmente son edificios grandes en los que docenas de vendedores tienen sus tiendas individuales. Escucha cuidadosamente a tu instructor/instructora para entender las ideas principales. Después completa la sección *Comprensión*.

Comprensión

¿Sí o no? ¿Entendiste las ideas principales de las *Expresiones?* Lee las siguientes oraciones sobre las escenas ya descritas. Si la oración es correcta, según la narración, contesta **sí.** Si la oración no es correcta, contesta **no.** Corrige las oraciones que no son correctas.

1. Hoy es el cumpleaños de Pilar Armijo.
2. La señora de Armijo quiere preparar una cena especial.
3. En la carnicería se vende puerco.
4. Se compran huevos por kilo en México.
5. El aguacate es una carne.
6. Se venden papayas en una frutería.
7. El mango es una verdura.
8. La señora de Armijo compra las tortillas en el Mercado Juárez.
9. «Adobar» significa preparar con una salsa picante.
10. Se hace una ensalada de frijoles.

Tiendas

carnicería	*butcher shop*	pescadería	*fish shop*
frutería	*fruit shop*	tortillería	*tortilla shop*
panadería	*bakery*	verdulería	*vegetable shop*

Inform students that in Mexico, the word for turkey is *guajolote* (m.).

Aves y carnes

cabrito	*kid*	pato	*duck*
carne de res (f.)	*beef*	pollo	*chicken*
cordero	*lamb*	puerco	*pork*
pavo	*turkey*		

Verduras

aguacate (m.)	*avocado*	espinacas	*spinach*
ajo	*garlic*	frijol (m.)	*pinto bean*
apio	*celery*	lechuga	*lettuce*
bróculi (m.)	*broccoli*	nopalito	*tender cactus leaf*
calabacitas	*zucchini*	papa°	*potato*
cebolla	*onion*	tomate (m.)	*tomato*
chile (m.)	*chili pepper*	tuna	*cactus fruit*
elote° (m.)	*corn*	zanahoria	*carrot*

Frutas

cereza	*cherry*	manzana	*apple*	pera	*pear*	toronja	*grapefruit*
durazno	*peach*	melón (m.)	*melon*	piña	*pineapple*	uva	*grape*
fresa	*strawberry*	naranja	*orange*	plátano	*banana*		
mango	*mango*	papaya	*papaya*				

Condimentos

aceite (m.)	*oil*	pimienta	*pepper*
crema batida	*whipped cream*	sal (f.)	*salt*
mantequilla	*butter*	salsa	*spicy chili sauce*
mayonesa	*mayonnaise*	salsa de tomate	*catsup*
mostaza	*mustard*	vinagre (m.)	*vinegar*

In Mexico, *maíz* is the generic term for corn as in corn flour or corn tortillas. *Elote* is the term used for the actual kernels that have not been ground into flour. In other Spanish-speaking countries, *maíz* is used instead of *elote*.

In Spain, the word for potato is *patata*.

Mariscos y pescados

atún (m.)	*tuna*
camarón (m.)	*shrimp*
cangrejo	*crab*
ceviche (m.)	*raw fish marinated in lime juice*
langosta	*lobster*
salmón (m.)	*salmon*
trucha	*trout*

Otros comestibles

Inform students that *agua* is a feminine word, but because the stress is on the first syllable, it takes the article *el*. For example, *el agua está fría* but *las aguas son profundas*.

agua de jamaica	*drink made of water, sugar, and dried flowers*
sandía	*drink made of water, sugar, and watermelon*
arroz (m.)	*rice*
azúcar (m.)	*sugar*
café (m.) con leche	*strong coffee with hot milk*
crema	*cream*
huevo	*egg*
leche (f.)	*milk*
licuado	*shake made with fruits, juices, and ice*
pan (m.)	*bread*
pastel (m.)	*pastry, cake, pie*
queso	*cheese*
sopa	*soup*
tortilla de harina	*wheat flour tortilla*
maíz	*corn flour tortilla*

Comidas del día

desayuno	*light breakfast*
desayunar	*to eat breakfast*
almuerzo	*morning snack*
almorzar (ue)	*to eat lunch*
comida	*lunch*
merendar (ie)	*to eat a snack*
merienda	*late afternoon snack*
cena	*supper*
cenar	*to eat supper*

Expresiones relacionadas

cocinar	*to cook*
docena	*dozen*
duro/dura	*tough*
fresquito/fresquita	*nice and fresh*
ingrediente (m.)	*ingredient*
kilo	*kilo (2.2 lbs.)*
litro	*liter (.95 qt.)*
picante	*spicy hot*
plato fuerte	*main dish, entrée*
postre (m.)	*dessert*
rico/rica	*delicious*
sabroso/sabrosa	*tasty*
tierno/tierna	*tender*

Explain to students that the diminutive endings *-ito/-ita* give a slightly different meaning to a word. For example: *tiernito* nice and tender, or *platito* a little dish of something.

Comprehension questions for realia:
1. ¿Qué come Dagwood?
2. ¿Qué ocurrió después?
3. ¿Por qué es «internacional» la acidez de Dagwood?

Prácticas

Prácticas that indicate pair or large group work are to be used in class. *Prácticas* involving individual written work may be assigned as homework.

A. Comidas preferidas. Haz una lista de tus comidas preferidas. Compara tu lista con la de alguien en la clase.

Do a whole-class activity based on *Práctica A*. Have students vote for their favorite foods for each meal.

B. ¿A qué hora comes tú? Haz una encuesta con alguien en la clase para saber a qué horas come sus tres comidas.

Report the information from *Práctica B* to the class.

C. ¿Qué hay en el refrigerador? Si vives en una casa o apartamento, es seguro que tienes refrigerador. Haz una lista de las comidas en tu refrigerador, incluso la cantidad.

Advise students about mealtimes in Mexico. *El desayuno* is early— 6–8 AM. *El almuerzo* is around 11:00. *La comida* is usually from 2–4 PM. *La merienda* is taken after work at 6–7. *La cena* is late—anywhere from 8–12.

■ **Ejemplo:**
Hay un litro de leche en mi refrigerador.

CH. Aprende a cocinar. Como en Estados Unidos, las escuelas de cocina son muy populares en México. Lee los siguientes anuncios de tres institutos culinarios y contesta las preguntas.

1. ¿En qué instituto(s) puedes
   a. hacer chocolates finos?
   b. estudiar con un chef de pastelerías?
   c. tomar cursos los sábados?
   ch. cortar y tallar° frutas y verduras?
   d. aprender a cocinar a la mexicana?
2. ¿Cuáles son los teléfonos para
   a. el chef con experiencia en Tailandia?
   b. el instituto con un sistema nuevo?
   c. el instituto que enseña «el arte de embellecer»?
3. ¿Cuáles son las fechas para los cursos de
   a. chocolates?
   b. decoración de mesas y platillos?
   c. variedades de bizcochería°?

tallar *to carve* **bizcochería** *pastry-making*

SEGUNDA ETAPA: Funciones

PRIMERA FUNCIÓN:
Expressing cause-and-effect relationships using the present subjunctive

For additional practice on the subjunctive, see the *Guía gramatical*.

Before beginning the next section, review the formation of formal commands with your students. See *Capítulo 9*.

Copy the letter on an overhead transparency and use this as a whole-class activity.

▲ Spanish has two general categories or moods of verbs: **indicative** and **subjunctive.** There are various tenses within each of these moods. So far, you have studied the present, imperfect, and preterite tenses in the **indicative** mood. As you read the following note, find and identify the different verbs and tenses.

> Querido Bentley,
>
> Tengo algunos minutos libres y sólo quiero decirte que aquí todos estamos bien. El otro día mi amiga Marge me invitó a su casa a la fiesta de despedida para Janette. Por fin consiguió trabajo en la Universidad de Sowa. Como puedes imaginar acepté la invitación en seguida porque Marge prepara unos platos esquisitos. Cuando ella vivía en México aprendió a preparar enchiladas, flautas, flan... un montón de cosas. Comí un poco de todo menos la salsa verde. ¡Cómo picaba! Suerte que Pepe preparó una buena sangría. Todos envían recuerdos.
> Hasta pronto.
>
> Juanita

Did you find the verbs? Notice that Juanita used all three tenses as she described the going-away party for Janette. All of these tenses are in the **indicative** mood. Now, you will learn about the other mood, the **subjunctive.** The subjunctive is used in two types of situations: in expressing cause-and-effect relationships (*Capítulo 10*) and experience/non-experience relationships (*Capítulo 11*).

The subjunctive tenses usually appear in **complex** sentences, that is, sentences that have an **independent clause** and a **dependent clause.** However, not every complex sentence will contain a subjunctive verb. If the sentence is merely reporting facts, then an indicative verb will be used. In the note above, Juanita was simply reporting the facts as they occurred so the subjunctive was not required.

Now, let's study some sentences that do use the subjunctive:

Independent Clause	Dependent Clause
The waiter recommends	that I try the dessert.

In this example, you can see that there is a cause-and-effect relationship at work in the sentence: the waiter is trying to cause someone to try the dessert by making a recommendation. **Whenever there is any attempt to influence the action of the verb in the dependent clause, the verb in the dependent clause will be expressed in the subjunctive.** Let's look at another example:

Independent Clause	Dependent Clause
I'm sorry	that the soup isn't good today.

In this example, also, there is a cause-and-effect relationship. Because the dessert isn't good today, it causes someone to be sorry. Even though the cause-and-effect relationship is reversed this time, **it is still the verb in the dependent clause that is expressed in the subjunctive.**

Práctica

A. Reconocimiento. Estudia las siguientes oraciones y determina las oraciones que contienen una relación de causa y efecto. ¡Cuidado! No todas las oraciones muestran una relación de causa y efecto.

1. Mom doesn't want us to eat candy before dinner.
2. I'm sorry that the *El Farol* restaurant is closed today.
3. The chef says that the fish is excellent.
4. They're afraid that we won't like the *menudo*.
5. They insist that dinner be served at 10:00.
6. I know that they like to eat there.
7. They are sure that they have tasted *ceviche* before.
8. He wants us to prepare a typical Mexican meal for him.
9. We're happy that they like the dessert.
10. She hopes that the waiter doesn't spill soup on her.
11. What do you suggest that I order?
12. The restaurant prohibits our smoking in this section.

▲ Now, let's look at some examples of cause-and-effect relationships in Spanish. First, identify the independent and dependent clauses. What word connects the two clauses? Now, identify the subjunctive verb. Finally, give the English equivalent of these ideas:

> *Deseamos que Carina pruebe el flan.*
> *Américo insiste en que sus hijos coman verduras.*
> *Siento que no te guste ese restaurante.*
> *¡Ojalá que cenemos muy pronto!*
> *Le pido al mesero que me traiga un café con leche.*

There are dozens of different verbs that may signal a cause-and-effect relationship. A few of them are listed for you on page 319.

Provide students with additional examples of complex sentences in English. Have them identify the dependent clause in each sentence.

Ask students to generate some cause-and-effect sentences of their own in Spanish. Set up a context, such as "going on a diet," to help them think of related sentences. You may wish to add additional verbs to the list of verbs indicating cause and effect.

Copy this *Práctica* on an overhead transparency and use this as a whole-class activity.

Menudo is a traditional Mexican stew made of tripe and chili. It is often served in restaurants on Friday and Saturday nights and is reputedly an excellent cure for hangovers.

Copy sentences on an overhead transparency and use this as a whole-class activity.

Expresiones que indican causa y efecto

alegrarse de	*to be happy*	querer (ie)	*to want*
desear	*to wish*	recomendar (ie)	*to recommend*
esperar	*to hope*	sentir (ie)	*to be sorry, to regret*
insistir en	*to insist on*	sugerir (ie)	*to suggest*
pedir (i)	*to ask for*	temer	*to fear*
preferir (ie)	*to prefer*	¡Ojalá!	*I hope*
prohibir	*to prohibit*		

Una cosita más: ¡Ojalá! is an expression that is derived from an Arabic phrase meaning "may Allah grant that. . ." Its form does not vary. ¡Ojalá! may also be used by itself, for example:
Estudiante 1: Espero que saques una A en el curso.
Estudiante 2: ¡Ojalá!

▲ Now that you have been presented with some of the basic concepts of the subjunctive mood, let's see how the verbs are formed in Spanish. The present subjunctive is formed exactly like the formal commands. Except for a few irregular verbs (to be studied later), all subjunctive forms are based on the *yo* form of the present tense and the opposite theme vowel. Here are some examples:

El presente del subjuntivo

Probar		Comer		Pedir	
pruebe	probemos	coma	comamos	pida	pidamos
pruebes	probéis	comas	comáis	pidas	pidáis
pruebe	prueben	coma	coman	pida	pidan

Una cosita más: Notice that *probar* and *pedir* are stem-changing verbs, but they follow the same formation procedures as *comer*, which is a regular verb. Always remember to start with the *yo* form of the present indicative tense and change the -o to the opposite theme vowel.

Remind students about the spelling changes for verbs ending in -*car*, -*gar*, and -*zar*.

Prácticas

B. ¿Qué hay para tomar/comer? Usa la lista de comidas y bebidas típicas de México en la página 320. Sugiere que alguien en la clase tome, coma o pruebe algunas de las cosas de la lista. Él/Ella contesta que sí o que no.

■ **Ejemplo:**
Estudiante 1: *Sugiero que tomes la horchata.*
Estudiante 2: *Sí, quiero tomarla.*   OR   *No, no quiero tomarla.*

Se venden licuados, Parque Chapultepec

This would be a good time to introduce foods from other Spanish-speaking countries.

Platos mexicanos

Platos fuertes

chilaquiles (m.)	*tortilla pieces baked with cheese and chili sauce*
enchiladas	*rolled, cheese-stuffed tortillas baked with salsa, sour cream, and grated cheese*
flautas	*deep fried rolled tacos*
huevos rancheros	*fried eggs sunny-side up on tortillas, covered with hot chili sauce*
mole (m.) poblano con guajolote o pollo	*turkey or chicken in a chili, nut, and chocolate sauce*
pipián (m.)	*pork with sesame seed and red chili sauce*

Botanas°

carnitas de puerco	*slow-roasted pork cubes*
chicharrones (m.)	*fried pork rinds*
jícama	*root vegetable thinly sliced and sprinkled with chili powder and lime juice*
quesadillas	*grilled cheese tortilla turnovers*
queso fundido	*cheese fondue*

Platos adicionales

arroz a la mexicana	*rice with tomatoes, onion, and garlic*
calabacitas rellenas	*stuffed zucchini*
ensaladilla rusa	*potato salad with mixed vegetables*
frijoles refritos	*mashed, fried pinto beans*
sopa de tortilla	*chicken-tomato broth with fried tortilla strips*

Bebidas

agua de flor de jamaica	*drink made of water, sugar, and dried hibiscus petals*
atole (m.)	*thick drink made with water and corn flour, flavored with fruit or chocolate*
café de olla	*coffee with cinnamon*
chocolate (m.)	*hot chocolate with cinnamon*
horchata	*drink made of rice, almonds, or melon seeds*

Postres

buñuelos	*sweet fritters*
cajeta	*caramel sauce*
empanadas de fruta	*fruit turnovers*
flan (m.)	*baked custard with caramel sauce*
pan dulce	*yeast rolls made in interesting shapes*

Botanas *Snacks, Hors d'oeuvres*

C. ¿Qué quieres que te prepare? De la lista de comidas típicas en la página 320, selecciona cinco o seis platos que quieres que alguien en la clase prepare para ti. Entonces escribe tus preferencias con oraciones completas.

■ **Ejemplo:**

Quiero que me prepares quesadillas.

CH. Recomendaciones. Estudia los siguientes anuncios de varios restaurantes mexicanos. Túrnate con alguien en la clase haciendo recomendaciones de los restaurantes.

■ **Ejemplo:**

*Sugiero que pruebes el relleno de camarones
en el restaurante Tampico.*

Comprehension questions for realia:

1. ¿Cuántos platos diferentes se sirven en Potzollcalli?
2. ¿Por qué tiene el restaurante Tampico un pulpo en su anuncio?
3. Si quieres tener una fiesta en casa, ¿a qué teléfono debes llamar?
4. ¿En qué restaurante se aceptan reservaciones?
5. ¿Cuáles son las especialidades de cada restaurante?
6. ¿En qué restaurante puedes escuchar a unos músicos?
7. ¿Qué restaurante es parte de una cadena?
8. ¿Qué plato te apetece más? ¿Por qué?

This could be turned into a role play activity with one student playing the role of server and the other the role of guest.

D. En el restaurante *La Copa de Oro*. Lee las siguientes situaciones y escribe instrucciones apropiadas para un mesero que trabaja en *La Copa de Oro*.

■ **Ejemplo:**

No hay suficientes menús para todos.
Quiero que traiga dos menús más.

1. No hay suficientes servilletas para todos.
2. Te hacen falta cubos de hielo para la Coca-Cola.
3. Necesitas un tenedor para comer la ensalada.
4. Tu amigo/amiga no habla español. Quiere saber qué hay de postre.
5. Desafortunadamente, la sopa está fría.
6. No tienes la menor idea de lo qué comer.
7. Tú y tus amigos tienen prisa porque van al cine después de comer.
8. Te molesta el humo del cigarro de un señor sentado cerca de ti.
9. Las enchiladas de queso están ricas esta noche.
10. Tú y tus amigos desean una botella de vino bueno, pero económico.

E. Un picnic. Trabajando con alguien en la clase, planea un picnic. Túrnate mencionando lo que quieres que los otros traigan o preparen. No te olvides de las actividades, tanto como las comidas y las bebidas.

■ **Ejemplo:**

Quiero que Pepito prepare las botanas.

SEGUNDA FUNCIÓN:
Expressing cause-and-effect relationships using impersonal expressions

For additional practice on the subjunctive, see the *Guía gramática*.

Review *Capítulo 9*, pp. 274–275, "Giving suggestions using impersonal expressions."

An "impersonal expression" is simply a phrase that begins with the verb *es* + an adjective. They are called "impersonal" because no subject is named. Whenever a cause-and-effect relationship is indicated by such an expression, a form of the subjunctive is used in the dependent clause of the sentence. In the pairs of sentences below, you should be able to detect the cause-and-effect relationships without difficulty.

Es necesario que compres tortillas hoy.	It is necessary that you buy tortillas today.
Es bueno que tu esposo prepare la cena.	It is good that your husband prepares supper.

Not all impersonal expressions indicate a cause-and-effect relationship. If the sentence merely reports facts, as shown in the following examples, then the verb in the dependent clause will be in the indicative mood.

As a whole-class activity, have students make up additional sentences that begin with *Es necesario, Es bueno* vs. *Es verdad, Es evidente, Es obvio*.

Es verdad que Armando es un cocinero excelente.	It is true that Armando is an excellent cook.
Es evidente que no les gusta la comida picante.	It is evident that you (all) don't like spicy food.
Es obvio que conoces ese restaurante.	It is obvious that you are familiar with that restaurant.

Prácticas

Review *Cómo pedir y dar información* (impersonal *se*) in *Capítulo 6* before assigning this activity.

Remind students to use the subjunctive in only those sentences expressing cause and effect.

A. Opiniones sobre la comida. Usa la siguiente lista de adjetivos y forma expresiones impersonales para expresar tus opiniones sobre la comida. ¡Ojo! No todos los adjetivos expresan una relación de causa y efecto.

■ **Ejemplo:**
Es conveniente que se puedan comprar comidas congeladas para el microondas.

bueno	interesante
cierto	natural
conveniente	necesario
dudoso°	obvio
evidente	posible
importante	probable
imposible	raro
improbable	verdad

B. Práctica de compañeros. Trabajando con alguien en la clase, comparte la información que preparaste en la *Práctica A*. Haz comentarios sobre estas opiniones. Usa la siguiente lista de expresiones en tus comentarios. No te olvides de la lista de exclamaciones en la página 112.

This could be done as a whole-class activity.

■ **Ejemplo:**
Estudiante 1: *Es verdad que los dulces son buenos para los dientes.*
Estudiante 2: *¡Qué va! Los dulces causan caries.°*

Más exclamaciones

¡Ándale!	*There you go!*
¡Claro que sí (no)!	*Of course (not)!*
¡Estás loco/loca!	*You're crazy!*
¡Hombre!	*Man! (used also with females)*
¡No me di cuenta!	*I didn't realize that!*
¡No me digas!	*You don't say!*
¡Qué va!	*You've got to be kidding! Gimme a break!*
¡Sensato!	*Sensible!*

C. Comer bien. Casi todo el mundo está a dieta hoy. Evitamos la grasa y el colesterol y comemos más fibra. Usando expresiones impersonales, haz algunas recomendaciones para comer bien.

■ **Ejemplo:**
Es bueno que coman más verduras.

dudoso *doubtful* **caries (f.pl.)** *tooth decay*

Comprehension questions for realia:

1. ¿Cuáles son las restricciones de esta oferta?
2. ¿Cuál es el teléfono de Quentaquin?
3. ¿Dónde está el restaurante?
4. ¿Crees que las piezas de la Cubeta Familiar son más grandes o menos grandes que las piezas de la Caja Familiar? ¿Por qué?
5. ¿Qué otros platos se incluyen en la oferta?
6. ¿Cuánto es el precio por pieza de cada oferta?

CH. Pollo para un grupo. Usando el cupón de abajo como punto de partida, discute con alguien en la clase los méritos de las gangas.

■ **Ejemplo:**
Es obvio que el Vagón del Cielo es más grande que la Cubeta Familiar.
Es dudoso que necesitemos treinta piezas de pollo.

TERCERA FUNCIÓN:
Making recommendations and suggestions using the irregular subjunctive

There are only six verbs that are irregular in the present subjunctive, but they are not really new. You have already practiced the third person singular and plural forms of these verbs in *Capítulo 9* when you studied the irregular formal commands. As you study the charts below, you can see how these verbs form a logical pattern. Notice that the endings are the same as the regular verbs in the present subjunctive.

For additional practice on the subjunctive, see the *Guía gramatical*. Before presenting this section, have students review the irregular formal commands on page 289.

Point out to students that *dé* has an accent mark to distinguish it from the preposition *de*.

Una cosita más: Haya is the subjunctive form of *haber (hay)* and is the only form you will use in this text.

Introduce these verbs by writing the following incomplete phrases on the board and have students complete them as a whole-class activity.
1. *Quiero que mi profesor/profesora / darme...*
2. *El profesor/la profesora sugiere que los estudiantes / estar...*
3. *Mis amigos quieren que nosotros / ir...*
4. *Es bueno que la clase / saber...*
5. *Mi familia quiere que yo / ser...*
6. *No es necesario que tú / ver...*

El subjuntivo: verbos irregulares

Dar	Estar	Ir	Saber	Ser	Ver
dé	esté	vaya	sepa	sea	vea
des	estés	vayas	sepas	seas	veas
dé	esté	vaya	sepa	sea	vea
demos	estemos	vayamos	sepamos	seamos	veamos
deis	estéis	vayáis	sepáis	seáis	veáis
den	estén	vayan	sepan	sean	vean

Prácticas

A. Unas recomendaciones. Dale recomendaciones a alquien que va de vacaciones a México sobre lo que debe o no debe hacer.

■ **Ejemplo:**

Recomiendo que vayas al Burger King nuevo.

1. Ir a los pueblos para probar los platos típicos.
2. Darles una propina de 10% a los meseros.
3. Saber si la comida es picante antes de probarla.
4. Ver cómo hacen las tortillas a mano.
5. Ser paciente y comer tranquilamente.
6. Estar seguro/segura que haya fruta fresca.
7. Ir a Puebla para probar el mole poblano.
8. Saber si los ingredientes son picantes.
9. Ver lo que piden las otras personas.
10. Estar preparado/preparada para probar platos diferentes.

B. La importancia de los riñones. Lee el siguiente artículo y después dale algunos consejos a alguien en la clase sobre los buenos alimentos y la salud.

Tell students to review the impersonal expressions on page 275 before beginning this activity.

■ **Ejemplo:**

Es bueno que sepamos la importancia que tienen nuestros riñones.

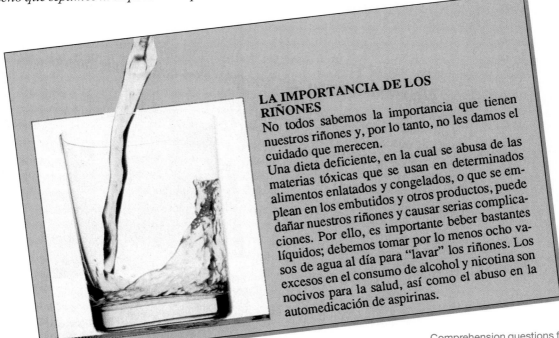

LA IMPORTANCIA DE LOS RIÑONES

No todos sabemos la importancia que tienen nuestros riñones y, por lo tanto, no les damos el cuidado que merecen.

Una dieta deficiente, en la cual se abusa de las materias tóxicas que se usan en determinados alimentos enlatados y congelados, o que se emplean en los embutidos y otros productos, puede dañar nuestros riñones y causar serias complicaciones. Por ello, es importante beber bastantes líquidos; debemos tomar por lo menos ocho vasos de agua al día para "lavar" los riñones. Los excesos en el consumo de alcohol y nicotina son nocivos para la salud, así como el abuso en la automedicación de aspirinas.

Comprehension questions for realia:
1. *¿Para qué sirven los riñones?*
2. *¿En qué tipo de comida se puede encontrar materias tóxicas?*
3. *¿Cuántos vasos de agua se debe beber cada día?*
4. *¿Qué otros productos son nocivos para la salud?*

C. La comida y la salud. Con alguien en la clase, decide si las siguientes oraciones son ciertas o falsas.

■ **Ejemplo:**

Es verdad que los duraznos son una buena fuente de vitamina A.

1. El jugo de naranja tiene mucha vitamina C.
2. Es bueno comer muchos cereales.
3. Hay que comer más carne roja.
4. Ciertos tipos de cáncer son causados por los malos hábitos alimentarios.
5. La vitamina A es esencial para el corazón.
6. Los niños que no comen zanahorias no ven bien.
7. Cuando uno está a dieta, se debe tomar jugo de limón antes del desayuno.
8. La cerveza da brillo y actúa como acondicionador de cabello.
9. Los médicos saben que la tensión nerviosa está relacionada con la nutrición.
10. El pan integral°, el arroz integral, el atún y el pavo son ricos en vitamina E.

CH. Alimentos que no son compatibles con las medicinas. Lee el siguiente artículo y después dale algunos consejos a alguien en la clase sobre lo que debe o no debe tomar.

■ **Ejemplo:**

Los médicos recomiendan que no tomes antibióticos con la comida.

pan integral *whole wheat bread*

Alimentos que no son compatibles con las medicinas

Los estudios indican que algunos alimentos pueden retardar los efectos de las medicinas e interferir con su efectividad. En algunos casos, hay alimentos que prácticamente anulan el efecto de las medicinas. Para asegurarse que la medicina y la alimentación tengan buen efecto siempre hay que leer las precauciones que vienen con su prescripción o preguntarle a su farmacéutico.

• Los antibióticos no deben tomarse con la comida, sino de una a tres horas antes.

• Algunas bebidas y frutas muy ácidas ocasionan que algunas medicinas se disuelvan en el estómago en lugar del intestino, donde pueden ser mejor absorbidas.

• La leche y sus derivados, lo mismo que los suplementos vitamínicos interfieren con la absorción de los antibióticos.

• Los cítricos, como el jugo de naranja, destruyen la penicilina y la aspirina.

• El queso, los aguacates, las bananas, el chocolate y las bebidas carbonatadas con cola interfieren con la efectividad de ciertos medicamentos contra la depresión.

TERCERA ETAPA: Estrategias

COMPRENSIÓN AUDITIVA (STUDENT TAPE)

Comprensión auditiva may be assigned as homework.

Cómo sacar apuntes y hacer un dictado. Listening and taking notes are two skills that go hand in hand. In general, you will find it easier to take notes for your Spanish class in Spanish, rather than translating first into English. The same would be true for taking down information from radio or television. Note-taking usually implies writing down an abbreviated version of the listening text, because the speaker does not provide pauses for writing. Dictation, on the other hand, implies copying down the complete text, and the speaker usually incorporates pauses for writing. In this lesson, you will practice taking dictation in Spanish. Play your student tape and do the following *Prácticas*.

Práctica

Chilaquiles. Vas a escuchar a don Humberto Murillo, especialista en la cocina mexicana. Don Humberto va a explicarte una de sus recetas famosas. Primero, estudia las pesas y medidas y los términos de cocina de abajo. Luego, escucha el cassette estudiantil y apunta° la receta.

The day after assigning this task, ask a student to copy the recipe on the chalkboard so that other students may check their work.

Pesas y medidas

cucharada	*tablespoon*	pizca	*pinch*
cucharadita	*teaspoon*	taza	*cup*
kilo	*kilogram*	un cuarto de	*one-fourth*
litro	*liter*	un tercio de	*one-third*
medio/media	*one-half*		

Términos de cocina

agregar	*to add*	mezclar	*to mix*
batir	*to beat*	olla	*cooking pot, pan*
cacerola	*casserole*	pelado/pelada	*peeled*
calentar	*to heat*	picado/picada	*minced*
cocinar	*to cook*	rajas	*strips*
cortado/cortada	*chopped*	rallado/rallada	*grated*
enrollar	*to roll up*	receta	*recipe*
freír (i)	*to fry*	sartén (f.)	*frying pan*
hervir (ie)	*to boil*	trocitos	*little bits*
meter al horno	*to put in the oven*		

apunta *jot down*

LECTURA

Lenguaje figurativo. All of the excerpts and articles you have read in previous *Lecturas* are examples of nonfiction narrative. You have now acquired the vocabulary and language structures to be able to enjoy creative works in which authors use words the way artists use paint, to create images for their readers. As you read, think not only of the denotation (or dictionary definition) of the word, but also of the connotation (the secondary or associated meaning). You must remember, however, that although you may understand all of the words in a sentence, the interpretations may be quite different than those of your own language. When you encounter a word or phrase that does not seem to "fit" the context, check the figurative, colloquial, or idiomatic uses in your Spanish dictionary. Read the following phrases using color and guess their meanings.

Review the strategy of guessing in context as students offer their suggestions.

*La jovencita pensaba en su **príncipe azul.***
*La señora de la casa prohibió que se contaran **chistes verdes** en su presencia.*
*El hombre se puso **rojo con ira** cuando recibió la carta.*
*Para escaparse de la vida real, Ángela pasó horas y horas leyendo **novelas rosas.***

Remember as you read the following selections by Pablo Neruda, a Chilean poet and Nobel Prize winner (1971), that one of the enjoyable features of creative literature is that it may have many different interpretations.

Práctica

Odas elementales. En *Odas elementales (1954),* Neruda explora los aspectos de la vida cotidiana—el amor, los alimentos, la ciencia y los animales. Lee las poesías y después escribe una oda original a otro vegetal o fruta.

These are excerpts from each poem. After students have familiarized themselves with these examples, provide copies of one complete ode and have students discuss it in groups of three or four. For additional examples see *"Oda a un gran atún en el mercado", "Oda al limón", "Oda a la sal"* in *Tercer libro de Odas.*

Oda al maíz

América, de un grano
de maíz te elevaste
hasta llenar
las tierras espaciosas
el espumoso
océano.
Fue un grano de maíz tu geografía.
El grano adelantó una lanza verde,
la lanza verde se cubrió de oro
y engalanó la altura
del Perú con su pámpano amarillo.

Oda al tomate

La calle
se llenó de tomates,
mediodía,
verano,
la luz
se parte
en dos mitades
de tomate,
corre
por las calles
el jugo.

Oda a la alcachofa

La alcachofa
de tierno corazón
se vistió de guerrero,
erecta, construyó una pequeña cúpula,
se mantuvo
impermeable bajo
sus escamas.

COMPOSICIÓN

Secuencia y conclusión. In previous chapters, we have presented various aspects of paragraph construction: writing for a specific reader, organization, generating ideas, combining sentences, and making transitions. Now you are going to learn how to sequence your thoughts and conclude your paragraphs in an interesting manner.

There are different ways of sequencing thoughts and actions within a paragraph. In a narrative (story), it is most common to find a **chronological** sequence. Sometimes, a **reverse chronological order** fits the topic better and offers a bit more "punch." When describing a place, you might want to arrange things according to their **relative positions**: outside to inside, inside to outside, farthest away to closest, etc. Another tried-and-true sequence is from the **general to the specific,** in which you begin with an overall statement and then supply the details. When you write a paragraph, think about the topic and the type of sequence that would best fit.

Nothing ruins an interesting paragraph like a boring conclusion. Although there is a great deal of flexibility as to how a paragraph should end, there are a few general guidelines that you should keep in mind. First, stick with the same **tone** that you have used throughout your paragraph; a humorous paragraph should have a humorous ending. **Don't repeat** what you have already stated, but do include a summary statement as an effective conclusion. You may want to encourage the reader to pursue the topic further by presenting a **problem or question** for further investigation. Don't leave the reader dangling: come to some sort of **closure.**

Prácticas

A. Artículos. Lee los siguientes párrafos. Identifica la secuencia y la conclusión de cada uno.

Comprehension questions for realia:
1. ¿Qué significa el dicho «la salud, por la boca empieza»?
2. ¿Cuáles son dos causas de las enfermedades crónicas?
3. ¿Cómo es la dieta de muchos seres humanos?
4. ¿Cuáles son las ventajas de una dieta vegetariana balanceada?

«**La salud, por la boca empieza**», tal frase es tan cierta en la época en que vivimos, los especialistas en medicina preventiva y los dietistas se preocupan de implementar nuevos modelos de alimentación en sus distintas comunidades.

Esta preocupación lleva a relacionar el aumento de enfermedades crónicas degenerativas no sólo con la desnutrición y las deficiencias en la alimentación de las personas con menos recursos, sino también con los excesos de una alimentación completamente desequilibrada, rica sólo en carbohidratos simples, azúcares y proteínas de origen animal.

La comida vegetariana bien balanceada juega aquí un papel muy importante como un nuevo modelo de alimentación saludable. Entre las ventajas que la comida vegetariana reporta a nuestra salud, citemos las siguientes:

- Estimular la regeneración de células y tejidos.
- Librar a nuestros organismos de toxinas.
- Evitar la vejez prematura.

Comprehension questions for realia:

1. ¿Cuáles son los cuatro sabores?
2. ¿Qué tipos de dulces tenía el hombre prehistórico?
3. ¿Por qué comía los dulces?
4. ¿Qué nación consume más azúcar refinada?

UNA DULCE HISTORIA

De los cuatro sabores—agrio, salado, amargo y dulce—nos solemos inclinar por este último por ser más agradable. Pruebas de ello datan desde la época de las cavernas de las que permanecen testimonios de dibujos en las paredes de sus cavernas de higos, dátiles y otros frutos dulces. Para ellos la selección de estos alimentos era importante desde el punto de vista de la supervivencia, pues los alimentos dulces generalmente no son tóxicos.

Con el refinamiento del azúcar, empezamos a consumir más de este producto. Hoy en día los azúcares son comúnmente usados en alimentos procesados comercialmente o para la aprobación de alimentos en EEUU. Estima que los americanos consumen un exceso de 65 kilos de azúcar por persona anualmente.

Have students share their restaurant reviews with the other members of the class. This could also be used as a game. One student reads his/her composition aloud without mentioning the name of the restaurant. The other class members guess the restaurant.

B. Un restaurante. Escribe una reseña° de un restaurante que conoces. Pon atención a la secuencia y la conclusión.

■ **Ejemplo:**

Para una comida típica mexicana, vaya al Restaurante Santo Domingo. Localizado en la calle Belisario Domínguez 72, este restaurante ofrece las siguientes especialidades en un ambiente familiar: sopa mil flores, enfrijoladas, caldo puchero de res, chiles en nogada, pechuga ranchera y una variedad de quesadillas. Entre los ricos postres se incluyen: capirotada, leche quemada, manzanas, guayabas en almíbar, flan y galletas de nata. Las bebidas también son muy tradicionales: jarras de agua de chía, jamaica y piña y el delicioso coctel Santo Domingo. Abierto lunes a sábado de las 9:00 a 20:00 horas. Domingo de las 9:00 a 20:30 horas. Se aceptan tarjetas nacionales e internacionales.

CULTURA POPULAR

Un plato patriótico. Un plato que se sirve típicamente en los restaurantes mexicanos son chiles rellenos. Frescos chiles enteros se rellenan con queso. Se cubren con una pasta de huevos batidos con harina. Se frien en aceite. El resultado es absolutamente delicioso. En esta lección, vas a leer el origen de otra variedad de chiles rellenos y su importancia para los mexicanos.

reseña *review, critique*

Práctica

Una fiesta nacional. Lee el siguiente texto y contesta las preguntas en español en forma breve.

1. ¿Cuándo comenzó el movimiento hacia la independencia de México?
2. ¿Por qué comenzó?
3. ¿Quiénes fueron dos de los líderes de la revolución?
4. ¿Cuál fue el lema de la independencia?
5. ¿Qué conmemora el plato *chile en nogada*?
6. ¿En qué época se sirve?
7. ¿Qué hace el presidente de México el 16 de septiembre?

For additional cultural information about Mexico, see *Guía cultural*.

Al principio del siglo XIX, el sentimiento político de Europa empezó a tener un impacto en México. Aunque la mayoría de los habitantes de México eran indios, mestizos (gente de sangre india y blanca) y criollos (blancos que nacieron en México), sólo los españoles controlaban el gobierno y la economía. En aquella época el Padre Miguel Hidalgo y Costilla, un cura idealista y revolucionario, servía la parroquia del pueblo pequeño de Dolores, en el estado de Querétaro. Con la ayuda del heroico Capitán Ignacio Allende, Hidalgo fomentó una rebelión contra los españoles. El 16 de septiembre de 1810 el Padre Hidalgo liberó a los prisioneros de la cárcel de Dolores y encarceló a los españoles ricos del pueblito. Entonces la gente común se reunió en la iglesia donde Hidalgo los impresionó con las palabras que se convirtieron en el lema de la independencia, el Grito de Dolores, «Mexicanos, ¡viva México!»

Hoy día los mexicanos sirven una versión interesante de *chiles rellenos*, que se llama *chile en nogada*. Estos chiles especiales se rellenan de puerco molido°, cebolla, ajo, piñones°, pasas°, almendras y tomate. Después de freírse se ponen en un plato y se guarnecen° con semillas de granada°, un ramito de perejil° y una rica salsa de nueces° y queso crema. Los colores del plato, rojo, verde y blanco, simbolizan la bandera mexicana. Por todo el país, este plato se sirve para recordar el aniversario de la independencia. La celebración patriótica termina la noche del 16 de septiembre cuando el presidente de la república sale al balcón del Palacio Nacional y repite las palabras famosas...

Mexicanos...
   ¡Viva la independencia!
   ¡Viva Hidalgo!
   ¡Viva Morelos!
   ¡Viva Allende!
   ¡Viva México!
   ¡Viva México!
   ¡Viva México!

molido *ground* **piñones (m.)** *pine nuts* **pasas** *raisins* **guarnecen** *garnish* **granada** *pomegranate* **perejil (m.)** *parsley* **nueces (f.)** *walnuts*

CUARTA ETAPA: ¡Muestra lo que sabes!

Comprehension questions for realia:
1. ¿Cúal de los restaurantes parece el más elegante?
2. ¿Cuáles son las especialidades de los dos restaurantes?
3. ¿Cuánto cuesta la entrada a La Casa de Cantera para comer? ¿para el show?
4. ¿Cuál de los restaurantes es más apropiado para una cena con toda la familia?
5. ¿A qué hora abren y cierran los dos restaurantes?

Autoprueba

Trabaja con alguien en la clase para resolver los siguientes problemas.

A. Habla con alguien en la clase sobre tus comidas preferidas y los platos que no te gustan.

B. Invítale a alguien en la clase a uno de los siguientes restaurantes. Discute sobre dónde quieres comer y lo que piensas pedir.

C. Habla con alguien en la clase y dale algunas sugerencias sobre dos o tres restaurantes buenos cerca de la universidad. Menciona algunos de los platos típicos que sirven.

CH. Planea una fiesta para tus amigos. Habla con alguien en la clase sobre las cosas que deben traer para comer y beber.

■ **Ejemplo:**
Es necesario que Juan traiga el postre.

D. Explícale a alguien en la clase cómo se debe preparar uno de tus platos preferidos.

332 *¡A conocernos!*

E. Escucha otra vez la conversación entre Gómez y Salinas en Burger King. Después escribe tu propio diálogo de un/una cliente y mesero/mesera en el restaurante de autoservicio.

Fíjate en el vocabulario

Using note cards. One of the easiest ways to study and build vocabulary is by using note cards. If you have a few minutes to spare as you wait between classes or drink a cup of coffee in the student union, flip through your cards and learn the meanings of new words.

To help with the memorization of the word use the following format for your personalized study cards. On top of the card write the word. Directly below the word, write its English equivalent and part(s) of speech. Then, use it in a sentence or phrase. Finally, associate it with another familiar word or phrase in your native language or Spanish. Below is a sample vocabulary card:

Word: *piña*

Meaning: pineapple

Part of speech: noun

Phrase/Sentence: *Venden piñas en una frutería.*

Association: piña colada

Prácticas

A. Haz una lista de las comidas que comes una vez a la semana, una vez al mes y casi nunca.

B. Escribe una lista de los ingredientes que te hacen falta para hacer un plato típico de tu región.

C. Escribe ocho a diez cosas que se deben incluir en una buena dieta para bajar de peso.

CH. Haz una encuesta en la clase sobre los platos más populares y menos populares.

D. Usando la lista de los siete grupos de alimentos en la página 308 como modelo, escribe otra lista incluyendo cinco o seis cosas diferentes por cada categoría.

Plan a class *fiesta* and have students bring food to class and briefly tell how it was prepared. This would be an opportunity to introduce typical foods from other Hispanic countries.

E. Usando la receta para el gazpacho como modelo, dile a alguien en la clase cómo se debe preparar uno de tus platos preferidos.

GAZPACHO
Para 10 personas

Ingredientes:

3 kilogramos de tomates maduros
1/2 Kg. de pepinos
1/2 cebolla
un diente de ajo
1 pimiento verde
1/4 de Kg. de miga de pan
1 taza de aceite de oliva

2 cucharadas de vinagre
una cucharada de comino
agua fría
unos trozos de hielo
un poco de tomate en cuadraditos
pimiento
pepino y cuadritos de pan

Preparación:

Ponga en la batidora las verduras, un poco de vinagre, un poco de aceite, los cominos molidos y parte del pan. Bata bien para que quede muy fino. Una vez batido, todo se pone en la sopera o en el recipiente donde se vaya a servir y se pone en el refrigerador. Al ir a servir el gazpacho, añada unos cubitos de hielo y mueva para que se enfríe bien. Ponga entonces el agua fría al gusto, pues hay quien prefiere el gazpacho espeso y quien lo prefiere clarito. Las hortalizas picadas se sirven por separado.

F. Escribe otra vez los sustantivos de la lista de vocabulario y clasifícalos según su género.

VOCABULARIO

Describiendo...

Contiene... *It contains . . .*
Es... *It's . . .*
Es como. . . *It's like . . .*
Huele a... *It smells like . . .*
Sabe a... *It tastes like . . .*
Se parece a... *It looks like . . .*

Negando y contradiciendo...

Imposible. *Impossible.*
Jamás. *Never. (emphatic)*
Ni hablar. *Don't mention it.*
No es así. *It's not like that.*
No está bien. *It's not right.*
Nunca. *Never.*

Quejándose...

Esto es el colmo. *This is the last straw.*
Lo necesito ya. *I need it now.*
No puedo esperar más. *I can't wait any more.*
No puedo soportar más. *I can't take this any more.*
Pero, por favor... *But, please . . .*

En el restaurante

¿Cuánto es la entrada? *How much is the cover charge?*
¿Está incluída la propina? *Is the tip included?*
¿Me puede traer..., por favor? *Can you please bring me . . .?*
Mesero/Mesera, me falta(n) un(a)... *Waiter/Waitress, I need a . . .*

botella *bottle*
cuchara *soupspoon*
cucharita *teaspoon*
cuchillo *knife*
cuenta *check*
hielo *ice*
plato *plate*
servilleta *napkin*
taza *cup*
tenedor (m.) *fork*
vaso *glass*

¿Puedo ver la carta/la lista de vinos? *May I see the menu/the wine list?*
¿Qué recomienda usted? *What do you recommend?*
¿Qué tarjetas de crédito aceptan? *What credit cards do you accept?*
Quisiera hacer una reservación para... *I would like to make a reservation for . . .*
¿Se necesitan reservaciones? *Are reservations required?*
¿Tiene usted una mesa para...? *Do you have a table for . . .?*

Tiendas

carnicería   *butcher shop*
frutería   *fruit shop*
panadería   *bakery*
pescadería   *fish shop*
tortillería   *tortilla shop*
verdulería   *vegetable shop*

Aves y carnes

cabrito   *kid*
carne de res (f.)   *beef*
cordero   *lamb*
pavo   *turkey*
pato   *duck*
pollo   *chicken*
puerco   *pork*

Verduras

aguacate (m.)   *avocado*
ajo   *garlic*
apio   *celery*
bróculi (m.)   *broccoli*
calabacitas   *zucchini*
cebolla   *onion*
chile (m.)   *chili pepper*
elote (m.)   *corn*
espinacas   *spinach*
frijol (m.)   *pinto bean*
lechuga   *lettuce*
nopalito   *tender cactus leaf*
papa   *potato*
tomate (m.)   *tomato*
tuna   *cactus fruit*
zanahoria   *carrot*

Frutas

cereza   *cherry*
durazno   *peach*
fresa   *strawberry*
mango   *mango*
manzana   *apple*
melón (m.)   *melon*
naranja   *orange*
papaya   *papaya*
pera   *pear*
piña   *pineapple*
plátano   *banana*
toronja   *grapefruit*
uva   *grape*

Condimentos

aceite (m.)   *oil*
crema batida   *whipped cream*
mantequilla   *butter*
mayonesa   *mayonnaise*
mostaza   *mustard*
pimienta   *pepper*
sal (f.)   *salt*
salsa   *spicy chili sauce*
salsa de tomate   *catsup*
vinagre (m.)   *vinegar*

Mariscos y pescados

atún (m.)   *tuna*
camarón (m.)   *shrimp*
cangrejo   *crab*
ceviche (m.)   *raw fish marinated in lime juice*
langosta   *lobster*
salmón (m.)   *salmon*
trucha   *trout*

Comidas del día

desayuno   *light breakfast*
desayunar   *to eat breakfast*
almuerzo   *morning snack*
almorzar (ue)   *to eat lunch*
comida   *lunch*
merendar (ie)   *to eat a snack*
merienda   *late afternoon snack*
cena   *supper*
cenar   *to eat supper*

Expresiones relacionadas

cocinar   *to cook*
docena   *dozen*
duro/dura   *tough*
fresquito/fresquita   *nice and fresh*
ingrediente (m.)   *ingredient*
kilo   *kilo (2.2 lbs.)*
litro   *liter (.95 qt.)*
picante   *spicy hot*
plato fuerte   *main dish, entrée*
postre (m.)   *dessert*
rico/rica   *delicious*
sabroso/sabrosa   *tasty*
tierno/tierna   *tender*

Otros comestibles

agua de jamaica   *drink made of water, sugar, and dried flowers*
         sandía   *drink made of water, sugar, and watermelon*
arroz (m.)   *rice*
azúcar (m.)   *sugar*
café (m.) con leche   *strong coffee with hot milk*
crema   *cream*
huevo   *egg*
leche (f.)   *milk*
licuado   *shake made with fruits, juices, and ice*
pan (m.)   *bread*
pastel (m.)   *pastry, cake, pie*
queso   *cheese*
sopa   *soup*
tortilla de harina   *wheat flour tortilla*
         maíz   *corn flour tortilla*

Expresiones que indican causa y efecto

alegrarse de   *to be happy*
desear   *to wish*
esperar   *to hope*
insistir en   *to insist on*
pedir (i)   *to ask for*
preferir (ie)   *to prefer*
prohibir   *to prohibit*
querer (ie)   *to want*
recomendar (ie)   *to recommend*
sentir (ie)   *to be sorry, to regret*
sugerir (ie)   *to suggest*
temer   *to fear*
¡Ojalá!   *I hope*

Más exclamaciones

¡Ándale!   *There you go!*
¡Claro que sí (no)!   *Of course (not)!*
¡Estás loco/loca!   *You're crazy!*
¡Hombre!   *Man! (used also with females)*
¡No me di cuenta!   *I didn't realize that!*
¡No me digas!   *You don't say!*
¡Qué va!   *You've got to be kidding! Gimme a break!*
¡Sensato!   *Sensible!*

Los sentimientos

Coyoacán, México, D.F.

PRIMERA ETAPA: Preparación

Introducción

Comprehension questions for realia:
1. ¿Dónde está situado el hotel Calinda?
2. ¿Cuánto cuesta por pareja?
3. ¿Qué está incluido en el paquete luna de miel?
4. ¿Qué no está incluido?
5. ¿Cuál es el número si vives en la ciudad de México?

Los gastos de la boda. Las bodas normalmente son ocasiones formales e incluyen no solamente la familia nuclear, sino también parientes lejanos, amigos y vecinos. En algunos pueblos, la población entera puede asistir a la ceremonia. Antes, la familia de la novia pagaba todos los gastos de la boda, pero hoy en día el costo de la recepción y la boda se comparte entre las dos familias. Lee el siguiente artículo de *Jet Set, Edición Especial de Novias,* que explica las obligaciones financieras de las familias. Mientras lees, piensa en los gastos generales y escribe una lista de quién paga y para qué. Entonces, compara tu lista con la de alguien en la clase.

Presupuesto y gastos de la boda: *¿Quién paga qué?*

Es muy importante que desde el momento del anuncio oficial del compromiso, las familias de los novios se reúnan para dialogar sobre la responsabilidad de los gastos, ese tema es tan difícil, pero tan necesario en cualquier celebración. En cierta forma, si la pareja y sus familias superan triunfantes este problema, digamos «económico», significa que existe buena comunicación y sanas intenciones de establecer una buena relación entre todos.

LA NOVIA

- El anillo y el regalo de bodas para el novio
- Los regalos para las madrinas
- El examen médico
- Los accesorios personales
- El hotel para los invitados que no viven en la ciudad

EL NOVIO

- El anillo y el regalo de bodas para la novia
- Los trámites legales de la boda
- Los regalos para sus padrinos
- Las flores
- El examen médico
- La contribución para la Iglesia
- La luna de miel

Venga a disfrutar con su pareja, su luna de miel a un precio accesible, en el lugar más bello del caribe mexicano. . . en el Calinda Quality Cancún Beach.

INCLUYE:
* 4 días, 3 noches.
* Desayunos americanos diarios.
* Botella de champagne nacional.
* Flores en la habitación.
* Cena de gala para la pareja, con botella de vino nacional.
* Coctel de bienvenida.

No incluye impuestos ni propinas. Vigencia hasta diciembre 20, 1990.

POR SOLO: **$890,000**
POR PAREJA EN HABITACION DOBLE

Calinda
PARA RESERVAR, LLAME AL HOTEL

Quality Hotel
Cancun Beach

AL (988) 3-16-00
EN MEXICO, D.F.: AL 2-08-6733
LLAME SIN COSTO DESDE EL INTERIOR DE LA REPUBLICA AL 800-90-000

LA FAMILIA DE LA NOVIA

- El costo total de la recepción: alquiler del salón, alimentos (incluyendo pastel de bodas, bebidas, propina para los meseros, decoración, música y flores)
- El vestido de la novia
- El regalo de bodas para la pareja
- Las invitaciones y el costo de enviarlas por correo
- El costo del fotógrafo
- La ceremonia religiosa (música, flores, etc.)
- Las flores para las madrinas
- La comida para las madrinas

LA FAMILIA DEL NOVIO

- El traje del novio
- El regalo para los nuevos esposos
- Los gastos de viaje y las cuentas de hotel (en caso de no radicar en la ciudad)
- Pueden compartir algunos gastos con la familia de la novia

LAS MADRINAS

- Sus vestidos y accesorios
- El regalo de bodas para los novios

LOS INVITADOS

- El regalo de bodas para los novios

Comprehension questions for realia:
1. ¿Qué servicios ofrecen los anuncios?
2. ¿Comó se llama la diseñadora?
3. ¿Qué tipo de vestidos hace?
4. ¿Cuántas tiendas de 4 SAS 3 hay en México?
5. ¿Qué tipo de ropa puedes alquilar o comprar en 4 SAS 3?
6. ¿Cuándo recibes un descuento en 4 SAS 3?

¡A ESCUCHAR! (STUDENT TAPE)

Antes de escuchar

La recepción y la invitación. Tan pronto como se decida la fecha de la ceremonia, la pareja y sus familiares eligen la iglesia, el tipo de recepción, el lugar y el número de invitados. Se envían invitaciones formales con todos los datos importantes pero también es costumbre de informar a todos los invitados en persona o por teléfono. Primero, lee la invitación y escribe la siguiente información: nombres completos de la novia y del novio, los nombres de ambos padres, dónde y cuándo se celebra la boda.

Mario Vela Salas
María Cristina Quintero de Vela

Ismael Ortiz Dueñas
América E. Sánchez de Ortiz

Participan a Ud. el matrimonio de sus hijos
María Cristina y Rolando

Y se complacen en invitarle a la Ceremonia Religiosa que se celebrará el sábado 18 del presente mes, a las veinte horas en la Parroquia de Santa Teresa del Niño Jesús, Lomas de Chapultepec.

Enero de mil novecientos noventa y dos.

Después de la Ceremonia Religiosa, agradeceremos su presencia en:
Calle Luna, Núm. 118, Casa 8, Jardines de Cuernavaca

Ahora, escucha en tu cassette la conversación que ocurre entre Rosa Galinda, su hijo Tomás y su amiga Pili, durante una recepción. Después escribe la siguiente información:

• una descripción breve de Rosa, Tomás y Pili,
• una explicación de lo que piensan sobre el matrimonio en general,
• un brindis° apropiado para los recién casados.

Comprensión
Ahora, escucha el cassette otra vez y determina si las siguientes oraciones son verdaderas o falsas.

1. Rosa Galinda es una mujer muy delgada que no come mucho.
2. Tomás tiene ganas de casarse.
3. Pili es la hija de Rosa.
4. Pili y Tomás estudian en la misma universidad.
5. La familia de Pili fue a España durante las vacaciones de Navidad.
6. La abuela de Pili se murió de un ataque de corazón.
7. Tomás y Pili se quedan en la recepción hasta el final.
8. Tomás hace el brindis para los novios.

brindis (m.) *toast*

COMUNICACIÓN (STUDENT TAPE)

Las siguientes conversaciones son similares a los comentarios que acabas de escuchar en la conversación de Rosa Galinda, su hijo Tomás y una amiga. Después de aprender estas oraciones, puedes invitar a alguien, aceptar o rechazar invitaciones y dar pésame. Escucha las conversaciones en tu cassette y practícalas con los otros miembros de la clase.

Give students a brief overview of the more famous sites in Mexico. For the ancient Aztecs, Teotihuacán was the place where the gods sacrificed themselves to create another sun. It is one of the most popular day trips from Mexico City. The *Museo de Antropología* exhibits the famous Aztec Calendar Stone.

Invitando... *Extending invitations*

Aceptando y rechazando invitaciones... *Accepting and rejecting invitations*

Dando pésame... *Expressing condolences*

Prácticas

Have several students role play their conversations in class the next day.

Comprehension questions for realia:
¿Dónde puedes...
1. *ver videos?*
2. *comer mariscos?*
3. *rentar caballos y lanchas?*
4. *mirar los monstruos?*
5. *hacer actividades acuáticas?*

Invitando...

¿Te gustaría ir a...conmigo?	*Would you like to go to . . . with me?*
Si tienes tiempo, podemos ir a...	*If you have time, we can go to . . .*
¿Quieres ir a...?	*Do you want to go to . . . ?*
¿Me quieres acompañar a...?	*Do you want to accompany me to . . . ?*

A. ¿A dónde quieres ir? Invítale a alguien en la clase a los siguientes lugares. Debe rechazar la invitación explicando por qué no puede acompañarte.

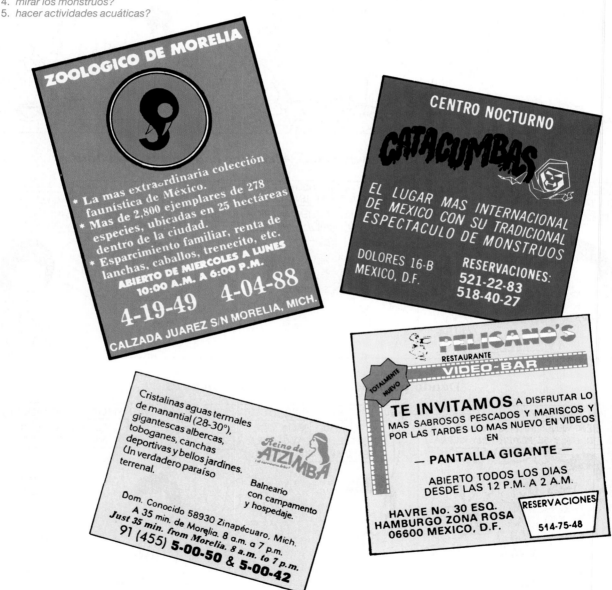

B. Una cita a ciegas.° Inténtale convencer a alguien en la clase que salga con tu primo/prima.

Dando pésame...			
Mis condolencias.	*My condolences.*	Le doy mi pésame.	*You have my sympathy.*
Lo siento mucho.	*I'm very sorry.*	¡Qué lástima!	*What a pity!*
Es una pena.	*It's a pity.*		

C. Lo siento mucho. Indica cuáles son las expresiones apropiadas para las siguientes situaciones y escribe una nota breve para cada ocasión.

As a follow-up to this activity, have students design their own sympathy card.

1. La abuela de un compañero muere.
2. Un amigo está enfermo en el hospital.
3. Un pariente acaba de divorciarse.
4. Una compañera pierde su trabajo.
5. Tu amigo recibe un suspenso en su examen.
6. Una amiga se rompe la pierna.

cita a ciegas *blind date*

Por una pronta recuperación

Con estas flores
quiero expresar
mis más sinceros deseos
por su pronta mejoría.

Sinceras Condolencias

Profundo sentimiento
llevan estas palabras
de sentida condolencia
para toda la familia.

As an expansion of this activity, tell students to discuss the foods they like and do not like and to explain why they would or wouldn't go to specific restaurants.

CH. Síntesis. ¿Dónde vamos a cenar? Invítale a alguien en la clase a uno de los siguientes restaurantes, explicándole adónde quieres ir y por qué.

RESTAURANTES

Normandie (francesa), López 15, Centro, 521-7124.
Especialidad: caracoles, chateaubriand, pato al orange, sopa de champiñones. Postres de la casa: pastel mil hojas, ecleare de chocolate y café, crepas suzette. Lun. a vie. 13:00 a 20:00 hrs. Sáb. y dom. cerrado. Sin problema de estacionamiento. Tarjetas nacionales e internacionales.

Fonda del factor (mexicana), Mercaderes 21 (atrás del Teatro Insurgentes), 563-7979.
Especialidad: moles de la casa, estofado de boda (Tehuantepec), carne de cerdo adobada (receta jalisciense del siglo XVIII), carne asada a la tampiqueña. Postres de la casa: cocada del platón (coco rayado, hervido en leche y huevo, después horneado). Lun. 7:30 a 18:00. Mar. a sáb. 7:30 a 23:00 hrs. Dom. 7:20 a 20:00 hrs. Estacionamiento (valet).

Fonda el mesón (prehispánica), Plaza Juan José Paz 7, 542-9563.
Especialidad: iguana en pipián rojo o verde, víbora y mantarraya a la vizcaína, jumiles con guacamole, mapache en salsa de piñón, codorniz al vino blanco, filete de armadillo en salsa. Postres de la casa: flan al horno, pastel de coco, duraznos con crema. Lun. a dom. 10:00 a 18:00 hrs. Sin problema de estacionamiento. Tarjetas nacionales.

La pampa (argentina), Sullivan 13, San Rafael, 546-3384.
Especialidad: carnes, chorizos y morcillas. Postres: mil hojas, strudel de manzana, dulce de leche. Vinos argentinos. Bebidas nacionales e importadas. Lun. a sáb. 12:00 a 24:00 hrs. Tarjetas nacionales e internacionales.

Seúl (coreana), Copérnico 156, esq. Leibnitz, Col. Anzures, 545-6863.
Especialidad: ensalada kimchi, bulko ki (carne de res marinada a la parilla), mul neg men (fideo frío, consomé frío, pepino japonés, huevo duro y carne de res fría), dungshim kui (carne de res con verduras a la plancha); licor de ginseng y pokchu (de arroz caliente o frío), también bebidas nacionales e importadas. Dos salones privados (25 y 40 personas). Todos los días 13:00 a 24:00 hrs. Estacionamiento (valet). Tarjetas nacionales e internacionales.

Taurino, el chato (española), Plaza de la República y Gómez Farías 55 (Frontón México y el monumento a la Revolución), 703-2388.
Especialidad: paella a la valenciana, tortilla española, camarones a la vinagreta. Postres de la casa: leche frita flameada con tequila, natillas, arroz con leche, flan. Música continua (piano). Todos los días 7:00 a 1:00 hrs. Sin problema de estacionamiento.

As an extension of this activity, have students "call" and make reservations for a wedding reception. They should inquire about the specialty, schedule, parking, etc.

Tell students that there are restaurants in Mexico that specialize in typical foods prepared in pre-Columbian times. Have students look up these items in a dictionary and compare the dishes to typical foods served in different regions of the United States.

Así es

Cómo charlar

Many of the same topics considered to be appropriate for casual conversation in English are also acceptable in Spanish. Such common topics as weather, your school and/or classes, your nationality and family, hobbies, and travel can be used in most social situations. Topics are generally introduced in three ways: with an exclamation, a question, or a statement.

¡Qué tiempo más estupendo!
¿Crees que va a llover?
Parece que va a llover.

Prácticas

A. ¡Qué tiempo más horrible! Repasa las expresiones del tiempo en el *Capítulo 7*. Escribe una lista de exclamaciones apropiadas para tu estado o ciudad. Después, charla con alguien en la clase, y practica haciendo comentarios relacionados con el tema.

Remind students that when carrying on actual conversations, many times there will be pauses, repetition of ideas, and incomplete sentences.

■ **Ejemplo:**
Estudiante 1: *¡Qué tiempo más estupendo!*
Estudiante 2: *Sí, hace sol pero no demasiado calor.*
Estudiante 1: *Es un día perfecto para dar un paseo en el parque.*

B. Unas coincidencias. Habla con alguien en la clase sobre tu nacionalidad o tu familia. Él/Ella debe interrumpirte cuando mencionas algo que tiene en común contigo. Entonces, hazle otra pregunta.

■ **Ejemplo:**
Estudiante 1: *Yo soy de Columbus.*
Estudiante 2: *¿De verdad? Mis padres son de allí también.*
Estudiante 1: *¿Dónde viven ahora?*
Estudiante 2: *Los Ángeles.*

C. Preguntas y más preguntas. Escribe una lista de cinco preguntas para cada tema y después conversa con dos compañeros usando las preguntas como guía.

1. la universidad/las clases
2. las vacaciones
3. el ocio

Entre amigos

CH. **¿Qué es lo más conveniente?** Frecuentemente, artículos en los periódicos o revistas pueden servir como fuente de conversación. Lee el siguiente artículo y habla con alguien en la clase sobre la economía y el matrimonio.

¿Bienes separados o mancomunados?

La unión conyugal de dos personas por medio de la ley puede ser a través de dos regímenes: uniendo las posesiones económicas de ambos, o al revés: es decir, manteniendo cada uno sus pertenencias.

No hay razón para pensar negativamente, pero una manera inteligente de actuar es ser realista: si bien es cierto que los novios ven el mundo color de rosa antes de casarse, también lo es que miles de matrimonios no funcionan y terminan en divorcio por diferentes circunstancias.

Desde este punto de vista, es aconsejable optar por la separación de bienes al firmar el contrato matrimonial, porque se evitan así problemas de acudir a los juzgados a replicar y discutir lo que cada quien piensa le corresponde; en definitiva, es una forma de protección y seguridad hacia la integridad de la pareja.

EXPRESIONES (INSTRUCTOR TAPE)

Una historia de amor. Aurora Vela Quintero y Rolando Ortiz Sánchez son recién casados.° Como hace tres meses que están casados, Aurora y Rolando pasan un rato° mirando la historia fotográfica de su amor. Después de escuchar cuidadosamente a tu instructor/instructora, completa la sección *Comprensión*.

recién casados *newlyweds*   **un rato** *a while*

Comprensión

¿Sí o no? ¿Entendiste las ideas principales? Lee las siguientes oraciones sobre las escenas ya descritas. Si la oración es correcta, según la narración, contesta **sí.** Si la oración no es correcta, contesta **no.** Corrige las oraciones falsas.

1. Los padrinos de la boda fueron parientes de Aurora y Rolando.
2. Los jóvenes se comprometieron en casa del novio.
3. La boda civil tuvo lugar en una iglesia.
4. En la ceremonia religiosa, los padrinos colocaron un pastel sobre los hombros de Aurora y Rolando.
5. Los invitados arrojaron arroz sobre la pareja al momento de salir de la recepción.
6. En México es necesario cumplir las obligaciones legales con una boda civil.
7. El novio les pidió permiso a los padres de la novia para casarse.
8. El destino de la luna de miel de Aurora y Rolando fue Acapulco.
9. Los padrinos cortaron el pastel de bodas.
10. Los testigos de la boda civil fueron amigos de Aurora y Rolando.

Answers: 1. *sí* 2. *no* 3. *no*
4. *no* 5. *no* 6. *sí* 7. *no*
8. *no* 9. *no* 10. *sí*

Additional comprehension checks may be found in the Instructor's Manual.

Personas

casado/casada	*married, married person*
comprometido/comprometida	*engaged, engaged person*
cortejo	*wedding party*
dama de honor	*bridesmaid, maid of honor*
funcionario/funcionaria	*official*
invitados	*guests*
novia	*bride*
novio	*groom*
madrina	*matron of honor*
matrimonio	*married couple, matrimony*
padre	*Father (title for a priest)*
padrino	*best man*
paje (m.)	*groomsman*
pajecitos	*pages and flower girls*
pareja	*couple*
sacerdote (m.)	*priest*
soltero/soltera	*single, unmarried person*
testigo	*witness*

En la boda civil

cumplir	*to fulfill*
formulario	*form*
llenar	*to fill out*
juzgado	*government offices*
obligaciones legales	*legal obligations*
papeleo	*paper work*

En la boda religiosa

boda	*wedding*
brindar	*to toast*
brindis (m.)	*toast*
cola	*train*
colocar	*to place*
compromiso	*engagement*
enlace (m.)	*wedding*
frack (m.)	*tuxedo*
lazo	*a double rosary used in the religious wedding ceremony*
luna de miel	*honeymoon*
matrimonio	*matrimony*
ramo	*bouquet*
rosario	*rosary*
tocado	*headpiece*
velo nupcial	*wedding veil*
vestido de novia	*wedding gown*
vestimentas	*clothing, garments*

En la recepción

arrojar	*to throw*
confeti (m.)	*confetti*
destino	*destination*
pastel (m.) de bodas	*wedding cake*
partir	*divide*
porción	*slice*

Prácticas

A. Semejanzas y diferencias. Con alguien en la clase, haz una lista de las semejanzas entre el matrimonio en Estados Unidos y en México. Luego haz una lista de las diferencias.

B. Una boda familiar. Piensa en una boda a la que asististe. Nombra las personas que tomaron parte en la ceremonia.

C. La boda más interesante. Aunque las costumbres de una boda tradicional mexicana tal vez te parezcan raras, en Estados Unidos hay muchas bodas raras que no son tradicionales—bodas submarinas, aeronáuticas y alpinistas. Descríbele a alguien en la clase la boda más interesante de tu experiencia.

CH. Una boda mexicana. Lee el siguiente artículo de la sección social de un periódico mexicano. Luego contesta las preguntas en español en forma breve.

Have students write an article about a wedding they have attended (or made up), using the Mexican article as a model.

Claudia Slim Seade—Andrés Wurtz Louis

Por CARMEN ROSAS
Reportera de El Universal

Elegantísima lució la iglesia de Santa Teresita del Niño Jesús al celebrarse la ceremonia religiosa en la que contrajeron nupcias Claudia Slim Seade y Andrés Wurtz Louis.

La novia lució bellísima con un vestido exclusivo realizado en seda y bordado a mano con perlitas, del discreto tocado caía el largo velo, que junto con la cola formaba un hermoso conjunto. Al lado de Claudia, Andrés Wurtz también lucía guapísimo vistiendo de frack.

Con la emoción reflejada en los rostros los contrayentes escucharon el mensaje del sacerdote Legionario de Cristo, Alfonso Samaniego, quien con solemne voz habló a la pareja de las virtudes que deben cultivar para hacer de su unión el templo de Dios.

Viviendo intensamente este momento estuvieron: licenciado Julián Slim, Magdalena Seade de Slim, Hans Wurtz y Úrsula Louis de Wurtz, quienes apadrinaron la unión de sus hijos.

La niña Diana Seade fue la madrina de anillos, Adriana Seade fue de ramo, Carla Slim, de lazo y de arras, Vanessa Slim; mientras que Santiago Vigil, Isabel, Patricia y Tito Kuri fueron los pajecitos. Todas las madrinas vistieron en color verde y azul.

Durante el acto litúrgico, Carlos Esteva y sus coros interpretaron bellas melodías, dando gran magnificencia al acontecimiento.

Fue en el salón Camino Real del Hotel Camino Real donde se llevó a cabo la recepción. En cada mesa fueron colocados bonitos centros de mesa con iris y tulipanes blancos. El decorado fue en color verde, y frente a la entrada del lugar fue colocada una fuente. Mientras la distinguida concurrencia esperaba a los recién casados un grupo de violines interpretó algunas melodías.

Claudia y Andrea bailaron una romántica melodía ante el beneplácito de los invitados.

Las orquestas High Society y Jet Set tocaron durante la fiesta. Por cierto que el menú fue de lo más exquisito y fue acompañado de excelentes vinos. Los novios brindaron por su felicidad en copas de plata.

Para cerrar con broche de oro la estupenda recepción, en la madrugada llegaron los mariachis, que con su alegre canto dio un toque más de alegría.

Acompañaron durante la fiesta a los recién casados las familias: Slim, Quintana, Serna, Ojeda Paullada, Bartlett Díaz, Moya Palencia, Elías Ayub, Pandal y muchas más.

La linda pareja ahora debe estar disfrutando de su luna de miel en un crucero que recorrerá el Caribe.

1. ¿Dónde tuvo lugar la ceremonia?
2. ¿Quién ofició la boda?
3. ¿Cómo se vistió la pareja?
4. ¿Cómo se llama la madre de la novia? ¿Del novio? ¿El padre de la novia? ¿Del novio?
5. ¿Quiénes fueron los músicos para la boda? ¿La recepción?
6. ¿Qué hicieron las madrinas?
7. ¿Qué actividades hubo en la recepción?

Explain the meaning of the word *arras* to your students. These are the thirteen coins presented to the bride during the ceremony. Some say that they represent the groom's ability to provide her with the necessities of life.

You may also want to explain what *mariachis* are and, perhaps, play some mariachi music for your students. The word *mariachi* actually comes from the French word for wedding "marriage."

Answers: 1. *En la iglesia de Santa Teresita del Niño Jesus.* 2. *El padre Alfonso Samaniego.* 3. *La novia llevó un vestido blanco tradicional con tocado, velo, y una cauda larga. El novio se vistió de frack.* 4. *Magdalena Seade de Slim. Ursula Louis de Wurtz. Julián Slim. Hans Wurtz.* 5. *Carlos Esteva y sus coros. Orquestas High Society y Jet Set.* 6. *Llevaron los anillos, las arras y el lazo.* 7. *Un baile, una cena, un brindis, los mariachis.*

Práctica

D. Los brindis y deseos. Escribe lo que dirían las siguientes personas a los recién casados en la recepción de una boda.

1. el padre de la novia
2. la ex-novia del novio
3. el padrino

4. los abuelos de la novia
5. el sacerdote
6. la madrina

Felicitaciones	
Deseo que sean muy felices.	*I hope that you will be very happy.*
Deseos amistosos.	*Best wishes.*
¡Felicidades!	*Congratulations!*
¡Mucha suerte!	*Good luck!*
Que Dios los bendiga.	*May God bless you.*
Que la felicidad los acompañe todos los días de su vida.	*May happiness accompany you all your life.*
Salud, amor y pesetas...y tiempo para disfrutarlos.	*Health, love, and money . . . and time to enjoy them.*

PRIMERA FUNCIÓN:
Expressing nonexperience states using the present subjunctive

For additional practice on the present subjunctive, see the *Guía gramatical*. Review *Funciones 1* and *2, Capítulo 10,* before beginning this section.

▲ The subjunctive is a very important element of the Spanish language. In *Capítulo 10,* you studied how the subjunctive mood is used to express cause-and-effect relationships in complex sentences. As you will recall, the "world" of Spanish verbs is divided into two categories or moods: the **indicative** mood and the **subjunctive** mood. Within each of these moods are various tenses and, so far, you have studied the present, imperfect, preterite indicative, and the present subjunctive.

In addition to expressing cause-and-effect relationships, the indicative mood is used in describing people, things, and events in the real world, or what may be called "the world of experience." The subjunctive mood, on the other hand, describes people, things, and events that are not within the world of experience. This is another important concept of the subjunctive: **when a state of nonexperience is present in the sentence, the verb in the dependent clause must be expressed in the subjunctive.** Here are some paired examples for you to study:

Tenemos un amigo que es soltero.	*We have a friend who is single.*
No tenemos ningún amigo que sea soltero.	*We don't have any friends who are single.*
Conozco a un poeta que escribe poemas románticos.	*I know a poet who writes romantic poems.*
No conozco a nadie que escriba poemas románticos.	*I don't know anyone who writes romantic poems.*
Hay alguien aquí que sabe la dirección del salón de fiestas.	*There is someone here who knows the address of the banquet hall.*
¿Hay alguien aquí que sepa la dirección del salón de fiestas?	*Is there anyone here who knows the address of the banquet hall?*

In the examples above, the first sentence of each pair reports a **fact**—something that is part of the "world of experience": we have an unmarried friend, I know a poet who writes romantic poems, and there is someone here who knows the address of the reception hall. In these sentences, you will notice that an indicative verb is used in the dependent clause. The second sentence of each pair, on the other hand, contains an expression of nonexperience. The subjects of these sentences (we, I, anyone) don't know anyone who is a bachelor, or who writes romantic poems, or who knows the address of the banquet hall. In cases like these, because the situation described is not part of the "world of experience," **the verb in the dependent clause must be expressed in the subjunctive.** When deciding whether or not a situation belongs to the "world of experience," ask yourself the four questions on page 354.

1. Did the event already happen?   [use indicative]
2. Is the event just a possibility?   [use subjunctive]
3. Does the person or thing really exist?   [use indicative]
4. Is the person or thing unidentified?   [use subjunctive]

▲ In order to complete our study of the subjunctive mood, we must extend our definition of nonexperience states by including sentences in which the subject is making a **negative judgment** about the person, thing, or event under discussion. Spanish verbs that usually indicate nonexperience/negative judgments include: *dudar, no creer, no saber, negar,*° and *no decir.* Here are a few examples:

Dudamos que el padrino llegue tarde a la boda.	*We doubt that the best man will arrive at the wedding late.*
No creen que sepamos un brindis apropiado.	*They don't believe that we know an appropriate toast.*
Aurelio no sabe que haya un pastel de chocolate.	*Aurelio doesn't know that there is a chocolate cake.*
Niego que una costurera famosa confeccione el vestido.	*I deny that a famous dressmaker is making the dress.*

These same verbs, on the other hand, may also be used simply to report facts, in which case an indicative verb would be used. Consider the following paired examples:

No creo que Marcos va a la boda.	*I don't think that Marcos is going to the wedding. (I'm sure that he is not going.)*
No creo que Marcos vaya a la boda.	*I don't think that Marcos is going to the wedding. (He may or may not go.)*
No saben que los novios tienen los documentos legales.	*They don't know that the bride and groom have the legal documents.*
No saben que los novios tengan los documentos legales.	*They don't know whether the bride and groom have the legal documents.*

In the first sentence of each pair, the subject is merely reporting a fact: Marcos is not going to the wedding and the bride and groom don't have the legal documents. Therefore, indicative verbs *(va, tienen)* are used in the dependent clause of the sentence. In the other sentences, however, a **negative judgment** is being made about the person, thing, or event in the dependent clause. In these sentences, a subjunctive verb must be used in the dependent clause.

Prácticas

A. ¿Experiencia o no? Lee las siguientes oraciones e identifica las que contienen juicios negativos° o expresiones que indican una falta de experiencia.

1. They know a bride who has six bridesmaids.
2. Can anyone recommend a good caterer?
3. I don't know of a nice reception hall that is inexpensive.
4. We don't believe that the relationship will last.
5. They think that we are pessimists.

negar (ie) *to deny* **juicios negativos** *negative judgments*

6. He denies that he writes romantic poems.
7. Do you think that a big wedding is necessary?
8. She doesn't believe that we will attend the *fiesta de los quince años*.
9. I'm sure that the baby will not cry during the wedding.
10. The guests know that the ceremony is tomorrow.

B. ¿A quién conoces? Túrnate con alguien en la clase preguntando sobre la gente que conoce. Contesta las preguntas con oraciones completas en español.

Extend this activity by having students make up their own questions and ask each other.

■ **Ejemplo:**
Estudiante 1: *¿Conoces a alguien que tenga novia?*
Estudiante 2: *Sí, conozco a alguien que tiene novia.*

1. viva en Sudamérica?
2. cene con frecuencia en restaurantes de autoservicio?
3. estudie cálculo?
4. mire las telenovelas con frecuencia?
5. juegue al béisbol profesionalmente?
6. tenga un auto deportivo?
7. saque «A» siempre?
8. sea cocinero/cocinera profesional?
9. sepa hablar ruso?
10. conozca a una persona famosa?

C. Lo dudo. Trabajando con alguien en la clase, túrnate contando unos «secretos» (algunos falsos, algunos verdaderos) y haz comentarios sobre lo que dice cada uno.

This activity could be turned into a whole-class activity. Students could vote on whether the speaker is telling the truth or not.

■ **Ejemplo:**
Estudiante 1: *Juego al golf dos veces a la semana.*
Estudiante 2: *No creo que juegues al golf dos veces a la semana.*

Los novios desfilan por el pueblo

CH. Las noticias del día. Lee los siguientes titulares° de *La Tercera* y comenta sobre ellos, usando expresiones que indican la experiencia o falta de experiencia.

■ **Ejemplo:**
México: ¿ganador de la Copa Mundial?
Dudo que el equipo mexicano de fútbol gane la Copa Mundial.

El «hombre biónico» casi una realidad por el implante de órganos artificiales

Pierde 30 kilos en 30 días

El masaje constituye excelente terapia antiestrés

¡ELVIS VIVE! Construye réplica de Graceland en las selvas amazónicas

Se destruyen los bosques tropicales para fabricar los palillos desechables°

Encuesta internacional revela los británicos son campeones en las excusas

CORRELACIÓN INDISCUTIBLE ENTRE LA TELEVISIÓN Y LA CONDUCTA ANTISOCIAL

Explorador descubre la Atlántida: la «ciudad perdida»

Nuevo producto antiarrugas más poderoso que Retin-A

Las emociones positivas estimulan el sistema inmunológico

Las 8:00 de la mañana: la hora perfecta para tomar decisiones

D. ¿Estás de acuerdo? ¿Cuáles son las fuentes de la incompatibilidad entre esposos? Lee la lista de problemas que ocasionan con más frecuencia las peleas entre los sexos. Comenta sobre los resultados y agrega unos problemas más.

■ **Ejemplo:**
*No creo que los programas de TV **causen** problemas matrimoniales.*
*Es verdad que el dinero **es** un problema común.*

actividades de los fines de semana
salir or quedarse en casa
preferencias en los programas de TV
el ahorrar o gastar dinero

educación de los niños
falta de comunicación
quehaceres domésticos
horas de trabajo

titulares *headlines*   **palillos desechables** *toothpicks*

SEGUNDA FUNCIÓN:
Expressing cause-and-effect relationships and nonexperience states in adverbial clauses using the subjunctive

For additional practice on the subjunctive, see the *Guía gramatical*.

You have now studied the two basic principles that govern the subjunctive mood in Spanish. A quick review of the previous *Función* tells us that a subjunctive verb must be used in the dependent clause when:

1. **a cause-and-effect relationship is expressed.**
2. **a state of nonexperience exists or a negative judgment is made.**

In the sentences that we have studied until now, the two parts (clauses) of subjunctive sentences have been connected by the word *que*. This common connector is known in grammar terminology as a **conjunction.** In Spanish, there are many conjunctions in addition to *que* that may also be used to connect the two clauses of a sentence. Some of these conjunctions **always** require that a subjunctive verb follow in the dependent clause, while others may be followed by either an indicative verb (if merely reporting facts) or a subjunctive verb (if a cause-and-effect relationship or a nonexperience state exists). Study the following conjunctions and the *ejemplos* provided:

Conjunciones que siempre requieren el subjuntivo					
a menos que	*unless*	antes (de) que	*before*	para que	*so that*
a fin de que	*in order that*	con (tal) que	*provided that*	sin que	*without*

Voy a mandarles una invitación para que vayan a la recepción.	*I am going to send them an invitation so that they can go to the reception.*
No voy a la boda a menos que tu vayas también.	*I'm not going to the wedding unless you go too.*

Conjunciones que a veces requieren el subjuntivo					
cuando	*when*	en cuanto	*as soon as*	luego que	*as soon as*
después (de) que	*after*	hasta que	*until*	tan pronto como	*as soon as*

Van a brindar por los novios tan pronto como entren a la sala.	*They are going to toast the bride and groom as soon as they enter the hall.*
Siempre brindan a los novios tan pronto como entran a la sala.	*They always toast the bride and groom as soon as they enter the hall.*
Cenamos cuando los invitados lleguen.	*We (will) eat supper whenever the guests arrive.*
Siempre cenamos cuando los invitados llegan.	*We always eat supper when the guests arrive.*

Ask your students to make up other paired sentences for additional practice.

In the first sentence of each pair of examples, a nonexperience state is expressed and a subjunctive verb must be used. In the second sentence of each pair, a fact is being reported and an indicative verb is used.

Remind students to ask themselves these questions:
1. Is this something that has
   been experienced before?
2. Is there a cause-and-effect relationship at work?

As extra practice, you may want
to have students translate a few
of these sentences in class, then
assign the remainder as
homework.

Prácticas

A. Identificación. Lee las siguientes oraciones e identifica las que requieren un verbo subjuntivo.

1. She's having the reception on Saturday so that everyone can come.
2. They always give us a discount when we make reservations there.
3. The wedding can't go on without the parents consenting to it.
4. He will ask her to marry him as soon as he has a job.
5. The waiters always do as I say.
6. The reception will be outside unless it rains.
7. The toast is made before the cake is cut.
8. Provided that the hall is large enough, there will be dancing.
9. They will not reserve the room until we make a deposit.
10. After the ceremony is finalized, a reception will be held.

B. Un bautizo°. Lee el siguiente artículo sobre el bautizo de una bebé mexicana. Entonces completa las oraciones en la página 359, en una manera lógica según la información contenida en el artículo.

bautizo *baptism*

Comprehension questions for
realia:
1. ¿Cómo se llama la bebé?
2. ¿Dónde tuvo lugar la ceremonia religiosa?
3. ¿Cuál fue la fecha de la
   ceremonia?
4. ¿Quiénes son los padres de la
   bebé?
5. ¿Qué recibieron los invitados?
6. ¿Cómo celebraron la familia y
   los invitados?
7. ¿Cómo era la vestimenta de la
   bebé?

Additional comprehension checks
may be found in the Instructor's
Manual.

Bautizaron a Claudia Fernández

La pequeña Claudia Anette Fernández Pérez recibió las aguas del Jordán en el Templo de Santa Rosalía de ciudad Delicias la tarde del 28 de julio.

Los papás de la nenita, ingeniero Luis Roberto Fernández Guillén y la licenciada Nelly Pérez, así como los padrinos, licenciado Octavio Fernández Perea y Esperanza Guillén de Fernández estuvieron presentes en el significativo acto religioso.

Al finalizar la ceremonia de bautismo los bolos conmemorativos fueron repartidos entre los ahí presentes, quienes felicitaron afectuosamente a los padres de Claudia Anette.

Después se llevó a cabo una recepción en el anexo del Casino, en la que la pequeña festejada fue objeto de innumerables muestras de cariño por parte de los invitados, familiares y amigos.

Para celebrar el acontecimiento se ofreció una cena a base de platillos de la cocina mexicana acompañados de bebidas propias de la temporada. Posteriormente se sirvió licor y se brindó para que Claudia Anette tenga una larga vida llena de salud y felicidad.

La nenita ese día lució un lindo ropón blanco que le obsequiaron sus padrinos.

En el bautizo	
aguas del Jordán	*Holy Water (from the River Jordan) used to bless the baby*
padrinos	*godparents or sponsors of the baby*
acto religioso	*a religious ceremony*
bolos conmemorativos	*keepsakes or mementos of the baptism*
festejar	*to celebrate*
nenita	*baby girl*
nenito	*baby boy*
ropón (m.)	*gown worn by the baby*

1. El bautizo es en una iglesia porque...
2. Los padrinos están presentes para que...
3. Se reparten los bolos conmemorativos antes de que...
4. Los invitados no felicitan a los padres hasta que...
5. La recepción se lleva a cabo después de que...
6. Los invitados, familiares y amigos muestran el cariño cuando...
7. Brindan a la nenita para que...

C. Una fiesta familiar. Hay que pensar en muchos detalles para planear una fiesta de bautizo. Lee y completa los siguientes consejos, usando una conjunción adecuada.

■ **Ejemplo:**

*Ten el bautizo un sábado **para que** los invitados tengan tiempo disponible para asistir al evento.*

1. Planea la fiesta con anticipación...
2. Organiza todos los detalles...
3. No tengas la fiesta después de las 7:00 de la noche...
4. Invita a todos los miembros de la familia y los amigos cercanos...
5. Compra un regalo apropiado...
6. Confecciona los recuerdos del bautizo...
7. Prepara los platos para el desayuno...
8. Arregla las flores...
9. Sirve un pastel decorado...
10. Distribuye los recuerdos del bautizo...

Porque a tu bebé le gusta más suave y menos ácida

For additional practice on the imperfect subjunctive, see the *Guía gramatical*.

This is an excellent time to review the formation of the preterite indicative, especially the irregular forms. If you wish, you may teach students the *-se* form of the imperfect subjunctive tense. While that form is frequently used in central and southern Spain, the *-ra* form presented in this text is more common in Spanish America.

TERCERA FUNCIÓN:
Expressing cause-and-effect relationships and nonexperience states using the imperfect subjunctive

Now that you have studied how to use the present subjunctive in expressing cause-and-effect relationships and nonexperience states, we will take a quick look at the imperfect subjunctive. The imperfect subjunctive is used in the same two types of situations **when the verb in the independent clause is in either the imperfect or preterite indicative.** The imperfect subjunctive may also be used when **the verb in the independent clause is in the present indicative but when the dependent clause clearly refers to an event in the past.**

The endings of the imperfect subjunctive are based upon the *ustedes* form of the preterite indicative as the stem. If you have forgotten how the preterite indicative is formed, now would be an excellent time for reviewing it. Let's look at the following examples in which the preterite indicative forms (in the third person plural) are shown in parentheses as a reminder.

El imperfecto del subjuntivo		
Festejar (festejaron)	**Hacer (hicieron)**	**Vestirse (se vistieron)**
festejara	hiciera	me vistiera
festejaras	hicieras	te vistieras
festejara	hiciera	se vistiera
festejáramos	hiciéramos	nos vistiéramos
festejarais	hicierais	os vistierais
festejaran	hicieran	se vistieran

There are a few important points to remember about the imperfect subjunctive:

1. There is only one set of endings used with the *-ar, -er,* and *-ir* verbs.
2. The *nosotros/nosotras* form of the verb must carry a written accent mark over the theme vowel.
3. Any verb that is irregular in the preterite indicative will have an irregular stem in the imperfect subjunctive. Don't forget to review those forms on pages 283, 284, and 287.

Now that you understand how the imperfect subjunctive verbs are formed, study the following examples carefully:

Put the example sentences on an overhead transparency with verbs underlined as you explain differences between the present and imperfect subjunctives.

1. Es interesante que muchos mexicanos **tengan** dos bodas.
   It is interesting that many Mexicans have two weddings.
2. Fue interesante que Ana y Roberto no **tuvieran** una boda religiosa.
   It was interesting that Ana and Roberto didn't have a religious wedding.
3. Dudan que **alquilemos** un salón de fiestas al último momento.
   They doubt that we will rent a banquet hall at the last minute.
4. Les sorprendió que **alquiláramos** un salón de fiestas al último momento.
   It surprised them that we rented a banquet hall at the last minute.

5. Esperamos que ellos **reciban** este
   regalo antes de la boda.

   *We hope that they receive this gift
   before the wedding.*

6. Esperamos que Silvia y Héctor
   recibieran el regalo que les
   mandamos la semana pasada.

   *We hope that Silvia and Héctor
   received the gift that we sent last
   week.*

In the first, third, and fifth sentences, you can see that the verb in the independent clause is in the present indicative and the verb in the dependent clause is in the present subjunctive. In the second and fourth sentences, however, the verbs in the independent clause are in the imperfect or preterite indicative; thus, the verb in the dependent clause is in the imperfect subjunctive. In the last sentence, the case is a bit different. Although the verb in the independent clause is in the present indicative, the verb in the dependent clause is in the imperfect subjunctive, because it clearly refers to a past event. Now, let's try some *Prácticas* using the imperfect subjunctive.

Prácticas

A. En una recepción. Cambia los verbos de las siguientes oraciones del tiempo presente al tiempo adecuado del pasado.

■ **Ejemplo:**
   La novia quiere que las madrinas asistan a la fiesta.
   La novia quería que las madrinas asistieran a la fiesta.

1. Las madrinas planean la fiesta con anticipación para que todo sea perfecto.
2. Los invitados se alegran de que su amiga se case.
3. Los novios quieren que los invitados se diviertan.
4. El novio sugiere que inviten al sacerdote.
5. La madre de la novia insiste en que todo el cortejo asista a la fiesta.
6. Los padrinos no quieren que los niños se queden despiertos.
7. No hay ningún invitado que no traiga un regalo.
8. No quieren servir el buffet sin que el padrino brinde por los novios.
9. Es increíble que los novios reciban tantas tostadoras.

B. Una celebración de tu pasado. Piensa en una ocasión que celebraste en el pasado—tu cumpleaños, la primera comunión, una boda o un Bar/Bat Mitzvah. Prepara una lista de cinco oraciones sobre esa ocasión. Pídele a alguien en la clase que comente.

■ **Ejemplo:**
   Estudiante 1: *Mi primera comunión tuvo
   lugar en Cleveland.*
   Estudiante 2: *Es interesante que tu primera
   comunión tuviera lugar en
   Cleveland.*

Una primera comunión

C. Los preparativos. Hay que hacer muchos preparativos para una fiesta grande. Escribe una nota con los preparativos que ya hiciste para una reunión familiar. Para formar las oraciones, usa una palabra de cada columna en cualquier orden que quieras y agrega más información.

Le	pedí	a los invitados	que	preparar...
Les		a los meseros		bendecir...
		a la pastelera		brindar...
		a mamá		festejar...
		a papá		servir...
		al cocinero		traer...
		al sacerdote		ir...
		etc.		llevar...
				invitar...
				etc.

You may wish to point out that this article contains a number of *anglicismos* that reflect the influence of American English on the Spanish spoken in border cities. Also cite the use of diminutive forms, such as *amiguitos*.

■ **Ejemplo:**

Le pedí a mi amiga que cantara una canción romántica.

CH. El cumpleaños de Jorge Chávez. Lee el siguiente artículo de la página social de un periódico mexicano. Luego, completa las oraciones siguientes en una manera lógica. ¡Ojo! No todas las frases requieren una forma del subjuntivo.

Once años celebró Jorge Chávez Osorio en alegre día de campo

Para celebrar el cumpleaños número once de Jorge Chávez Osorio nada mejor que una reunión con los amigos y en esta ocasión el marco elegido fueron los jardines y la alberca de un conocido hotel de la localidad.

Día de picnic, de horas bajo el sol, compartiendo juegos, un fresco chapuzón y la amistad juvenil, sin duda será el recuerdo imborrable para el pequeño cumpleañero y sus múltiples amiguitos, quienes sin olvidar la tradición, llegaron a la fiesta cargando un bonito presente.

Atendiendo a la concurrencia anotamos a los padres de Jorge, señores Chávez y quienes ofrecieron deliciosas bebidas de frutas naturales así como exquisito buffet que se saboreó a media reunión.

Como es costumbre, también se paladeó un pastel y deliciosos postres que Jorge obsequió poco después de manifestar su alegría por esa tarde tan superior.

Estuvieron Luigi Chávez, Genaro Mier, Carlos Leroy Mier, Javier Tafoya, Gustavo García, Carlos Roberto Martínez, Sergio Lara, Omar y Aldo Mendoza, Miguel García y Luis Manuel.

Comprehension questions for realia:
1. *¿Cuántos años tiene Jorge Chávez?*
2. *¿Dónde tuvo lugar su fiesta de cumpleaños?*
3. *¿Qué tipo de celebración fue?*
4. *¿Qué tomaron los invitados?*
5. *¿Cuándo sirvieron el buffet?*
6. *Además de los niños, ¿quiénes asistieron a la fiesta?*
7. *¿Qué costumbre siguió Jorge?*

■ **Ejemplo:**

Dudamos que Jorge Chávez y sus amiguitos estuvieran aburridos.

1. No dudamos que...
2. Fue interesante que...
3. ¡Ojalá que...!
4. Es obvio que...
5. Los padres de Jorge se alegraron de que...
6. El cumpleañero no creía que...
7. Los amiguitos de Jorge insistieron en que...
8. Era costumbre que...
9. No hay duda que...

TERCERA ETAPA: Estrategias

COMPRENSIÓN AUDITIVA (STUDENT TAPE)

No hay que complicar la felicidad. If you watch a television program, the accompanying visuals will help you to interpret the message. When the visual cues are absent (you go to another room or the station experiences technical difficulty) you are still able to follow the action because you then pay attention to the way the speakers address each other, their tone of voice, hesitations, pauses, and background sounds. As you listen on your student tape to *No hay que complicar la felicidad,* a play by Marco Denevi about a young couple in love, listen to all of the secondary cues and remember that in literary works ironical and unexpected things may happen.

Comprensión auditiva may be assigned as homework.

As an advance organizer, you may have a group discussion about the photograph at the beginning of this chapter before listening to the tape. Ask students what they discuss when they go out on dates and what they think the young couple in the photograph is talking about.

Prácticas

A. El resumen. Vas a escuchar una obra de teatro escrita por Marco Denevi con solamente dos personajes, *Él* y *Ella*. Primero escucha la obra y después contesta las siguientes preguntas. Al final, escribe un resumen breve del cuento.

1. ¿Dónde tiene lugar la escena?
2. ¿Qué hacen los personajes?
3. ¿Por qué se pone él de pie?
4. ¿Por qué quiere tener celos?
5. ¿Qué responde ella?
6. ¿Dónde le dice ella que está «el otro»?
7. ¿Por qué se ríe ella al quedar sola?
8. ¿Qué se oye?
9. ¿Qué pasa al final del drama?

After students have completed *Práctica A,* you may copy the script for them and have several students perform the play for the other members of the class. The class may then do *Práctica B,* reviewing not only the play, but also the "actors."

B. La crítica. Imagínate que trabajas como periodista. Escribe una crítica breve sobre la obra de teatro que acabas de oír.

Before students begin this activity, remind them to review movie critiques on page 261, *Capítulo 9.* They may share their "reviews" in class the next day.

LECTURA

El hombre que tenía dos esposas. In each of the *Lecturas* in *¡A Conocernos!* you have practiced some of the more important reading strategies using different types of articles from popular magazines and newspapers. Glance back through the *Lecturas* and read one or two of your favorite selections. What strategies did you use as you read? Did you think about using visual cues or cognates? Probably most strategies have become so familiar that you use them without thinking. As a quick review, before you read *El hombre que tenía dos esposas,* answer the following questions to refresh your memory on the different techniques.

1. What type of information can you obtain from the visuals, titles, and format of the text?
2. What is skimming?
3. Should you look up "cognates" in the dictionary?
4. What are the differences/similarities between skimming and scanning?
5. Why is "a picture worth a thousand words?"

Bring in Spanish newspapers and magazines and have students give examples of each of these strategies.

6. How can you guess words using the context of the sentence or paragraph?
7. What are "root words" and how can they help you expand your vocabulary?
8. What different reasons or intentions do authors have for writing articles?
9. How can texts be organized?
10. What additional strategy must you consider when reading creative works of fiction or poetry?

El hombre que tenía dos esposas

Antiguamente cuando se permitía que los hombres tuvieran muchas esposas, cierto hombre de edad mediana tenía una esposa vieja y una esposa joven. Cada cual lo quería mucho y deseaba verlo con la apariencia de un compañero adecuado para ella.

El cabello del hombre se estaba poniendo gris, cosa que no le gustaba a la esposa joven porque lo hacía ver demasiado viejo para ser su esposo. Así pues, ella solía peinarle el cabello y arrancarle las canas todas las noches.

En cambio, la esposa de más edad veía encanecer a su esposo con gran placer, porque no le agradaba que la confundieran con la madre de éste. Así pues, todas las mañanas solía arreglarle el cabello arrancándole todos los cabellos negros que podía.

El resultado fue que pronto el hombre se encontró completamente calvo.

Práctica

El hombre con dos esposas. Ahora, lee la fábula de arriba. Usa las siguientes preguntas como guía.

1. ¿Cuántas esposas tenía el hombre?
2. ¿Cuántos años tenían? ¿Cuántos años tenía el hombre?
3. ¿Cómo eran ellas?
4. ¿Lo querían a su marido o lo odiaban?
5. ¿Cómo deseaban verlo?
6. ¿Qué pasaba con el cabello del hombre?
7. ¿Cómo reaccionaban sus esposas?
8. ¿Qué hacía cada esposa para resolver el problema?
9. Al final ¿cómo se encontró el hombre?

COMPOSICIÓN

Una carta social. In *Capítulo 4,* you learned how to write a business letter. Now let's try writing a social letter—the type of letter that you would write to a friend or a member of your family. In Spanish, social letters follow a format similar to the business letter, but there are a few exceptions:

1. The *dirección* is not included.
2. A more personal type of *saludo* is used, followed by a colon.
   Querida Sara:
   Mi querido Felipe:
   Queridísimos amigos:
3. The *despedida* is also more personal.
   Con mucho cariño   *With much affection*
   Recibe un abrazo de tu amigo   *Hugs from your friend*
   Te recuerda y te quiere   *The one who remembers you and loves you*

Here is a typical social letter for you to study.

Querido Esteban:
Espero que te encuentres bien de salud, como lo estamos mi familia y yo. Te escribo para invitarte a pasar las vacaciones aquí con nosotros. Carolina y los hijos tienen grandes deseos de verte otra vez y pensamos llevarte a ver los monumentos y sitios turísticos de la región.
Nuestra casa nueva es espaciosa. Esperamos una respuesta afirmativa. Escríbenos y comunícanos la fecha y hora de tu llegada. Hasta pronto. Recibe los saludos de toda la familia y un abrazo fuerte de tu amigo,

Enrique

Prácticas

Selecciona uno de los temas a continuación y escribe una respuesta° apropiada.

A. Una invitación. Un amigo te invitó a pasar las vacaciones con él, su esposa y sus hijos.

B. Un regalo. Acabas de recibir un regalo estupendo de un pariente.

C. Una amiga enferma. Una amiga está enferma en una clínica.

CH. Información, por favor. Quieres información de un amigo/una amiga.

respuesta *reply*

For additional cultural information about Mexico, see the *Guía cultural.*

Comprehension questions for realia:
1. *¿A quién se dirige este anuncio?*
2. *¿Cómo se llama la compañía que organiza el viaje?*
3. *¿Cómo trata de dar confianza a los padres?*
4. *¿Quién creó la excursión?*
5. *¿Desde cuántos años ofrece el viaje?*
6. *¿Qué países visitarán las quinceañeras?*
7. *¿Con qué persona famosa será posible entrevistarse?*

CULTURA POPULAR

La quinceañera. En muchos países hispánicos, cuando una mujer joven cumple quince años, sus padres la presentan a la alta sociedad en la fiesta de los quince años. Esta fiesta significa mucho en la vida de una chica, porque deja la niñez y acepta las responsabilidades adultas. Como las debutantes de Nueva York y Miami, las quinceañeras normalmente son de familias de la clase alta o media alta y la fiesta de los quince años es una ocasión muy celebrada. Los invitados típicos incluyen conocidos de los padres tanto como parientes y amigos de la quinceañera. Entre las festividades hay una cena-baile y frecuentemente una misa especial. No es sorprendente que hay toda una industria dedicada a la quinceañera: tarjetas de felicitaciones, vestimentas formales, servicio de banquetes y viajes turísticos. Lee el siguiente anuncio de una excursión especial para la quinceañera y su familia y escribe seis servicios diferentes que ofrece la compañía.

HACE 15 AÑOS
SU HIJA LLEGO AL MUNDO
Y USTEDES VIERON REALIZADO SU SUEÑO DE SER PADRES
DELE AHORA EL MUNDO QUINCEMAGICO DE UNA EUROPA LLAMADA--

El viaje que Soñé

La Excursión Original para Quinceañeras por Europa que ya hizo historia...

1—Contamos con los servicios de POLVANI, el Operador Europeo de mayor experiencia.
2—Nuestras quinceañeras viajan acompañadas por CONDUCTORAS ESPECIALIZADAS, CUYA MADUREZ SE TRADUCE EN CONFIANZA PARA LOS FAMILIARES DE CADA VIAJERA.
3—Además de nuestras propias conductoras, contamos con los servicios de un EXPERTO GUIA DE POLVANI, quien ilustra y les comunica todas las maravillas europeas.
4—La creadora de los viajes de quinceañeras en México es la señora MERCEDES HERNANDEZ SOTELO, veintidós años de éxito avalan su prestigio.
5—Tenemos la satisfacción de que otras compañías promueven viajes parecidos al nuestro. Ellos también han comprendido la felicidad de las quinceañeras.
6—22 AÑOS QUE SIGNIFICA MADRID, TOLEDO, EL ESCORIAL, EL VALLE DE LOS CAIDOS, BARCELONA, encantador recorrido por la RIVIERA FRANCESA y la COSTA AZUL. Además:, NIZA, MONTECARLO, GENOVA, PISA, ROMA, TIVOLI, FLORENCIA, VENECIA, VIENA, SALZBURGO, MUNICH, LUCERNA, PARIS, VERSALLES, LONDRES, WINDSOR y PARIS.
7—MEXICO: MISA DE ACCION DE GRACIAS y GRAN BAILE DE GALA.
ROMA: SOLEMNE MISA DE TEDEUM EN LA BASILICA DE SAN PEDRO.
ROMA: ASISTENCIA A LA BENDICION CON SU SANTIDAD EL PAPA, SI SU SALUD SE LO PERMITE.
VIENA: GRAN BAILE DE QUINCE AÑOS.
8—Nuestra cualidad inimitable; nuestro propio estilo de mimarle, UN TRATO DULCE Y HUMANO.

SOLO UNA VEZ EN LA VIDA SE CUMPLEN QUINCE AÑOS
SU DECISION ES HOY, LA GRATITUD DE SU HIJA SERA SIEMPRE

Prácticas

A. La fiesta de María Guadalupe. Lee el siguiente artículo sobre la quinceañera de María Guadalupe Reyes y contesta las siguientes preguntas.

Debutó en Sociedad
Ma. Guadalupe Reyes

Los señores Reyes Vargas tuvieron el honor el pasado 5 de este mes, de presentar en sociedad a su hija, la señorita María Guadalupe Reyes Vargas, en el día del cumplimiento de su décimoquinto aniversario de nacimiento.

La celebración se inició con una misa de Acción de Gracias en la capilla del Colegio del Sagrado Corazón, a las 6 de la tarde.

Después se ofreció una gran recepción en el salón de fiestas del Hotel Señorial, a la que asistieron familiares y amigas de la quinceañera.

Su entrada al salón la hizo acompañada por su chambelán José María Triviz, sus padrinos Fernando Gutiérrez y Bibi Márquez de Gutiérrez y sus padres, doctores Nicolás Reyes y Paula Vargas de Reyes.

La linda festejada bailó su primer vals con su padre, acto que marcaba su debut en sociedad y el inicio de una vida nueva, con mayores responsabilidades.

María Guadalupe lucía un vestido muy elegante de raso blanco, confeccionado exclusivamente para esta ocasión por la prestigiosa modista Martha Dávalos.

Trescientos invitados acompañaron en este día tan especial a María Guadalupe con un brindis por un feliz futuro para la quinceañera.

1. ¿Cómo se inició la celebración?
2. ¿Cómo fue la segunda parte de la celebración?
3. ¿Quiénes acompañaron a la quinceañera en la entrada?
4. ¿Qué es un chambelán?
5. ¿Cómo se vestía la festejada?
6. ¿Qué acto simbolizó una vida nueva?
7. ¿Cuántas personas asistieron a la recepción?

B. Una carta social. Repasa el modelo de la carta social en este capítulo. Entonces escríbele una carta en la que felicitas a una quinceañera en este día especial.

Felicidades en tus 15 Años

CUARTA ETAPA: ¡Muestra lo que sabes!

AUTOPRUEBA

Trabaja con alguien en la clase para resolver los siguientes problemas.

A. Habla con alguien en la clase sobre algunas fiestas y ceremonias típicas de tu familia y compara éstas con las ceremonias tradicionales de México.

B. Habla con alguien en la clase sobre algunas de las fiestas que se celebran en México.

C. Planea una fiesta de quinceañera para una hermana o prima. Explícale a alguien en la clase lo que quieres servir, las personas que vas a invitar, etc.

CH. Uno de los problemas que pueden ocurrir después de casarse se refiere a los quehaceres. Habla con alguien en la clase sobre las obligaciones del hombre y de la mujer en un matrimonio.

D. Usando el artículo en la página 351 como modelo, escribe una descripción breve de una boda como si fuera para el periódico.

E. Escribe una lista de diez cosas que no crees o dudas que pasen en los próximos diez años.

F. Explícale a alguien en la clase cómo normalmente celebras El Día de San Valentín.

Termómetro del amor, con bombones, por 1.720 pesetas, en Juncal

Cajita de Garfield para rellenar, por 1.275 pesetas, en Candry. Bombones de corazones y cajas decoradas «ad hoc», desde 75 pesetas a 4.000 pesetas, en Juncal

Carteles y muñecos con mensaje (450 y 515 pesetas, respectivamente), en Candry

G. Cuéntale a alguien en la clase sobre el concurso para la pareja del año de abajo.

La Pareja del año

El Palacio de Hierro les invita a inscribirse en su Registro de Novios y convertirse en La Pareja del año

Para participar en este evento, bastará con inscribirse a nuestro Registro de Novios, llenar un sencillo cuestionario y traer su invitación, probando que la fecha de su boda es durante el mes de mayo de 1989.

Tomando en cuenta las mejores respuestas al cuestionario, se eligirán tres parejas merecedoras de un primero, segundo y tercer lugar.

La pareja triunfadora tendrá como premio principal su viaje de Luna de Miel, con estancia en el **Huatulco Sheraton Resort**, volando por **Mexicana de Aviación**.

Además, habrá muchas otras sorpresas y regalos para los triunfadores.

¡Apresúrense! Tienen tan sólo hasta el 23 de abril para inscribirse.

Las parejas que se inscriban al Registro de Novios recibirán, además, una invitación para dos personas, para nuestro exclusivo Champagne Showing, cortesía de M. Chandon. Desfile de Novias que se llevará a cabo el próximo 26 de abril de 1989

El **Palacio de Hierro**
La exclusiva diferencia.

mexicana

Huatulco Sheraton Resort

H. Escucha otra vez tu cassette y cuéntale a alguien en la clase lo que pasó en la boda de Rosa Elena y Gregorio.

Comprehension questions for realia:
1. ¿Qué es el Palacio de Hierro?
2. ¿Cómo se puede participar en este evento?
3. ¿Cómo van a seleccionar la pareja del año?
4. ¿Cuántos premios van a ofrecer?
5. ¿Cuál es el gran premio?
6. ¿Qué más reciben cuando se inscriben en la competencia «La Pareja del año»?

Fíjate en el vocabulario

Multiple meanings. As you look through your vocabulary lists from previous chapters, you have probably noticed that many words in Spanish have multiple meanings. In order to avoid confusion, when you find one of these words, write it in your notebook on a special page and note the additional meanings, plus a simple example for each. For example:

tocar	*to touch*	No se debe tocar los cuadros en un museo.
	to play a musical instrument	Mi primo toca el piano.

Prácticas

A. Repasa las listas del vocabulario y escribe las palabras con significados múltiples.

B. Mira el dibujo y escribe un diálogo basado en la acción.

—Tengo una secretaria fantástica; nunca viene a la oficina con la misma ropa.

La Navidad en México

C. Haz una lista de las fiestas que se celebran en tu familia y escribe una descripción breve sobre cada una de ellas.

CH. Escríbele una invitación a alguien en la clase invitándole a una fiesta en tu casa la semana que viene. Él/Ella debe contestarte por escrito aceptando o rechazando la invitación.

D. Escribe otra vez los sustantivos de la lista de vocabulario activo y clasifícalos según su género.

VOCABULARIO

Invitando...

¿Te gustaría ir a...conmigo?   *Would you like to go to . . . with me?*
Si tienes tiempo, podemos ir a...   *If you have time, we can go to . . .*
¿Quieres ir a...?   *Do you want to go to . . . ?*
¿Me quieres acompañar a...?   *Do you want to accompany me to . . . ?*

Aceptando y rechazando invitaciones...

Sí, me encantaría.   *Yes, I'd love to.*
Me gustaría, pero no puedo porque...   *I'd love to, but I can't because . . .*

Dando pésame...

Mis condolencias.   *My condolences.*
Lo siento mucho.   *I'm very sorry.*
Es una pena.   *It's a pity.*
Le doy mi pésame.   *You have my sympathy.*
¡Qué lástima!   *What a pity!*

Personas

casado/casada   *married, married person*
comprometido/comprometida   *engaged, engaged person*
cortejo   *wedding party*
dama de honor   *bridesmaid, maid of honor*
funcionario/funcionaria   *official*
invitados   *guests*
novia   *bride*
novio   *groom*
madrina   *matron of honor*
matrimonio   *married couple, matrimony*
padre   *Father (title for a priest)*
padrino   *best man*
paje (m.)   *groomsman*
pajecitos   *pages and flower girls*
pareja   *couple*
sacerdote (m.)   *priest*
soltero/soltera   *single, unmarried person*
testigo   *witness*

En la boda civil

cumplir   *to fulfill*
formulario   *form*
llenar   *to fill out*
juzgado   *government offices*
obligaciones legales   *legal obligations*
papeleo   *paper work*

En la boda religiosa

boda   *wedding*
brindar   *to toast*
brindis (m.)   *toast*
cola   *train*
colocar   *to place*
compromiso   *engagement*
enlace (m.)   *wedding*
frack (m.)   *tuxedo*
lazo   *a double rosary used in the religious wedding ceremony*
luna de miel   *honeymoon*
matrimonio   *matrimony*
ramo   *bouquet*
rosario   *rosary*
tocado   *headpiece*
velo nupcial   *wedding veil*
vestido de novia   *wedding gown*
vestimentas   *clothing, garments*

En la recepción

arrojar   *to throw*
confeti (m.)   *confetti*
destino   *destination*
pastel (m.) de bodas   *wedding cake*
partir   *divide*
porción   *slice*

Felicitaciones

Deseo que sean muy felices.   *I hope that you will be very happy.*
Deseos amistosos.   *Best wishes.*
¡Felicidades!   *Congratulations!*
¡Mucha suerte!   *Good luck!*
Que Dios los bendiga.   *May God bless you.*
Que la felicidad los acompañe todos los días de su vida.   *May happiness accompany you all your life.*
Salud, amor y pesetas...y tiempo para disfrutarlos.   *Health, love, and money . . . and time to enjoy them.*

Conjunciones que siempre requieren el subjuntivo

a menos que   *unless*
a fin de que   *in order that*
antes (de) que   *before*
con (tal) que   *provided that*
para que   *so that*
sin que   *without*

Conjunciones que a veces requieren el subjuntivo

cuando   *when*
después (de) que   *after*
en cuanto   *as soon as*
hasta que   *until*
luego que   *as soon as*
tan pronto como   *as soon as*

En el bautizo

aguas del Jordán   *Holy Water (from the River Jordan) used to bless the baby*
padrinos   *godparents or sponsors of the baby*
acto religioso   *a religious ceremony*
bolos conmemorativos   *keepsakes or mementos of the baptism*
festejar   *to celebrate*
nenita   *baby girl*
nenito   *baby boy*
ropón (m.)   *gown worn by the baby*

Un viaje turístico

Propósitos

Clavadista, Acapulco

PRIMERA ETAPA: Preparación

Introducción

Before reading the story, have the students look at the illustration and brainstorm all of the vocabulary they think they will need to describe the scene and the action that took place. List the vocabulary words and phrases on the board or overhead transparency.

El Aeropuerto Internacional de la Ciudad de México. El Aeropuerto Internacional es prácticamente una ciudad dentro de la Ciudad de México. Incluye todos tipos de servicios públicos para poder atender a los miles de personas que lo utilizan diariamente. La siguiente anécdota fue publicada por Aeroméxico, la aerolínea principal del país.

Lee el artículo y contesta las preguntas en la página 377. Después de escribirlas, cuéntale a alguien en la clase sobre las experiencias del contrabandista° Michel Guillod, una pareja de norteamericanos, la gerencia del hotel y la policía.

El francés Michel Guillod llegó al hotel Presidente Chapultepec. Con él llevaba además de su maleta, una enorme caja de madera, la cual puso en su habitación. Al día siguiente salió del hotel para dirigirse al Aeropuerto Internacional de la Ciudad de México.

Como es lógico, la mencionada habitación de Michel Guillod, fue ocupada el mismo día por una pareja de norteamericanos. Cuando se acostaron en la cama, descubrieron una serpiente cascabel° muerta sobre el colchón y once pequeñas viboritas recién nacidas. Comunicaron de inmediato a la gerencia del hotel su descubrimiento y al revisar la habitación también se encontró una enorme tarántula en el cuarto de baño.

Se dio aviso al Aeropuerto Internacional para que se revisara al francés Guillod, quien estaba enlistado para volar por Aeroméxico a Paris. Cuando la policía y la Dirección de Seguridad de la terminal aérea localizaron al francés revisaron su maleta de mano. Allí se encontró una bolsa de plástico con 20 enormes tarántulas. También se bajó del departamento de carga la caja de madera, que llevaba 200 serpientes de cascabel, 100 tarántulas, 50 escorpiones, 25 camaleones e igual número de lagartijas°.

Luego de ser sometido a un interrogatorio, Guillod informó al inspector de Sanidad Animal que había adquirido los reptiles en los estados de Chiapas, Tabasco, Guerrero y Puebla y que pretendía venderlos a laboratorios en Suiza. Dijo que los reptiles le habían costado cerca de 700 dólares y esperaba obtener más de 5,000 dólares en los laboratorios que aprovechan los venenos para la elaboración de vacunas y antídotos.

Además se realizó una intensa búsqueda de reptiles dentro del compartimiento de carga del avión. También en el hotel Presidente Chapultepec un ejército de personal revisó desde el estacionamiento de automóviles hasta la última habitación en búsqueda de más reptiles.

Guillod fue detenido por contrabando y después de pagar una multa salió para su país. Las víboras y las tarántulas fueron enviadas a Puertos y Fronteras por la oficina de Sanidad Animal de la Secretaría de Agricultura.

contrabandista *smuggler*   **serpiente cascabel** *rattlesnake*   **lagartijas** *lizards*

1. ¿Quién era Michel Guillod?
2. ¿Cuántos días se quedó en el hotel Presidente Chapultepec?
3. ¿Qué encontraron en la habitación después de que Guillod salió?
4. ¿Quiénes llamaron a la gerencia del hotel?
5. ¿Qué encontraron en su maleta de mano?
6. ¿Qué quería hacer Guillod con los reptiles?
7. Al final de la investigación, ¿qué pasó con Guillod y sus reptiles?

¡A ESCUCHAR! (STUDENT TAPE)

Antes de escuchar

La historia de Puerto Vallarta. Las costas de México están cambiando debido al turismo internacional. Muchos pueblos pequeños que anteriormente se dedicaban a la pesca hoy en día son centros turísticos de fama mundial. Puerto Vallarta en la costa del Pacífico fue descubierto por el público en 1963 cuando allí filmaron la película *La Noche de la Iguana* con Richard Burton y Ava Gardner. Desde entonces turistas con deseos de viajar a playas con arena blanca y aguas cristalinas empezaron a invadir la tranquilidad del pueblo. Se construyeron hoteles de primera categoría, piscinas, campos de golf, tiendas, boutiques y clubes nocturnos junto a la selva. Puerto Vallarta ahora tiene más de 120,000 habitantes dedicados a la industria del turismo, un aeropuerto internacional y más de 5,000 habitaciones en los hoteles.

En el cassette, escucha mientras Juan, Antonio y Melita hablan de la historia y los cambios que ocurrieron en Puerto Vallarta y escribe las respuestas a las siguientes preguntas:

- ¿Por qué está Melita en Puerto Vallarta?
- ¿Quiénes son dos personajes mencionados en la conversación?
- ¿Qué otra película filmaron en Puerto Vallarta?

As an introduction to this activity, have students look at the map as you ask them questions about the location of Puerto Vallarta. Remind them to review the vocabulary in *Capítulo 7*. They might also describe the topography, distances from one town to the next, locations of points of interest, etc.

This would be an appropriate time to present some of the other states/cities of Mexico.

Answers: 5, 6, 4, 1, 7, 8, 3, 2

Comprensión

Escucha el cassette otra vez y pon las oraciones en el orden que ocurrieron.

1. Puerto Vallarta fue nombrado en honor al ex-gobernador de Jalisco.
2. Filmaron *El Terminator* en las montañas cerca de Vallarta.
3. Juan le cuenta a Melita que Antonio trabajó en la película.
4. Don Francisco Cortés conquistó el valle de las Banderas.
5. Juan le presenta Melita a Antonio.
6. Melita descubre que Antonio es aficionado a la historia.
7. *La Noche de la Iguana* fue filmado en la playa de Mismaloya.
8. Vallarta se convirtió en uno de los centros turísticos más frecuentados de México.

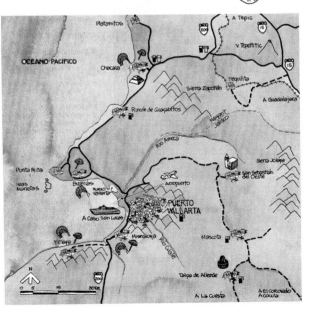

COMUNICACIÓN (STUDENT TAPE)

Las siguientes conversaciones son similares a los comentarios de Juan, Antonio y Melita. Después de aprender estas oraciones, puedes contar cuentos, dar ánimos al locutor, y entrar en la conversación. Escucha las conversaciones en tu cassette y practícalas con los otros miembros de la clase.

Tell students that *La Quebrada,* with natives that perform their high-diving heroics for tourist crowds, is one of the main attractions of Acapulco.

Contando cuentos... *Telling stories*

Dando ánimo... *Giving encouragement to the speaker*

Entrando en la conversación... *Entering into a conversation*

Prácticas

Contando cuentos...

Escucha, te voy a contar...   *Listen, I'm going to tell you . . .*
¿Sabes lo que me pasó?   *Do you know what happened to me?*
Siempre recuerdo...   *I always remember . . .*
Eso me recuerda de...   *That reminds me of . . .*
No lo vas a creer, pero...   *You won't believe it but . . .*

Dando ánimo...

¿Qué pasó?   *What happened?*
No me digas.   *You don't say.*
¿De verdad?   *Really?*
¿Qué hiciste/dijiste?   *What did you do/say?*

A. Unas vacaciones inolvidables. Con alguien en la clase habla sobre tus experiencias durante las vacaciones. Él/Ella debe continuar la conversación haciendo comentarios y preguntas apropiadas.

B. ¡No lo vas a creer! Cuéntale una historia breve (verdadera o falsa) a alguien en la clase. Él/Ella entonces tiene que adivinar si tu historia es verdadera o falsa.

This can also be used as a whole-group activity. Several students tell their stories to the class. The class may then question each speaker (5–6 questions) and determine if the event really occurred.

Entrando en la conversación...

(No) Estoy de acuerdo porque...   *I do (not) agree because . . .*
Yo (no) creo que...   *I (don't) believe that . . .*
Escucha.   *Listen.*
Quiero decir algo sobre...   *I want to say something about . . .*
Pues, lo que quiero decir es que...   *Well, what I want to say is . . .*

C. Un sitio ideal para las vacaciones. Discute con alguien en la clase sobre un sitio ideal para pasar las vacaciones.

CH. Síntesis. Prepara diez oraciones que defienden (o niegan) el tema del desarrollo turístico en vez de conservar las playas y selvas en su estado natural. Después, habla con dos compañeros sobre cada tema. Cada persona debe presentar sus ideas, usando una de las frases para entrar en la conversación.

Before beginning this activity tell students to review vocabulary (*Topografía*) in *Capítulo 7*, p. 220.

Before students begin this activity tell them to review vocabulary (*El medio ambiente*) in *Capítulo 7*, p. 216.

This activity may also be used as a class debate.

Así es

Cómo hacer reservaciones y pedir información

There are thousands of hotels in Mexico ranging from the most luxurious establishments, comparable to those in any cosmopolitan city, to small rooms in modest inns for those on a tight budget ($10.00 or less per night). Since the cheaper hotels normally cannot be booked through a travel agent, the following phrases will help you make reservations and inquire about the services.

En el hotel

¿Dónde hay...?	*Where is there a(n). . . ?*
un hotel económico	*inexpensive hotel*
un hotel de primera clase	*first-class hotel*
un motel	*motel*
una posada	*inn*
un albergue estudiantil	*youth hostel*
Quisiera reservar una habitación...	*I would like to reserve a . . .*
doble	*double room*
sencilla	*single room*
con cama doble	*room with a double bed*
con cuarto de baño/ducha	*room with a bath/shower*
con aire acondicionado	*room with air conditioning*
con vista al mar/al parque/a la calle	*room with a view of the sea/park/ street*
Quisiera...	*I would like . . .*
desayuno	*bed and breakfast*
media pensión	*half board (breakfast and lunch)*
pensión completa	*all meals included*
¿El precio incluye...?	*Does the price include . . . ?*
desayuno	*breakfast*
comidas	*meals*
impuestos	*taxes*
propina	*tip*

Prácticas

A. Unas acomodaciones ideales. Con alguien en la clase túrnate haciendo reservaciones.

■ **Ejemplo:**
Me gustaría reservar un hotel de primera clase.

B. Hotel Señorial. Lee la información del Hotel Señorial en la página 381. Con alguien en la clase túrnate preguntando sobre los servicios que ofrecen.

■ **Ejemplo:**
Estudiante 1: *¿Puede decirme las horas de servicio de la cafetería, por favor?*
Estudiante 2: *Sí, abrimos a las 7:00 de la mañana y cerramos a las 9:30 de la noche.*

1. horas de cafetería
2. hora de salida
3. corriente (f.) eléctrica
4. comprar timbres
5. destapador° de botellas
6. dolor de estómago
7. aparcar el auto
8. planear una excursión

destapador (m.) *opener*

*Le damos la más cordial bienvenida a Oaxaca y al **Hotel Señorial**. Esperamos que su estancia aquí sea placentera.   La Gerencia.*

Servicio de Restaurante: de **7:00** a **9:30**; de **13:30** a **15:30**; de **19:00** a **21:30**

Servicio de Cafetería: de **7:00** a **21:30**

Servicio a los cuartos: de **7:00** a **23:00**

Estacionamiento: Entrada por la calle de Traujano, funciona de **6:30** a **20:00**

Hora de Salida de Huéspedes: 13:00

Servicio Médico: Las 24 horas del día

Servicio de Lavandería: Solicítelo en recepción de **9:00** a **19:00**

Agencia de Viajes: En la recepción

Corriente eléctrica: 120 voltios - 60 ciclos

Destapador de botellas: En el baño

Servicio postal: Timbres postales de venta en recepción, buzón en recepción

Le rogamos nos ayude a ahorrar energía, apagando las luces de su cuarto y la televisión al salir de su cuarto. Ayúdenos a economizar agua, no desperdiciándola.

Prácticas

C. Una guía de hoteles. Lee los siguientes anuncios de una guía de hoteles en Mazatlán. Elije los dos que te interesan más y menciona por qué.

CH. Un hotel inolvidable. Cuéntale a alguien en la clase sobre una de tus experiencias más desagradables en un hotel.

As an expansion of *Práctica C,* tell students to compare and contrast the hotels, mentioning the price, facilities, size, etc.

Práctica CH may also be assigned as a written activity. Have students share their experiences the next day in class.

En el norte

Calinda Plaza Las Glorias***** Carr. aerop. km 2.5. Tel. 2-2224. 247 habitaciones, teléfono en cuartos, facilidades para convenciones, actividades para niños.

Fiesta Americana***** Carr. aerop. km 2.5. Tel. 2-2010. 282 habitaciones, teléfono en cuartos, facilidades para convenciones, deportes acuáticos, salón de belleza, actividades para niños.

Playa de Oro***** Av. de las Garzas 1. Tel. 2-0178. 390 habitaciones, deportes acuáticos, actividades para niños.

Posada del Angel*** Carr. aerop. km 1.5. Tel. 2-1229. 39 habitaciones, teléfono en cuartos.

En el centro

Marsol*** Francisca Rodríguez 103. Tel. 2-0865. 153 habitaciones, ventilador, deportes acuáticos.

Mini Hotel** Carr. a Barra de Navidad km 1. Tel. 2-3999. 5 habitaciones, ventilador, lavandería.

En el sur

Camino Real***** Playa las Estacas. Tel. 2-0002. 250 habitaciones, teléfono en cuartos, facilidades para convenciones, lavandería, deportes acuáticos, golf, actividades para niños.

Playa Los Arcos**** Olas Altas 380. Tel. 2-0583. 110 habitaciones, actividades para niños, deportes acuáticos.

Restaurante	Agencia de viajes	Aire acondicionado
Alberca	Vista panorámica	Estacionamiento
Discoteca	Tienda de regalos	Edificio de interés
Cafetería	Renta de autos	Bar
		Playa
		Tenis
		T.V.

EXPRESIONES (INSTRUCTOR TAPE)

En la estación de autobuses. El autobús es uno de los modos más económicos de ver a México. Hay correspondencias excelentes entre las ciudades principales de la frontera (Eagle Pass, TX/Piedras Negras; Laredo, TX/Nuevo Laredo; Brownsville, TX/Matamoros; El Paso, TX/Ciudad Juárez; Nogales, AZ/Nogales; San Diego, CA/Tijuana) y la Ciudad de México (que los mexicanos llaman «*la Capital*» o «*el Distrito Federal*»). Líneas independientes proveen servicios internos a todo el país, incluso los pueblitos inaccesibles por otros modos de transporte. Escucha cuidadosamente a tu instructor/instructora para entender las ideas principales. Después de escuchar la narración, completa la sección *Comprensión* en la página 383.

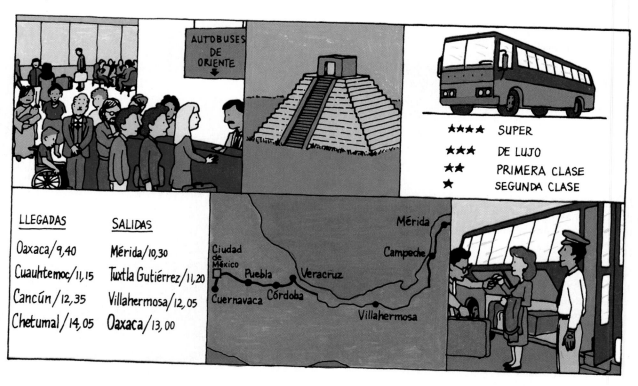

Estación de autobuses	
acercarse	*to approach*
andén (m.)	*gate, platform*
autobús (m.)	*bus*
cafetería	*cafeteria*
línea (de autobuses)	*bus company*
taquilla	*ticket desk*
sala de espera	*waiting room*
Terminal (f.) Central de Oriente	*Eastern bus terminal, Mexico City*

De viaje

asiento	seat
baño	rest room
boleto	ticket
¡Buen viaje!	Have a good trip!
contraseña	luggage check, receipt
chicle (m.)	chewing gum
chófer (m.f.)	bus driver
de camino	on the way to
de lujo	deluxe class (second best)
destino	destination
equipaje (m.)	luggage
facturar	to check your luggage
hacer escala	to make a stop
horario	schedule
maleta	suitcase
maletero	porter
primera clase	first class (third best)
¡Qué les vaya bien!	May everything go well for you!
rumbo a	going to
segunda clase	second class (fourth best, "no frills")
subir	to board, get on board
super	super class (the best)
viaje (m.)	trip

Comprensión

¿Sí o no? ¿Entendiste las ideas principales? Lee las siguientes oraciones sobre las escenas. Si la oración es correcta según la narración, contesta **sí.** Si la oración no es correcta, contesta **no.** Corrige las oraciones que no son correctas.

1. Los tres amigos estudiaron español en México.
2. Asistieron a un instituto de lenguas en la Capital.
3. Jessica, Andrew y Miranda quieren ver las playas de Oaxaca.
4. La Terminal Central de Oriente es una estación enorme.
5. Los autobuses de clase super sirven los pueblitos más aislados.
6. El viaje de la Capital a Mérida dura dos horas.
7. Los boletos son muy caros.
8. En los autobuses de lujo se sirven refrescos.
9. Es necesario que los pasajeros traigan comida.
10. El trabajo de un maletero es facturar el equipaje.

Para sus viajes lleve el dinero más seguro

Pida aquí
Cheques de Viaje
AMERICAN EXPRESS

AMERICAN EXPRESS Cheques de Viaje

Prácticas

A. Un horario. Estudia el horario de abajo. Determina a qué hora sale el próximo autobús para cada ciudad y a qué hora llega a su destino.

■ **Ejemplo:**

La Estrella de Oro con destino a Taxco sale a las doce y llega a las cuatro o cinco.

La Estrella de Oro con destino a Zihuatanejo sale a las seis de la mañana y llega a las seis de la tarde.

	Salidas	Duración
Estrella de Oro		**4–5 horas**
Taxco	cada hora	4–5 horas
Acapulco	cada hora	6 horas
Zihuatanejo	6:00/22:00	12 horas
Autobuses de Occidente	*Salidas*	*Duración*
San Miguel de Allende	9:30/18:00	4 horas
Guanajuato	12:30	6½ horas
Morelia	11:00/16:00/24:00	6½ horas
Autobuses de Oriente	*Salidas*	*Duración*
Puebla	cada 30 minutos de 6:00 a 22:30	2 horas
	6:15/8:00/12:15/16:30	
Oaxaca	10:30/22:00	10 horas
Mérida		22 horas

B. Boletos de autobús. En México no se venden boletos de autobús de ida y vuelta°, sino solamente de ida°. Usando el mapa en la página 382, planea un viaje de la Capital a un destino de interés. Incorpora dos escalas y el regreso a la Capital.

C. Minidiálogo. Con alguien en la clase, túrnate representando los papeles de un/una turista y un/una agente de la línea de autobuses. Intercambia los papeles y pídele los boletos para el viaje que planeaste en la *Práctica B.*

CH. ¿Qué necesitas? ¿Qué les dices a las siguientes personas en la Terminal Central de Oriente? Cuando haces un viaje, es normal recordar varias cositas que necesitas al último momento.

■ **Ejemplo:**

al kiosquero   *Quiero el* Excelsior *de hoy, por favor.*

1. al vendedor/a la vendedora de boletos
2. al maletero
3. a otro/otra turista

de ida y vuelta *round trip*   **de ida** *one-way*

4. al chófer del autobús
5. al dependiente/a la dependienta que recoge los boletos
6. al mesero/a la mesera en la cafetería
7. a un vendedor/una vendedora ambulante°
8. a tu compañero/compañera
9. a un/una dependiente de información
10. al kiosquero/a la kiosquera

D. ¿Qué llevarías en tu viaje? Lee el siguiente anuncio comercial y cuéntale a alguien en la clase los beneficios de comprar el aparatito.

vendedor/vendedora ambulante *a street vendor*

Play the game "I'm going on a trip" with the whole class. One student starts out, *"Voy a hacer un viaje a México y en mi maleta hay..."*, naming an object. He/She calls on another student to continue. The next person repeats the entire phrase, adds another item, and calls on another person. The game goes on until everyone has had an opportunity to "pack" something in the suitcase. Of course, the list of items gets longer and longer as the game goes on!

Comprehension questions for realia:
1. *¿Qué es un «sleepover»?*
2. *¿Por qué es conveniente este aparatito?*
3. *¿Dónde se usa un «sleepover»?*
4. *¿Cómo se usa un «sleepover»?*
5. *¿Qué significa la frase, «no pierda la cabeza»?*

SEGUNDA ETAPA: Funciones

Review *ir + a +* infinitive in *Capítulo 4* (pp. 126–127) before beginning this *Función*.

For additional practice on the future tense, see the *Guía gramatical*.

Point out to students that Spanish does not use an auxiliary verb in the future tense.

To introduce these verbs, ask students when they will do the following things: *estudiar para un examen, comprar ropa nueva, limpiar la casa/el apartamento, ir de vacaciones, escribirle una carta a su familia,* etc.

Una cosita más: The future may also be used to express probability in the present. In English you say: I wonder, it must be, it can be, do you suppose? In Spanish the future tense is used. For example: *Mi reloj está atrasado. ¿Qué hora será ahora?* My watch is slow. I wonder what time it is now? *Serán las cuatro.* It must be four o'clock.

Point out to students that all the endings except for the *nosotros* have written accents.

PRIMERA FUNCIÓN:
Making plans using the future tense

▲ You have already learned to talk about events that will happen in the future by using *ir + a +* an infinitive. In addition to this construction, there is also a future tense in Spanish to tell what *will* happen. As you look at the following examples, notice that the future endings are added to the infinitive forms of the verbs and that the endings are the same for *-ar, -er,* and *-ir* verbs.

> El sábado próximo **llamaremos** a Viajes Chapultepec.
> **Pediré** un hotel bueno pero barato cerca de la playa.
> Toda la familia **irá** a Puerto Vallarta por dos semanas.

Now, let's look at all of the future endings.

El futuro: verbos regulares		
Celebrar	**Ser**	**Ir**
celebrar**é**	ser**é**	ir**é**
celebrar**ás**	ser**ás**	ir**ás**
celebrar**á**	ser**á**	ir**á**
celebrar**emos**	ser**emos**	ir**emos**
celebrar**éis**	ser**éis**	ir**éis**
celebrar**án**	ser**án**	ir**án**

Prácticas

A. En el futuro. Escribe diez oraciones sobre cuándo vas a hacer las siguientes cosas.

■ **Ejemplo:**
Compraré una casa en 1998.

1. comprar un coche
2. ir de vacaciones a un país extranjero
3. preparar una comida mexicana
4. conseguir un buen empleo
5. pagar todas las deudas
6. visitar a unos parientes
7. casarse
8. graduarse
9. mudarse a otra ciudad
10. retirarse

B. Una ceremonia perfecta. Con alguien en la clase, túrnate haciendo preguntas y hablando sobre los planes para casarse o sobre los planes de matrimonio de un amigo o una amiga.

Tell students to review the vocabulary in *Capítulo 11* before beginning this activity.

■ **Ejemplo:**
Estudiante 1: *¿Cuántas personas invitarás?*
Estudiante 2: *Invitaré a cien personas.*

C. ¡A México! Cuéntale a alguien en la clase las actividades que harás (o no harás) cuando vayas a México y explícale por qué.

After students have given several responses, have other students report on which of their classmates would do certain activities. Example: *Susana no irá a la selva porque no le gustan los insectos.*

■ **Ejemplo:**
Yo veré el Ballet Folklórico porque me gusta mucho la música mexicana.

1. regatear en los mercados
2. visitar la catedral de México
3. aprender mucho sobre la cultura mexicana
4. hablar sólo español
5. ver los jardines flotantes de Xochimilco
6. subir a la Pirámide de la Luna en Teotihuacán
7. comprar algo en La Guadalupana
8. comer comida típica en un restaurante prehispánico

LA GUADALUPANA
PLATERIA - ARTESANIAS - JOYERIA
MEDALLAS Y ARTICULOS RELIGIOSOS
ATENCION ESPECIAL A TURISTAS
SANITARIOS Y CAMBIO DE MONEDA
SERVICIO DE CAFE Y REFRESCOS
DANZAS FOLKLORICAS
ESTACIONAMIENTO

Plaza Comercial Villa de Guadalupe
2a. Sección Local 3
Av. Fray Juan de Zumárraga
Tels. 781-90-61 577-12-47

Lado Derecho de la
Entrada Principal
a la Plaza de la
Basílica

CH. Un paseo por el centro. Lee las siguientes descripciones. Dile a alguien en la clase los sitios que visitarás y cuándo, y qué fotos sacarás en Puerto Vallarta.

Tell students that the Virgin of Guadalupe is the patroness of Mexico. In 1531 she appeared to an Indian named Juan Diego. Today, she represents a fusion of the Spanish and Indian ways of life, the Catholic as well as the pre-Columbian religions. She is the symbol of nationalism and the symbol of the racial and cultural mix that is Mexico. Except for the Vatican, the Shrine of the Virgin of Guadalupe in Mexico City is visited by more people than any other religious site in the Christian world. You may bring in photographs of the old and new basilicas and discuss some of the religious celebrations that occur there or in other parts of Mexico.

Barrio Griego. Es la zona donde tienen sus casas la mayoría de los residentes extranjeros. Destaca la casa de Elizabeth Taylor, conocida como casa Kimberly. El barrio tiene callejuelas en desnivel y una multitud de plantas ornamentales.

Escultura del Caballito de Mar. Es el emblema de Puerto Vallarta: un niño con sombrero de charro montado sobre un caballito de mar.

Isla del Río Cuale. Dentro de los dos brazos que se forman el río antes de desembocar al mar, se ubica esta pequeña isla, adaptada para albergar tiendas, restaurantes y cafeterías. Hasta 1977 era un jardín botánico y todavía conserva hermosas especies de árboles y plantas.

Mercado. Artesanías de toda la República y establecimientos para comer, sobre todo mariscos.

Museo Arqueológico del Cuale. Desde hace siete años presenta una colección de armas prehispánicas, principalmente de las culturas de Occidente. Su directora le explicará personalmente la colección. De martes a sábados, de 9:00 a 4:00; domingos, de 10:00 a 3:00.

Parroquia de Nuestra Señora de Guadalupe. Su construcción se inició entre 1914 y 1915. En su torre, ocho ángeles sostienen la corona de metal, que se distingue desde varios puntos del centro y que hace de este templo uno de los símbolos de la ciudad.

Comprehension questions for the realia:
1. ¿Qué es La Guadalupana?
2. ¿Dónde está situada?
3. ¿Qué artículos venden allí?
4. ¿Cuáles son algunos otros servicios que ofrecen a los turistas?

▲ There are a number of irregular future tense forms that must be memorized. The following list shows three groups of frequently used verbs. In the first group you must drop the *-e* of the infinitive ending. In the second group the **vowel** of the infinitive is dropped and a *-d* is inserted. *Decir* and *hacer* use a special stem. The endings, however, are the same as the regular verb endings.

El futuro: verbos irregulares

Verbo	El futuro		Verbo	El futuro
poder	**podr**é		poner	**pondr**é
querer	**querr**é		salir	**saldr**é
saber	**sabr**é		tener	**tendr**é
			valer	**valdr**é
decir	**dir**é		venir	**vendr**é
hacer	**har**é			

Prácticas

D. Las metas°. Escribe una lista de tus metas para esta semana y tus metas para los próximos 50 años. Compara tu lista con los otros miembros de la clase.

Esta semana
Mañana...
Esta tarde...
Esta noche...
Este fin de semana...

Los próximos 50 años
Cuando tenga mucho dinero...
Cuando termine los estudios...
El año que viene...
Cuando me case...

Have students bring in additional photographs to describe in class.

E. ¿Cómo serán? Describe las personas en la foto usando las preguntas en la página 389 como guía.

metas *goals*

Explorando las ruinas en Palenque

1. ¿De dónde serán?
2. ¿Cuántos años tendrán?
3. ¿Qué harán en Palenque?

4. ¿Dónde trabajarán?
5. ¿Adónde irán?
6. ¿Cuáles serán sus pasatiempos?

Tell students that these sentences are examples of future of probability discussed in *Una cosita más* on p. 386.

F. El itinerario. Lee el siguiente itinerario y planea una excursión a México con alguien en la clase.

■ **Ejemplo:**

El jueves llegaremos a México a las 2:00.

JUEVES: Llegada a México a las 14:00. Pasar la aduana y taxi al Hotel Palace en Paseo de la Reforma. Vista de la ciudad en autocar a las 16:00: Reforma, Plaza de Tres Culturas y área Chapultepec. Cena a las 19:00 y fiesta de bienvenida.

VIERNES: 8:00 desayuno. Visita al Parque de Chapultepec y Museo de Antropología. Viaje a las Pirámides de Teotihuacán, Los Templos del Sol y de la Luna, Templo de Quetzalcóatl y La Ciudadela. Comida en el restaurante Gran Teocali. Vuelta a la Ciudad de México a las 14:30 y visita a la plaza de toros. Cena y discoteca del hotel.

SÁBADO: Salida del hotel a las 8:00 y paseo por las calles de México. Visita al Zócalo, Catedral, Palacio de Bellas Artes y la Alameda. Comida a las 14:00 en el centro de la ciudad. Compras por la tarde en las tiendas de artesanía.

DOMINGO: Desayuno a las 7:30 en el hotel. 8:30 El Ballet Folklórico con comida después. 13:30 autocar a Acapulco. Llegada al Hotel Presidente en Acapulco a las 20:00.

LUNES: Día libre en Acapulco.

MARTES: Desayuno en el hotel a las 8:00. 9:30 salida para Taxco, la ciudad de plata. Visita a la Catedral y comida. Tarde y noche libre.

MIÉRCOLES: Salida a las 11:00 para los EEUU.

G. En el año 2050. Con alguien en la clase, escribe unas oraciones sobre lo que ocurrirá en el año 2050.

■ **Ejemplo:**

Tomaremos nuestras vacaciones en otros planetas.

Tell students that they may use the conditional to soften requests or suggestions: *¿Querías salir conmigo?* or *Deberíamos comprar cheques de viajero antes de salir de vacaciones.*

SEGUNDA FUNCIÓN:
Talking about what would or could happen using the conditional tense

In Spanish, in order to express events or actions that **would** or **could** occur, you must use the conditional tense. Like the future, this tense is formed by adding conditional endings to the infinitives of regular verbs. As you study the following example and chart, notice that the irregular future and conditional share the same verb stems. Notice also that the endings are the same for *-ar*, *-er*, and *-ir* verbs.

*Elena, nuestra guía, nos dijo que **pasaríamos** el día en la playa, **volveríamos** al hotel a las siete, e **iríamos** a cenar en La Perla.*

Una cosita más: The conditional is also used to express probability or conjecture in the past: *¿Por qué no compraría el anillo?* I wonder why she didn't buy the ring. *No sé. Tal vez no tendría suficiente dinero.* I don't know. Maybe she didn't have enough money.

El condicional: verbos regulares e irregulares		
Viajar	**Hacer**	**Salir**
viajaría	haría	saldría
viajarías	harías	saldrías
viajaría	haría	saldría
viajaríamos	haríamos	saldríamos
viajaríais	haríais	saldríais
viajarían	harían	saldrían

Prácticas

Have students bring in travel brochures and describe to their partner or to the class what their ideal vacation would be like.

A. Unas vacaciones ideales. Pregúntale a alguien en la clase sobre sus vacaciones ideales.

1. ¿Adónde irías de vacaciones?
2. ¿Cómo viajarías? ¿Con quién?
3. ¿Qué tipo de alojamiento pedirías?
4. ¿Qué ropa llevarías?
5. Al llegar, ¿qué harías? ¿Saldrías todas las noches?
6. ¿A quiénes tendrías que escribir tarjetas postales?
7. ¿Qué recuerdos comprarías? ¿Para quiénes los comprarías?
8. ¿Por cuánto tiempo te quedarías?
9. Al volver, ¿qué dirías a tus amigos?

B. ¿Lo harías? Con alguien en la clase, túrnate preguntando si harían las siguientes cosas durante las vacaciones. Cada respuesta debe incluir una explicación breve.

■ **Ejemplo:**
Estudiante 1: *¿Tú pasarías todo el día en la playa?*
Estudiante 2: *Sí, pasaría todo el día allí porque me gusta tomar el sol.*

1. comprar recuerdos para los amigos
2. sacar fotos de todos los monumentos
3. visitar muchos museos de arte
4. pasear por los pueblos pequeños
5. bailar y beber tequila toda la noche

6. ir a una corrida de toros
7. conducir un coche por las montañas
8. leer muchos periódicos en español
9. ir mucho al cine
10. conocer a unas familias mexicanas

C. Recuerdos de Oaxaca. Oaxaca es uno de los estados mexicanos famosos por sus zonas arqueológicas. El centro turístico ofrece muchas tiendas que venden recuerdos a los turistas. Habla con alguien en la clase sobre las cosas que comprarías y para quién.

Before assigning this activity, remind students to use the visual cues when reading.

En Aripo Usted Podrá Encontrar

Barro Negro, vistosa cerámica de fino acabado. Diseños tradicionales y modernos hechos en el poblado de San Bartolo Coyotepec.

Máscaras de diversos materiales, decorativas y ceremoniales.

Ropa típica, vestidos, huipiles, camisas y otras prendas tradicionales y modernas con vistosos bordados.

Artículos de piel y gamuza, chamarras, bolsas, monederos hechos en el valle de Oaxaca.

Cuchillería fina con hoja grabada a mano.

Textiles tradicionales de lana y otros materiales, hechos en telar de cintura por indígenas Mixteca.

Juguetería de diversos materiales, trabajada artísticamente en distintos lugares del estado.

Abierto de lunes a sábado de 9:00 a 13:00 y de 16:00 a 19:30 hrs.
Domingos de 9:00 a 13:00 hrs.

Le invitamos a observar a nuestros tejedores trabajando en telares a mano.

CH. Unos planes perfectos. Completa las frases siguientes, añadiendo dos cosas que harías en cada etapa de tu viaje.

- **Ejemplo:**

  Antes de salir, compraría cheques de viajero y dejaría la llave del apartamento con mi vecino.

1. Antes de salir...
2. En el aeropuerto (estación de trenes, autobuses, etc.)...
3. Al llegar al hotel...
4. El día siguiente...
5. Todas las tardes...
6. La noche antes de salir...
7. Al entrar en casa...

TERCERA FUNCIÓN:
Talking about hypothetical situations using *si* clauses

"If only I . . ." must be one of the most-often spoken phrases in the English language. In Spanish, "if clauses" are a prelude to a hypothetical or contrary-to-fact situation. Consider the following examples:

Si yo **tuviera** un millón de dólares, **compraría** un apartamento de lujo en Acapulco.

If I had a million dollars, I would buy a luxury apartment in Acapulco.

Si **fuera** a México, Susana vería el Museo de Antropología.

Susan would see the Anthropology Museum if she went to Mexico.

Si **viajáramos** a Guadalajara, **tomaríamos** el autobús.

If we traveled to Guadalajara, we would take the bus.

Notice that the verb in the *si* clause is in the imperfect subjunctive; this is because a nonexperience state is expressed in the sentence. The verb in the independent clause is in the conditional indicative. The order of the clauses is not important; either the *si* clause or the independent clause may go first without any change in meaning. Just make certain that the *si* clause has the imperfect subjunctive verb and the other clause has the conditional verb.

Prácticas

A. El premio mayor. ¿Cómo gastarías el dinero si ganaras el premio gordo de la lotería de tu estado? Haz una lista de diez cosas que harías con un millón de dólares.

- **Ejemplo:**

  Si yo ganara la lotería... ayudaría a las familias sin hogar.

B. Actividad de compañeros. Compara tu lista de la *Práctica A* con la de alguien en la clase.

C. Espléndidas vacaciones. Lee el siguiente anuncio para las vacaciones en México. Elige tu hotel y actividades.

Comprehension questions for realia:
1. *¿Qué les parecen los precios? ¿Cuánto valen en moneda estadounidense?*
2. *¿Cuáles son las comodidades que les interesan?*
3. *Si quisiera viajar con otra persona, ¿cuánto costaría cada hotel?*

■ **Ejemplos:**

Preferiríamos el Hotel Condesa Acapulco si fuéramos a Acapulco.
Si yo fuera rico, me gustaría una habitación de lujo.

ESPLENDIDAS VACACIONES
Invierno 91

— FIESTA AMERICANA AEROPUERTO	164,000.00
— FIESTA AMERICANA CANCUN	235,000.00
— FIESTA AMERICANA CONDESA ACAPULCO*	161,000.00
— FIESTA AMERICANA CONDESA CANCUN	240,000.00
— FIESTA AMERICANA CONDESA VALLARTA	125,000.00
— FIESTA AMERICANA CORAL BEACH CANCUN	265,000.00
— FIESTA AMERICANA GUADALAJARA	144,000.00
— FIESTA AMERICANA LOS ANGELES LOCOS**	255,000.00
— FIESTA AMERICANA MONTERREY	200,000.00
— FIESTA AMERICANA PLAZA CANCUN Y VILLAS	138,000.00
— FIESTA AMERICANA PLAZA VALLARTA	110,000.00
— FIESTA AMERICANA PUERTO VALLARTA	133,000.00
— FIESTA AMERICANA SOL CARIBE COZUMEL	161,000.00
— FIESTA AMERICANA TIJUANA	136,000.00

EL PAQUETE INCLUYE:

— HABITACION DE LUJO
— COCTEL DE BIENVENIDA
— 1/2 BOTELLA DE VINO NACIONAL, POR PERSONA, EN SU COMIDA O CENA
— HASTA DOS MENORES DE 12 AÑOS GRATIS EN LA HABITACION DE DOS ADULTOS (SIN ALIMENTOS)

— DERECHO DE MESA EN DISCOTHEQUE DE DOMINGO A JUEVES (EN LOS HOTELES QUE CUENTEN CON ESTE SERVICIO)
— 1 HORA DE TENNIS, PREVIA RESERVACION (EN LOS HOTELES QUE CUENTEN CON ESTE SERVICIO)
— IVA DE HABITACION

**FIESTA AMERICANA LOS ANGELES LOCOS:
EL PRECIO INCLUYE: 3 ALIMENTOS DIARIOS, BEBIDAS NACIONALES SIN LIMITE, ENTRETENIMIENTO NOCTURNO DIARIO, DEPORTES ACUATICOS, PASEOS A CABALLO, ACTIVIDADES RECREATIVAS, IMPUESTOS Y PROPINAS.

* FIESTA AMERICANA CONDESA ACAPULCO:
3a. NOCHE GRATIS.

LOS PRECIOS SON POR PERSONA, POR NOCHE EN HABITACION DOBLE, NO APLICAN A GRUPOS Y ESTAN SUJETAS A CAMBIO SIN PREVIO AVISO.

PAISANO

Aduanas — Equipaje de pasajeros

Todos los viajeros que ingresen a México, incluyendo los menores de edad, tienen derecho a introducir sin pago alguno, como equipaje personal, los siguientes artículos:

- Ropa • Calzado • Artículos de aseo o tocador.
- Una cámara fotográfica o cinematográfica o para videograbación (excepto equipo profesional):
- Con fuente de poder • Accesorios, incluyendo lentes.
- Hasta 12 rollos de película virgen.
- Material fotográfico impreso o filmado.
- Hasta 20 libros o revistas distintas entre sí.
- Un artículo o equipo deportivo individual.
- Por adulto:
- 20 cajetillas de cigarros o 250 gr de tabaco • 50 puros.
- Hasta tres litros de vino o licor.
- Medicamentos: de uso personal, con receta médica en el caso de los psicotrópicos.
- Velices, petacas o baules de uso.

Además de lo anterior, cada persona, incluyendo los menores de edad, puede introducir objetos cuyo valor conjunto o individual equivalga a 300 USD.

Los mexicanos con residencia legal en EUA y Canadá, además de lo anterior, pueden introducir libre de impuestos: otros artículos recreativos, deportivos y domésticos. Los niños, hasta 5 juguetes.

Pide informes en el Módulo Paisano.

Solidaridad
TUS PASOS SEGUROS POR MEXICO

CH. Bienvenido a México. Al ingresar a México, cada viajero tiene que hacer una declaración de aduana°. El folleto a la izquierda indica los artículos legales que uno puede introducir a México sin pagar impuestos°. Lee el folleto con alguien en la clase. Dile lo que llevarías si viajaras a México.

■ **Ejemplo:**
Si yo viajara a México llevaría sólo diez rollos de película.

museo de arte
prehispánico
de méxico
rufino tamayo

Nº 003682

precio $ 300.00   morelos 503 oaxaca, oax.

D. ¿En qué puedo servirle? ¿Qué le dirías al siguiente personal hotelero? Escribe pedidos muy corteses.

■ **Ejemplo:**
al cantinero en el bar
Si fuera posible, me gustaría un agua mineral.

Comprehension questions for realia:
1. *Si fueras a México, ¿qué cosas en la lista llevarías?*
2. *¿Cuánto dinero puedes gastar en regalos sin tener que pagar impuestos?*
3. *¿Qué pueden introducir a México los mexicanos con residencia en los Estados Unidos?*
4. *¿Cuántos juguetes pueden traer los niños?*

1. al recepcionista/a la recepcionista
2. al concerje°
3. al director/a la directora del hotel
4. al botones°
5. al mesero/a la mesera en el comedor
6. al portero°
7. a la camarera°
8. al cantinero°
9. al limpiabotas°
10. al peluquero/a la peluquera° en el salón de belleza
11. al telefonista/a la telefonista
12. al kiosquero/a la kiosquera
13. al dependiente/a la dependienta en la alberca°
14. a un vendedor/una vendedora ambulante en la playa
15. al taxista enfrente del hotel

aduana *customs* **impuestos** *taxes* **concerje (m.)** *concierge (French word for person who assists hotel guests)* **botones (m.)** *bell hop* **portero** *doorman* **camarera** *chambermaid* **cantinero** *bartender* **limpiabotas (m.)** *shoeshine person* **peluquero/peluquera** *hairdresser* **alberca** (Mex.) *swimming pool (the word* piscina *is used in other Spanish-speaking countries)*

TERCERA ETAPA: Estrategias

COMPRENSIÓN AUDITIVA (STUDENT TAPE)

Comprensión auditiva may be assigned as homework.

Cómo sacar información de los cassettes. One of the major problems in listening to spoken Spanish, according to students themselves, is word rate or how fast the speaker is talking. The faster the word rate, the less time you have to process the information. When you are listening to a tape recording, you may not be able to slow down the word rate (it usually distorts the pitch), but you can stop the machine after difficult phrases to give yourself more processing time. When listening to recorded materials, especially those written for native speakers of Spanish, it is a good idea to play the text through once to get an idea of the **topic,** the **format, information that you might already know** about the topic, and **key words.** Then rewind and listen again phrase by phrase, if necessary. In this lesson, you will learn about one of the magnificent, ancient cultures of Mexico. Before listening to your student tape, however, read the following introduction.

Discuss the archaeological map with your students. If you have slides or travel brochures from any archaeological sites, this would be a good opportunity to show them.

México es un país rico en la herencia de sus culturas monumentales del pasado. En la zona central, por ejemplo, se pueden ver las ruinas olmecas en Chalcatzingo, la pirámide de Tepanapa en Cholula, las ruinas del templo mayor de los aztecas en la Ciudad de México, el frontón de El Tajín y, por supuesto, la ciudad impresionante de Teotihuacán. Las ruinas de la cultura tolteca que dominó el norte y el centro de México se pueden ver en Tula, mientras el templo, la pirámide, y el espléndido frontón de una civilización desconocida están preservados en Xochicalco. Los sitios arqueológicos más importantes del sur de México son Mitla, un centro religioso importante de los zapotecas; la impresionante ciudad montañesa de Monte Albán; y Palenque, las ruinas mayas más importantes de México. En la Península de Yucatán hay otras ruinas importantes en Chichén Itzá, Uxmal, Tulum y Cobá.

Ahora, haz las *Prácticas* en la página 396 con tu cassette.

REGIONES CULTURALES

1 OCCIDENTE
2 ALTIPLANO CENTRAL
3 GOLFO DE MÉXICO
4 OAXACA
5 MAYA
6 NORTE

Culturas predominantes

- Purépecha
- Azteca
- Teotihuacana
- Tolteca
- Totonaca
- Zapoteca - Mixteca
- Olmeca
- Maya
- Varias

Prácticas

A. En el museo. Escucha completamente el cassette una vez y apunta los datos siguientes.

1. ¿Cuál es el tema del pasaje?
2. ¿Dónde se oiría un pasaje de este tipo?
3. ¿Qué información sabías previamente?
4. ¿Cuáles son las palabras y frases importantes?

B. Unos detalles más. Escucha el cassette de nuevo, parándolo después de cada frase. Escribe una lista de los detalles en español.

LECTURA

Unos libros recomendados. *¡Felicitaciones!* You now hold the key to a vast amount of reading material that was not available to you a few short months ago. Because of your ability to read in another language you will be able to gather more information than ever before. Many libraries and bookstores carry national and international newspapers and magazines in Spanish. Your university bookstore probably features books by popular short story authors. There are also book clubs and subscription services that specialize in foreign publications. In order to maintain your language skills, continue to read stories and articles that interest you and are of an appropriate reading level. One way to determine the content of a book and its difficulty is to read the description on the back or inside cover. "Browse" through the following books and select one that you think you would enjoy reading.

As an introduction to this activity, have students briefly describe a book or short story they have read and mention why they did or did not enjoy it.

Práctica

¿Qué te interesa leer? Lee las descripciones de unos libros en las páginas 396–397. Habla con alguien en la clase sobre los libros que crees más y menos interesantes.

INSPIRACION LATINA EN EL CINE Y EN GASTRONOMIA

Nuevas publicaciones que abarcan diferentes aspectos de nuestra cultura continúan desarrollando el aspecto de la contribución hispana a la cultura de Estados Unidos. *Hollywood Hispano,* de George Hadley-García, narra la historia fascinante de los latinos en la meca del cine, desde Lupe Vélez y Dolores del Río hasta Andy García y Edward James Olmos, quien escribió la introducción del libro. Para los amantes de la pantalla *Hollywood Hispano* está repleto de fotos y de momentos históricos en la trayectoria ascendente de los latinos en el mundo del cine. En el campo de las artes culinarias se destaca *El Norte,* de James W. Payton. Escrito en inglés, este libro de recetas rinde un claro homenaje a la comida mexicana norteña, que tanta influencia ejerce sobre el suroeste de Estados Unidos. Para escribir el libro Peyton ha investigado los platos más auténticos de esta región y presenta de una manera simple y directa su elaboración. Es un libro que recrea y destaca de forma especial la cultura vaquera y su peculiar inclinación gastronómica, caracterizada por los populares festines al aire libre bajo un cielo despejado. ◆

Más recomendado

📖 EL GENERAL EN SU LABERINTO, *por Gabriel García Márquez, Mondadori.* Simón Bolívar, libertador de cinco naciones, es resucitado por el genio de Aracataca. La novela recrea la agonía del más grande héroe militar y visionario de América. El Bolívar de García Márquez es un hombre de carne y hueso que ve su obra devorada por la casta de burócratas que todavía agobia al continente.

📖 LA CIUDAD DE LOS PRODIGIOS, *por Eduardo Mendoza, Seix Barral.* Esta elegante novela realista narra, con gran lujo de detalles históricos, las aventuras de un pícaro que pasa de anarquista a mafioso a multimillonario hombre de empresa. Tiene lugar en Barcelona y sugiere, entre otras cosas, que el moderno negocio de vender imagen lo inventaron los catalanes.

📖 LA IMPORTANCIA DE LLAMARSE DANIEL SANTOS, *por Luis Rafael Sánchez, Ediciones del Norte.* No es novela sino más bien la biografía de un mito: el Hombre, el Jefe, el Inquieto Anacobero. Con la letra de canciones populares, el autor de "La guaracha del Macho Camacho" traza un mapa sentimental de Latinoamérica. De estilo rebuscado y sabrosón, como un gran bolero.

COMPOSICIÓN

Diario sobre un viaje. In *Capítulo 1,* you were encouraged to practice your writing skills by keeping a diary. One special kind of diary is the travel diary. You may not be aware that several famous novels are based on travel diaries, and there is no time like the present for getting started.

A travel diary is really nothing more than a day-by-day account of one's experiences during a trip. Naturally, the account would be written primarily in the past tenses and often includes the details of humorous or exciting events. The first person (*yo*) is normally used, although it is sometimes interesting to write about yourself from a third-person (*él/ella*) perspective. Study the following example:

> Martes, 8 de febrero. Fuimos a ver las ruinas de la antigua ciudad de Xochicalco. Según Carlos, nuestro guía, Xochicalco fue un centro importante de la astronomía. Entramos en un túnel bajo la ciudad para ver un telescopio primitivo pero impresionante. Al mediodía el 21 y 22 de junio, se observa el sol directamente por este pozo. Después de ver las pirámides y el famoso frontón, nos sentamos bajo un árbol para tomar un refresco.

Práctica

Mi diario. Piensa en un viaje interesante que hiciste. Si no recuerdas un viaje real, usa tu imaginación para crear uno. Escribe el diario para un solo día de tu viaje como si fuera parte de una novela.

CULTURA POPULAR

For additional cultural information about Mexico, see *Guía cultural*.

El Ballet Folklórico de México. México, con más de 80 millones de habitantes es un país de contrastes. La mayoría de la población es mestiza, gente de padres españoles e indios. El segundo grupo más grande está formado por más de 50 tribus distintas de indios, todas con diferentes idiomas, forma de vestir y costumbres. Una de las más famosas representaciones artísticas de estas culturas diferentes es el Ballet Folklórico de México, un espectáculo fascinante que demuestra las culturas indígenas y mestizas. Lee la siguiente descripcion, identifica la tribu que está representada y haz una lista de los detalles importantes.

L a famosa compañía de danza mexicana estructura su actuación con una variedad de cuadros musicales. La directora, Amalia Hernández, y su grupo exaltan con gracia y agilidad las distintas regiones geográficas, etapas historicas y herencias culturales de México. Además de los bailes perfeccionados, las vestimentas de los bailarines en cada cuadro son fascinantes con su brillo, sus colores resplandecientes y sus ornamentos encantadores.

La danza del venado yaqui es tal vez la más conocida y poderosa del repertorio del Ballet Folklórico. Pueblo cazador por excelencia, los yaquis se mantienen al margen de la influencia española, y constituyen la única tribu aborigen que conserva su autonomía original en el país. Libre de todo mestizaje y compromiso con las modernas culturas, los yaquis siguen cazando con arco y flecha, cultivando la tierra según el método de sus antepasados y celebrando sus danzas rituales en el norte de México. La danza del venado es extremadamente dramática y trata el tema de los cazadores que matan el venado. Es necesario que el bailarín que representa el venado tenga la capacidad de entrar efectivamente en un trance, característica que le da un aspecto de fuerza y realismo a la danza.

As a follow-up activity, ask students specific questions about the content of each paragraph. A follow-up activity might include a debate about the value of indigenous cultures vs. their assimilation into mainstream society, the advantages and disadvantages of exploiting certain Indian tribes for their "tourist interest," or the preservation of the environment vs. material progress.

CUARTA ETAPA: ¡Muestra lo que sabes!

Autoprueba

Trabaja con alguien en la clase para resolver los siguientes problemas.

A. Dile a alguien en la clase cómo prefieres viajar y por qué.

B. Escribe una lista de preguntas que harías al gerente de la Calinda Plaza Las Glorias si quisieras hacer reservaciones.

C. Habla con alguien en la clase sobre cómo quieres pasar tus próximas vacaciones.

CH. Escribe una carta breve a Aeroméxico explicando que acabas de perder todo tu equipaje y quieres recuperarlo.

D. Recomienda algunos sitios que se deben visitar en México.

E. Después de leer el chiste, cuéntale a alguien en la clase algunas cosas que olvidaste cuando fuiste de vacaciones y cómo resolviste el problema.

■ **Ejemplo:**
Cuando fui a Nueva York, no puse las camisas de mi marido en la maleta y tuvimos que comprarle camisas nuevas.

Aeropuerto
Internacional
de México

EL HUMOR DE *Hoviv*

F. Habla con alguien en la clase de las cosas que llevarías si fueras de vacaciones a Acapulco.

G. Dile a alguien en la clase lo que harías con cada premio si ganaras el Super Bonus en un concurso.

■ **Ejemplo:**
Vendería el anillo de diamantes y compraría una computadora nueva para mí.

1. asador (m.) de gas
2. centro de ejercicios
3. figuras de porcelana
4. tractor (m.) de 18HP
5. muebles de cocina
6. equipo profesional de sonido
7. anillo de diamantes
8. alfombra persa
9. juego de maletas

H. Escucha otra vez la conversación entre Melita, Antonio y Juan. Cuéntale a alguien en la clase sobre la historia de Puerto Vallarta.

Fíjate en el vocabulario

Interesting alternatives. When learning a new language, some words become overused while other terms or phrases that are more descriptive tend to be forgotten. Using your previous lists or your dictionary, list other substitutes for some of your overused words. Then try to choose the more "interesting" alternatives in your speech and writing.

grande	*big*
enorme	*enormous*
inmenso	*immense*
imponente	*massive*
gigantesco	*gigantic*

Prácticas

A. Repasa tus listas de vocabulario y escribe tres sinónimos para las siguientes palabras: pequeño, bonito, difícil, interesante.

B. Escribe una descripción de un lugar histórico de tu ciudad o estado.

C. Escribe una carta al hotel El Molino para reservar una habitación.

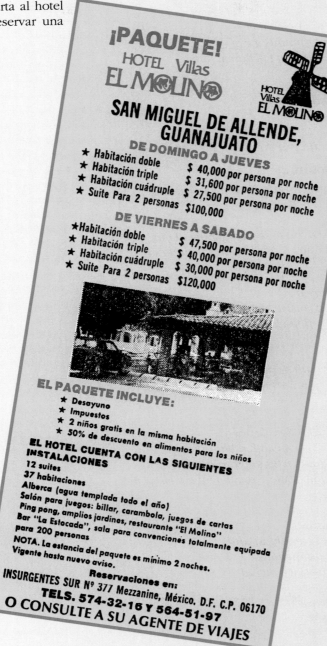

¡PAQUETE!
HOTEL Villas
EL MOLINO

HOTEL Villas EL MOLINO

SAN MIGUEL DE ALLENDE, GUANAJUATO

DE DOMINGO A JUEVES

★ Habitación doble $ 40,000 por persona por noche
★ Habitación triple $ 31,600 por persona por noche
★ Habitación cuádruple $ 27,500 por persona por noche
★ Suite Para 2 personas $100,000

DE VIERNES A SABADO

★ Habitación doble $ 47,500 por persona por noche
★ Habitación triple $ 40,000 por persona por noche
★ Habitación cuádruple $ 30,000 por persona por noche
★ Suite Para 2 personas $120,000

EL PAQUETE INCLUYE:

★ Desayuno
★ Impuestos
★ 2 niños gratis en la misma habitación
★ 50% de descuento en alimentos para los niños

EL HOTEL CUENTA CON LAS SIGUIENTES INSTALACIONES

12 suites
37 habitaciones
Alberca (agua templada todo el año)
Salón para juegos: billar, carambola, juegos de cartas
Ping pong, amplios jardines, restaurante "El Molino"
Bar "La Estocada", sala para convenciones totalmente equipada para 200 personas

NOTA. La estancia del paquete es mínimo 2 noches.
Vigente hasta nuevo aviso.

Reservaciones en:
INSURGENTES SUR Nº 377 Mezzanine, México. D.F. C.P. 06170
TELS. 574-32-15 Y 564-51-97
O CONSULTE A SU AGENTE DE VIAJES

Comprehension questions for realia:
1. ¿Dónde está el hotel El Molino?
2. ¿Cuándo es el precio más barato?
3. ¿Cuánto tendrías que pagar si fueras con tus amigos o con tu familia?
4. ¿Cuántas habitaciones hay en total en el hotel?
5. ¿Qué otras actividades ofrecen?
6. ¿Qué incluye «el paquete»?

CH. Escribe otra vez los sustantivos de la lista de vocabulario activo y clasifícalos según su género.

VOCABULARIO

Contando cuentos...

Escucha, te voy a contar...   *Listen, I'm going to tell you . . .*
¿Sabes lo que me pasó?   *Do you know what happened to me?*
Siempre recuerdo...   *I always remember . . .*
Eso me recuerda de...   *That reminds me of . . .*
No lo vas a creer, pero...   *You won't believe it but . . .*

Dando ánimo...

¿Qué pasó?   *What happened?*
No me digas.   *You don't say.*
¿De verdad?   *Really?*
¿Qué hiciste/dijiste?   *What did you do/say?*

Entrando en la conversación...

(No) Estoy de acuerdo porque...   *I do (not) agree because . . .*
Yo (no) creo que...   *I (don't) believe that . . .*
Escucha.   *Listen.*
Quiero decir algo sobre...   *I want to say something about . . .*
Pues, lo que quiero decir es que...   *Well, what I want to say is . . .*

En el hotel

¿Dónde hay...?   *Where is there a(n) . . .*
　　un hotel económico   *inexpensive hotel*
　　un hotel de primera clase   *first-class hotel*
　　un motel   *motel*
　　una posada   *inn*
　　un albergue estudiantil   *youth hostel*
Quisiera reservar una habitación...   *I would like to reserve a . . .*
　　doble   *double room*
　　sencilla   *single room*
　　con cama doble   *room with a double bed*
　　con cuarto de baño/ducha   *room with a bath/shower*
　　con aire acondicionado   *room with air conditioning*
　　con vista al mar/al parque/a la calle   *room with a view of the
　　　　sea/park/street*
Quisiera...   *I would like . . .*
　　desayuno   *bed and breakfast*
　　media pensión   *half board (breakfast and lunch)*
　　pensión completa   *all meals included*
¿El precio incluye...?   *Does the price include . . . ?*
　　desayuno   *breakfast*
　　comidas   *meals*
　　impuestos   *taxes*
　　propina   *tip*

Estación de autobuses

acercarse   *to approach*
andén (m.)   *gate, platform*
autobús (m.)   *bus*
cafetería   *cafeteria*
línea (de autobuses)   *bus company*
taquilla   *ticket desk*
sala de espera   *waiting room*
Terminal (f.) Central de Oriente   *Eastern bus terminal, Mexico City*

De viaje

asiento   *seat*
baño   *rest room*
boleto   *ticket*
¡Buen viaje!   *Have a good trip!*
contraseña   *luggage check, receipt*
chicle (m.)   *chewing gum*
chófer (m.f.)   *bus driver*
de camino   *on the way to*
de lujo   *deluxe class (second best)*
destino   *destination*
equipaje (m.)   *luggage*
facturar   *to check your luggage*
hacer escala   *to make a stop*
horario   *schedule*
maleta   *suitcase*
maletero   *porter*
primera clase   *first class (third best)*
¡Qué les vaya bien!   *May everything go well for you!*
rumbo a   *going to*
segunda clase   *second class (fourth best, "no frills")*
subir   *to board, get on board*
super   *super class (the best)*
viaje (m.)   *trip*

APPENDIX A Regular Verbs

Simple Tenses

Infinitive	Present Indicative	Imperfect	Preterite	Future	Conditional	Present Subjunctive	Past Subjunctive	Commands
hablar *to speak*	hablo	hablaba	hablé	hablaré	hablaría	hable	hablara	habla
	hablas	hablabas	hablaste	hablarás	hablarías	hables	hablaras	(no hables)
	habla	hablaba	habló	hablará	hablaría	hable	hablara	hable
	hablamos	hablábamos	hablamos	hablaremos	hablaríamos	hablemos	habláramos	hablad
	habláis	hablabais	hablasteis	hablaréis	hablaríais	habléis	hablarais	(no habléis)
	hablan	hablaban	hablaron	hablarán	hablarían	hablen	hablaran	hablen
aprender *to learn*	aprendo	aprendía	aprendí	aprenderé	aprendería	aprenda	aprendiera	aprende
	aprendes	aprendías	aprendiste	aprenderás	aprenderías	aprendas	aprendieras	(no aprendas)
	aprende	aprendía	aprendió	aprenderá	aprendería	aprenda	aprendiera	aprenda
	aprendemos	aprendíamos	aprendimos	aprenderemos	aprenderíamos	aprendamos	aprendiéramos	aprended
	aprendéis	aprendíais	aprendisteis	aprenderéis	aprenderíais	aprendáis	aprendierais	(no aprendáis)
	aprenden	aprendían	aprendieron	aprenderán	aprenderían	aprendan	aprendieran	aprendan
vivir *to live*	vivo	vivía	viví	viviré	viviría	viva	viviera	vive
	vives	vivías	viviste	vivirás	vivirías	vivas	vivieras	(no vivas)
	vive	vivía	vivió	vivirá	viviría	viva	viviera	viva
	vivimos	vivíamos	vivimos	viviremos	viviríamos	vivamos	viviéramos	vivid
	vivís	vivíais	vivisteis	viviréis	viviríais	viváis	vivierais	(no viváis)
	viven	vivían	vivieron	vivirán	vivirían	vivan	vivieran	vivan

Compound tenses

Present progressive	estoy estás está estamos estáis están	hablando	aprendiendo	viviendo
Present perfect indicative	he has ha hemos habéis han	hablado	aprendido	vivido
Present perfect subjunctive	haya hayas haya hayamos hayáis hayan	hablado	aprendido	vivido
Past perfect indicative	había habías había habíamos habíais habían	hablado	aprendido	vivido

APPENDIX B Stem-changing Verbs

pensar — to think (e → ie)
Present Participle: pensando · Past Participle: pensado

Present Indicative	Imperfect	Preterite	Future	Conditional	Present Subjunctive	Past Subjunctive	Commands
pienso	pensaba	pensé	pensaré	pensaría	piense	pensara	piensa
piensas	pensabas	pensaste	pensarás	pensarías	pienses	pensaras	no pienses
piensa	pensaba	pensó	pensará	pensaría	piense	pensara	piense
pensamos	pensábamos	pensamos	pensaremos	pensaríamos	pensemos	pensáramos	pensad
pensáis	pensabais	pensasteis	pensaréis	pensaríais	penséis	pensarais	(no penséis)
piensan	pensaban	pensaron	pensarán	pensarían	piensen	pensaran	piensen

acostarse — to go to bed (o → ue)
Present Participle: acostándose · Past Participle: acostado

Present Indicative	Imperfect	Preterite	Future	Conditional	Present Subjunctive	Past Subjunctive	Commands
me acuesto	me acostaba	me acosté	me acostaré	me acostaría	me acueste	me acostara	acuéstate
te acuestas	te acostabas	te acostaste	te acostarás	te acostarías	te acuestes	te acostaras	no te acuestes
se acuesta	se acostaba	se acostó	se acostará	se acostaría	se acueste	se acostara	acuéstese
nos acostamos	nos acostábamos	nos acostamos	nos acostaremos	nos acostaríamos	nos acostemos	nos acostáramos	acostaos
os acostáis	os acostabais	os acostasteis	os acostaréis	os acostaríais	os acostéis	os acostarais	(no os acostéis)
se acuestan	se acostaban	se acostaron	se acostarán	se acostarían	se acuesten	se acostaran	acuéstense

sentir — to be sorry (e → ie, i)
Present Participle: sintiendo · Past Participle: sentido

Present Indicative	Imperfect	Preterite	Future	Conditional	Present Subjunctive	Past Subjunctive	Commands
siento	sentía	sentí	sentiré	sentiría	sienta	sintiera	siente
sientes	sentías	sentiste	sentirás	sentirías	sientas	sintieras	no sientas
siente	sentía	sintió	sentirá	sentiría	sienta	sintiera	sienta
sentimos	sentíamos	sentimos	sentiremos	sentiríamos	sintamos	sintiéramos	sentid
sentís	sentíais	sentisteis	sentiréis	sentiríais	sintáis	sintierais	(no sintáis)
sienten	sentían	sintieron	sentirán	sentirían	sientan	sintieran	sientan

pedir — to ask for (e → i, i)
Present Participle: pidiendo · Past Participle: pedido

Present Indicative	Imperfect	Preterite	Future	Conditional	Present Subjunctive	Past Subjunctive	Commands
pido	pedía	pedí	pediré	pediría	pida	pidiera	pide
pides	pedías	pediste	pedirás	pedirías	pidas	pidieras	no pidas
pide	pedía	pidió	pedirá	pediría	pida	pidiera	pida
pedimos	pedíamos	pedimos	pediremos	pediríamos	pidamos	pidiéramos	pedid
pedís	pedíais	pedisteis	pediréis	pediríais	pidáis	pidierais	(no pidáis)
piden	pedían	pidieron	pedirán	pedirían	pidan	pidieran	pidan

dormir — to sleep (o → ue, u)
Present Participle: durmiendo · Past Participle: dormido

Present Indicative	Imperfect	Preterite	Future	Conditional	Present Subjunctive	Past Subjunctive	Commands
duermo	dormía	dormí	dormiré	dormiría	duerma	durmiera	duerme
duermes	dormías	dormiste	dormirás	dormirías	duermas	durmieras	no duermas
duerme	dormía	durmió	dormirá	dormiría	duerma	durmiera	duerma
dormimos	dormíamos	dormimos	dormiremos	dormiríamos	durmamos	durmiéramos	dormid
dormís	dormíais	dormisteis	dormiréis	dormiríais	durmáis	durmierais	(no durmáis)
duermen	dormían	durmieron	dormirán	dormirían	duerman	durmieran	duerman

APPENDIX C Change of Spelling Verbs

Infinitive / Present Participle / Past Participle	Present Indicative	Imperfect	Preterite	Future	Conditional	Present Subjunctive	Past Subjunctive	Commands
comenzar (e → ie) *to begin* **z → c** **before e** comenzando comenzado	comienzo	comenzaba	**comencé**	comenzaré	comenzaría	**comience**	comenzara	comienza (**no comiences**)
	comienzas	comenzabas	comenzaste	comenzarás	comenzarías	**comiences**	comenzaras	**comience**
	comienza	comenzaba	comenzó	comenzará	comenzaría	**comience**	comenzara	comenzad (**no comencéis**)
	comenzamos	comenzábamos	comenzamos	comenzaremos	comenzaríamos	**comencemos**	comenzáramos	**comiencen**
	comenzáis	comenzabais	comenzasteis	comenzaréis	comenzaríais	**comencéis**	comenzarais	
	comienzan	comenzaban	comenzaron	comenzarán	comenzarían	**comiencen**	comenzaran	
conocer *to know* **c → zc** **before a, o** conociendo conocido	**conozco**	conocía	conocí	conoceré	conocería	**conozca**	conociera	conoce (**no conozcas**)
	conoces	conocías	conociste	conocerás	conocerías	**conozcas**	conocieras	**conozca**
	conoce	conocía	conoció	conocerá	conocería	**conozca**	conociera	conoced (**no conozcáis**)
	conocemos	conocíamos	conocimos	conoceremos	conoceríamos	**conozcamos**	conociéramos	**conozcan**
	conocéis	conocíais	conocisteis	conoceréis	conoceríais	**conozcáis**	conocierais	
	conocen	conocían	conocieron	conocerán	conocerían	**conozcan**	conocieran	
construir *to build* **i → y;** **y inserted** **before a, e, o** **construyendo** construido	**construyo**	construía	construí	construiré	construiría	**construya**	construyera	**construye** (**no construyas**)
	construyes	construías	construiste	construirás	construirías	**construyas**	construyeras	**construya**
	construye	construía	**construyó**	construirá	construiría	**construya**	construyera	**construid** (**no construyáis**)
	construimos	construíamos	construimos	construiremos	construiríamos	**construyamos**	construyéramos	**construyan**
	construís	construíais	construisteis	construiréis	construiríais	**construyáis**	construyerais	
	construyen	construían	**construyeron**	construirán	construirían	**construyan**	construyeran	
leer *to read* **i → y;** **stressed** **i → í** **leyendo** **leído**	leo	leía	leí	leeré	leería	lea	**leyera**	lee (no leas)
	lees	leías	leíste	leerás	leerías	leas	**leyeras**	lea
	lee	leía	**leyó**	leerá	leería	lea	**leyera**	leed (no leáis)
	leemos	leíamos	leímos	leeremos	leeríamos	leamos	**leyéramos**	lean
	leéis	leíais	leísteis	leeréis	leeríais	leáis	**leyerais**	
	leen	leían	**leyeron**	leerán	leerían	lean	**leyeran**	

APPENDIX C Change of Spelling Verbs *(continued)*

Infinitive Present Participle Past Participle	Present Indicative	Imperfect	Preterite	Future	Conditional	Present Subjunctive	Past Subjunctive	Commands
pagar	pago	pagaba	**pagué**	pagaré	pagaría	**pague**	pagara	
to pay	pagas	pagabas	pagaste	pagarás	pagarías	**pagues**	pagaras	paga (**no pagues**)
g → gu	paga	pagaba	pagó	pagará	pagaría	**pague**	pagara	**pague**
before e	pagamos	pagábamos	pagamos	pagaremos	pagaríamos	**paguemos**	pagáramos	
pagando	pagáis	pagabais	pagasteis	pagaréis	pagaríais	**paguéis**	pagarais	pagad (**no paguéis**)
pagado	pagan	pagaban	pagaron	pagarán	pagarían	**paguen**	pagaran	**paguen**
seguir	**sigo**	seguía	seguí	seguiré	seguiría	**siga**	siguiera	
(e → i, i)	sigues	seguías	seguiste	seguirás	seguirías	**sigas**	siguieras	sigue (**no sigas**)
to follow	sigue	seguía	siguió	seguirá	seguiría	**siga**	siguiera	**siga**
gu → g	seguimos	seguíamos	seguimos	seguiremos	seguiríamos	**sigamos**	siguiéramos	
before a, o	seguís	seguíais	seguisteis	seguiréis	seguiríais	**sigáis**	siguierais	seguid (**no sigáis**)
siguiendo	siguen	seguían	siguieron	seguirán	seguirían	**sigan**	siguieran	**sigan**
seguido								
tocar	toco	tocaba	**toqué**	tocaré	tocaría	**toque**	tocara	
to play, touch	tocas	tocabas	tocaste	tocarás	tocarías	**toques**	tocaras	toca (**no toques**)
c → qu	toca	tocaba	tocó	tocará	tocaría	**toque**	tocara	**toque**
before e	tocamos	tocábamos	tocamos	tocaremos	tocaríamos	**toquemos**	tocáramos	
tocando	tocáis	tocabais	tocasteis	tocaréis	tocaríais	**toquéis**	tocarais	tocad (**no toquéis**)
tocado	tocan	tocaban	tocaron	tocarán	tocarían	**toquen**	tocaran	**toquen**

APPENDIX D Irregular Verbs

*Verbs with irregular *yo*-forms in the present indicative

Infinitive / Present Participle / Past Participle	Present Indicative	Imperfect	Preterite	Future	Conditional	Present Subjunctive	Past Subjunctive	Commands
andar	ando	andaba	**anduve**	andaré	andaría	ande	**anduviera**	anda (no andes)
to walk	andas	andabas	**anduviste**	andarás	andarías	andes	**anduvieras**	ande
andando	anda	andaba	**anduvo**	andará	andaría	ande	**anduviera**	andad
andado	andamos	andábamos	**anduvimos**	andaremos	andaríamos	andemos	**anduviéramos**	(no andéis)
	andáis	andabais	**anduvisteis**	andaréis	andaríais	andéis	**anduvierais**	anden
	andan	andaban	**anduvieron**	andarán	andarían	anden	**anduvieran**	
*caer	**caigo**	caía	caí	caeré	caería	**caiga**	**cayera**	cae (no caigas)
to fall	caes	caías	**caíste**	caerás	caerías	**caigas**	**cayeras**	**caiga**
cayendo	cae	caía	**cayó**	caerá	caería	**caiga**	**cayera**	caed (**no caigáis**)
caído	caemos	caíamos	**caímos**	caeremos	caeríamos	**caigamos**	**cayéramos**	**caigan**
	caéis	caíais	**caísteis**	caeréis	caeríais	**caigáis**	**cayerais**	
	caen	caían	**cayeron**	caerán	caerían	**caigan**	**cayeran**	
*dar	**doy**	daba	**di**	daré	daría	**dé**	diera	da (no des)
to give	das	dabas	**diste**	darás	darías	des	dieras	**dé**
dando	da	daba	**dio**	dará	daría	**dé**	diera	dad (**no deis**)
dado	damos	dábamos	**dimos**	daremos	daríamos	**demos**	diéramos	den
	dais	dabais	**disteis**	daréis	daríais	deis	dierais	
	dan	daban	**dieron**	darán	darían	**den**	dieran	
*decir	**digo**	decía	**dije**	**diré**	**diría**	**diga**	**dijera**	**di (no digas)**
to say, tell	**dices**	decías	**dijiste**	**dirás**	**dirías**	**digas**	**dijeras**	**diga**
diciendo	**dice**	decía	**dijo**	**dirá**	**diría**	**diga**	**dijera**	decid (**no digáis**)
dicho	decimos	decíamos	**dijimos**	**diremos**	**diríamos**	**digamos**	**dijéramos**	**digan**
	decís	decíais	**dijisteis**	**diréis**	**diríais**	**digáis**	**dijerais**	
	dicen	decían	**dijeron**	**dirán**	**dirían**	**digan**	**dijeran**	
*estar	**estoy**	estaba	**estuve**	estaré	estaría	**esté**	**estuviera**	**está (no estés)**
to be	**estás**	estabas	**estuviste**	estarás	estarías	**estés**	**estuvieras**	**esté**
estando	**está**	estaba	**estuvo**	estará	estaría	**esté**	**estuviera**	estad (**no estéis**)
estado	estamos	estábamos	**estuvimos**	estaremos	estaríamos	**estemos**	**estuviéramos**	**estén**
	estáis	estabais	**estuvisteis**	estaréis	estaríais	**estéis**	**estuvierais**	
	están	estaban	**estuvieron**	estarán	estarían	**estén**	**estuvieran**	

APPENDIX D Irregular Verbs *(continued)*

Infinitive / Present Participle / Past Participle	Present Indicative	Imperfect	Preterite	Future	Conditional	Present Subjunctive	Past Subjunctive	Commands
haber *to have* habiendo habido	he has ha [hay] hemos habéis han	había habías había habíamos habíais habían	hube hubiste hubo hubimos hubisteis hubieron	habré habrás habrá habremos habréis habrán	habría habrías habría habríamos habríais habrían	haya hayas haya hayamos hayáis hayan	hubiera hubieras hubiera hubiéramos hubierais hubieran	
*hacer *to make, do* haciendo hecho	hago haces hace hacemos hacéis hacen	hacía hacías hacía hacíamos hacíais hacían	hice hiciste hizo hicimos hicisteis hicieron	haré harás hará haremos haréis harán	haría harías haría haríamos haríais harían	haga hagas haga hagamos hagáis hagan	hiciera hicieras hiciera hiciéramos hicierais hicieran	haz (no hagas) haga haced (no hagáis) hagan
ir *to go* yendo ido	voy vas va vamos vais van	iba ibas iba íbamos ibais iban	fui fuiste fue fuimos fuisteis fueron	iré irás irá iremos iréis irán	iría irías iría iríamos iríais irían	vaya vayas vaya vayamos vayáis vayan	fuera fueras fuera fuéramos fuerais fueran	ve (no vayas) vaya id (no vayáis) vayan
*oír *to hear* oyendo oído	oigo oyes oye oímos oís oyen	oía oías oía oíamos oíais oían	oí oíste oyó oímos oísteis oyeron	oiré oirás oirá oiremos oiréis oirán	oiría oirías oiría oiríamos oiríais oirían	oiga oigas oiga oigamos oigáis oigan	oyera oyeras oyera oyéramos oyerais oyeran	oye (no oigas) oiga oíd (no oigáis) oigan
poder (o → ue) *can, to be able* pudiendo podido	puedo puedes puede podemos podéis pueden	podía podías podía podíamos podíais podían	pude pudiste pudo pudimos pudisteis pudieron	podré podrás podrá podremos podréis podrán	podría podrías podría podríamos podríais podrían	pueda puedas pueda podamos podáis puedan	pudiera pudieras pudiera pudiéramos pudierais pudieran	

APPENDIX D Irregular Verbs

*Verbs with irregular yo-forms in the present indicative

Infinitive / Present Participle / Past Participle	Present Indicative	Imperfect	Preterite	Future	Conditional	Present Subjunctive	Past Subjunctive	Commands
*poner	pongo	ponía	puse	pondré	pondría	ponga	pusiera	
to place, put	pones	ponías	pusiste	pondrás	pondrías	pongas	pusieras	pon (no pongas)
poniendo	pone	ponía	puso	pondrá	pondría	ponga	pusiera	ponga
puesto	ponemos	poníamos	pusimos	pondremos	pondríamos	pongamos	pusiéramos	
	ponéis	poníais	pusisteis	pondréis	pondríais	pongáis	pusierais	poned (no pongáis)
	ponen	ponían	pusieron	pondrán	pondrían	pongan	pusieran	pongan
querer (e → ie)	quiero	quería	quise	querré	querría	quiera	quisiera	
to want, wish	quieres	querías	quisiste	querrás	querrías	quieras	quisieras	quiere (no quieras)
queriendo	quiere	quería	quiso	querrá	querría	quiera	quisiera	quiera
querido	queremos	queríamos	quisimos	querremos	querríamos	queramos	quisiéramos	
	queréis	queríais	quisisteis	querréis	querríais	queráis	quisierais	quered (no queráis)
	quieren	querían	quisieron	querrán	querrían	quieran	quisieran	quieran
reír	río	reía	reí	reiré	reiría	ría	riera	
to laugh	ríes	reías	reíste	reirás	reirías	rías	rieras	ríe (no rías)
riendo	ríe	reía	rió	reirá	reiría	ría	riera	ría
reído	reímos	reíamos	reímos	reiremos	reiríamos	riamos	riéramos	
	reís	reíais	reísteis	reiréis	reiríais	riáis	rierais	reíd (no riáis)
	ríen	reían	rieron	reirán	reirían	rían	rieran	rían
*saber	sé	sabía	supe	sabré	sabría	sepa	supiera	
to know	sabes	sabías	supiste	sabrás	sabrías	sepas	supieras	sabe (no sepas)
sabiendo	sabe	sabía	supo	sabrá	sabría	sepa	supiera	sepa
sabido	sabemos	sabíamos	supimos	sabremos	sabríamos	sepamos	supiéramos	
	sabéis	sabíais	supisteis	sabréis	sabríais	sepáis	supierais	sabed (no sepáis)
	saben	sabían	supieron	sabrán	sabrían	sepan	supieran	sepan
*salir	salgo	salía	salí	saldré	saldría	salga	saliera	
to go out	sales	salías	saliste	saldrás	saldrías	salgas	salieras	sal (no salgas)
saliendo	sale	salía	salió	saldrá	saldría	salga	saliera	salga
salido	salimos	salíamos	salimos	saldremos	saldríamos	salgamos	saliéramos	
	salís	salíais	salisteis	saldréis	saldríais	salgáis	salierais	salid (no salgáis)
	salen	salían	salieron	saldrán	saldrían	salgan	salieran	salgan

APPENDIX D Irregular Verbs *(continued)*

Infinitive Present Participle Past Participle	Present Indicative	Imperfect	Preterite	Future	Conditional	Present Subjunctive	Past Subjunctive	Commands
ser *to be* siendo sido	**soy** **eres** **es** **somos** **sois** **son**	**era** **eras** **era** **éramos** **erais** **eran**	**fui** **fuiste** **fue** **fuimos** **fuisteis** **fueron**	seré serás será seremos seréis serán	sería serías sería seríamos seríais serían	**sea** **seas** **sea** **seamos** **seáis** **sean**	fuera fueras fuera fuéramos fuerais fueran	**sé (no seas)** **sea** sed **(no seáis)** **sean**
*tener *to have* teniendo tenedo	**tengo** **tienes** **tiene** tenemos tenéis **tienen**	tenía tenías tenía teníamos teníais tenían	**tuve** **tuviste** **tuvo** **tuvimos** **tuvisteis** **tuvieron**	**tendré** **tendrás** **tendrá** **tendremos** **tendréis** **tendrán**	**tendría** **tendrías** **tendría** **tendríamos** **tendríais** **tendrían**	**tenga** **tengas** **tenga** **tengamos** **tengáis** **tengan**	**tuviera** **tuvieras** **tuviera** **tuviéramos** **tuvierais** **tuvieran**	**ten (no tengas)** **tenga** tened **(no tengáis)** **tengan**
traer *to bring* **trayendo** **traído**	**traigo** traes trae traemos traéis traen	traía traías traía traíamos traíais traían	**traje** **trajiste** **trajo** **trajimos** **trajisteis** **trajeron**	traeré traerás traerá traeremos traeréis traerán	traería traerías traería traeríamos traeríais traerían	**traiga** **traigas** **traiga** **traigamos** **traigáis** **traigan**	**trajera** **trajeras** **trajera** **trajéramos** **trajerais** **trajeran**	trae **(no traigas)** **traiga** traed **(no traigáis)** **traigan**
*venir *to come* **viniendo** venido	**vengo** **vienes** **viene** venimos venís **vienen**	venía venías venía veníamos veníais venían	**vine** **viniste** **vino** **vinimos** **vinisteis** **vinieron**	**vendré** **vendrás** **vendrá** **vendremos** **vendréis** **vendrán**	**vendría** **vendrías** **vendría** **vendríamos** **vendríais** **vendrían**	**venga** **vengas** **venga** **vengamos** **vengáis** **vengan**	**viniera** **vinieras** **viniera** **viniéramos** **vinierais** **vinieran**	**ven (no vengas)** **venga** venid **(no vengáis)** **vengan**
ver *to see* viendo **visto**	**veo** ves ve vemos veis ven	**veía** **veías** **veía** **veíamos** **veíais** **veían**	**vi** **viste** **vio** **vimos** **visteis** **vieron**	veré verás verá veremos veréis verán	vería verías vería veríamos veríais verían	**vea** **veas** **vea** **veamos** **veáis** **vean**	viera vieras viera viéramos vierais vieran	ve **(no veas)** **vea** ved **(no veáis)** **vean**

FUNCTIONAL GLOSSARY

Greeting

Hola. Hi.   1
Buenos días. Good morning.   1
Buenas tardes. Good afternoon.   1
Buenas noches. Good evening.   1
¿Cómo estás? How are you?   1
¿Cómo te va? How's it going?   1
¿Qué tal? How are things?   1
¿Qué hay de nuevo? What's new?   1
¿Y tú? And you?   1
Bien. Fine.   1
Regular. Okay.   1
No muy bien. Not too well.   1
Mal. Bad.   1
No mucho. Not much.   1
Nada. Nothing.   1

Introducing

Quiero presentarte a... I want to introduce you to . . .   1
Mucho gusto en conocerte. Pleased to meet you.   1
Encantado. Delighted.   1
El gusto es mío. The pleasure is mine.   1
Igualmente. Likewise.   1

Saying good-bye

Adiós. Good-bye.   1
Chao. Good-bye.   1
Hasta mañana. Until tomorrow.   1
Hasta la vista. Till we meet again.   1
Hasta luego. See you later.   1
Hasta pronto. See you soon.   1

Chatting

¿Cómo te va? How's it going?   2
¿Cómo van las clases? How are classes going?   2
¿Qué tal la familia? How's the family?   2
¿Qué hay de nuevo? What's new?   2
¿Quién es? Who is it?   2

Asking for confirmation

¿De acuerdo? Agreed?   2
¿No? Isn't that so?   2
¿No es así? Isn't that right?   2
¿Verdad? Right?   2

Requesting information

¿Cómo es tu profesor favorito? What is your favorite professor like?   2
¿Cómo te llamas? What is your name?   2
¿Cuál es tu número estudiantil? What is your student I.D. number?   2
¿Cúal es tu número de teléfono? What is your telephone number?   2
¿Cúal es tu facultad? What is your school/college?   2
¿Cúal es tu materia favorita? What is your favorite subject?   2
¿De dónde eres? Where are you from?   2
¿Dónde hay...? Where is there . . . ?   12
¿Me das...? Will you give me . . . ?   6
¿Me haces el favor de...? Will you do me the favor of . . . ?   6
¿Me puedes dar...? Can you give me . . . ?   6
¿Quieres darme...? Do you want to give me . . . ?   6
¿Cuánto cuesta(n)...? How much does (do) . . . cost?   4
¿Cuánto vale(n)...? How much is (are) . . . worth?   4

Telephone courtesy

¿Aló? Hello? (most countries)   3
Bueno. Hello. (Mexico & New Mexico)   3
Dígame. Hello. (Spain)   3
Diga. Hello. (Spain)   3
¿Hablo con...? Am I speaking with . . . ?   3
Por favor, ¿está...? Is . . . home please?   3
¿De parte de quién? Who's speaking?   3
Soy... It's . . .   3
Habla... . . . speaking.   3
Está equivocado. You have the wrong number.   3

Thanking

Gracias. Thanks.   3
Muchas gracias. Thank you very much.   3
Mil gracias. Thanks a million.   3
Estoy muy agradecido. I'm very grateful.   3
Eres muy amable. You're very kind.   3
De nada. You're welcome.   3
No hay de qué. It's nothing.   3

Exclaiming

¡Qué barbaridad! How unusual! That's terrible!   4
¡Qué bien! That's great!   4
¡Qué desastre! That's a disaster!   4
¡Qué horrible! That's horrible!   4
¡Qué increíble! That's amazing!   4
¡Qué lástima! That's a pity!   4
¡Qué mal! That's really bad!   4
¡Qué maravilla! That's marvelous!   4
¡No me digas! You don't say!   12
¡No me di cuenta! I didn't realize that!   10

Extending a conversation

A ver...sí/no... Let's see . . . yes/no . . .   4
Buena pregunta...No creo. That's a good question . . . I don't believe so.   4
Bueno... Well . . .   4
Es que... It's that . . .   4
Pues...no sé. Well . . . I don't know.   4

SPANISH-ENGLISH GLOSSARY

A

a *prep.* to, at   2
    a fin de que in order that   11
    a la derecha (de) to the right (of)   2
    a la izquierda (de) to the left (of)   2
    a lo largo de along   4
    a menos que unless   11
    a veces at times   7
    al este (de) to the east (of)   2
    al fondo de at the back of   4
    al lado de next to   2
    al norte (de) to the north (of)   2
    al oeste (de) to the west (of)   2
    al sur (de) to the south (of)   2
abdomen *m.* abdomen   9
abogado attorney   6
abrigo coat   5
abril April   3
abrir to open   3
abuela grandmother   3
abuelo grandfather   3
aburrido bored   3
aceite *m.* oil   10
acercarse to approach   12
acostarse (ue) to go to bed   5
acto religioso religious ceremony   11
administración de empresas business and management   2
¿adónde? (to) where?   3
afeitarse to shave   5
aficionado fan   8
agosto August   3
agua *f.* water   10
aguacate *m.* avocado   10
aguas del Jordán Holy Water   11
águila *m.* eagle   7
aire acondicionado air conditioning   12
ajo garlic   10
alegrarse (de) to be happy   10
alemán *m.* German   2
aleta flipper   8
alfombra carpet   4
algodón *m.* cotton   5
aliviar to relieve, alleviate   9
almohada pillow   4
almorzar (ue) to eat lunch   5
almuerzo morning snack   10
alto tall   1
ama de casa homemaker   6
amarillo yellow   4
ambiente *m.* atmosphere, environment   6
amigo friend   1
anaranjado orange   4
ancho large, wide   5
¡ándale! there you go!   10
andén *m.* gate, platform   12
anillo ring   5
animado excited   3
anoche last night   8
anteayer the day before yesterday   8
anterior before, previous   8
antes (de) que before   11
antropología anthropology   2
año year   8

aparcamiento parking   2
apartamento apartment   4
apio celery   10
aprender to learn   3
apretado tight   5
aprobar (ue) to approve   5
aquel *adj.* that (over there)   4
aquél *pron.* that (over there)   4
aquellos *adj.* those (over there)   4
aquéllos *pron.* those (over there)   4
árabe *m.* Arabic   2
árbol *m.* tree   7
arete *m.* earring   5
árido dry, arid   7
armario cabinet   4
arquitectura architecture   2
arreglarse to get dressed up   5
arrojar to throw   11
arroz *m.* rice   10
arrozal *m.* rice paddy   7
arte *m.* art   2
    arte dramático theater   2
    bellas artes fine arts   2
arteria artery   9
ascensor *m.* elevator   4
asiento seat   12
asistir (a) to attend   3
aspiradora vacuum cleaner   4
astronomía astronomy   2
ático small attic apartment   4
atún *m.* tuna   10
autobús *m.* bus   12
avíos de pesca fishing tackle   8
ayer yesterday   8
ayudar to help   7
ayuntamiento city hall   6
azúcar *m.* sugar   10
azul claro light blue   4
azul oscuro dark blue   4
azulejo tile   4

B

bahía bay   7
bailar to dance   2
bajo short (height)   1
balneario bathing resort   7
baloncesto basketball   8
banco bank   6
bañarse to bathe   5
bañera bathtub   4
baño rest room   12
barato inexpensive, cheap   5
barbilla chin   9
barrer to sweep   4
basura trash   4
bate *m.* bat   8
beber to drink   3
béisbol *m.* baseball   8
biblioteca library   2
bidet *m.* bidet   4
bien fine, well   5
biología biology   2
blanco white   4
blusa blouse   5

boca mouth   9
boda wedding   11
boleto ticket   12
bolígrafo ball point pen   2
bolo conmemorativo keepsake, memento   11
bolsa bag, purse   1
bombero firefighter   6
bosque *m.* forest   7
bota boot   5
botella bottle   10
brazo arm   9
brindar to toast   11
brindis *m.* toast   11
broche *m.* brooch   5
bróculi *m.* broccoli   10
bucear to dive, snorkel   8
bueno good   5
    ¡buen viaje! (have a) good trip!   12
bufanda scarf   5
burro donkey   7
buscar to look for   2

C

caballo horse   7
cabeza head   9
cabra montesa ibex, mountain goat   7
cabrito kid (animal)   10
cadera hip   9
café *m.* coffee   10
cafetería cafeteria   2
calabacitas zucchini   10
calcetín *m.* sock   5
calculadora calculator   2
calle street   12
cama bed   4
    cama doble double bed   12
camarón *m.* shrimp   10
caminar to walk   8
camisa shirt   5
camiseta T-shirt   5
cancha court (sports)   2
cangrejo crab   10
cansado *adj.* tired   3
cantar to sing   2
caña de pescar fishing rod   8
cara face   9
carne *f.* meat   10
    carne de res beef   10
carnicería butcher shop   10
caro expensive   5
carta menu   10
cartel *m.* poster   8
cartera billfold   5
casa house   4
casado *adj.* married, *n.* married person   11
casco helmet   8
catarata waterfall   7
catedral *f.* cathedral   6
catorce fourteen   1
cazar to hunt   8
cebolla onion   10
ceja eyebrow   9
cena *n.* supper   10

cenar to eat supper   10
centro center   2
cerca de close to   2
cerdo pig   7
cerebro brain   9
cereza cherry   10
cero zero   1
cerrar (ie) to close   5
cerro hill   7
cesta basket   8
ceviche *m.* raw fish marinated in lime juice   10
cien (ciento) one hundred   1
ciencia science   2
    ciencias de computación computer science   2
    ciencias de pedagogía education   2
    ciencias políticas political science   2
científico scientist   6
ciervo deer   7
cinco five   1
cincuenta fifty   1
cine *m.* movie theater, cinema   6
cinturón *m.* belt   5
¡claro que no! of course not!   10
¡claro que sí! of course!   10
clásico classic   5
clínica clinic   6
cocina kitchen, cooking   4
cocinar to cook   10
cocinero *n.* cook   6
codo elbow   9
cola train (of wedding veil)   11
colgar to hang   4
colocar to place   11
columna vertebral spinal column   9
collar *m.* necklace   5
comedor *m.* dining room   4
comenzar (ie) to begin   5
comer to eat   3
comida meal   12
como like, as   3
¿cómo? how?   3
compañero de cuarto roommate   2
comprender to understand   3
comprometido *adj.* engaged, *n.* engaged person   11
compromiso engagement   11
computadora computer   2
con (tal) que provided that   11
con vista a with a view of   12
condominio condominium   4
conejo rabbit   7
confeti *m.* confetti   11
conjunto outfit   5
conseguir (i) to get, obtain   5
consejero advisor   2
conservador conservative   1
conservar to conserve   7
construir to build   7
contabilidad accounting   2
contaminar to pollute   7
contar (ue) to count   5
contener to contain   9
contento happy   3
continente *m.* continent   7
contraseña luggage check, receipt   12
controlar to control   7
corazón *m.* heart   9
corbata tie   5
cordero lamb   10
cordillera mountain range   7

correr to run   8
cortar to cut   4
cortejo wedding party   11
cortina curtain   4
corto short (length)   5
costa coast   7
costar (ue) to cost   5
coyuntura joint   9
creer to believe   3
crema cream   10
    crema batida whipped cream   10
cuaderno notebook   2
¿cuál? which?, what?   3
¿cuáles? which?, what?   3
cuando when   11
¿cuándo? when?   3
¿cuánto? how much?   3
¿cuántos? how many?   3
cuarenta forty   1
cuarto *n.* room   2
    cuarto de baño bathroom   4
cuarto *adj.* fourth   5
cuatro four   1
cuatrocientos four hundred   4
cubo bucket   4
cuchara soup spoon   10
cucharita teaspoon   10
cuchillo knife   10
cuello neck   9
cuenta check   10
cuero *n.* leather   5
cuerpo body   9
culturismo body-building   8
cumplir to fulfill   11
cuñada sister-in-law   3
cuñado brother-in-law   3
cutis *m.* complexion   9

CH
chaleco vest   5
chalet *m.* house, villa   4
chaqueta jacket   5
chicle *m.* chewing gum   12
chico young person   1
chile *m.* chili pepper   10
chófer *m.* bus driver   12

D
dama de honor bridesmaid, maid of honor   11
dar to give   9
de *prep.* from, of   1
    de acuerdo agreed   5
    de camino on the way to   12
    de cuadros plaid, checked   5
    de flores floral, flowered   5
    de la mañana in the morning, A.M.   2
    de la noche in the evening, P.M.   2
    de la tarde in the afternoon, P.M.   2
    de lujo deluxe class   12
    de lunares polka-dotted   5
    de rayas striped   5
    de vez en cuando from time to time   7
debajo de under   4
deber to have to, should   3
decano dean   2
décimo tenth   5
decir (i) to say, tell   5
    ¡no me di cuenta! I didn't realize that!   10
    ¡no me digas! you don't say!   10
dedo finger, toe   9

delante de in front of   2
delantero *adj.* front   9
delgado thin   1
demasiado *adj.* too much, *adv.* too   5
dentista *m. f.* dentist   6
dentro de inside   2
deportivo related to sports   8
depresión *f.* depression   9
deprimido depressed   3
derecho law (subject)   2
desarrollar to develop   7
desayunar to eat breakfast   10
desayuno (light) breakfast   10
describir to describe   3
desear to want, wish   2
despedir(se) to say good-bye   9
despertarse (ie) to wake up   5
desplegar (ie) to unfold   5
después (de) que after   11
destino destination   11
destruir to destroy   7
desván *m.* attic   4
detenerse to stop   8
detergente *m.* detergent   4
detrás de behind   2
devolver (ue) to return (something)   5
día *m.* day   7
diamante diamond   5
diario diary, agenda   2
diccionario dictionary   2
diciembre December   3
diecinueve nineteen   1
dieciocho eighteen   1
dieciséis sixteen   1
diecisiete seventeen   1
diente *m.* tooth   9
diez ten   1
digestión *f.* digestion   9
divertirse (ie) to have a good time   5
doblar to bend   9
doce twelve   1
docena dozen   10
dolerle a uno to be painful   9
domingo *m.* Sunday   2
¿dónde? where?   3
    ¿dónde hay...? where is there a(n) . . . ?   12
dormir (ue) to sleep   5
dormirse (ue) to fall asleep   5
dormitorio bedroom   4
dos two   1
doscientos two hundred   4
ducha shower   4
durazno peach   10
duro *adj.* tough

E
economía economics   2
económico *adj.* inexpensive   12
edificio building   2
eficiente efficient   1
el the   1
él he   1
elegante elegant   1
elegir (i) to elect, choose   5
elote *m.* corn   10
ella she   1
emocional emotional   1
empezar (ie) to begin   5
empresa *n.* firm   6
en cuanto as soon as   11
encantado delighted   3

encantador enchanting   5
encantar to love   2
encerrar (ie) to lock up   5
encima de on top of   4
encontrar (ue) to find   5
energía energy   7
   energía solar solar energy   7
enero January   3
enfadarse to get angry   5
enlace *m.* wedding   11
enojado angry   3
enojarse to get angry   5
enseñar to teach   2
entender (ie) to understand   5
entrada cover charge   10
entregar to hand in/over   2
entrenador coach   2
entrenar to train   8
envolver (ue) to wrap   5
equipaje *m.* luggage   12
escalera stairway   4
escarpado *adj.* rugged   7
escasez *f.* shortage   7
escoba broom   4
escribir to write   3
escritorio desk   2
escuchar to listen   2
ese *adj.* that   4
ése *pron.* that   4
esos *adj.* those   4
ésos *pron.* those   4
espalda back   9
español *m.* Spanish   2
especial special   1
esperar to hope for   2
espinacas spinach   10
esponja sponge   4
esposa wife   3
esposo husband   3
esquiar to ski   8
estación de policía police station   6
estación de radio radio station   6
estante *m.* shelf   4
estar to be located, feel   3
   está despejado it's clear   7
   está lloviendo it's raining   7
   está nevando it's snowing   7
   está nublado/nuboso it's cloudy   7
   estar bien to be fine   3
   estar enfermo to be sick   3
   estar regular to be fair   3
este *adj.* this   4
éste *pron.* this   4
estómago stomach   9
estos *adj.* these   4
éstos *pron.* these   4
estrecho tight   5
estreñimiento constipation   9
estudiante *m. f.* student   1
estudiar to study   2
estudio efficiency apartment   4
estufa stove   4
evitar to avoid   7
exquisito exquisite   5
extrovertido extroverted   1

F

fábrica factory   6
faisán *m.* pheasant   7
falda skirt   5
faltar to be lacking   2
famoso famous   1

farmacia pharmacy   2
fascinante fascinating   1
fascinar to be fascinated by/with   2
febrero February   3
¡felicidades! congratulations!   11
femenino feminine   5
festejar to celebrate   11
fiebre *f.* fever   9
filosofía philosophy   2
   filosofía y letras liberal arts   2
física physics   2
flojo loose   5
flor *f.* flower   7
formulario form   11
frack *m.* tuxedo   11
fractura broken bone, fracture   9
francés *m.* French   2
fregadero kitchen sink   4
fregasuelos *m.* mop   4
frente *f.* forehead   9
frente a facing   4
fresa strawberry   10
fresquito nice and fresh   10
frijol *m.* pinto bean   10
fruta fruit   7
frutería fruit shop   10
funcionario *n.* official   11
furioso furious   5
fútbol *m.* soccer   8
fútbol americano football   8

G

gafas goggles   8
   gafas de sol sunglasses   1
gallina chicken   7
gallo rooster   7
ganar to earn, win   2
ganga bargain   5
garaje *m.* garage   4
gasolina sin plomo unleaded gasoline   7
gato cat   7
gemela twin *f.*   3
gemelo twin *m.*   3
generoso generous   1
geología geology   2
gerente *m. f.* manager   6
gimnasio gymnasium   2
golfo gulf   7
goma eraser   2
gordito plump   1
gorra cap   5
grabadora tape player   2
grande large   5
gripe *f.* flu   9
gris gray   5
guante *m.* glove   5
guapo handsome   3
gustar to like   2
gusto *n.* taste; pleasure   9

H

habitación doble double room   12
habitación sencilla single room   12
hablar to speak   2
hacer to do, make   9
   hace buen tiempo it's nice weather   7
   hace calor it's hot   7
   hace fresco it's cool   7
   hace frío it's cold   7
   hace mal tiempo it's bad weather   7
   hace sol it's sunny   7
   hace viento it's windy   7

hacer alpinismo to climb mountains   8
hacer ejercicios to exercise   8
hacer escala to make a stop   12
hacer esquí acuático to water-ski   8
hacer falta to need   10
hacer gimnasia to do gymnastics   8
hacer juego to go with   5
hacer la cama to make the bed   4
hacer submarinismo to do underwater sports   8
hacer windsurf to windsurf   8
hacer yoga to do yoga   8
hasta que until   11
hay there is, there are   1
   hay niebla it's foggy   7
   hay relámpagos there's lightning   7
   hay una borrasca there's a storm front   7
hermana sister   3
hermanastra stepsister   3
hermanastro stepbrother   3
hermano brother   3
hielo ice   10
hierba grass   4
hija (adoptiva) (adopted) daughter   3
hijastra stepdaughter   3
hijastro stepson   3
hijo (adoptivo) (adopted) son   3
hipertensión hypertension, high blood pressure   9
historia history   2
hogar *m.* home   6
hombre *m.* man   10
hombro shoulder   9
horario schedule   12
hueso bone   9
huevo egg   10

I

iglesia church   6
impermeable *m.* raincoat   5
importante important   1
impresionante impressive   5
impresora printer   2
impuesto tax   12
incluir to include   12
independiente independent   1
inferior *adj.* lower   9
inflamación de la garganta strep throat   9
ingeniería engineering   2
ingeniero engineer   6
inglés *m.* English   2
ingrediente *m.* ingredient   10
inodoro toilet   4
insistir (en) to insist (on)   3
insomnio insomnia   9
inspeccionar to inspect   8
intelectual intellectual   1
inteligente intelligent   1
interesante interesting   1
interesar to be interested in   2
intestinos intestines   9
introvertido introverted   1
invierno winter   5
invitados guests   11
ir to go   4
   ¡qué les vaya bien! may everything go well for you!   12
   ¡qué va! you've got to be kidding!, gimme a break!   10

oro gold   5
os you (all)   6
oso pardo brown bear   7
otoño autumn   5
oveja sheep   7

P

paciente *adj., n.* patient   1
padrastro stepfather   3
padre *m.* father, Father (title)   3
padrino best man, godparent   11
pagar to pay   2
paje *m.* groomsman   11
pajecitos pages and flower girls   11
palacio palace   6
paloma dove   7
pan *m.* bread   10
panadería bakery   10
pantalones *m.* trousers, pants   5
   pantalones cortos shorts   5
papa potato   10
papel *m.* paper   2
   papel de cocina paper towels   4
papeleo paper work   11
para que so that   11
paraguas *m.* umbrella   5
pared *f.* wall   4
pareja couple   11
párpado eyelid   9
parque park   12
partido game, match   8
partir divide   11
pasado *adj.* last   8
pasear to stroll   8
pasillo hallway   4
pastel *m.* pastry, cake, pie   10
   pastel de bodas wedding cake   11
pastilla pill   9
patinar to skate   8
pato duck   7
pavo turkey   10
peca freckle   1
pecho chest   9
pedir (i) to ask (for), request   5
pelirrojo redhead   1
pelo hair   1
pelota ball   8
península peninsula   7
pensar (ie) to think, intend   5
pensión completa all meals included   12
peor worse   6
pequeño small   5
pera pear   10
perder (ie) to lose   5
periódico newspaper   6
periodismo journalism   2
periodista *m. f.* journalist   6
permitir to permit   3
perro dog   7
pesca *n.* fishing   7
pescadería fish shop   10
pescar to fish   8
pestaña eyelash   9
pesticida pesticide   7
picante spicy hot   10
pie *m.* foot   9
piel *f.* skin   9
pierna leg   9
pijama pajamas   5
pimienta pepper   10
piña pineapple   10

piscina swimming pool   2
piso flat, floor of a building   4
pista track (running)   2
planchar to iron   4
planta *n.* plant   4
plata silver   5
plátano banana   10
plato plate, dish   10
   plato fuerte main dish, entrée   10
plaza square   6
plegar (ie) to fold   5
pluma estilográfica fountain pen   2
población *f.* population   7
poder (ue) to be able   5
policía *m.* policeman   6
poliéster *m.* polyester   5
pollo chicken   10
poner to put   5
   poner la mesa to set the table   4
   poner multas to give fines   7
ponerse to put on   5
por by, for   2
porción *f.* slice   11
porque because   3
¿por qué? why?   3
portugués *m.* Portuguese   2
posada inn   12
posesivo possessive   1
postre *m.* dessert   10
postura posture   9
pozo well, pool   7
practicar to practice   2
   practicar artes marciales to do martial arts   8
   practicar judo to do judo   8
   practicar karate to do karate   8
   practicar la esgrima to fence (sport)   8
   practicar un deporte to play a sport   8
precio price   12
precioso precious   5
preferir (ie) to prefer   5
prenda garment, clothing   5
preocupado worried   3
preocuparse to worry   5
prima cousin *f.*   3
primavera spring (season)   5
primero first   5
   primera clase first class   12
primo cousin *m.*   3
probar (ue) to try, test   5
probarse (ue) to try on   5
producto product   7
   productos sintéticos synthetic products   7
   productos tóxicos toxic products   7
profesor professor   2
profundo deep   7
programador programmer   6
prohibir to prohibit   3
prometer to promise   3
propina tip   10
proteger to protect   7
psicología psychology   2
psicólogo psychologist   2
público public   6
puerco pork   10
puerta door   4
puesto position, job   6
pulmón *m.* lung   9

pulsera bracelet   5
puntual punctual   1

Q

que *pron.* which, than, that   3
¿qué? what?   3
quedar to have left   2
quedarse to remain, stay   5
quemadura de sol sunburn   9
querer (ie) to want, wish, love   5
queso cheese   10
¿quién? who?, whom?   3
¿quiénes? *pl.* who?, whom?   3
química chemistry   2
quince fifteen   1
quinientos five hundred   4
quinto fifth   5
quitarse to take off   5

R

racional rational   1
radio-cassette *m.* radio/cassette player   1
ramo bouquet   11
raqueta racket   8
ratón *m.* mouse   2
rayón *m.* rayon   5
rebajado reduced   5
rebelde rebellious   1
receta prescription   9
recibir to receive   3
recinto campus   2
recomendar (ie) to recommend   5
recordar (ue) to remember   5
rector president   2
recursos naturales natural resources   7
refrescos soft drinks   1
refrigerador *m.* refrigerator   4
regar to water (plants)   4
regla ruler   2
reír(se) (i) to laugh (at)   5
reloj *m.* watch   5
repetir (i) to repeat   5
resaca hangover   9
reservación *f.* reservation   10
resfriado cold   9
residencia dormitory   2
respiración *f.* breathing   9
respirar to breathe   9
responder to respond   3
responsable responsible   1
ría estuary, fjord   7
rico rich, delicious   10
río river   7
rocoso rocky   7
rodilla knee   9
rojo red   4
romántico romantic   1
ropa clothing   4
ropero closet   4
ropón *m.* baby's gown   11
rosado pink   4
rosario rosary   11
rubéola measles   9
rubio blond   1
rumbo a going to, headed for   12
ruso *m.* Russian   2

S

sábado *m.* Saturday   2
saber to know   9
sabroso tasty   10

sacar to take out   2
   sacar apuntes to take notes   2
sacerdote *m.* priest   11
saco suit coat, sport coat   5
sacudir to dust (furniture)   4
sal *f.* salt   10
sala living room   4
   sala de espera waiting room   12
   sala de recreación recreation room   2
salmón *m.* salmon   7
salsa spicy sauce   10
   salsa de tomate catsup   10
salud *f.* health   9
salvaje *adj.* wild   7
sandalias sandals   1
sangre *f.* blood   9
sano healthy   9
sastre *m.* tailor   5
secar to dry   5
secretario secretary   6
seda silk   5
seguir (i) to follow   5
segundo second   5
   segunda clase second class   12
seis six   1
seiscientos six hundred   4
sensacional sensational   5
sensato sensible   10
sentarse (ie) to sit down   5
sentir (ie) to be sorry, regret   10
sentirse (ie) to feel   5
septiembre September   3
séptimo seventh   5
ser to be   1
   ser humano *m.* human being   9
servilleta napkin   10
servir (i) to serve   5
sesenta sixty   1
setecientos seven hundred   4
setenta seventy   1
sexto sixth   5
siempre always   7
sierra mountain range   7
siete seven   1
silla chair   2
sillón *m.* easy chair   4
sicología psychology   2
sicólogo psychologist   2
sin que without   11
sobrecama bedspread   4
sobrina niece   3
sobrino nephew   3
sociología sociology   2
sofá *m.* sofa   4
sólo only   5
soltero *adj.* single, *n.* unmarried
   person   11
sombrero hat   5
sombrilla beach umbrella   1
sonreír to smile   9
sopa soup   10
sostener to support   9
subir to board, get on board   12
suegra mother-in-law   3
suegro father-in-law   3
suelo floor   4
suéter *m.* sweater   5
sugerir (ie) to suggest   5
superior *adj.* upper   9

supersticioso superstitious   1
sureste *m.* southeast   7
suroeste *m.* southwest   7
suspender to fail   3

T

tabla kickboard   8
tacto touch (sense)   9
taller *m.* workshop, garage   6
tan pronto como as soon as   11
tapete *m.* throw rug   4
taquilla ticket desk   12
tarde *f.* afternoon   2
tarjeta de crédito credit card   10
taza cup   10
te you   6
teatro theater   2
técnico technician   6
televisor *m.* TV set   4
temer to fear   10
tenedor *m.* fork   10
tener to have   1
   tener calor *m.* to feel warm   4
   tener catarro to have a cold   9
   tener celos to be jealous   4
   tener cuidado to be careful   4
   tener diarrea to have diarrhea   9
   tener dolor de garganta to have a sore
    throat   9
   tener éxito to be successful   4
   tener fiebre to have a fever   9
   tener frío to feel cold   4
   tener ganas de to feel like   4
   tener hambre *f.* to be hungry   4
   tener mareos to be dizzy   9
   tener miedo to be afraid   4
   tener prisa to be in a hurry   4
   tener que to have to   4
   tener razón *f.* to be right   4
   tener sed *f.* to be thirsty   4
   tener sueño to be sleepy   4
   tener suerte *f.* to be lucky   4
   tener tos to have a cough   9
tercero third   5
terminar to finish   2
terraza terrace   4
testigo *m. f.* witness   11
tía aunt   3
tierno *adj.* tender   10
tierra land, Earth   7
tintorería dry cleaners   6
tío uncle   3
toalla towel   1
tobillo ankle   9
tocado headpiece   11
tocar to touch   9
todo every   7
tomar to take   2
tomate *m.* tomato   10
toro bull   7
toronja grapefruit   10
torre *f.* tower   2
tortilla de harina wheat flour tortilla   10
tortilla de maíz corn flour tortilla   10
tortillería tortilla shop   10
trabajador social social worker   6
trabajar to work   2
traer to bring   10
traje *m.* suit   5

traje de baño bathing/swimming
   suit   1
tranquilo calm, tranquil   1
trapo dust cloth   4
trasero *adj.* back   9
trece thirteen   1
treinta thirty   1
tres three   1
trescientos three hundred   4
trucha trout   7
tubo para respirar snorkel   8
tuna cactus fruit   10

U

última last   5
un one, a, an   1
un millón one million   4
uno one   1
unos some   1
usar to use   2
uva grape   10

V

vaca cow   7
valer to be worth   5
valiente valiant   1
vaso glass   10
veinte twenty   1
velo nupcial wedding veil   11
vena vein   9
vender to sell   3
venir to come   9
ventana window   4
ver to see   5
verano summer   5
verde green   4
verdulería vegetable shop   10
verdura vegetable   7
vertir to dump   7
vestíbulo foyer, entry   4
vestido dress   5
   vestido de novia wedding gown   11
vestimentas clothing, garments   11
vestirse (i) to get dressed   5
veterinario veterinarian   6
viaje *m.* trip   12
viejo old   6
viernes *m.* Friday   2
vinagre *m.* vinegar   10
vino wine   7
violeta lavender   4
visitar to visit   2
vista sight, view   9
vitrina china cabinet   4
viuda widow   3
viudo widower   3
vivir to live   3
volante *m.* badminton   8
volver (ue) to return   5

Y

y and   1
yerno son-in-law   3

Z

zanahoria carrot   10
zapatilla flip-flop   5
zapato shoe   5
zorro fox   7

ENGLISH-SPANISH GLOSSARY

A

a(n) un, una   1
accounting contabilidad   2
advisor consejero   2
after después (de) que   11
afternoon tarde *f.*   2
agenda diario   2
agreed de acuerdo   5
air conditioning aire acondicionado   12
all meals included pensión completa   12
all-purpose cleaner limpiahogar *m.*   4
alleviate aliviar   9
along a lo largo de   4
always siempre   7
and y   1
angry enojado   3
ankle tobillo   9
announcer locutor   6
anthropology antropología   2
apartment apartamento   4
apple manzana   10
approach acercarse   12
approve aprobar (ue)   5
April abril   3
Arabic árabe *m.*   2
architecture arquitectura   2
arid árido   7
arm brazo   9
art arte *m.*   2
artery arteria   9
as como   3
   as soon as en cuanto, luego que, tan
     pronto como   11
ask (for) pedir (i)   5
astronomy astronomía   2
at a *prep.*   1
   at the back of al fondo de   4
   at times a veces   7
atmosphere ambiente *m.*   6
attend asistir (a)   3
attic desván *m.*   4
attorney abogado   6
August agosto   3
aunt tía   3
autumn otoño   5
avocado aguacate *m.*   10
avoid evitar   7

B

baby boy nenito   11
baby girl nenita   11
baby's gown ropón *m.*   11
back espalda *n.*, trasero *adj.*   9
backpack mochila   2
bad mal *adv.*   5,   malo *adj.*   6
badminton volante *m.*   8
bag bolsa   1
bakery panadería   10
ball pelota   8
ballpoint pen bolígrafo   2
banana plátano   10
bank banco   6
bargain ganga   5
barren island islote *m.*   7

baseball béisbol *m.*   8
basket cesta   8
basketball baloncesto   8
bat bate *m.*   8
bathe bañarse   5
bathing resort balneario   7
bathing suit traje de baño   1
bathroom cuarto de baño   4
bathtub bañera   4
bay bahía   7
be ser   1
   be able poder (ue)   5
   be afraid tener miedo   4
   be called llamarse   1
   be careful tener cuidado   4
   be dizzy tener mareos   9
   be fair estar regular   3
   be fascinated by/with fascinar   2
   be fine estar bien   3
   be happy alegrarse (de)   10
   be hungry tener hambre *f.*   4
   be in a hurry tener prisa   4
   be interested in interesar   2
   be jealous tener celos   4
   be lacking faltar   2
   be located estar   3
   be lucky tener suerte *f.*   4
   be painful dolerle a uno   9
   be right tener razón *f.*   4
   be sick estar enfermo   3
   be sleepy tener sueño   4
   be sorry sentir (ie)   10
   be successful tener éxito   4
   be thirsty tener sed *f.*   4
   be worth valer   5
beach umbrella sombrilla   1
because porque   3
bed cama   4
bedroom dormitorio   4
bedspread sobrecama   4
beef carne de res   10
before anterior *adj.*   8,   antes (de)
   que *conj.*   11
begin comenzar (ie), empezar (ie)   5
behind detrás de   2
believe creer   3
belt cinturón *m.*   5
bend doblar   9
best mejor *adv.*   6
   best man padrino   11
better mejor *adj.*   6
bidet bidet *m.*   4
billfold cartera   5
biology biología   2
black negro   4
blond rubio   1
blood sangre *f.*   9
blouse blusa   5
blue, dark azul oscuro   4
blue, light azul claro   4
board subir   12
body cuerpo   9
body-building culturismo   8
bone hueso   9

book libro   2
bookstore librería   2
boot bota   5
bored aburrido   3
botanical garden jardín botánico   2
bother molestar   2
bottle botella   10
bouquet ramo   11
bracelet pulsera   5
brain cerebro   9
bread pan *m.*   10
breakfast desayuno   10
breathe respirar   9
breathing respiración   9
bride novia   11
bridesmaid dama de honor   11
bring traer   10
broccoli bróculi *m.*   10
brooch broche *m.*   5
broom escoba   4
brother hermano   3
   brother-in-law cuñado   3
brown marrón   4
   brown bear oso pardo   7
brunet moreno   1
bucket cubo   4
build construir   7
building edificio   2
bull toro   7
bus autobús *m.*   12
   bus company línea de autobuses   12
   bus driver chófer *m.*   12
business and management
   administración de empresas   2
busy ocupado   3
butcher shop carnicería   10
butter mantequilla   10
buttock nalga   9
by por   2

C

cabinet armario   4
cactus fruit tuna   10
cactus leaf nopalito   10
cafeteria cafetería   2
cake pastel *m.*   10
calculator calculadora   2
call llamar   2
calm tranquilo   1
campus recinto   2
cap gorra   5
carpet alfombra   4
carrot zanahoria   10
cat gato   7
cathedral catedral *f.*   6
catsup salsa de tomate   10
celebrate festejar   11
celery apio   10
center centro   2
chair silla   2
check cuenta   10
checked de cuadros   5
cheek mejilla   9
cheese queso   10

fish pescar   8
   fish shop pescadería   10
fishing pesca *n.*   7
   fishing rod caña de pescar   8
   fishing tackle avíos de pesca   8
five cinco   1
five hundred quinientos   4
fjord ría   7
flat piso *n.*   4
flip-flops zapatillas   5
flipper aleta   8
floor suelo, **(of a building)** piso   4
floral de flores   5
flower flor *f.*   7
flowered de flores   5
flowerpot maceta   4
flu gripe *f.*   9
fold plegar (ie)   5
follow seguir (i)   5
foot pie *m.*   9
football fútbol americano   8
for por   2
forehead frente *f.*   9
forest bosque *m.*   7
fork tenedor *m.*   10
form formulario   11
forty cuarenta   1
fountain pen pluma estilográfica   2
four cuatro   1
four hundred cuatrocientos   4
fourteen catorce   1
fourth cuarto *adj.*   5
fox zorro   7
foyer vestíbulo   4
fracture fractura   9
freckle peca   1
French francés *m.*   2
fresh (very) fresquito   10
Friday viernes *m.*   2
friend amigo   1
from de *prep.*   1
from time to time de vez en cuando   7
front delantero *adj.*   9
fruit fruta   7
fruit shop frutería   10
fulfill cumplir   11
furious furioso   3
furniture muebles   4

G

game partido   8
garage garaje *m.*   4,   taller *m.*   6
garden jardín *m.*   6
garlic ajo   10
garment prenda   5,   vestimenta   11
gasoline, unleaded gasolina sin plomo   7
gate andén *m.*   12
generous generoso   1
geology geología   2
German alemán *m.*   2
get conseguir (i)   5
   get angry enfadarse, enojarse   5
   get dressed vestirse (i)   5
   get dressed up arreglarse   5
   get on board subir   12
   get up levantarse   5
give dar   9
   give fines poner multas   7
glass (drinking) vaso   10
glove guante *m.*   5
go ir   4

go away irse, marcharse   5
go to bed acostarse (ue)   5
go with (clothes) hacer juego   5
godparent padrino   11
goggles gafas   8
going to rumbo a   12
gold oro   5
good bueno   6
good luck! ¡mucha suerte!   11
government offices juzgado   11
grandfather abuelo   3
grandmother abuela   3
grape uva   10
grapefruit toronja   10
grass hierba   4
gray gris   4
green verde   4
groom novio   11
groomsman paje *m.*   11
guests invitados   11
gulf golfo   7
gymnasium gimnasio   2

H

hair pelo   1
half board media pensión   12
hallway pasillo   4
hand mano *f.*   9
hand in/over entregar   2
handball pelota   8
handsome guapo   3
hang colgar   4
hangover resaca   9
happy contento   3
hat sombrero   5
have tener   1
   have a good time divertirse (ie)   5
   have a good trip! ¡buen viaje!   12
   have a fever tener fiebre *f.*   9
   have a sore throat tener dolor de garganta   9
   have a cough tener tos *f.*   9
   have a cold tener catarro   9
   have diarrhea tener diarrea   9
   have left quedar   2
   have to deber   3,   tener que   4
he él   1
head cabeza   9
headed for rumbo a   12
headpiece tocado   11
health salud *f.*   9
healthy sano   9
hear oír   9
hearing (sense) oído   9
heart corazón *m.*   9
helmet casco   8
help ayudar   7
her le   6
hill cerro   7
him le   6
hip cadera   9
history historia   2
Holy Water aguas del Jordán   11
home hogar *m.*   6
homemaker ama de casa   6
honeymoon luna de miel   11
hope for esperar   2
hope so! ¡ojalá!   10
horse caballo   7
house casa, chalet *m.*   4
how? ¿cómo?   3

how many? ¿cuántos?   3
how much? ¿cuánto?   3
human being ser humano *m.*   9
hunt cazar   8
husband esposo   3
hypertension hipertensión   9

I

ibex cabra montesa   7
ice hielo   10
important importante   1
impressive impresionante   5
in front of delante de   2
in order that a fin de que   11
include incluir   12
independent independiente   1
inexpensive barato   5,   económico   12
ingredient ingrediente *m.*   10
inn posada   12
inner ear oído   9
inside dentro de   2
insist (on) insistir (en)   3
insomnia insomnio   9
inspect inspeccionar   8
intellectual intelectual   1
intelligent inteligente   1
intend pensar (ie)   5
interesting interesante   1
intestines intestinos   9
introverted introvertido   1
iron planchar   4
irrational irracional   1
island isla   7
it le   6
   it rains llueve   7
   it snows nieva   7
   it's bad weather hace mal tiempo   7
   it's clear está despejado   7
   it's cloudy está nublado/nuboso   7
   it's cold hace frío   7
   it's cool hace fresco   7
   it's foggy hay niebla   7
   it's hot hace calor   7
   it's nice weather hace buen tiempo   7
   it's raining está lloviendo   7
   it's snowing está nevando   7
   it's sunny hace sol   7
   it's windy hace viento   7
Italian italiano *m.*   2

J

jacket chaqueta   5
January enero   3
Japanese japonés *m.*   2
job puesto   6
joint coyuntura *n.*   9
journalism periodismo   2
journalist periodista *m. f.*   6
July julio   3
June junio   3

K

keep in shape mantenerse en forma   9
keepsake bolo conmemorativo   11
kickboard tabla   8
kid (animal) cabrito   10
kilo (2.2 lbs) kilo   10
kiosk kiosco   6
kitchen cocina   4
kitchen sink fregadero   4
knee rodilla   9

knife cuchillo   10
know saber   9

L

laboratory laboratorio   2
lake lago   7
lamb cordero   10
lamp lámpara   4
land tierra   7
large ancho, grande   5
last última   5,   pasado   8
last night anoche   8
late afternoon snack merienda   10
laugh (at) reír(se) (i)   5
laundry lavadero   4
lavender violeta   4
law (subject) derecho   2,   ley *f.*   6
learn aprender   3
leather cuero *n.*   5
leave irse, marcharse   5
left izquierda (de)   2
leg pierna   9
legal obligation obligación legal   11
lettuce lechuga   10
liberal arts filosofía y letras   2
library biblioteca   2
lick lamer   9
lie mentir (ie)   5
lift weights levantar pesas   8
like gustar *v.*   2,   como *adv.*   3
linen lino   5
listen escuchar   2
liter (.95 qt) litro   10
literature literatura   2
live vivir   3
living room sala   4
lobster langosta   10
lock up encerrar (ie)   5
long largo   5
look at mirar   2
look for buscar   2
loose flojo   5
lose perder (ie)   5
love encantar   2,   querer (ie)   5
lower inferior *adj.*   9
loyal leal   1
luggage equipaje *m.*   12
    luggage check contraseña   12
lung pulmón *m.*   9
lynx lince *m.*   7

M

machine máquina   8
maid of honor dama de honor   11
main dish plato fuerte   10
maintain mantener   9
make hacer
    make a stop hacer escala   12
    make the bed hacer la cama   4
man hombre *m.*   10
manager gerente *m. f.*   6
March marzo   3
marker marcador *m.*   2
married casado *adj.*   11
    married couple matrimonio   11
    married person casado *n.*   11
masculine masculino   5
match partido   8
mathematics matemáticas   2
matrimony matrimonio   11
matron of honor madrina   11

May mayo   3
mayonnaise mayonesa   10
meal comida   12
measles rubéola   9
meat carne *f.*   10
medicine medicina   2
memento bolo conmemorativo   11
menu carta   10
milk leche *f.*   10
modern moderno   1
    modern languages lenguas
        modernas   2
Monday lunes *m.*   2
month mes *m.*   3
mop fregasuelos *m.*   4
more más   4
morning mañana   2
    morning snack almuerzo   10
mother madre *f.*   3
    mother-in-law suegra   3
mountain montaña   7
    mountain goat cabra montesa   7
    mountain range cordillera, sierra   7
mountainous montañoso   7
mouse ratón *m.*   2
mouth boca   9
movie theater cine *m.*   6
museum museo   2
mustard mostaza   10

N

named, to be llamarse   1
napkin servilleta   10
natural resources recursos naturales   7
neck cuello   9
necklace collar *m.*   5
need necesitar   9,   hacer falta   10
nephew sobrino   3
nervous nervioso   1
news noticias   6
newspaper periódico   6
next to al lado de   2,   junto a   4
niece sobrina   3
nightstand mesita de noche   4
nine nueve   1
nine hundred novecientos   4
nineteen diecinueve   1
ninety noventa   1
ninth noveno   5
north norte *m.*   2
northeast noreste *m.*   7
northwest noroeste *m.*   7
nose naríz *f.*   9
notebook cuaderno   2
November noviembre   3
nylon nilón *m.*   5

O

obstinate obstinado   1
obtain conseguir (i)   5
occur ocurrir   3
October octubre   3
of de *prep.*   1
of course! ¡claro que sí!   10
of course not! ¡claro que no!   10
offer oferta   5
office oficina   2
official funcionario *n.*   11
oil aceite *m.*   10
old viejo   6
older mayor   6

olive tree olivo   7
on the way to de camino   12
on top of encima de   4
one un, uno   1
one hundred cien (ciento)   1
one million un millón   4
one thousand mil   4
onion cebolla   10
only sólo   5
open abrir   3
orange (color) anaranjado   4,
    (fruit) naranja   10
originate originar   8
outer ear oreja   9
outfit conjunto   5

P

pages (and flower girls) pajecitos   11
pajamas pijama   5
palace palacio   6
pants pantalones *m.*   5
paper papel *m.*   2
    paper towel papel de cocina   4
    paper work papeleo   11
park parque   12
parking aparcamiento   2
pastry pastel *m.*   10
patient paciente *adj., n.*   1
pay pagar   2
peach durazno   10
pear pera   10
pencil lápiz *m.*   2
pepper pimienta   10
permit permitir   2
pesticide pesticida   7
pharmacy farmacia   2
pheasant faisán *m.*   7
philosophy filosofía   2
physics física   2
pie pastel *m.*   10
pig cerdo   7
pill pastilla   9
pillow almohada   4
pineapple piña   10
pink rosado   4
pinto bean frijol *m.*   10
place colocar   11
plaid de cuadros   5
plant planta   4
plate plato   10
plateau meseta   7
platform andén *m.*   12
play a sport jugar (ue)   5,   practicar un
    deporte   8
pleasure gusto *n.*   9
plump gordito   1
police station estación de policía   6
policeman policía *m.*   6
policewoman mujer policía *f.*   6
political science ciencias políticas   2
polka-dotted de lunares   5
pollute contaminar   7
polyester poliéster *m.*   5
pool (swimming) piscina   2,
    (well) pozo   7
population población   7
pork puerco   10
porter maletero   12
Portuguese portugués *m.*   2
position puesto   6
possessive posesivo   1

post office oficina de correos   6
poster cartel *m.*   8
posture postura   9
potato papa   10
practice practicar   2
precious precioso   5
prefer preferir (ie)   5
prescription receta   9
president rector   2
previous anterior   8
price precio   12
priest sacerdote *m.*   11
printer impresora   2
product producto   7
professor profesor   2
programmer programador   6
prohibit prohibir   3
promise prometer   3
protect proteger   7
proud orgulloso   3
provided that con (tal) que   11
psychologist psicólogo, sicólogo   2
psychology psicología, sicología   2
public público   6
punctual puntual   1
purse bolsa   1
put poner   9
    put on ponerse   5

R

rabbit conejo   7
racket raqueta   8
radio/cassette player radio-cassette *m.*   1
radio station estación de radio   6
rain lluvia *n.*   7
raincoat impermeable *m.*   5
rational racional   1
read leer   3
rebellious rebelde   1
receipt contraseña   12
receive recibir   3
recommend recomendar (ie)   5
recreation room sala de recreación   2
red rojo   4
redhead pelirrojo   1
reduced rebajado   5
refrigerator refrigerador *m.*   4
regret sentir (ie)   10
relieve aliviar   9
religious ceremony acto religioso   11
remain quedarse   5
remember recordar (ue)   5
repeat repetir (i)   5
request pedir (i)   5
reservation reservación   10
respond responder   3
responsible responsable   1
rest room baño   12
return volver (ue), **(something)** devolver
    (ue)   5
rice arroz *m.*   10
    rice paddy arrozal *m.*   7
rich rico   10
right derecha (de)   2
ring anillo   5
river río   4
rocky rocoso   7
romantic romántico   1
room cuarto *n.*   2
roommate compañero de cuarto   2
rooster gallo   7

rosary rosario   11
rugged escarpado   7
ruler regla   2
run correr   8
Russian ruso *m.*   2

S

sail navegar a la vela   8
sale liquidación *f.*   5
salt sal *f.*   10
sandals sandalias   1
Saturday sábado *m.*   2
say decir (i)   5
    say good-bye despedir(se)   9
scarf bufanda   5
schedule horario   12
science ciencia   2
scientist científico   6
sea mar *m.*   12
seat asiento   12
second segundo   5
    second class segunda clase   12
secretary secretario   6
see ver   3
sell vender   3
sensational sensacional   5
sensible sensato   10
September septiembre   3
serve servir (i)   5
set the table poner la mesa   4
seven siete   1
seven hundred setecientos   4
seventeen diecisiete   1
seventh séptimo   5
seventy setenta   1
shake licuado *n.*   10
shave afeitarse   5
she élla   1
sheep oveja   7
shelf estante *m.*   4
sherry jerez *m.*   7
shirt camisa   5
shoe zapato   5
short (height) bajo   1,   **(length)** corto   5
shortage escasez *f.*   7
shorts pantalones cortos   5
should deber   3
shoulder hombro   9
show mostrar (ue)   5
shower ducha   4
shrimp camarón *m.*   10
sight (sense) vista   9
silk seda   5
silver plata   5
sing cantar   2
single soltero *adj.*   11
    single room habitación sencilla   12
sister hermana   3
    sister-in-law cuñada   3
sit down sentarse (ie)   5
six seis   1
six hundred seiscientos   4
sixteen dieciséis   1
sixth sexto   5
sixty sesenta   1
skate patinar   8
ski esquiar   8
skin piel *f.*   9
skirt falda   5
sleep dormir (ue)   5
slice porción   11

small pequeño   5
    small attic apartment ático   4
smell (sense) olfato *n.*, oler *v.*   9
smile sonreír   9
snorkel tubo para respirar *n.*, bucear *v.*   8
so that para que   11
soccer fútbol *m.*   8
social worker trabajador social   6
sociology sociología   2
sock calcetín *m.*   5
soft drink refresco   1
solar energy energía solar   7
some unos   1
son (adopted) hijo (adoptivo)   3
    son-in-law yerno   3
soup sopa   10
    soup spoon cuchara   10
south sur *m.*   2
southeast sureste *m.*   7
southwest suroeste *m.*   7
Spanish español *m.*   2
speak hablar   2
special especial   1
spicy hot picante   10
spicy sauce salsa   10
spinach espinacas   10
spinal column columna vertebral   9
sponge esponja   4
sport coat saco   5
sports-related deportivo   8
spring (season) primavera   5,   ojo   7
square plaza   6
stairway escalera   4
stand kiosco   6
stay quedarse   5
    stay fit mantenerse en forma   9
stepbrother hermanastro   3
stepdaughter hijastra   3
stepfather padrastro   3
stepmother madrastra   3
stepsister hermanastra   3
stepson hijastro   3
stomach estómago   9
stop detenerse   8
stove estufa   4
strawberry fresa   10
street calle   12
strep throat inflamación de la garganta   9
striped de rayas   5
stroll pasear   8
student estudiante *m. f.*   1
study estudiar   2
style moda, modelo   5
sugar azúcar *m.*   10
suggest sugerir (ie)   5
suit traje *m.*   5
    suit coat saco   5
suitcase maleta   12
summer verano   5
sunburn quemadura de sol   9
Sunday domingo *m.*   2
sunglasses gafas de sol   1
superstitious supersticioso   1
supper cena *n.*   10
support sostener   9
sweater suéter *m.*   5
sweep barrer   4
swim nadar   8
swimming natación *f.*   8
    swimming pool piscina   4
    swimming suit traje de baño   1

synthetic products productos sintéticos   7

T

T-shirt camiseta   5
table mesa   2
tailor sastre *m.*   5
take tomar   2
   take notes sacar apuntes   2
   take off quitarse   5
   take out sacar   2
tall alto   1
tape player grabadora   2
taste gusto *n.*   9
tasty sabroso   10
tax impuesto   12
teach enseñar   2
teacher maestro   6
teaspoon cucharita   10
technician técnico   6
tell decir (i)   5
ten diez   1
tender tierno   10
tenth décimo   5
terrace terraza   4
test probar (ue)   5
than que *pron.*   3
that (over there) aquél *pron.*, aquel *adj.*   4
that ese *adj.*, ése *pron.*   4
the el, la, *pl.* los, las   1
theater teatro   2
   theater arte dramático   2
them les   6
there is/are hay   1
   there you go! ¡ándale!   10
   there's a storm front hay una borrasca   7
   there's lightning hay relámpagos   7
these estos *adj.*, éstos *pron.*   4
thin delgado   1
think pensar (ie)   5
third tercero   5
thirteen trece   1
thirty treinta   1
this este *adj.*, éste *pron.*   4
those (over there) aquéllos *pron.*, aquellos *adj.*   4
those esos *adj.*, ésos *pron.*   4
three tres   1
three hundred trescientos   4
throw arrojar   11
   throw rug tapete *m.*   4
Thursday jueves *m.*   2
ticket boleto   12
   ticket desk taquilla   12
tie corbata   5
tight apretado, estrecho, justo   5
tile azulejo   4
tip propina   10
tired cansado *adj.*   3
to a *prep.*   2
toast brindar *v.*, brindis *m.*   11
toe dedo   9
toilet inodoro   4
tomato tomate *m.*   10
tongue lengua   9
too demasiado *adv.*   5

too much demasiado *adj.*   5
tooth diente *m.*   9
tortilla shop tortillería   10
touch (sense) tacto *n.*, tocar *v.*   9
tough duro *adj.*   10
towel toalla   1
tower torre *f.*   2
toxic product producto tóxico   7
track (running) pista   2
train entrenar *v.*   8,   cola *n.*   11
tranquil tranquilo   5
trash basura   4
tree árbol *m.*   7
trip viaje *m.*   12
trousers pantalones *m.*   5
trout trucha   7
try probar (ue)   5
   try on probarse (ue)   5
Tuesday martes *m.*   2
tuna atún *m.*   10
turkey pavo   10
tuxedo frack *m.*   11
TV set televisor *m.*   4
twelve doce   1
twenty veinte   1
twin *m.* gemelo, *f.* gemela   3
two dos   1
two hundred doscientos   4
typewriter máquina de escribir   6

U

umbrella paraguas *m.*   5
uncle tío   3
under debajo de   4
understand comprender   3, entender (ie)   5
unfold desplegar (ie)   5
unless a menos que   11
unmarried person soltero   11
until hasta que   11
upper superior *adj.*   9
us nos   6
use usar   2

V

vacuum cleaner aspiradora   4
valiant valiente   5
vegetable verdura   7
   vegetable shop verdulería   10
vein vena   9
vest chaleco   5
veterinarian veterinario   6
view vista   9
villa chalet *m.*   4
vinegar vinagre *m.*   10
visit visitar   2

W

waiter mesero   10
waiting room sala de espera   12
waitress mesera   10
wake up despertarse (ie)   5
walk caminar   8
wall pared *f.*   4
   wall-to-wall carpet moqueta   4
want desear   2, querer (ie)   5
wash lavar(se)   5
   wash basin lavabo   4

washing machine lavadora   4
watch mirar *v.*   2,   reloj *m.*   5
water regar *v.*   4,   agua *f.*   10
   water-ski hacer esquí acuático   8
waterfall catarata   7
wedding boda, enlace *m.*   11
   wedding cake pastel de bodas   11
   wedding gown vestido de novia   11
   wedding party cortejo   11
   wedding veil velo nupcial   11
Wednesday miércoles *m.*   2
well bien *adv.*   5,   pozo *n.*   7
west oeste *m.*   2
what? ¿cuál?, ¿cuáles?, ¿qué?   3
wheat flour tortilla tortilla de harina   10
when ¿cuándo?   3,   cuando   11
where? ¿dónde?   3
where to? ¿adónde?   3
which que *pron.*   3
which? ¿cuál?, ¿cuáles?   3
whipped cream crema batida   10
white blanco   4
who? ¿quién?, ¿quiénes?   3
whom? ¿quién?, ¿quiénes?   3
why? ¿por qué?   3
wide ancho   5
widow viuda   3
widower viudo   3
wife esposa   3
wild salvaje   7
wild boar jabalí *m.*   7
win ganar   2
window ventana   4
   window cleaner limpia cristales *m.*   4
windsurf hacer windsurf   8
wine vino   7
   wine list lista de vinos   10
winter invierno   5
wish desear   2,   querer (ie)   5
with a view of con vista a   12
without sin que   11
witness testigo   11
wolf lobo   7
wool lana   5
work trabajar   2
workshop taller *m.*   6
worried preocupado   3
worry preocuparse   5
worse peor   6
wrap envolver (ue)   5
wrestle luchar   8
wrist muñeca   9
write escribir   3

Y

year año   8
yellow amarillo   4
yesterday ayer   8
you le, te   6
you (all) les, os   6
young joven   6
   young person chico   1
younger menor   6

Z

zero cero   1
zoo jardín zoológico   6
zucchini calabacitas   10